KB069040

Contemporary
Public Organizations
A Public Values Perspective

공공가치 창출을 위한

현대조직론

박광국·조경호·이정욱 편저

박영사

머리말

21세기 조직을 둘러싼 환경은 사상 유례를 찾아볼 수 없을 정도로 급변하고 있으며, 해결할 수 없는 수많은 사회문제들이 속출하고 있다. 전 세계가 직면하고 있는 기후위기와 인구폭발, 빈부 격차 문제는 가까운 시일 안에 해결책을 찾지 못하면 인류의 멸절까지도 초래할 가공할 위험으로 다가오고 있다. 특히, 우리나라는 여기에 청년 실업, 저출산·초고령화, 지방 소멸, 그리고 북핵문제 등이 더해져 국가를 비롯해 수많은 조직을 책임지고 있는 CEO들로 하여금 솔로몬의 해법을 찾는 데 골몰하게 하고 있다. 그나마, 다행스럽게도 4차 산업혁명의 열매로 등장하고 있는 빅데이터, 인공지능(Artificial Intelligence), 로봇의 비약적 도움으로 지금까지 불가능하게 보였던 사회난제들의 해결책에 대한 서광이 조금씩 비쳐지고 있다는 점이다.

이제 조직관리자가 이러한 짓궂은 문제들(wicked problems)에 효과적으로 대처하려면, 전통적 조직관리 방식에서 벗어나 소위 토마스 쿤이 언급한 혁명적 패러다임으로의 방향 전환을 모색하지 않으면 안 된다. 관료제로 대변되는 전통적 조직관리 방식은 조직 내 생산성 제고에만 관심을 기울인 나머지 조직 간, 조직과 환경과의 관계를 다루는 데는 상대적으로 소홀했던 점이 없지 않았다. 4차 산업혁명으로 인한 환경변화는 조직관리자로 하여금 조직을 관리하는 데 있어서 조직구조나 인간의 행태 변화에만 치중할 것이 아니라 인간과 컴퓨터, 인간과 외부환경과의 상호작용에 더 많은 관심을 갖도록 만들고 있다. 특히 작년부터 시작된 COVID-19로 인해 이러한 경향은 더욱 가속화되고 있다.

    이러한 문제를 직시하고, 이번 「공공가치 창출을 위한 현대조직론」 집필자들은 기존의 조직론 교재 집필 방식에서 완전히 탈피하여 앞으로 미래 조직관리에서 유념해야 할 이슈 중심으로 책을 집필하기로 의견의 일치를 보았다. 이러한 합의에 쉽게 도달할 수 있었던 것은 집필자 모두가 미국 조지아 대학교 출신 동문으로서 상당한 정도의 이론적 공감대를 형성하고 있었기 때문이다. 특히 우리 집필진들의 학문적 멘토인 현 조지아 대학교 오툴 교수님은 특별 기고 원고를 통해 교재 집필 방향을 명료화하는 데 큰 도움을 주었다. 그의 기고문을 요약해 보면, 앞으로 유능한 미래 조직관리자는 급변하는 환경에 능동적으로 대처하기 위해서 6가지 핵심 주제인 전문성과 과학의 필요성; 대표성, 다양성, 포용성의 가치 제고; 과업성과 관리; 혁신과 변화관리의 중요성; 디지털 세계에서의 공공관리; 조직과 공공관리의 국가 간 비교분석에 주의를 기울여야 한다는 것이다(자세한 내용은 오툴 교수의 원고에 대한 편저자의 논평을 참고해 볼 것). 5명으로 구성된 집필진 소위원회에서는 이러한 방향성을 조직 내(Intra Organizations), 조직 간(Inter Organizations), 조직-환경 간(Extra Organizations)관점에서 4가지로 범주화하고 해당 원고를 배치하였다. 이에 따라, I부는 조직관리 방향과 조직철학, II부는 조직 내 관리, III부는 조직 간 관리, IV부는 조직 외부환경 관리로 구성되었다.

    이 책에 관심있는 독자들의 이해를 돕기 위해 각 장별로 살펴보면, 2장 <조직철학>은 가톨릭대 박광국 교수에 의해 집필되었다. 일찍이 페로우에 의해 인류의 최대 발명품이라고 극찬받던 관료제는 21세기에 들어와 기후변화를 비롯한 수많은 행정난제에 직면하면서 그 효용성에 많은 의문이 제기되었다. 여기에서는 관료제가 기초하고 있는 모더니티가 존재론적, 인식론적, 행정윤리적, 인간 본성의 전제 측면에서 어떠한 문제점이 있는가를 개관하고 그 대안으로서 현상학과 포스트 모더니티가 주목하는 상상, 해체, 탈영역화, 그리고 타자성 개념에 대한 사유를 통해 행정난제들의 창조적 해결책을 모색하고자 노력하였다. 3장 <공공조직의 목표모호성>은 서울대 행정대학원 전영한 교수에 의하여 집필되었는데, 여기에서는 민간조직에 비해 공공조직의 목표 모호성이 높은 이유를 조직이 생산하는 재화나 서비스에 대한 시장 부재, 주요 이해관계자 간 정치적 타협의 필요성, 정책문제의 복잡성, 조직의 규모와 역사 등에서 찾고 있다. 이 중에서도 시장의 부재와 정치적 타협의 필요성은 목표 모호성을 유발하는 결정적 요인으로 간주되고 있다. 이러한 목표 모호성의 존재는 조직 관리자의 성과향상을 저해하는 측면이 있지만, 이를 해결하기 위해 도구합리성에 지나치게 의존한 행정개혁은 공공조직의 정치적 성격을 간과함으로써 많은 한계점에 직면할 수밖에 없다고 비판한다. 4장 <공공조직의 구조설계: 현재와 미래>는 성균관대 박성민 교수에 의하여 집필되었다. 박 교수는 먼저 조직구조와 조직설계에 대한 내용을 총체론적(holistic) 시각을 통해 조망하고 이어서 우리나라 공공조직의 구조혁신과 조직재설계에 대한 이론과 쟁점을 미래지향적 관점에 입각해서 논의를 전개하고 있다. 궁극적으로 박 교수가 지향하는 바람직한 조직구조 개편은 예측성과 회복 탄력성을 갖추어야 하는데 이를 위해 공공 거버넌스 체제 개념의 도입이 적극적으로 모색되어야 한다고 주장한다.

5장 <조직몰입>은 국민대 조경호 교수와 서울대 행정대학원 이수영 교수에 의하여 공동 집필되었다. 이들은 조직몰입을 조직에 대한 구성원들의 긍정적 태도와 행동을 총체적으로 표현하는 개념으로 이해하며 조직현상을 이해하는데 매우 귀중한 지표로 간주한다. 특히 4차 산업혁명, 포스트 코로나, MZ 세대의 공직 유입 등 급변하는 행정 환경 변화 속에서 조직 몰입의 올바른 형성과 관리의 문제는 조직의 성패를 좌우하는 중요한 척도가 될 수 있다. 이런 점에서 이 장은 조직몰입의 원인과 결과, 그리고 관리방안에 대해 밀도있는 논의를 전개하는 데 할애되었다. 6장 <공공조직의 리더십>은 이화여대 최유진 교수에 의하여 집필되었다. 여기서는 행정학적 관점에서 공공리더십의 이론과 쟁점을 정리하고 향후 조직관리자가 주목해야 할 과제에 대해 논의를 전개하고 있다. 이를 위해 주류 리더십 이론과 공공리더십이론의 차별성을 시스템 중심으로의 변화, 공공 관점의 강조, 공공리더십의 복잡성, 공공조직이 처한 문화적 맥락의 관점에서 조망하고 있다. 아울러 4차 산업혁명 시대에 요구되는 바람직한 미래형 공공리더십은 무엇인가에 대해서도 많은 화두를 던져 주고 있다.

7장 <조직문화>는 가톨릭대 박광국 교수에 의해서 집필되었다. 인간의 행동이 의식적 요인보다는 무의식적 요인에 의해서 더 많이 좌우된다는 프로이트, 융, 아들러의 이론에 힘입어 조직론 분야에서도 1980년대 이래로 많은 주목을 받아오고 있다. 조직문화에 기초하고 있는 문화상징적 관점은 조직 내의 다양한 활동들, 즉 기획, 의사결정, 재조직화, 평가, 목표 설정, 의사전달 등이 도출된 결과에 초점을 맞추는 것보다는 그러한 행위가 조직 구성원들에게 부여하는 의미생성에 더 많은 관심을 둔다고 본다. 이러한 조직문화는 리더십, 전략, 조직구조, 인적자원관리 분야와 상호작용하면서 조직 변화와 혁신이 의도한 방향으로 이루어지는 데 결정적 기여를 하는 것으로 알려져 있다.

8장 <조직과 환경>은 연세대 유상엽 교수가 집필하였다. 이 장은 행정의 정체성을 정치와 경영의 차이에서 조망하고 행정 및 정부조직을 둘러싸고 있는 환경의 불확실성 속에서 행정조직의 생존과 바람직한 미래정부의 모습을 구현하기 위한 전략을 제시한다. 이를 위해서 거시적 환경분석 기법과 SWOT 분석기법을 소개하고 인사관리차원과 조직관리차원으로 구분하여 정부관리전략을 제시한다. 본 장을 통해 독자들은 보다 전략적으로 정부조직을 진단하고 불확실한 환경에 대응할 수 있는 정부관리전략을 도출할 수 있는 역량을 배울 수 있는 기회를 갖게 될 것이다.

9장 <조직 미션의 이해와 관리>는 연세대 이정욱 교수와 유은지 박사에 의하여 공동 집필되었다. 이 장의 목적은 조직 내외 이해관계자들과의 소통수단인 조직 미션이 가지고 있는 다양한 기능을 체계적으로 논의하고 있다. 조직은 미션을 통해 그 존재이유를 표명하고 조직의 존립과 활동에 필요한 정당성을 부여받는다. 동시에 조직 구성원으로 하여금 조직목적과 가치를 내재화하도록 해 줌으로써 조직성과와 효과성을 높이는 데 기여한다. 따라서 저자들은 미션을 단순히 수립·선언·공표하는 것을 넘어서 다양한 전략과 수단을 통해 이를 관리해야 할 필요가 있다고 주장하면서 이에 필요한 관리전략에 대해 폭넓은 논의를 전개하고 있다.

10장 <네트워크와 네트워킹>은 북일리노이대 노은주 교수에 의하여 집필되었다. 노 교수는 현대 행정서비스가 다양한 행위자들과 조직들의 네트워크를 통해 제공되고 있는 현상에 주목하면서, 전통적 계층 구조 안에서의 공공관리자의 역할과 복잡하게 얽힌 네트워크 환경 안에서의 공공관리자의 역할이 어떻게 다른가를 예리한 시각으로 분석해 내고 있다. 이 장에서는 네트워크에 관한 주요 이론을 소개하는 한편 관리적 네트워킹을 결정짓는 요인 및 네트워킹과 조직성과 간의 관계에 대한 최근의 연구동향을 조망하고 이들 연구가 갖는 함의에 대해서도 폭넓은 사유를 보여주고 있다. 11장 <조직권력>은 국민대 조경호 교수에 의하여 집필되었는데 그는 기존의 조직권력에 대한 관점에서 벗어나 코로나 팬데믹과 4차 산업혁명의 대전환기에 등장할 새로운 권력현상에 대해 조심스럽게 전망하고 있다. 분명 조직과 조직 간 경쟁 속에서 대두될 권력의 원천은 기존의 권력 원천과는 판이하게 다를 것이며, 이런 급변하는 환경 하에서 조직관리자가 경쟁 조직에 비해 우위를 계속 점해 나갈 수 있는 대응 방안에 대해 심도있는 해결책을 제시하고 있다.

12장 <행정조직의 변화와 혁신: ICT의 도입>은 한국행정연구원 우하린 박사에 의하여 집필이 기획되고 완성되었다. 이 장에서는 ICT 기술이 대국민 행정서비스 질을 제고하기 위해 어떻게 활용될 수 있는지를 고찰하고 이를 위해 전통적 관료제 조직구조가 어떻게 변화해야 하는지를 고찰하고 있다. 또한 조직 과정적 측면에서 책무성과 투명성을 확보하기 위해 의사결정과 업무 수행 방식이 '증거기반행정'에 기초해야 한다는 점을 설득력있게 강조하고 있다. 13장 <적극행정: 공직윤리와 갈등관리>는 수원대 김정인 교수에 의하여 다루어졌는데 김 교수는 이 장에서 미래 적극행정이 필요한 당위성을 언급하고 이를 위해 공직자들은 공직윤리와 갈등관리에 관한 전반적 소양을 갖추어야 한다고 주장한다. 국민을 위해 봉사하고 공익을 추구해야 하는 것이 공직자의 본연의 의무이지만 개인적, 조직·제도적, 환경적 요인들에 의해 많은 제약을 받고 있다고 분석하면서 이를 극복할 수 있는 방안을 구체적으로 제시해 주고 있다.

14장 <공공 조직의 다양성 관리>는 경희대 최성주 교수에 의하여 집필되었는데 여기서는 우리 사회 내 다양한 집단들의 이해와 가치를 공공정책에 어떻게 공평하게 반영할 것인가에 초점을 맞추고 정부의 바람직한 역할 방안을 모색하고 있다. 최 교수의 분석에 의하면, 2000년대 이후 우리 정부는 관료조직의 대표성과 다양성을 제고하기 위해 많은 노력을 기울여 온 결과 상당한 성과를 거두었다고 본다. 하지만, 최근 행정환경의 급격한 변화와 함께 정부의 균형인사정책은 새로운 형태의 다양성을 반영하고 효과적으로 관리해야 하는 국면에 접어들고 있는 만큼, 지속적인 제도적 기반과 관리적 노력이 정부 차원에서 이루어져야 한다고 주장한다. 15장 <공공서비스 비정부 전달체계: 자원봉사 활용을 중심으로>라는 주제는 뉴멕시코대 강성철 교수에 의하여 기획되고 집필되었다. 강 교수에 의하면, 현 시대 많은 정부조직들은 공공서비스의 질 제고를 위해 직접 서비스 이외에 타 정부 기관, 민간 기업, 비영리단체 등과의 계약 및 파트너십 구축을 통한 전달방식 체계를 선호하고 있다. 한 걸음 더 나아가, 자원봉사 및 클라이언트와의 공동생산과 같은 협력체계를 통해 다양한 방식으로 공공서비스를 전달하는 방안으로까지 공공서비스 전달체계는 진화를 거듭하고 있다고 주장한다. 아울러 이 장에서는 자원봉사 활용에 대한 구체적 사례 분석을 통해 효과적 서비스 전달체계, 역할 분담, 그리고 조정체계 방안 구축에 대해서도 설득력있는 논의를 전개하고 있다.

이 책이 기존 조직론 교재와의 차별성을 갖는 점은 바로 주제 중심의 기술을 탈피하고 이슈 중심으로 논의를 전개하였다는 점이다. 그러다 보니 조직론에서 필수적으로 다루어야 할 동기, 의사결정, 의사전달 이론 등은 생략하고 급변하는 환경에서 가장 우선적으로 조직관리자가 다루어야 할 핵심 주제에 집중해서 전반적인 논의를 전개하였다. 특히, 급변하는 환경에서 <공공조직의 목표모호성>이나 <조직미션의 이해와 관리>에 대한 이해가 조직의 성패를 좌우하는데 얼마나 중요한지를 조직 관리자들에게 보여주기 위해, 별도의 장으로 독립시켜 논의를 전개하였다. 그리고 독자들의 이해를 돕기 위해 15개 주제를 4부로 나누어 조직관리 방향과 조직철학, 조직 내 관리, 조직 간 관리, 조직

－환경 간 관리로 범주화해서 배치하였다. 조직 관리에 있어 이러한 범주들이 서로 유기적으로 상호 얽힘(imbroglios)을 통해서 기능할 때, 조직 전반의 목표가 효과적으로 달성될 수 있다는 것을 보여 주고자 노력하였다.

이 책은 조직론을 전공한 조지아대 동문들의 협업의 산물이지만 여기에 만족하지 않고 앞으로도 계속 환경변화에 따른 새로운 주제를 발굴하고 그 내용에 대해 천착할 것을 독자들에게 약속드린다. 그렇게 하기 위해, 퇴임한 교수들은 집필진에서 제외되고 젊은 동문 학자들이 새로운 집필진에 참여하여 책의 내용을 계속 수정하고 보완할 생각이다. 본 교재는 어느 누구의 전유물이 아니라 모든 독자들이 함께 주제를 제시하고 논의하는 담론의 장으로 기능할 때, 지속가능한 생명력을 유지해 갈 수 있다고 확신한다. 본 교재가 나오기까지 원고가 많이 지체되었음에도 하염없는 인내를 가지고 원고작업을 독려해 준 박영사 안상준 대표에게도 심심한 감사의 말씀을 드린다. 그럼에도 불구하고 이 책도 다른 교재들처럼 많은 한계를 가지고 있음을 부인하지는 않는다. 앞으로, 독자들의 따끔한 질책과 비판에 힘입어 이 책이 수정판을 거듭할수록 더욱 질적으로 내용이 충실해질 수 있기를 기대해 본다.

2021년 8월

학문의 전당인 아덴스 조지아대 캠퍼스를 생각하며
대표집필 가톨릭대 박광국 교수

차례 **C**ontents

조직관리 방향과 조직철학

조직 내 관리

차례 Contents

3부

조직 간 관리

4부

조직 외부환경

차례 Contents

1부

조직관리 방향과 조직철학

Special Contribution

조직관리 방향(특별기고)

Laurence J. O'Toole 교수

조직관리 방향(특별기고)

Public management and the organizations it influences are exciting and important subjects. I am pleased to have this opportunity to introduce this volume, with chapters entirely written by alumni of the graduate programs in Public Administration and Policy in the School of Public and International Affairs at the University of Georgia, USA. All authors are scholars working in the Republic of Korea and the United States. This preface offers a chance to sketch some of the issues and challenges facing the field — in practice as well as research.

Rather than a comprehensive overview of many facets of the field — which this entire book itself offers — these observations focus on just a few selected themes bound to be important in the years ahead.

Public management is the set of tasks involved in organizing and guiding people and resources toward public — that is, properly legitimated governmental — purposes. It involves an array of activities like organizing the routines and decisions of many others, finding competent and trained public employees, helping to motivate and encourage effective and efficient choices and behaviors of employees and often others, procuring and deploying financial and other kinds of resources to assist in these tasks, dealing with elements in the environment of their organizations to protect and encourage greater productivity, responding to feedback from outside, operating within the guidance and constraints provided by the larger political system, ensuring action within appropriate ethical principles, and much more.

Public managers now face issues calling for energy and creativity to have a positive impact on societies. Public management has played a centrally important role in governments's efforts to tackle big subjects before now − shaping vast improvements in public health, buttressing the essentials of national security, and handling crucial agendas of urban life, to name a few. However, the agenda facing public managers during this next period includes a host of fascinatingly knotty issues. Rather than detail issues on a policy sector by policy sector basis, I offer here selected crosscutting themes to ponder. There are many others, and this preface provides only a hint of the issues public managers will face.

The need for and challenge to expertise and science. Public management is a subtle craft, but it is also grounded in expertise − the application of substantive knowledge, both in public management itself (broadly construed) and in the context and substantive fields relevant to one or another sector of public policy: health, environment, defense, welfare and social security, municipal services, public finance, transportation, and so on. With few exceptions, public managers base their decisions and reputations on building such expertise into the patterns of action they oversee. Public servants, including on the front lines, form their careers around such expertise and its mastery. Through education, relative longevity, and repetition they become adept at the expertise they require for effective action, as well as for the knowledge to coordinate in complex ways with others.

Early theorists and practitioners argued that "science" should be the core of the management of governing systems. These early efforts were often simplistic and constrained by culture, but the most important proponents of proper public administration and management (the terms are used synonymously here) were virtually unanimous in putting expertise — indeed, "neutral" expertise — as the central value of such systems.

The naivete of these relatively early efforts to build expertise in management was appropriately criticized, and the tenets of organization that emerged have been debunked. But those who manage large administrative systems have long continued to believe in science and evidence as prime guideposts for public action.

This point is worth emphasis now. One of the challenges for public organizations and their management today is that the value of expertise and science has been explicitly criticized and sometimes rejected entirely in parts of the public. These may seem to be unsettling and even dangerous developments. There are at least two broad reasons: the importance until recently of science and expertise for building what we have come to call public order in a broad sense, plus the implications of the rejection of expertise and science for democratic governance.

Most obviously in the United States in recent years, but also in such countries as Brazil, Hungary, Britain, the Netherlands, Italy, Austria, parts of sub—Saharan Africa, and elsewhere, these challenges have been visible in broad national politics. But even more significantly perhaps, the important expertise—based institutions undergirding national and international life have lost some legitimacy and support among the broader publics. Other developments have accelerated these tendencies, including the recent ascendancy of populist beliefs with the rejection of "elites," as well as the near–ubiquity of social media and fragmentation of mass media, with their capacity to disseminate misinformation and disinformation. Skeptical members of many publics are not sure who or what to believe, and the management of public organizations has sometimes become a contestable enterprise.

Indeed, the so–called "deep state" – meant as a critique of the civil service, the ideas of neutrality and expertise, and the preeminent value of science – is now a target of opprobrium in several parts of the world.

These recent challenges may become mere temporary disruptions. But it is quite possible that they will be seen long–term as more important than that. If so, then those who study public organization and management and especially those who do the managing of public organizations will face a more turbulent and challenging social setting in which to make their contributions.

The second reason, referenced above, is also important. As Dwight Waldo noted long ago (1948), asserting the central role of expertise and science in the conduct of public management and the operations of organizations implies a particular kind of answer to the perennial question of governance: Who should rule? (Experts should have great influence!) And yet we assert the value and goal of democratic governance. (The broader public should have the ultimate say!) Can we have democratic systems that also privilege neutral, expertise–grounded competence in its public organizations? *How*, exactly can both objectives be attained or at least approached?

This challenge has vexed those who engage in the theory and practice of public management for generations, but perhaps it is especially complicated today – when expertise itself is rejected by some portions of various publics in various countries, and when valid information and "the facts" are themselves hotly contested? The recent populist impulses in many countries suggest that "the people" should control — or overthrow — the putative experts. But different "publics" want different things, and different ways of tapping public preferences yield quite different directions. These are longstanding issues. Rejecting expertise and science would seem to vitiate the very notion of service to the broad public interest as crafted by skilled public managers. The real puzzle, therefore, is how to tap the advantages of managerial (and other) expertise while also grounding our governing institutions in the tenets of basic democratic principles. In a sense, this has long been the central question for public managers, and those who study public management. It seems now more important than ever.

Representation, Diversity, and Inclusion. One way that analysts of public management have proposed making the process both based in expertise and also grounded in democratic principles has been to consider ways of making public servants themselves — those who work on behalf of governments toward the achievement of public policies — more broadly representative of the larger public in terms of gender, race and ethnicity, and perhaps other criteria like region or even religion. Doing so would typically also involve diversifying the public workforce to look more like the population at large. Various rationales for doing so can be considered, and an important question is whether this sort of diversification and representativeness is likely to result in decisions and actions that are more in accord with public preferences. If so, an expert public service could also approach a more democratic system.

Still, diversifying and crafting a more representative public service is likely to entail substantial managerial challenges. These involve not only the tasks of achieving diversity and representativeness, but also managing people who may comprise a less homogeneous workforce and may be prone to more different viewpoints among themselves as they draw from their own backgrounds and perspectives. The result for public managers can be a managerial challenge in delivering public action. Nevertheless, if this challenge can be met, more representativeness and diversity is likely to mean more ideas and innovation, as public servants contribute from their different perspectives and experiences toward common purpose. Because of their importance, a huge quantity of research findings have been developed on these and related matters. Some of these key issues are addressed in depth within this book.

Performance and its management. One of the key topics for public managers now and for the foreseeable future is performance — how well do public programs achieve designated public purposes, and at what cost? The subject of public program performance is a hot topic in many countries around the world, and managers have to deal with it on a regular basis. This too is a huge subject, and it is another addressed in this book.

But what is performance? In an earlier era, public management scholars and practitioners answered this question simply: high performance meant achieving policy outputs with "economy and efficiency." However, this simple answer begs a great many questions. For instance, what if more economy (saving money, for instance) means sacrificing efficiency (measured in terms of cost per unit achieved)? What if the products of public effort — the outputs — do little or nothing for the actual objectives the program or policy was meant to achieve — the outcomes? And what if improving education for gifted students means sacrificing education for students who are learning in a second or third language? Many programs and policies face such tensions or even tradeoffs, and public managers have to figure out how to balance among such complex tasks.

Many performance—related questions are likely to occupy public managers and their organizations far into the future. Beyond perception of the public (or of managers themselves), other "objective" or archival measures of performance may be crucial. How should managers respond if the perceptual sense of organizational or program performance in the community conflict with the archival, systematically−gathered data on outputs or outcomes? What if less privileged parts of the public perceive that they are underserved by public programs? Can the subtle goals of public policy be captured effectively by one or a couple of simple and perhaps crude measures? Those working to accomplish public purposes notice what performance measures are emphasized, and people change their behavior in response to what is being measured and rewarded. So ironically, unless the measures used to manage performance are carefully selected, scrutinizing performance data could actually impede "real" performance.

For public managers, another related issue may be crucial: how should they *manage* for performance? In other words, how should managers treat performance information to improve the operations of the programs they help to direct? Because of management's importance to the actual achievement of public programs, another important theme for the field now and in the future is the notion that "management matters."

How does management matter? An enormous list of factors can affect public organizational and program achievements. The "production functions" for the achievement of public goals can be enormously complex. But one set of influences that managers should pay special attention to are the influences from managers themselves.

Much research now demonstrates that, indeed, public management matters! The myriad other influences aside, what managers say and do, and how they lead their structures and people, can make a great deal of difference. Some recent research has tried to estimate just how much of a difference managers can make. Some of this work consists of qualitative case studies of managers working to help their organizations be successful, despite the difficulties. Other work actually tries to estimate quantitatively the scale of managerial influence on outcomes (for instance, O'Toole and Meier 2011).

Beyond the general question, however, other key issues should also receive attention and have been the foci of research in recent years. The most obvious one is just *how* managers matter. We know that managers shape performance by working within the organization, with the people and resources available, to improve outputs and outcomes; and they also play important roles by working in and with the environment of the organization — which itself may include one or more networked structures (or at least networking patterns). Public managers can sometimes tap opportunities or support or resources from outside to assist performance, and they can also help to protect or "buffer" the organization's operations from outside disruptions.

My own research work over a number of years has been devoted to demonstrating and estimating some of these influences by managers in such policy fields as education, health care, and urban management. Much of this work has focused on the United States, but some has dealt with what managers have been able to do in Great Britain, Denmark, and elsewhere. Other scholars have pursued similar questions in South Korea and other countries.

The evidence is overwhelming that public managers can influence the performance of their programs by addressing many of their organization's "internal" operations. These include obvious functions like public human resources management in the broadest sense. They also include exposing organization employees to the ethical principles that are important in shaping decisions and actions, even when these are unobservable. And managers can also play a part in shaping and altering the structures within which they themselves and their workers execute their responsibilities. These and other internal management opportunities to shape performance are huge topics, and they receive considerably more attention in several chapters of this book.

We also know a great deal about how the environments of public organizations and managers can be consequential, and a big part of this book will explore this reality in some depth. All organizations are "open systems" — they are not insulated from their political, social, and economic settings. Even the most powerful public organizations have less than complete control over how the environmental forces affect what happens. In addition, the complexity and turbulence in that environment can encourage public managers to adapt their own actions in different but somewhat understandable ways. These aspects of organizational environments will definitely be important over the long term.

A significant part of what we now know about public organizational and managerial environments has to do with networks and networking. Networks are structures of interdependence involving multiple organizations or parts thereof, where one unit is not merely the formal subordinate of the others in some larger hierarchical array (O'Toole 1997). Networking by managers or others refers to interactive patterns. The organizations public managers care about are public ones, but these could well be linked with many other types: other public organizations that are parts of the same government, or public organizations from another level of government (for instance, local ones connected to national ones), or nonprofit organizations, or private, for—profit entities. The networks may even consist of structures involving all these different types of organizations. Depending on the country, these networks may be quite common arrangements for delivering public goods and services.

This reality suggests a number of key tasks that will need to occupy public managers and researchers now and in the future. For instance, many interorganizational links are forged formally through contracts, but the development of contracts and their management have until recently received only sporadic attention by public management scholars. Contracting increases rather than eases the public managerial challenge, and the subject is highly important in practical and research terms.

If one considers that many of those organizations working with public organizations are also nonprofit organizations or for−profit entities, the situation is even more interesting. One cannot assume such organizations operate through the same rules of the game, and clearly their incentive structures are different from the typical public entity. And yet in some countries such units have become essential parts of the system through which government decisions are carried out. Indeed, as is often the case these days, "governance is more than governments." Sometimes public managers are called upon to manage governance systems in networked arrays, rather than simply run their own organizational operations. And they must do so with less formal control over what happens. This reality creates opportunities for creative and expanded problem solving, but the managerial role is also expanded and rendered more complex and subtle.

Looking toward today's public management and what can be expected in the future, we can foresee that complex networked structures, often involving both formal and informal linkages, will be increasingly important for managers to navigate. And an emerging challenge for managers that has yet to receive much systematic attention in the research literature is this: *transnational* networks have become quite consequential for managers and others, and the imperatives toward more of these will only grow more pressing.

In most fields of public policy, countries typically cannot go it completely alone in managing their governance challenges. For some policy issues like national security, climate change, and environmental threats more generally, it is clear that what happens on one part of the globe influences actions and policy consequences elsewhere. Even in other fields, like transportation, human trafficking, education, social welfare, and labor markets, we live in an interdependent world. Managers need to become more adept at working across boundaries, both at home and abroad. While there are visible signs of such networked interdependence across governments – like transnational and international treaties and other formal agreements – these carry ramifications through governance systems right "down" to the street level (O'Toole and Hanf 2002). Public problems and policies to address them will need be effective across preexisting structural boundaries of agencies and governments, so it is futile to hope for a structurally simpler reality.

The themes I have been highlighting are not isolated from each other. A good example is the obvious point that managing in and with networks carries performance implications. Aside from the point that acting through networks can expand capacity, another outcome may be of interest: reliability or resilience, which can sometimes be a product of designed redundancy – overlapping of managerial and organizational roles to increase the chance that catastrophic system failure will be avoided, even at a cost in narrower measures of efficiency. In an increasingly interconnected world, redundancy that strengthens resilience in both hardware and organizational systems will sometimes be crucial.

Public management in a digital world. An obvious aspect of today's public management is that much of the work done by managers, as well as others in public organizations, is handled "virtually" – that is, via the intermediation of digital logic and devices.

These obvious phenomena are themselves both cause and consequence of the "networkization" of public life in governance systems. They pose obvious implications for public managers, certainly, as such individuals must stay acquainted with and adept with the latest digital technologies available or possible in their work environments. And the implications go far beyond that. As with networks in general, the importance of digital technologies for the operation of public programs greatly expands the interaction possibilities among public employees, between agencies and the broader public, with counterparts in other jurisdictions and sectors, and internationally. With such vast expansion come challenges and threats as well. Security, protection against disruption by malevolent actors, and the necessity of redundancy in such systems become key matters for managers to handle. Often digital technologies are installed, maintained, and upgraded via contractors, a reality that itself represents in increasing challenge to manage successfully.

Once again, this series of innovations and developments is interrelated with other issues. E−government and e−governance, for instance, offer exciting opportunities for agencies and programs to connect directly with the public — thus potentially increasing transparency, rendering many citizen−agency interactions more routine and efficient, monitoring performance — often in real time −, customizing more nuanced responses (ironically) to requests from the public, and expanding access to many outside public organizations. A more digital world can also be a much more analytically powerful one — take, for instance, the uses of sophisticated data software like Geographic Information Systems that link many different data sets to show their interrelationships and present options for more comprehensive choices. Digital governance can also assist in adaptation to turbulence and unexpectedly changing circumstances — take, for instance, the quick shift to virtual learning for millions of school children in public educational systems in many countries during the coronavirus COVID−19 pandemic. But the digital world is inequitably accessible to that broader set of constituencies; so themes of representativeness, responsiveness, and diversity are important to consider here as well. Inadvertent bias is potentially even greater here than ever before, and special efforts may be needed to avoid such patterns. And managers must also consider appropriate limitations on the collection, use, and dissemination of digital data. Values placed on privacy and the problems of excessive surveillance by and through governance systems mean, once again, that a careful balancing of important values must be a regular part of public management in a digital world.

Many more aspects of public management in a digital world will be a part of life in the coming years, but one more example can suffice here. Machine learning and Artificial intelligence (AI) offer the prospect of generating powerful new digital systems to analyze massive amounts of data and thereby create the ability to devolve many kinds of decisions to "intelligent" digital systems — decisions like public human resources management (Whom to hire? Whom to reward or discipline? Whom to promote?), rewards and sanctions for criminal offenders (Whom to parole, and when? To whom to deny appeals of administrative decisions?), and so forth. Here too, nonetheless, software itself — often marketed by private vendors — can carry certain inadvertent biases and thus vitiate efforts to treat employees and citizens equitably.

These are simply a few hints about how public management in a digital world carries both enormous opportunities and enormous challenges for those influencing decisions in the years ahead. They also deserve sustained attention from researchers.

Comparing organizations and public management across sectors and nations. The fields of public management and organization theory have made many advances to develop a scientific body of knowledge about their subjects. But is it truly *general* knowledge? General principles of administration or management as developed long ago were soon found to be less than truly scientific, and both researchers and practitioners have since been much more cautious in claiming general knowledge. Still, much of the systematic research has been based on evidence from a relatively few countries, and certainly over a relatively limited time. Gathering long−term data is time consuming, difficult, and expensive. And there are many obvious reasons why most of the relevant research has been done in a few countries. Resources available to conduct research and gather data has mostly been limited to researchers and often countries that have the most training and wealth. English−language research literature dominates, especially from the United States. So a truly scientific approach will require broadening and deepening the research enterprise, and the insights from public managers, far beyond the "usual" empirical venues.

To sharpen the point and put it most critically: The United States is an unusual country, since it is an outlier in terms of resources, social context, political system, and more. But a huge part of current empirical understanding of public organizations and management is based on this case, broadly speaking. So: how much should we base our understandings and "knowledge" on the experiences of such a "deviant case?"

Fortunately, this pattern has begun to change, and in several encouraging ways. This book is certainly one example. The authors are all from South Korea, where a great deal of recent research has been enriching the research literature. Increasing amounts of high quality research is being conducted in non−U.S. countries and by non−U.S. scholars. Top research journals increasingly have quite international editorial boards.

As research from a broader array of settings accumulates, the goal of general and valid knowledge about public management and the organizations that deliver policy results is bound to increase, and I expect that this encouraging development will continue, with increasing benefits. Similarly, exchanges among researchers and also practitioners across national settings are increasingly common, and with enlightenment for all.

Still, there are continuing challenges. Truly comparative (cross−national) and systematic research is difficult, so it is tough to learn how and why such settings influence how management is conducted. Also, an old question continues to be debated. Should we mostly be trying to understand and develop a truly general − generic − science of management that encompasses all sectors and organizations? This is the approach of most generic schools of management (or "business") as they are called in many countries. And influential associations like the very international Academy of Management are organized around the generic notion. On the other hand, most "generic" research conducted thus far has been focused on for−profit organizations, not government departments − nor nonprofit organizations (despite the growing visibility of nonprofit work as its own specialty). Indeed, the bulk of funds in support of the study of management and organizations is provided by business organizations. And although I have emphasized here the heavily networked and thus "governance" − centric character of today's public management, most studies continue to treat individual organizations and their members as units of analysis. (This tendency too has begun to change, and sophisticated network researchers have developed their own journals and organizations, not to mention publications in public management outlets.) So: how much should we aim for generic knowledge? And how much should we build and improve our knowledge in the specifically *public* sector, or in social patterns that bridge sectoral boundaries? This is a question that is bound to stimulate continuing ferment.

At a minimum, I would argue, the field should take seriously the objective of a public management and organizational theory that treats the public context systematically as part of the theory (O'Toole and Meier 2015), while we also draw on the best relevant social science regardless of sector to expand and enhance our scientific knowledge of such important subjects as organization structure, work motivation (including a critical consideration of public service motivation), organizational ethics, and front line—client interactions. These are some of the directions to be expected for the future, and the world of practice is likely to benefit from them as well.

Laurence J. O'Toole, Jr.

April 2021, University of Georgia, USA

O'Toole 교수의 서문에 대한 논평

박광국

O'Toole 교수는 세계적 석학답게 공공관리가 왜 중요한지에 대해 명료한 개념 정의부터 시작하여, 미래 공공관리자가 주목해야 할 6개 주제에 대해 심도있게 논의하고 있다. 만약 공공관리자가 21세기의 급변하는 환경에 능동적으로 대처하려면 이들 주제에 대한 폭넓은 이해를 창의적이고 혁신적 관점에서 조망할 필요가 있다.

먼저 그는 공공관리를 "공적 목표를 향해 사람과 자원을 정당성에 입각해 조직화하고 정보를 제공하는(guide) 것을 포함한 일련의 과업으로" 정의한다. 공공관리자의 주된 임무는 환경변화에 적응하여 조직의 생산성을 높이고, 정치 체계에 의해 부과된 지침이나 제약조건을 준수하고, 윤리적 원칙을 견지하면서 여러 활동들을 수행하는 데 있다. 공공관리자는 국민 건강, 국가안보, 기후변화와 같은 난제들을 효과적으로 다루기 위해 그 어느 때보다도 더 많은 열정과 창의성을 가지고 임해야 한다. 들뢰즈가 주장하듯이 공공관리자는 이러한 문제들을 앞으로도 계속해서 반복적으로 다루겠지만 그냥 관성에 의해 업무를 행하는 것이 아니라 현재보다 나은 차이를 만들어 내겠다는 확고한 의지를 가져야 한다.

그럼 이제부터 공공관리자가 유념해야 할 여섯 가지 주제의 중요성에 대해 살펴보기로 하자.

전문성과 과학의 필요성과 과제: 공공관리는 정형화할 수 없는 매우 섬세한 기술(craft)을 요하는 동시에 전문성에 입각해 있어야 한다. 공무원들은 교육, 오랜 근무(longevity), 반복적 업무 수행을 통해 전문성을 획득해야 할 뿐 아니라 팀원들과 다양한 방식으로 조정 업무도 수행해 내야 한다. 과거 공공관리의 요체는 과학적 방법을 적용한 중립적 전문성을 함양하는 데 있었지만 현대에 와서는 민주적 거버넌스와 전문성을 양립시키는 것이 더 중요한 과제가 되었다.

대표성, 다양성, 포용성: 공공정책의 목표를 위해 일하는 사람들은 다양한 집단, 즉 성별, 인종, 지역, 종교 등을 대표해야 하며, 그렇게 하기 위해서는 정부부문 인력은 다양한 집단에서 충원되어야 한다. 이를 통해 일반 국민의 선호가 의사결정이나 집행과정에 잘 반영될 수 있을 것이다. 이 때 공공관리자의 주요한 과제는 다양한 견해를 가진 이질적인 집단을 조화롭게 이끌어 다양한 혁신 아이디어가 공공정책의 효과성에 기여할 수 있도록 유도하는 데 있다.

과업성과와 성과관리: 공공관리자가 관심을 가져야 할 또 하나의 중요한 주제는 공공사업이 의도한 공적 목표를 가능한 적은 비용으로 달성할 수 있느냐와 관련되어 있다. 고전 이론에서 고 성과(high performance)는 경제성과 능률성(economy and efficiency)을 가지고 정책 산출물을 얻는 것을 의미했다. 하지만 경제성과 능률성 간에는 상충이 일어날 수도 있고, 실제 산출물이 의도한 결과를 가져오지 못하는 경우도 있어 이들 간 긴장이나 상충을 어떻게 균형있게 잡아 내느냐가 공공관리자에게 당면한 과제라고 볼 수 있다. 성과와 관련된 또 하나의 문제는 조직이나 사업성과에 대한 인식도가 실제 산출물이나 결과물과 일치하지 않을 때 발생하는데 이때 공공관리자의 대응방식도 중요한 과제라고 할 수 있다(예: 사회 취약 계층에 대한 불충분한 서비스 혹은 공공성과를 측정하는 지표의 불완전성 등).

관리의 중요성: 공공조직과 사업의 성취에 있어 관리자의 역할만큼 중요한 것

은 없다고 해도 과언이 아니다. 관리자가 말하고 행하는 것, 그리고 조직구조를 설계하고 조직구성원들을 동기화시키는 것은 관리자의 리더십에 따라 천차만별적으로 다르게 나타날 수 있다. 어느 사회학자는 조직 최고관리자의 리더십이 조직 발전의 성공을 결정하는 핵심요인이라고 주장한다. 이와 관련해 실제 수많은 질적 및 양적 연구가 이루어지고 있다.

최근에 공공관리자는 조직 내부 운영에만 신경을 쏟는 것이 아니라 조직을 둘러싼 환경을 관리하는 데 더 많은 관심을 기울이고 있다. 이들은 높은 과업성과를 내기 위해 조직 외부로부터 기회, 지지, 자원을 이끌어 내고, 네트워크 조직을 활용한다. 이러한 네트워크 조직 구조에서 공공관리자의 주된 역할은 인적자원 관리, 특히 윤리적 원칙에 입각해 조직구성원들이 행동하도록 해 주는 것이다. 앞으로 조직을 둘러싼 환경은 점점 더 복잡해지고 급변할 것으로 예상되는 바, 공공관리자는 네트워크를 통한 상호의존성을 중시해야 한다. Powell(1990)이 주장하듯이, 이러한 네트워크 조직의 의사소통 수단은 신뢰에 바탕을 둔 관계이기 때문에 구성원 간 상호의존성은 매우 높을 수밖에 없다.

네트워크 조직을 통해 얻을 수 있는 주요 성과는 역량 증대뿐만 아니라 신뢰도와 회복력(resilience)이다. 점차적으로 상호연결된 세계에서는 가외성(redundancy) 확보가 조직 시스템의 회복력을 강화해 줄 수 있는 중요한 요소이다.

디지털 세계에서의 공공관리: 오늘날 공공관리의 대부분은 디지털 논리와 장치에 의해 매개되어 가상공간에서 이루어진다. 이러한 현상은 거버넌스 시스템 내 공적 생활을 네트워킹화 해내는 원인일 수도 있고 결과일 수도 있다. 이제 공공 조직구성원들은 이러한 디지털 기술에 친숙해야 할 뿐만 아니라 정통해야만 한다. 이러한 디지털화가 가져오는 위협은 바로 보안 문제이다. 종종 디지털 기술은 외부 계약에 의해 설치, 유지, 개선되기 때문에 이를 성공적으로 다루는 것이 관리자의 주요 책무이며 이를 위해 반드시 가외성을 담지해 두는 것이 중요하다.

디지털 거버넌스는 일반 국민들에 대한 정부의 투명성, 시민과 정부간 상호작용을 시·공간에 구애됨이 없이 실시간으로 가능하게 해 주지만 동시에 부정적인 측면도 내포하고 있다. 바로 불평등(inequity)의 문제이다. 이번 코로나19 사태에서 본 것처럼, 디지털 거버넌스는 접근성, 대표성, 대응성, 그리고 다양성의 측면에서 많은 문제를 야기할 수 있다. 이외에도 디지털 자료의 수집, 활용, 배포에 있어 개인의 사생활 침해나 일반 국민에 대한 지나친 감시도 우려할 만한 수준을 넘지 않도록 다루어 주어야 한다. 그리고 기계 학습이나 인공 지능의 활용은 대부분의 의사결정을 이들에게 맡기게 되는데, 이 때 소프트웨어 개발자에 의해 부주의하게 소프트웨어가 설계되어 고용자나 시민들을 부당하게 대우하지 않도록 배려하는 것도 공공관리자의 책무라고 할 수 있다.

조직과 공공관리의 부문간 혹은 국가 간 비교: 공공관리의 일반 이론의 정립에 대해서 오툴 교수는 매우 회의적인 시각을 견지한다. 그에 따르면 매우 특이한 나라인 미국의 사례를 연구해서 이를 일반화하는 것은 마치 통계학에서 이상치인 점(plot) 하나를 보고서 전체 플롯의 형태를 유추하는 것처럼 무모하다고 본다. 구조주의 인류학의 창시자인 레비−스트로스가 서구 문명의 우월론에 이의를 제기한 것처럼, 오툴 교수도 미국 행정학의 우월성에 대해 지나친 맹신을 버리라고 경고하고 있다. 행정학이 보다 더 일반 이론에 접근하려면 수많은 국가의 사례들에 대한 연구가 집적되는 것이 중요하다. 이번에 조지아대 출신인 한국 학자들에 의해 한국 사례를 가지고 공공관리에 대한 논의가 전개되었다는 것은 분명 공공관리 이론의 일반화에 기여한 바가 크다고 할 수 있다.

오툴 교수의 미래 공공관리에 대한 논문을 리뷰하면서 느낀 점은 미래 공공관리자는 다가올 환경변화에 대해 끊임없이 사유하고 성찰하는 자세를 갖는 것이 중요하다는 것이다. 기존의 공공관리 이론을 하나의 도그마와 같은 진리로서 무비판적으로 신봉할 것이 아니라 망치를 든 철학자 Nietzsche처럼 이들 이론의 적실성에 부단히 의문을 제기하고 새로운 이론을 생성, 발전시켜 나가야 한다. 그런 점에서 오툴 교수의 서문 원고는 미래 공공관리자들로 하여금 새로운 사유를 위한 화두를 제시해 주었다는 점에서 큰 의의가 있다고 본다.

References

O'Toole, Laurence J., Jr. 1997. "Treating Networks Seriously: Practical and Research — Based Agendas in Public Administration." *Public Administration Review* 57, 1 (January — February): 45 — 52.

O'Toole, Laurence J., Jr., and Kenneth I. Hanf. 2002. "American Public Administration and Impacts of International Governance." *Public Administration Review* 62 (September): 158 — 69.

O'Toole, Laurence J., Jr. and Kenneth J. Meier 2011. *Public Management: Organizations, Governance, and Performance.* Cambridge: Cambridge University Press.

O'Toole, Laurence J., Jr., and Kenneth J. Meier. 2015. Public Management, Context, and Performance: In Quest of a More General Theory." *Journal of Public Administration Research and Theory* 25, 1 (January): 237 — 56.

Waldo, Dwight. 1948. *The Administrative State.* Ronald Press. Revised edition 1984, Holmes & Meier.

제2장

조직철학

박광국

생각해보기

- 현대 조직관리에 있어 조직철학에 대한 이해는 왜 중요한가?
- 모더니즘과 포스트모더니즘의 철학 간에는 어떤 차이가 있는가?
- 4차 산업혁명같이 급변하는 환경에서 조직철학의 초점은 어디에 놓여져야 하는가?
- 리더십 역량을 발휘함에 있어 조직철학의 역할은 무엇이라고 보는가?

제2장

조직철학

---

1 들어가며

2020년에 들어와 4차 산업혁명의 쓰나미는 점점 그 가속도를 더해가고 있다. AI(Artificial Intelligence), 빅데이터로 대변되는 정보기술사회에서는 모든 영역에서 정보기술이 인간을 대체해 나가고 있다. 최근까지만 해도 비교적 안정적이라고 여겨졌던 관리직(기업 임원, 고위 공무원, 경영 직능별 관리자 등)이나 전문직(개발자, 연구원, 교수, 변호사, 컨설턴트 등)까지도 이러한 위협에 직면한 상태이다. 타임지에 게재된 2017년 구글의 인재 채용 조건을 보면 전문지식과 같은 하드 스킬은 큰 비중을 차지하지 못하고 있고 오히려 대화 능력, 정직과 성실, 대인관계, 동기주도적 학습, 책임 윤리, 팀워크와 같은 소프트 스킬이 중요시되고 있는 것을 볼 수 있다.

이외에도 21세기 들어 저출산·초고령화, 빈부격차, 기후변화, 청년 실업 등 행정난제가 속출하면서 시장경제에 기초한 자본주의 체제 및 이를 떠받치고 있는 관료제의 유용성에 대해 많은 비판이 제기되고 있다. 임의영(2006)은 「행정철학」

제2장 조직철학 29

에서 관료제 조직의 문제점을 존재론적, 인식론적, 행정윤리론적, 그리고 행정인간론적 관점에서 날카롭게 비판하고 있다. 그에 따르면 첫째, 관료제는 존재론적 관점에서 '지배'라는 권력 관계를 본질로 갖고 있다. Foucault는 파놉티콘(panopticon)이라는 비유를 통해 관료제를 거대한 원형 감옥으로 묘사하며, 그 안에서는 '보이지 않고 보기'라는 권력이 작동하고 있다고 주장한다. 둘째, 인식론적 관점에서, Habermas에 의하면, 인간의 인식은 관심(interest)에 의해서 유도되는데 그러한 관심의 중심에는 관료제적 가치가 자리 잡고 있다. 관료제는 '과학'을 유일무이한 인식론으로 규정하며 하나의 세계만을 구축한다.[1] 셋째, Weber에 의하면, 관료제의 행정윤리는 가치합리적(value-rational) 행위보다 목적합리적(instrumentally rational) 행위를 선호한다고 본다.[2] 이러한 행정윤리는 자아중심적이며, 타자는 나의 생명을 지속시키거나 나의 존재를 확인시켜 주는 수단으로 전락한다(임의영, 293-4). 끝으로, 행정인간적 관점에서 보면, 관료제는 몰인격성(impersonality)에 기초해 조직구성원들을 가치와 의미체계의 일관성을 추구하는 문화인으로서 살기보다는 '정신없는 전문가' 혹은 '가슴없는 향락자'로서 살 것을 요구한다(임의영, 295).[3]

이를 통해 우리는 현대 관료제가 존재론적, 인식론적, 행정윤리적, 행정인간적 측면에서 많은 문제점을 가지고 있는 것을 살펴보았다. 또한, 관료제라는 거대 조직은 진공 속에서 존재할 수 없기 때문에 이를 둘러싸고 있는 자본주의의 한계에 대해서도 관심을 가져야 한다. 따라서, 조직을 효과적으로 관리하기 위해서는 조직관리자는 조직 현상을 정확하게 보기 위한 다양한 렌즈를 가져야 하고 이러한 필요성을 조직구성원들에게도 각인시켜 줄 필요가 있다. 다음 절에서는 모더니티의 주요 특성을 간략하게 개관해 보고자 한다.

---

1) Whitehead는 그의 「과학과 근대세계」에서 뉴턴의 기계론적 우주관을 비판하고 여러 조직이나 요소들이 유기적으로 긴밀한 상호작용을 하면서 이루어진 하나의 통일된 전체로 보는 '유기체적 우주관'을 피력하였다.
2) 가치합리적 행위는 숭고한 가치를 구현하기 위해 사명감과 의무감에 기초해 행위하는 데 비해, 목적합리적 행위는 주어진 목적을 달성하는 데 최적의 수단이 무엇인가에 관심을 갖는다.
3) Fromm이 「자유로부터의 도피」에서 주장하였듯이, 관료제 구성원들은 그들에게 주어진 자유를 지켜내기 위해 험하고 고통스러운 길을 갈 것이 아니라 자유를 포기하고 더 편안한 삶을 택하라고 유혹한다.

과학적 방법론에 입각한 모더니티의 주요 특성들

Habermas는 1980년대 그의 저작에서 계몽주의의 관점에서 모더니티를 다음과 같이 정의하고 있다.

> 계몽주의 철학자들에 의하여 18세기에 형성된 모더니티 기획은 객관적 과학,
> 보편적 도덕과 법, 그리고 예술을 그들 자체의 내부적 논리에 따라 발전시키고자
> 노력하였다. 동시에, 이 기획은 이들 각각의 영역을 비교(秘敎)적 형태(esoteric
> forms)로부터 벗어나 인간의 이성을 극대화하고자 하는 의도가 있었다. 계몽주의
> 철학자들은 이러한 전문화된 축적이 일상생활의 윤택화를 가져오는 것으로 보았
> 다(Farmer, 강신택 역, 1999).

그에 따르면, 계몽주의의 대표 학자 중 한 사람인 Condorcet는 과학과 예술을 통해 "자연의 통제, 세계와 자아의 이해, 도덕적 진보, 제도적 정의, 그리고 인간의 행복"을 가져다 줄 것으로 굳게 믿었다.[4] 하지만 이들의 기대는 제1차 세계대전, 유태인의 대량 학살, 그리고 격심한 환경파괴를 경험하면서 인간의 이성이 낙원을 가져오기는커녕 최악의 경우에는 인간의 멸절을 가져다 줄 수도 있다는 두려움에 휩싸이게 되었다. 20세기 가장 어두운 철학서로 평가받고 있는 「계몽의 변증법」에서 프랑크푸르트 학파인 Horkheimer와 Adorno는 "왜 인간은 진정으로 인간적인 상태로 들어가지 않고 일종의 새로운 야만상태로 몰락해 가는가"를 호메로스의 '오딧세이'를 통해 비유적으로 그려내고 있다. 계몽주의가 신봉하고 있는 모더니티의 특징은 크게 두 가지로 특징지어 볼 수 있다(Farmer, 1995).

---

4) 1793년 11월 프랑스 노트르담 사원에서 이성의 축제(the Festival of Reason)가 거행되었는데 Carlye은 "이 축제가 또 다른 새로운 신을 경배하는 것에 다름아니다"라고 혹평하였다.

1) 준거의 중심으로서의 자아

모더니티는 전근대적 사회에 뿌리내리고 있는 전통적 권위와 조건을 거부하면서 근대적 주체인 인간에게 더 많은 자유와 기회를 부여하려고 한다. 이성의 축제에 있어서 인간은 신(the God)이나 자연 질서를 준거로 삼는 것을 거부하고 자기 자신(the Self)을 준거로 삼았다. 모더니티 관점에서 이제 인간은 선(the Good)에 관한 하나의 고정관념을 거부하고, 이성에 기초한 세속성, 과학주의, 그리고 쾌락주의를 신봉한다. 다시 말해, 계몽주의 시대의 근대인들은 신들과 악마의 미몽(迷夢)에서 벗어나지 못한 고대인들과는 달리, 우리 주체는 명석 판명한 이성에 기초해 자연의 질서를 파악하고 통제할 수 있게 되었다고 보았다.

2) 자율적 주체

모더니티는 모든 권력을 신이나 자연 질서에 둔 것이 아니라 인간 주체에 두었고, 이에 따라 주체는 그를 둘러싼 물리적, 사회적, 그리고 정치적 환경을 자기 통제하에 둘 수 있게 되었다. 때마침 나온 뉴턴의 만유인력의 법칙 발견은 세계를 혁명적으로 바꾸어 놓았으며 Kant의 철학에도 깊은 영향을 끼쳤다.[5] 이성은 이제 미신, 근거 없는 주장, 죄악과 무지라는 거추장스러운 제약으로부터 자아를 해방시키는 창조적이며 유용한 힘으로 파악되었다. 이러한 이성은 적절히 사용되면 인간의 진보를 보장해 줄 것이고 나아가 인간에게 행복을 가져다 줄 것으로 받아들여졌다. 계몽주의 사상가들인 Kant, Voltaire, Adam Smith, Jeremy Bentham은 이구동성으로 Voltaire의 말을 빌려 "교회, 신부, 미신, 그리고 빈곤과 같은 문화적 요인들로 인해 이성은 여러 사람들에 의해 허약한 것으로 간주되어 왔다." 이제 계몽을 통해 이러한 잘못된 생각은 타파되어야 한다고 보았다.

모더니티에 있어 주체는 숭배자이고 이성은 세계인 객체를 그리는 수단으로 간주된다. Descartes의 "생각한다, 고로 나는 존재한다(Cogito, Ergo Sum)"처럼 이제 개인은 철학의 토대이며, 철학의 궁극적 목표는 "내가 무엇을 어떻게 알 수 있는가를 확인하고 내가 아는 바의 근거를 개인에게 두는 것이다"(Farmer, 1995).[6]

---

5) Kant는 「순수이성비판」에서 '형이상학'이 '헤메임(Herumtappen)'의 단계를 벗어나 '학의 안전한 길(sicherer Gang einer Wissenschaft)'로 진입하기 위해서는 수학이나 물리학과 같은 인과성의 법칙을 찾아야 한다고 주장한다.
6) Weber는 모더니티에 관한 비관론을 다음과 같이 피력하고 있다. "근대경제 질서의 전체적인

다음 절에서는 이러한 모더니티가 의존하고 있는 과학적 방법론의 특성과 이에 내재하는 문제점이 무엇인지를 간략히 살펴보고자 한다.

3　과학적 방법론의 특성과 그 한계들

1930년대 미국 행정학을 풍미했던 행정과학은 Simon에 의해서 주도되었다. 그의 과학적 방법론은 지금까지도 행정학(조직학 포함)의 주류 이론으로 자리매김하고 있으나 많은 비판에 직면하고 있는 것도 사실이다.[7] 1960년대 미국의 베트남 참전에 대한 반전 데모, 빈곤과의 전쟁, 워터게이트 사건 등을 통해 드러난 주류 행정이론의 한계를 목도하면서 이론들이 갖고 있는 적실성(relevancy)에 많은 의문이 제기되었다. 임의영(2006)은 이러한 주류 행정이론에 문제를 제기한 대표적 학자로서 Waldo, Ostrom, White, Scott & Hart를 들고 있다. 그 이유로 이들은 과학주의와 능률지상주의, 관료행정 패러다임의 불충분성, 행정의 테크놀로지 편향성, 그리고 인간의 본성과 도덕적 기준에 대한 형이상학적 사고의 부재를 들고 있다. 이와 같은 맥락에서 Farmer도 산업혁명 이후 거의 신의 수준으로까지 격상되었던 인간의 이성이 오늘날 사회문제나 환경문제를 해결하기는커녕 점점 더 심화시키고 있는 위기상황에서 이를 반성하고 성찰하는 대안적 패러다임의 모색이 시급하다고 주장하고 있다.

1) 합리주의적 접근법

합리주의가 정초하고 있는 논리실증주의(logical positivism)는 근본적으로 현상을 설명하기 위해 경험적 관찰을 통한 지식 획득에 초점을 둔다. 논리실증주의자인 Carnap에 의하면, 가치에 관해 형이상학에서 주장하고 있는 언명들(statements)

우주는 하나의 쇠우리(an iron cage)인데, 그곳에 있는 전문가들에게는 정신이 없고, 관능주의자들에게는 가슴이 없으며, 다른 어느 시대보다도 높은 수준의 문명을 달성하였다고 하는 환상만이 있을 뿐이다."
7) Farmer는 모더니티가 기초하고 있는 거대한 허구적 설화를 해체하기 위해 Simon의 행정행태론(*Administrative Behavior*)을 그 교본으로 삼고 있다.

은 완전히 무의미하다고 본다. 따라서 이들은 '경험적 검증을 통한 언명들의 의미규정'을 새로운 과학철학의 특징으로 간주한다. 이러한 주장은 Simon에 의해서 그 정점에 도달하는데 그에 의하면, 자연과학과 사회과학 간에는 근본적인 차이가 있을 수 없으며 양자의 통일가능성은 열려 있다고 본다.

이를 위해 논리실증주의는 경험적 방법론과 분석적 방법론을 통해 통일과학 (unified science)을 지향해 나아가려고 시도한다. 경험적 방법(empirical method)은 관찰과 실험에 의존하며 객관성을 확보하기 위해서는 대상 자료의 '사실성 확보'가 매우 중요하다고 본다. 그리고 분석적 방법(analytical method)은 Russell의 철학에 기초하고 있는데 그 구체적인 내용을 보면, "복잡한 것은 비록 그 구성 요소들의 수가 무한하더라도 단순한 것들로 구성되어 있기에" 작은 부분으로 쪼개 나가면 그 실체를 파악해 낼 수 있다는 것이다(임의영, 2006: 167에서 재인용).

이처럼 논리실증주의는 경험적 방법과 분석적 방법을 결합하여 사실성 (facticity)으로의 환원을 모색하는데, 이때 Bridgman이 언급하는 소위 '조작화 (operationalization)'가 이루어진다. 다시 말해, 자연어가 과학성을 담보하기 위해서는 관찰가능한 언어나 언명으로 대체되어야 한다. 일반적으로 논리실증주의는 선행 연구에 입각해 어떤 가설들을 도출하고, 이들의 진위를 파악하기 위해 가설에 포함되어 있는 변수들을 조작적으로 정의한다. 이를 통해 비로소 가설에 대한 검증가능성 혹은 반증가능성이 가능하게 된다.

하지만 이러한 논리실증주의는 Denhardt에 의해 조직 현상을 정확하게 파악하는 데 있어 많은 한계가 있다는 비판에 직면한다. 첫째, Simon은 행정학을 순수과학(pure science)으로 정립하기 위해 사실-가치 이원론(fact-value dichotomy)을 주창했지만, 결과적으로는 그 이후 행정학자들이 의도적으로 행정연구에서 가치 문제를 소홀히 다루는 결과를 초래했다. 둘째, 논리실증주의는 과도하게 능률성이라는 가치에 집착한 나머지 민주주의가 요구하는 의무감을 충족시키는 데는 실패하게 됨으로써 조직구성원들의 심리적 불안정, 삶의 질 저하, 환경오염 등과 같은 결과를 초래하게 되었다고 비판한다. 셋째, White가 주장하듯이 논리실증주의는 지식 획득에 있어 도구적 접근을 선호함으로써 규범적 사회구조를 파악하는데 실패했다고 본다. 이와 연관해, 논리실증주의는 행정 문제의 원인과 그에 대한 처방이 가져온 결과에 대해서는 알려 주지만 이러한 상황을 타개하기 위해 우리

가 무엇을 원하고 무엇을 해야 하는지에 대해서는 아무런 기여도 할 수 없다고
비판한다.

4 모더니티에 입각한 대안적 접근법들

논리실증주의가 초래한 이러한 문제점을 인식하고 모더니티의 또 다른 대안적
접근법인 현상학과 해석학은 행정의 재개념화를 추구하였다(D. Farmer, 강신택 역,
1999). 다시 말해, 관료제 내의 가치, 형평성, 변화, 참여에 대한 새로운 인식 등을
들 수 있다. 하지만 현상학과 해석학 역시 인간의 이성을 중시하고 있다는 점에서
나중에 기술할 포스트 모더니티와 큰 차이를 갖게 된다. Harmon과 Mayer는 사
회과학의 특성에 관한 가정을 분석하기 위한 하나의 틀을 <표 2.1>과 같이 제
시하고 있다.

표 2.1 주관-객관 차원에서 본 사회과학의 주요 특성에 관한 가정들

주관-객관 차원		
사회과학에 대한 주관적 접근법		사회과학에 대한 객관적 접근법
유명론	본체론	실재론
반-실증주의	인식론	실증주의
주지주의	인간 본성	결정주의
개별기술적	방법론	법칙정립적

출처: Gibson Burrell and Gareth Morgan, *Sociological Paradigms and Organisational Analysis*
(London: Heinemann Educational Books, 1979: 3.

<표 2.1>을 보면, 이 장에서 다루려고 하는 현상학과 해석학이 기초하고 있
는 사회과학 연구에 있어 주관적 방법론의 특징을 존재론, 인식론, 인간의 본성,
방법론에 관하여 객관적 방법론과 대비시켜 보여주고 있다.

1) 해석학

Harmon(1981)은 해석학 분야에 기여한 수많은 학자들 중에 저자 자신과 Hummel을 가장 기여가 큰 학자로 꼽고 있다. Harmon은 그의 주저인 *Action Theory for Public Administration*에서 18개의 주제를 가지고 자신의 주장을 요약하고 있는데 여기서는 그중 5개를 인용하고자 한다.

> 3. 사회이론의 주된 분석 단위는 대면적 상황(face-to-face situation)이어야 한다.
> 6. 사회과학에 있어서의 기술과 설명은 주로 행위(action)에 관련되어야 하며, 이 때 사람들이 행위에 부여하는 일상적인 의미에 초점을 맞추어야 한다.
> 9. 행정 규범이론을 발전시킬 때 일차적 가치는 상호성(mutuality)에 두어져야 한다.
> 11. 다양한 의사결정 규칙들, 계층제(일방적 의사결정), 협상 혹은 시장 규칙, 투표, 계약, 합의 등이 공공조직에서 고려될 필요가 있다.
> 15. 무책임한 행정행위는 사람들이 자신들의 행위에 대한 개인적 책임을 인지하지 못하도록 하는 인지 과정(cognitive processes)에 근거하고 있다. 즉, 조직이 행위를 한다고 오인하는 의인화(reification) 과정에서 비롯된다.

Hummel도 1987년에 출간한 *Bureaucratic Experience*에서 관료화된 시대의 문제점을 폭로하고 있다. 그에 의하면, 관료제는 공공이든 혹은 민간이든 간에 하나의 새로운 조직사회 생활의 한 방식이며 우리의 생활 세계(life world)와 다섯 가지 방식에서 차이가 있다고 보고 있다. 즉, 사회적, 문화적, 심리적, 언어적, 그리고 권력-정치적 면에서 그렇다는 것이다. 언어적 측면에서 관료제가 구사하는 비인과율적 언어(acausal language)는 그들이 다루는 고객과의 의사소통에 초점이 맞추어진 것이 아니며 권력 행사와 관련되어 있다고 파악한다. 다시 말해, Hummel이 볼 때 관료제 언어는 결코 문제해결을 위해 설계된 것이 아니며 타자에 대한 지배와 타자의 예속에 익숙해져 있다.

2) 현상학

Husserl의 제일철학은 명증성(Evidenz)을 철학의 핵심으로 두고, 이를 확보하기 위해 '현상학적 환원' 방법을 사용한다. 여기서 Husserl은 지향성(intentionality)과 판단중지(Epoche) 개념을 도입한다. 지향성이란 "의식이 대상을 대상성으로서 성립하게 하는 동적인 의식작용, 즉 진리의 이념을 목표로 하는 의식작용"을 의미한다(임의영, 2006). 여기에 필수적으로 수반되는 것이 반성(reflection)인데 이를 통해 "우리는 사태들 자체, 가치들, 목적들, 유용성들 자체 대신 그에 상응하는 주관적 체험"들을 파악한다. Husserl은 이 모든 것을 '현상들(appearances)'이라고 칭하며, 이것의 가장 본질적인 특성은 '무엇에 관해 나타남'으로써 존재한다고 한다(Husserl, 1993).

현상계는 주관적으로 체험된 세계이기에, 오히려 외적 세계는 있는 그대로의 주관적 체험을 드러내는 데 방해물로 작용한다.[8] 이러한 문제를 극복하기 위해 Husserl은 판단중지를 요청한다. 그에 의하면, "현상학자는 현상학적 반성을 수행함에서 반성되지 않은 의식 속에서 이루어진 객관적 정립이 함께 수행되는 모든 것을 억제해야만 하며, 이와 함께 그에 대해 곧바로 현존하고 있는 세계를 판단의 형식으로 이끌어 들이는 모든 것을 억제해야만 한다"(Husserl, 1993). 즉, 판단중지는 우리가 일상생활에서 선취하고 있는 '자연적 태도'에서 정립된 모든 것들을 '괄호로 묶는 것'을 말한다.[9]

그런데 Husserl은 현상의 사실성 확보만으로서는 명증성에 이를 수 없다고 보고 한 단계 더 나아가 본질형식(형상으로서의 Eidos)으로의 보편적 이행을 해야 한다고 주장한다. Husserl은 이러한 이행을 형상적 환원(eidetic reduction)이라고 명명하며 본질직관을 통해서 가능하다고 본다. 현상학이 순수관념론과 다른 점은 여기에 있다. 즉, 순수관념론은 주관에 의한 객관의 창조를 의미하지만, 현상학은 주어진 객관 세계를 전제하고 선험적 주관을 통해 구성하는 것이다. 이때 구성이란 "이미 주어져 있는 것을 우리가 알 수 있는 형태로 밝힘, 즉 객관화한다는 뜻

---

8) 현상학이 전제하고 있는 주관은 '선험적 주관'이다. 이 개념을 풀어보면 "존재일반의 원범주 내지 원영역이며, 모든 다른 존재영역이 거기에 뿌리내리고 있으며 ..... 따라서 본질적으로 거기에 의존하고 있는 절대적 존재"이다(한전숙, 1984).
9) Husserl 현상학의 판단중지는 연구자의 주관성은 물론 생활세계 그 자체까지도 괄호 안에 묶는다.

이다"(한전숙, 1984).

모더니티에 입각한 조직연구는 주관적 방법론과 객관적 방법론을 결합함으로써 훨씬 더 조직 현상을 정확히 이해하는데 한 걸음 더 진보했다고 볼 수 있다. 하지만 포스트 모더니스트들이 주장하듯이 모더니티의 가장 큰 맹점은 인식을 통해 실재에 접근할 수 있다고 보았다는 데 있다. 왜냐하면 Nietzsche와 Freud의 철학 이후 실재와 인식 사이에는 항상 언어가 개입함으로써 우리는 결코 실재에 정확하게 접근할 수 없는 한계에 봉착하기 때문이다. 다음 절에서는 이러한 모더니티 가정에 의문을 품고 포스트 모더니즘이 탄생할 수 있도록 지적 유산을 남긴 주요 철학자들의 업적을 간략히 개관해 보고자 한다.

5 포스트 모더니즘을 탄생시킨 주요 철학자들

포스트 모더니즘이 태동하는데 주요한 영향을 미친 학자로는 일반적으로 Nietzsche, Freud, Heidegger가 많은 학자들에 의해 거론되고 있다(Foucault, 1972; Gadamer, 1975; Derrida, 1978; Deleuze, 1987). 이들은 Descartes의 코기토, Kant의 초월적 통각 개념같은 이성의 능력을 부정하면서 무의식, 진리의 허구성, 세계-내-존재 개념을 통해 이성이 얼마나 무기력한가를 폭로한다. 특히 프랑크푸르트 학파의 일원인 Horkheimer와 Adorno는 현대에 와서 인간의 이성이 자본주의를 위한 도구적 수단으로 어떻게 전락되어 가고 있는가를 호메로스의 <오딧세이>를 통해 비유적으로 묘사하고 있다.

1) Friedrich Nietzsche[10]

선배 철학자인 Schopenhauer처럼 이성 철학과의 결별을 선언하고 힘에 의한 의지의 철학을 주창하였다.[11] 망치를 든 철학자로 묘사되는 Nietzsche는 플라톤

---

10) 유튜브 예도 TV의 도덕 외적 의미에서의 진리와 거짓 1강부터 10강까지의 내용을 요약한 것임을 밝혀둔다.
11) Schopenhauer에게 있어 의지는 맹목적이므로 우리의 삶을 염세적으로 보았던 것에 비해, Nietzsche에게 있어 의지는 힘에의 의지이므로 우리의 삶은 적극적 창조로 충만하게 된다.

이후 이성에 기초한 철학에 반기를 들고 Descartes, Kant, Hegel의 철학을 비판하였다. Descartes가 명석 판명하다고 본 이성은 허구에 불과하며 순수이성에 기초해 인식될 수 있는 것과 없는 것을 구분한 Kant와 정신현상학을 통해 인간의 지성은 극단적으로 신의 지성과도 합치될 수 있다고 본 Hegel도 철저히 비판하였다.

그에 의하면, 인간은 인식에 있어 육체의 영향을 받기 때문에 명석 판명한 인식은 불가능한데 이를 더욱 어렵게 하는 것은 바로 언어의 개입이라고 보았다. 철학에서의 진리는 사물과 인식의 일치를 말하는데 불행히도 그 중간에 언어가 개입하기 때문에 실재인 사물과 인식 간에는 항상 갭이 존재하기 마련이라는 것이다. 게다가 우리의 의식은 마치 호랑이 등을 타는 꿈을 꾸듯이 무의식의 영향을 받기 때문에 인간에게는 진리의 의지가 아니라 진리의 충동만이 있다고 보았다.

우리는 자연의 모습이나 신의 모습을 인간의 언어로 변형시켜 놓고자 하는데 이 경우, 우리는 실재하는 진리에 접근하는 것이 아니라 오히려 언어의 폭력을 사용하는 결과를 낳게 된다. 물 자체(Ding-an-sich)는 결코 우리 인간의 언어로 정의될 수 없는 그 무엇을 가지고 있기 때문이다. 이런 점에서 Nietzsche는 진리와 비진리, 신이 있다는 것과 없다는 것은 증명될 수 없다고 본다. 물론 개별적인 신의 체험은 누구나 할 수 있지만, 보편적인 신의 증명은 불가능하다는 것이다.[12]

그래서 Nietzsche에게 있어 진리는 인간이 만들어 낸 은유에 의한 환상이며 우리의 무의식적 질서 안에서 힘을 잃어버리고 그저 살아 움직이고 있을 뿐이다. 우리는 진리가 어떻게 나왔는지에 대한 기원을 잃어버리고 저것이 그냥 진리라는 도그마에 빠져 있다고 비판한다. 따라서 우리의 무의식 속에 뱀처럼 똬리를 틀고 있는 환상에 불과한 진리를 의심을 통하여 쳐부수지 않으면 안 된다. 기존의 질서에 저항하는 자들만이 진정한 위버멘쉬(übermensch)로서 새 역사를 창조해 나갈 수 있다고 설파한다.[13]

---

12) Kant도 인간의 존재를 규정짓는 영혼 불멸, 신, 자유 같은 개념은 순수이성비판에서 이율배반에 해당하는 것으로 규정하고 「실천이성비판」에서 이의 해결을 위해 신의 도움을 요청한다.
13) 초인으로 번역되는 위버멘쉬는 항상 자기 자신을 극복하는 존재이며, 인간 자신과 세계를 긍정할 수 있는 존재이자, 지상에 의미를 부여하고 그 의미를 완성시키는 주인의 역할을 하는 존재이다.

2) Sigmund Freud와 Jacques Lacan

Freud는 이성에 기반한 Descartes의 주체 철학을 거부하고 인간의 내면세계인 무의식의 중요성을 역설하였다. 그에 의하면 우리가 의식으로 알고 있는 게 전부가 아니고 인간의 본성을 진정으로 이해하려면 무의식의 세계를 들여다보아야 한다는 것이다. 우리는 자신이 말하고 싶은 것을 말하지 못할 때 혹은 하고 싶은 것을 하지 못할 때 이 충족되지 못한 욕망은 억압되어 무의식으로 자리 잡게 된다는 것이다. Descartes 이후 근대철학에서 철저히 배제되었던 인간의 무의식적인 욕망을 Freud는 1900년에 펴낸 「꿈의 해석」에서 꿈의 의미작업을 통해 철저히 분석해 내게 된다. 그는 '압축(Verdichtung)'과 '전치(Verschiebung)'라는 두 가지 중요한 개념을 도입해 꿈에 대한 과학적 분석을 시도하였다. 첫째, 압축이 함의하는 바는 우리가 꿈에서 갖는 이미지에는 엄청난 양의 의미가 담겨 있다는 것이다. 둘째, 전치란 꿈은 한 이미지를 갖고 나타나는 것이 아니라 여러 가지 이미지로 모양을 바꾸면서 나타난다는 것이다. 정신분석가들은 이러한 이미지라는 표상을 분석해 내기 위해 환자와 끊임없는 대화를 시도한다. 이를 통해 환자의 무의식적 욕망이 어떻게 억제되어 있고 여기에서 해방될 수 있는가를 찾는 것이 정신분석학자들의 핵심주제가 된다.[14]

프랑스 정신분석학자인 라깡은 초기 Freud 이론을 더욱 발전시켜 상징계, 상상계, 실재계라는 그만의 독보적인 이론을 전개한다(Lacan, 김상환·홍준기 역, 2018).[15] 이러한 세 범주는 '말하는 존재'(parlétre)인 인간이 자신과 세계와 소통할 때 반드시 가정해야 할 최소한의 전제조건을 뜻한다. 첫째, 상징계에 해당되는 말 혹은 언어가 있어야 한다.[16] 둘째, 말해지는 대상이 실재하고 있어야 한다. 끝으

---

14) 실제 Freud가 「꿈의 해석」에서 분석한 123개의 꿈 중에서 47개가 자신의 꿈에 관한 분석으로 되어 있다. 실제 Freud는 어렸을 때부터 아버지와의 관계가 몹시 안 좋았는데(안방 소변기의 사용을 금지당함), 아버지의 사후에 아버지에 관한 꿈을 꾸었는데 그곳에서 민들레를 보게 되었다. 프랑스어로 민들레는 'pissenlit'이며, 이를 분절해 보면 'pisser en lit'가 되는데 이것이 뜻하는 바는 '침대에서 오줌을 누다'가 된다. 이렇듯, 부재한 아버지와의 간절한 대화를 소원하는 것이 민들레라는 이미지로서 꿈에 현전하고 있는 것이다(김서영 교수의 Freud 강의).

15) Freud식 국가 기원론이라고 할 수 있는 「토템과 터부」(1913)에서 사회학자로 변신한다(후기 Freud). 인간의 정신을 이드(id), 자아(ego), 초자아(superego)로 구분하고 어떻게 문명사회로의 발전이 가능한가를 고찰한다. 라깡은 오이디푸스 콤플렉스 이론으로 대표되는 자아심리학(정신분석학을 발달심리학으로 환원시킴)을 비판하고 초기 Freud로 돌아갈 것을 강력히 주장한다.

로, 말해지는 대상에 고정된 의미가 부여될 수 있어야 한다. 그런데 라깡에게 있어 실재는 불가능한 것(l'impossible)으로 정의되는데 그 이유는 말하는 존재인 유한한 우리 인간은 결코 실재나 사물을 완전히 파악할 수가 없기 때문이다. 다시 말해, 우리가 사용하는 언어인 기표(signifiant)에서 기의(signifié)는 기표를 잡지 못하고 계속 미끄러질 수밖에 없다.[17]

무의식의 본질을 이해하기 위해서는 라깡의 욕망 개념을 이해하는 것이 중요하다. Freud는 초기 이론에서 꿈은 "억압된 소원(Wunsch)의 위장된 성취"로 본다. 라깡은 소원에 욕망과 요구라는 이중의 의미를 부여한다.[18] 상징계와 상상계를 대비시켜 보면, 욕망은 상징계에, 그리고 요구는 상상계에 속한다. 완전히 충족될 수 없는 인간의 욕망은 끊임없이 새로운 대상을 찾으려고 애쓰지만, 상징계에 거주하고 있는 주체는 이것에 결코 도달할 수 없으며 단지 환유나 은유를 통해서만 대체 만족을 얻을 뿐이다.[19]

이처럼 우리는 Freud나 라깡과 같은 정신분석학자의 도움을 받아야만 우리의 무의식 속으로 억압된 욕망을 해방해줌으로써 건강한 삶을 유지해 나갈 수 있게 되는 것이다.

3) Martin Heidegger

Heidegger의 실존철학은 Descartes나 Kant로 대표되는 본질 형이상학에 의문을 제기하고 인간의 존재를 '관계 맺음'으로 규정한다. Husserl은 '선험적' 혹은

---

16) 라깡에 의하면, 언어는 우리들의 의식의 바탕에 깔려 있어 끊임없이 의식을 보이지 않게 통제하고 조절해 가는 무의식이다.

17) 스위스의 언어학자인 Ferdinand de Saussure는 기호란 분리가능한 두 요소, 즉 시니피앙과 시니피에로 구성되어 있다고 주장한다.

18) 욕망은 영원히 충족될 수 없는 근본적인 '결여'를 강조하는 개념인 데 반해, 요구는 결코 충족될 수 없는 이 욕망이 완전히 충족되기를 원하는 심리상태를 뜻한다.

19) 나무에 관한 꿈을 반복적으로 꾸는 신경증 환자에게 있어 이 '나무'가 어머니를 가리킨다고 상정했을 때, 이 환자가 궁극적으로 원하는 대상은 '어머니'이지만 결국 이 환자는 '나무'라는 기표에 만족할 수밖에 없다. 즉, 신경증 환자에게 중요한 것은 '나무'의 문자적 의미가 아니고 '어머니'라는 은유적 의미이다. 대유법 중에서 환유는 부분으로 전체를 상징하는 것을 말하는데 예컨대, "금테가 짚신을 깔본다"라고 할 경우에 '금테'는 도시인을, '짚신'은 시골인의 속성을 나타내기 때문에 환유법에 해당된다. 반면 은유법은 원관념과 보조관념을 동일시하여 표현 대상을 묘사하는 방법이다. 한 예로, "고독은 나의 광장"이라고 할 때 '고독'이라는 원관념은 '광장'이라는 보조관념에 의하여 묘사되는 경우이다.

'초월적 주체'를 가진 인간은 '본질 직관'을 통해 "바라보는 대상을 있는 그대로의 현상"으로 관조할 수 있다고 주장하는 데 반해, Heidegger는 육체를 가진 실존적 인간은 항상 어떤 상황 속에 내던져진 존재이며 이를 세계-내-존재(In-der Welt-Sein)라고 부른다.[20]

따라서 '현존재(現存在)'는 그가 몸담고 있는 이 세계의 문화적, 역사적 영향에서 자유로울 수 없으며, 필연적으로 다른 존재자들과 '관계 맺음'을 할 수밖에 없다. 그에 의하면, 실존으로서의 인간은 불안, 무(無), 죽음과 대면하여 비본래적 삶이 아니라 본래적 삶을 살아가야 한다고 주장한다. 여기서 Heidegger는 존재이행(Seinsvollzug)을 언급하면서 인간의 '있음'은 그저 따라가는 '있음'이 아닌 매 순간 나를 미래로 기투하면서 나를 실현해 내기 위해 선택하고 결단을 내려야 하는 존재로 파악한다.

그런데 현대에 이르러 많은 조직과 사회에서 책임지려는 사람은 찾아보기 어렵고 대부분의 사람들이 남의 탓, 구조 탓, 상황 탓으로 돌리는 무책임의 전형적인 모습을 보여주고 있다고 비판한다. 이러한 실존적인 결단과 대비되는 것이 바로 획일성인데 무책임성은 여기서 비롯된다고 볼 수 있다. 그리고 무책임성은 Heidegger가 언급한 비본래적 삶과도 많은 관련이 있다. 현존재가 자신의 존재 가능성을 스스로 떠맡아 결단을 내려 선택하는 것을 본래적 삶이라 하는 데 반해, 비본래적 삶이란 스스로 선택을 하지 못하고 남들이 살아가듯이 그렇게 휩쓸려 사는 것을 의미한다. 비본래적 삶을 사는 사람들은 잡담, 호기심, 애매모호함에 빠져 현재를 사는 것이다.

그런데 죽음이라는 인간 존재의 유한성을 생각할 때 우리에게는 불안이 엄습해 오며, 이때 비로소 우리는 본래적 삶을 돌아보게 된다. 이러한 불안과 함께 양심은 우리로 하여금 자기 자신으로 존재할 수 있게 만들어 준다. Heidegger에 의하면, 내가 어떻게 존재해야 하는가에 대해 이성은 말할 수 없고 오직 양심만이 나 자신 안에서 나 자신을 나 자신 앞으로 불러 세울 수 있다.

플라톤 이래 전통 철학은 보편과 무한, 그리고 영원을 추구했지만, 여기에 처음으로 반기를 든 사람이 덴마크 철학자 키에르케고르다. 그는 Descartes의 '사유

---

20) Heidegger는 인간에게만 독특한 그러한 '있음'을 현존재(Dasein)라고 표현하는데 이것은 곧 실존(Existenz)을 일컫는다.

의 확실성'을 거부하고 '죽음의 확실성'을 주장했다. 그에 의하면 '인간은 죽는다'라는 명제는 '나는 죽는다'라는 명제로 대치되어야 한다고 주장한다. Heidegger의 실존철학은 키에르케고르의 철학을 더욱 발전시켜 현존재의 중요성을 강조함으로써 인간의 가치를 최고로 구현하는 데 크게 기여한 것으로 평가받고 있다.

6 포스트 모더니즘의 주요 관점들

앞 장에서 논의한 네 명의 위대한 철학자의 영향을 받아 20세기에 들어와 해체를 주장한 Jacques Derrida, 수목형 사고가 아니라 리좀적 사고를 주장한 Gilles Deleuze, 실제의 사회적 구성에서 언어와 지식이 행하는 권력의 역할을 주목한 Foucault가 등장하여 포스트 모더니티를 만개시켰다. 1995년에 정치학자이며 행정학자인 Farmer가 *The Language of Public Administration: Bureaucracy, Modernity, and Post—Modernity*에서 이러한 포스트 모더니즘적 사고가 행정조직에 어떻게 적용되는지를 탐구하였다. 그는 상상(imagination), 해체(deconstruction), 탈영역화(deterritorialization), 그리고 타자성(alterity) 개념을 가지고 관료조직에 어떠한 창조적 변화가 요구되고 있는지를 분석해 내고 있다(Farmer, 강신택 역, 1999).

1) 상상(Imagination)

상상의 중요한 수단인 이미지(비유, 은유, 그림, 우화 등)는 우리들이 사고하고 이해하는 데에 있어서 매우 중요한 역할을 점하고 있다. 플라톤의 동굴의 비유, Adam Smith의 '보이지 않는 손'이 그 대표적인 예이다. 이러한 상상은 시각적 이미지에만 한정되지 않으며 청각, 미각 등을 통해서도 상상력을 발휘할 수 있다. 한 걸음 더 나아가 우리는 존재하지 않는 것도 상상할 수 있는데 이는 주로 직관(intuition)을 통해서 이루어진다. 우리는 상상을 통해 현실의 제약에서 벗어나 무한한 가능성의 영역으로 나갈 수 있다.[21] 그런데 포스트 모더니티는 준거물이 없

---

21) 아이폰을 개발한 Steve Jobs는 인문학적 상상을 통해 모두가 불가능하다고 여겼던 21세기 최

이 상상하는 힘을 중시한다. 실제 모더니티에서는 상상의 역할은 이차적 범주에 머물러 있었다. 하지만 Heidegger는 상상적 합성이 순수한 직관이나 이해보다도 지식을 창출하는 데 중심에 있다고 보았다.

조직론 분야에서 이의 중요성을 주목한 대표적 학자는 Morgan이다. 그는 상상을 '창조적 관리(art of creative management)의 예술'로 표현하며 이를 통해 다음의 다섯 가지 결과가 수반될 수 있다고 본다. i) 새로운 방식으로 상황을 파악하고 이해하는 우리의 능력이 향상됨, ii) 조직변동을 위한 새로운 방식에 적합한 이미지 모색, iii) 창조적으로 구성원 간 공유하는 이해의 틀 확립, iv) 광범위한 개인적 권한 부여, v) 지속적인 자기-조직 역량의 개발이다. *In Search of Excellence*의 저자로 유명한 Peters & Waterman은 상상에 기초한 직관을 매우 중시하고 있는데, 그들은 "아마도 직관적 도약만이 복합적인 세상에 있어서 우리가 문제를 해결할 수 있게 할 것이다"라고 주장한다. 이것은 달리 말해, 우리가 직면하고 있는 행정난제들은 어떠한 하나의 특정한 좁은 분야의 전문성만 가지고는 적절한 해결책을 찾기가 어렵다는 것을 시사한다.[22]

그런데 모더니티에 입각한 관료제는 시민과의 상호작용에 있어 수많은 규칙과 절차에 의존해 행정을 수행한다. 그러나 우리는 상상을 통해 지나치게 합리적인 것에 덜 의존하는 행정을 펼칠 수도 있으나 우리의 마음가짐이 합리성으로 무장되어 있다면 상상력에 의한 행정 구현은 요원할런지 모른다.[23] 물론, 상상적인 것이 지배적인 위치를 점한다고 해서 합리적인 것을 완전히 배제하지는 않는다. Weber가 합리성의 영역이라고 보았던 발견의 맥락(the context of discovery)과 정당화의 맥락(the context of justification)에서도 상상이 더 큰 역할을 수행해 낼 수 있다. 특히 4차 산업혁명이 도래하고 AI(artificial intelligence), 빅데이터, 로봇이 조직의 구성원을 대체하고 있는 지금 인간들에게 있어 상상이 갖는 위력은 엄청나

고의 발명품을 만들 수 있었다. 그는 "내가 만일 Socrates와 같이 점심 식사를 같이 할 수 있다면 내가 가진 전 재산의 절반을 주겠다"라고 하면서 인문학적 소양이 과학, 기술의 발전에 얼마나 중요한 역할을 하는지를 일깨워 주었다.

22) 이를 설명하기 위해 Morgan은 한 마리의 돼지 그림을 제시하고, 도축자, 예술가, 늑대, 농부, 철학자, 모슬렘 교도, 그리고 어린아이들이 이 그림을 어떻게 다르게 해석하는지를 보여주고 있다. 즉, 모슬렘 교도에게는 "돼지는 불결한 동물이다", 또 늑대에게는 "돼지는 먹이이다."

23) 규칙과 절차에 따라 행동하는 것은 합리성의 죽은 손에 살아있는 정신성을 예속시키는 것으로 비유할 수 있다.

다고 볼 수 있다.

2) 해체(Deconstruction)

Derrida에 의하면, 해체는 하나의 방법, 작업, 분석, 그리고 비판도 아니다.[24] 그의 말을 직접 인용해 보기로 하자.

> 해체는 하나의 방법이 아니고, 하나의 방법으로 전환시킬 수도 없다. … 일부 서클(특히 미국 대학교와 문화예술계)에서 해체라는 말 자체에 들러붙어 있는 기법적 또는 방법론적 '은유'가 매력을 가지게도 하고 길을 잃게도 만들었다. … 해체는 어떤 방법론적 도구나 일단의 규칙과 전환가능한(transposable) 절차로 환원될 수 없다라고 말하는 것만으로는 충분하지 않다. … 해체는 하나의 행위 또는 작업이 아니라는 사실을 명백히 해야 한다.

Farmer는 포스트 모던적 상황 하에서의 행정과 관련하여 해체가 어떠한 가치 있는 활동인가를 보여주기 위해 모더니스트적 행정이론의 기초를 구성하는 설화 (narratives)의 해체를 언급한다. 대표적 거대설화로서 역사발전의 단계를 설명할 때 활용되는 Hegel의 절대정신(absolute spirit)과 인간사회의 진보를 약속해 줄 것이라는 이성에 기반한 계몽주의를 들 수 있다. 그런데 포스트 모더니스트들은 이러한 환상에 기초한 모더니스트 설화들은 문제해결은커녕 오히려 문제를 악화시킬 수 있다고 본다.[25] Formaini도 위험평가와 비용−편익 분석에 의존하고 있는 '과학적' 공공정책이라는 것이 우리가 기대하는 적실성 있는 해답을 전혀 찾아 주지 못하며, 따라서 이것은 하나의 신화에 불과하다고 비판한다.

Derrida가 강조하듯이 해체를 정의하는 것은 마치 사각(四角)의 원(圓)을 요구하는 것만큼이나 불가능하다. 왜냐하면 해체는 스스로를 해체하는 것이기 때문이다. 다시 말해, 해체가 의도하는 목표는 텍스트에 대한 어떤 결정적 해석이 가능

---

24) Heidegger는 「존재와 시간」에서 자신이 택하고 있는 방법을 환원−해체−구성이라고 부르고 환원 시 현상학적 방법을 사용했다. 여기서 해체는 독일어로 Destruktion이고, 존재론적으로 구성은 Konstruktion이다. Derrida는 이 둘을 합쳐 신조어 Deconstruction을 만들어 사용했다.

25) Nietzsche는 「선악의 저편」에서 진리의 역사성을 추적해 보면 모든 진리는 비진리로부터 나왔고 인간 중심적 욕망에서 비롯되었다고 주장한다. 그에 의하면 "모든 좋은 것의 기원에는 좋은 것이 아니라 지배의 의지가 존재할 뿐이다"라고 기술한다.

하다는 것을 부정하기 때문이다. 해체와 관련하여 차연(différance)의 개념에도 주목할 필요가 있다. 차연(差延)은 '연기하다'와 '다르다'의 합성어인데, 이 개념에 따르면 어떤 단어의 의미라는 것은 한 기표에서 다른 기표로의 이동에 지나지 않으며 정의되는 순간 그 실재는 뒤로 물러난다는 것이다. 그렇기 때문에 한 단어의 의미는 다른 개념과의 대비 속에서만 비로소 생성될 수 있다고 본다.26)

해체는 '종국성이 없는 전략'이기 때문에, 텍스트가 해체된다고 하더라도, 그다음 단계로 해체는 자신을 향하고 자신을 해체한다. 해체적 놀이는 어린아이의 놀이와 마찬가지로 목적이 있을 수도 있고 없을 수도 있다. 다시 말해, 그것은 진리나 궁극적 의미를 찾는 것을 목표로 하지 않기에 텍스트(거대설화 포함)는 항상 해체에 열려 있다고 보아야 한다. 따라서 데리다의 관점에서 보면, 하나의 좋은 행정이론이란 있을 수 없으며 무한한 해체 작업에 열려 있을 뿐이다. 이러한 해체는 맞는 해석만을 제공하는 것도 아니고 그렇다고 틀린 해석만을 제공하는 것도 아니다. 다른 이론과의 대비 속에서, 즉 상호텍스트적 의미를 통해서만 진정한 의미가 생성될 수 있는 것이다.

3) 탈영역화(Deterritorialization)

탈영역화는 Deleuze와 Guattari가 *Anti−Oedipus: Capitalism and Schizophrenia*에서 처음으로 사용한 용어이다. 이 책에서 그들은 욕망의 흐름을 형성하고 제한하는 부호화(coding)야말로 현대 사회의 요건에 부합하는 주체(subject)를 만들어내는 욕망 기계의 역할을 담당하고 있다고 파악한다. 따라서 포스트 모더니스트들의 주요 목표는 이러한 인간들을 부호화의 마수에서 해방시켜 주는 데 있다. 탈영역화는 이러한 부호화를 해독함으로써 모더니스트적인 과학, 행정이론, 행위학문에 얽매여 있는 자들을 해방시켜 주는 것을 궁극적 목표로 삼는다. 한때 모더니티 하에서 난공불락의 성으로만 여겨졌던 과학이라는 성채는 담론의 대상이 되었고 해체적 상황을 맞이할 운명에 놓여있다.

Lincoln에 의하면, 모더니티에서 포스트 모더니티로 이행하는 과정에서 일곱

---

26) 강신택(1999)은 '행정'의 진정한 의미를 알려면, '법집행', '관리', '정무' 등의 있을 수 있는 대용적인 낱말들의 연쇄 속에 '행정'이라는 단어를 써넣어 보면 비로소 그 진의를 알아챌 수가 있다고 한다. 즉, 어떤 단어의 개념이나 의미보다는 그 단어를 둘러싸고 있는 다른 낱말들과의 차이와 접속의 맥락을 파악하는 것이 더 중요하다.

가지의 급격한 변화의 움직임이 감지되고 있다고 주장한다. 구체적으로 보면 단순성에서 복잡성으로, 계층제에서 신뢰·협력 중심의 혼계제(heterarchy)로, 기계적인 것에서 전문자필(holographic)로, 결정적인 것에서 비결정적인 것으로, 직접적 혹은 선형적 인과성에서 상호적 인과성으로, 집합적인 것으로부터 형태발생적(morphogenetic)인 것으로, 객관적인 것으로부터 원근법적인 것으로의 변화이다.

이러한 관점에서 보면, 조직은 더이상 합리적, 통일체적, 그리고 안정적인 것으로 간주되지 않으며 차라리 조직화된 무정부다. 의사결정에 있어 쓰레기통 모형(Garbage can model)이 오히려 합리 모형과 비교해 더 적실성이 높을 수 있다. 그리고 조직구조도 반조직(反組織)의 형태를 띠게 되는데, Cooke는 이 조직의 특성을 다음과 같이 설명한다. 즉, 반조직은 내부적인 경쟁을 통하여 더 많은 분권화된 자율성을 부여하고 매트릭스 혹은 임시적인 팀 배치를 선호함으로써 조직의 유연성을 증가시킨다. 그리고 조직관리자는 조직구성원으로 하여금 수목형(樹木型) 사고보다는 리좀형 사고를 하도록 유도한다.27) 여기서는 한 전문분야에 대한 깊은 지식보다는 학제 간 학문 분야를 넘나들면서 지식을 쌓는 것을 권장한다. 이러한 일련의 과정을 통해 조직은 경직된 이미지에서 유연한 이미지로, 단일성의 지배체제에서 복수성의 지배체제로의 전환이 가능하게 된다.

4) 타자성(Alterity)

모더니스트적인 서양 전통 철학에 있어 타자성은 주로 인식론적인 관점에서 다루어졌는 데 반해, 포스트 모더니티에 오면 타자성은 도덕적 관점에서 다루어진다.28) 다시 말해, 모든 행정행위는 그 대상인 고객, 부하, 상사 등에게 직·간접적으로 영향을 미칠 수밖에 없다. 이때 조직관리자나 구성원들이 타자들과의 '관계 맺음'에서 요구되는 관점은 반파시즘(antifascism)의 윤리 하에서 개방성, 다양성, 상위 설화에 대한 반대이다.

---

27) 생물학에서 리좀(rhizome)은 전형적으로 수평적인 뿌리같은 줄기인데, 지면을 따라 또는 지면 밑으로 자라면서 덩굴을 뻗고 그것은 새로운 식물로 다시 자라난다. 이것은 다시 새로운 줄기를 뻗는 방식으로 중심 또는 깊이가 없이 불연속성을 보이면서 성장한다. 수목형 모형이 모더니티를 상징한다면 리좀 모형은 포스트 모더니티의 표상이 된다.

28) Hegel은 주체인 정신이 타자인 세계를 어떻게 변증법적으로 인식하면서 비로소 절대정신으로 나아갈 수 있는가를 탐구했다. 포스트 모더니스트에게 있어서는 더이상 능률성은 주요한 가치를 지니지 않으므로 도덕적인 문제가 행정가에는 더 적실성이 있게 된다.

포스트 모더니티가 타자성을 위한 도덕적 함축성을 내포하고 있다는 사실을 Foucault는 *Anti-Oedipus*(1977) 서문에서 다음과 같이 기술하고 있다.

사람들이 그들 자신을 과감한 혁명가라고 믿고 있을 때, 그들은 어떻게 자신들이 파시스트가 되는 위험에서 벗어날 수 있는가? 우리는 어떻게 우리의 말과 행동, 우리의 마음과 즐거움에서 파시즘을 제거해 낼 수 있는가? 기독교 도덕주의자들은 영혼 속에 들어 있는 육체의 흔적을 추적하였다. 들뢰즈와 가타리는 그들의 사유 방식에 따라 우리 몸속의 미세한 파시즘의 흔적을 파헤친다. 성 프랑스와 드 살(프란체스코 살레지오<1567-1622>; 프랑스의 성직자, 신학자)에게 마음으로의 찬사를 보내면서, 우리들은 *Anti-Oedipus*를 하나의 비파시스트의 생활입문서로써 사용할 수 있을 것이다.

이처럼 포스트 모더니티는 거시이론, 합리성, 거대합의와 같은 전체화에 반대한다. 그것은 차이, 수평조직, 경계들의 내파, 탈교리화를 추구한다.

(1) 개방성(Openness)

행정에서 타인에 대한 개방성은 관행과 절차, 의사결정, 시민 관계에서 행정가들이 반권위주의적인 태도를 가질 것을 요구한다. '나의 텍스트'와 '타인의 텍스트'가 서로에 대해 특권을 가질 수 없다는 것은 파시즘에 반대하는 Foucault의 입장과 같은 맥락에 닿아 있다. 예컨대 주류 경제학이 자신만의 텍스트를 고집하고 제도주의, 마르크스주의, 경제철학자들의 텍스트를 배제한다면 조직관리에 있어 값비싼 비용을 치르게 될 것이다.

(2) 다양성(Diversity)

특권적 지위를 부정하는 해체는 매우 자연스럽게 텍스트의 다원성과 다중성을 용인하는 입장을 취하게 된다. 행정에 있어서 다양한 인종, 지역 출신, 여성, 소수자로 구성되는 대표 관료제(representative bureaucracy)야말로 가장 민의를 효과적으로 수렴할 수 있는 메커니즘이 될 수 있다. 또 하나 포스트 모더니티가 파괴하려고 하는 것은 부서 할거주의(boxism)인데, 이 속에서 조직구성원들은 하나의 기계 부품(A cog of machine)으로 간주되며 조직 전체의 이익보다는 그가 속해 있는 부서의 이익을 위해 행동하는 경우가 많다. 포스트 모더니티의 반(反)행정(anti–administration)은 이러한 부서 할거주의를 타파하는 데 기여할 수 있다.

(3) 상위 설화에 대한 반대(Opposition to Metanarratives)

포스트 모더니티는 상위 설화에 대하여 강한 회의를 품는다. 모더니티 관점에서, 행정가는 법률에 복종해야 한다느니 혹은 행정이 마치 공공의 이익을 수호하고 선출된 대표들의 의지를 집행하는 신성한 의무에 근거하고 있는 것을 당연시하는 경향이 있다. 이 지점에서 데리다는 법률에 관한 자신의 의견을 이렇게 피력한다. "권위의 기원, 근거 또는 토대도 없고 정의상(by definition) 법률 이외에는 어디에도 의지할 곳이 없으므로, 그 법률들은 근거없는 폭력에 불과하다." 행정가들이 이러한 포스트 모더니티에 관점에 서게 되면 하나의 소망스럽지 않은 폭력에 불과한 규칙과 절차에 덜 집착하게 될 것이다. 예컨대, 정의를 구현한다는 명목하에 거리로 나선 경찰은 정의의 이름으로 거리의 부랑자들이나 범법자들에게 무차별적 폭행을 가할 가능성이 클 것이다. 반대로 부정부패를 일소하려는 목표를 가진 행정기관은 권력독점의 폐해를 막기 위하여 더 많은 권한을 시민들과 공유하려고 할 것이다. 이처럼 정의를 구현하는 것과 부정부패를 일소하는 것은 논리적으로 같은 것으로 보이지만 그 결과는 사뭇 다를 수 있다는 점을 명심해야 한다.

7 나가며

지금까지 우리는 모더니티가 그렇게 신봉하던 이성에 입각한 과학·기술주의(Scientism & Technologism)의 맹점과 반대 명제들에 대해 살펴보았다. 포스트 모더니티에 길을 터 주었던 Nietzsche, Freud, Heidegger의 철학에 힘입어 보편적 이성(Vernunft)에 대비되는 욕망(Begierde)이나 실존(Existenz) 개념이 행정 현상이나 조직 현상을 이해하는 데 매우 중요한 개념임을 알 수 있었다. 망치를 든 철학자 Nietzsche가 경고했듯이, 진리는 모두 비진리에서 나왔고, 타자를 지배하려고 하는 인간 중심적 욕망에서 비롯되었다는 것이다. 그런 점에서 우리는 모더니티가 신봉하고 있는 가치에 너무 도그마적 집착을 보여서는 안 된다. 그래서 Nietzsche 는 우리의 모든 인간중심적 인식을 감옥에 갇혀 있는 것으로 비유했다.

이제부터라도 우리는 포스트 모더니티가 강조하는 네 가지 관점, 즉 상상, 해체, 탈영역화, 그리고 타자성에 기초해 행정 및 조직 현상을 바라볼 필요가 있다. 첫째, 상상은 조직을 창조적으로 관리하는 데 있어 매우 중요한 역할을 한다. 상상은 주로 직관을 통해서 이루어지는데 복잡한 조직 문제의 발견과 해결에 결정적 실마리를 제공해 줄 수 있다. 둘째, 해체는 텍스트에 있어 어떠한 해석도 온전치 못하며 모든 가능성에 대해 열려 있다는 것을 조직관리자들에게 환기시킨다. 왜냐하면 해체는 종국성을 지향하지 않는 전략이기 때문이다. 셋째, 탈영역화는 조직관리자로 하여금 조직을 관리하고 운영하는 데 있어 한 전문분야에 대한 지나친 의존보다는 오히려 학문 경계를 넘나드는 폭넓은 지식이 보다 더 효과적이라는 것을 보여준다. 끝으로, 타자성은 행정이 범하기 쉬운 반파시즘에서 벗어나 타인에 대한 개방, 다양성에 기초한 차이의 인정, 기존 질서에 대한 과도한 집착에서 벗어나도록 우리를 도와준다.

물론 포스트 모더니티가 합리성에 기초한 모더니티를 전면적으로 부정하는 것은 아니며, 이러한 새로운 관점을 통해 복잡한 조직 현상을 보다 더 잘 이해하도록 조직관리자에게 도움을 줄 수 있다. 특히 4차 산업혁명으로 인해 조직환경이 급변하는 소용돌이 장에서 포스트 모더니티 시각은 조직이 이러한 환경에 유연하게 적응해 가는 동시에 새로운 변화와 혁신을 모색하는 강력한 대안적 수단으로 활용될 수 있을 것이다.

참고문헌

김상환·홍준기. (2018). 「라깡의 재탄생」. 서울: 창비.

김홍우. (1999). 「현상학과 정치철학」. 서울: 문학과 지성사.

임의영. (2006). 「행정철학」. 서울: 대영문화사.

한전숙. (1984). 「현상학의 이해」. 서울: 민음사.

Bridgman, P. (1972). *The Logic of Modern Physics*. NY: Macmillan.

Burrell, G. & G. Morgan. (1979). *Sociological Paradigms and Organizational Analysis*. London: Heinemann Educational Books.

Carnap, R. (1967). *The Logical Structure of the World and Pseudoproblems in Philosophy*. trans. by Rolf A. George. London: Loutledge & Kegan Paul.

Cooke, P. (1990). *Back to the Future*. London: Unwin Hyman.

Deleuze, G. & F. Guattari. (1977). *Anti-Oedipus: Capitalism and Schizophrenia*. Trans. R. Hurley, M. Seem, and H. Lane. NY: Viking Press.

Deleuze, G. (1987). *A Thousand Plateaus*. Minneapolis: University of Minnesota Press.

Denhardt, R. (1984). *Theories of Public Organizations*. CA: Wadsworth, Inc.

Derrida, J. (1978). *Writing and Difference*. Trans. A. Bass. Chicago: University of Chicago Press.

Farmer, D. (1995). *The Language of Public Administration: Bureaucracy, Modernity, and Post-Modernity*. AL: The University of Alabama Press. 강신택(역). 「행정학의 언어」. 서울: 박영사. 1999.

Formaini, R. (1990). *The Myth of Scientific Public Policy*. New Brunswick, NJ: Transaction Publishers.

Foucault, M. (1972). The Archaeology of Knowledge. trans. by S. Smith. London: Tavistock.

Foucault, M. (1983). "On the Genealogy of Ethics." *In Michel Foucault: Beyond Structuralism and Hermeneutics*, ed. Hubert L. Dreyfus & Paul Rabinow. Chicago: University of Chicago Press.

Freud, S. (1900). *Die Traumdeutung*. 김기태(역). 「꿈의 해석」. 서울: 선영사. 2019.

Fromm, E. (1941). *Escape from Freedom*, Farrar & Rinehart. 「자유로부터의 도피」.

서울: 김석희(역), Hamanist. 2020.

Gadamer, Hans-Grorg. (1975). *Truth and Mrthod.* NY: Seabury Press.

Gibson, B. & G. Morgan. (1979). *Sociological Paradigms and Organisational Analysis.* London: Heinemann Educational Books.

Habermas, J. (1971). Knowledge and Human Interest. London: Heinemen.

Harmon, M. (1981). *Action Theory for Public Administration.* New York: Longman.

Harmon, M. & R. Mayer. (1986). *Organization Theory for Public Administration.* Boston: Little, Brown and Company.

Heidegger, M. (1998). 「존재와 시간」. 이기상(역). 서울: 살림.

Horkheimer, M. & T. Adorno. (1972). *Dialectic of Enlightment.* NY: The Seabury Press. 「계몽의 변증법」. 김유동·주경식·이상훈(역). 서울: 문예출판사. 1995.

Hummel, R. (1987). *The Bureaucratic Experience,* 3rd ed. New York: St. Martin's Press.

Husserl, E. (1993). 「유럽학문의 위기와 선험적 현상학」. 이종훈(역). 서울: 이론과 실천.

Lincoln, Y. (1985). *Organizational Theory and Inquiry: The Paradigm Revolution.* Beverly Hills: Sage.

Morgan, G. (1983). *Beyond Method: Strategies for Social Research.* Beverly Hills, CA: Sage.

Ostrom, V. (1974). *The Intellectual Crisis in American Public Administration.* AL: The University of Alabama Press.

Peters, T. & R. Waterman. (1982). *In Search of Excellence: Lessons from America's Best-Run Companies.* NY: Harper & Row.

Russell, B. (1938). *Power: A New Social Analysis.* London: Allen and Urwin.

Schopenhauer, A. (2019). 「의지와 표상으로서의 세계」. 을유사상고전. 서울: 을유문화사.

Scott, W. & D. Hart. (1973). Administrative Crisis: The Neglect of Metaphysical Speculation. *Public Administration Review,* 33: 415-422.

Waldo, D. (1948). *The Administrative State: A Study of the Political Theory of American Public Administration.* NY: The Ronald Press Company.

Weber, M. (1958). *The Protestant Ethic and the Spirit of Capitalism.* trans.

Talcott Parsons. NY: Scribner.

Weick, K. (1985). "Sources of Order in Unorganized Systems." Themes in Recent Organizational Theory, In Y. Lincoln. ed. 1985. *Organizational Theory and Inquiry: The Paradigm Revolution.* Beverly Hills: Sage.

White, J. (1982). *A Critique of Reason in Public Policy and Policy Analysis.* Unpublished Dissertation. George Washington University.

White, O. (1971). Organization and Administration for New Technological and Social Imperatives. In Waldo *Public Administration in a Time of Turbulence.* NY: Chandler Publishing Company.

Whitehead, A. (1926). *Science and the Modern World.* Cambridge Univ. Press. 「과학과 근대세계」. 오영환(역). 서울: 서광사. 1989.

2부

조직 내 관리

제3장

공공조직의 목표모호성

전영한

- 삼성전자, 한국전력, 외교부 등 잘 알려진 우리나라 조직의 목표가 무엇인가에 대하여 논의해 보자.
- 그 조직의 목표를 달성하기 위하여 어떤 업무활동이 필요할까에 대하여 논의해 보자.
- 그 조직의 목표 달성 정도를 정확하게 평가할 수 있는 방법이 무엇인지 논의해 보자.
- 목표가 무엇인지, 어떤 활동이 필요한지, 어떻게 평가할 수 있는지에 대하여 서로 생각이 다르다면 왜 다를까에 대해 논의해 보자.
- 공공조직의 목표를 명확하게 설정할 때 나타날 장점과 단점에 대하여 논의해 보자.

공공조직의 목표모호성

1 들어가며: 목표특성 연구의 특성

　현대 사회의 공식조직을 이해하는 데 있어서 조직목표의 중요성을 부인하는 이는 드물다. 일반적으로 목표지향성(goal-directedness)은 공식조직의 정의적 특성의 하나로 간주되기 때문이다. 그러나, 정작 조직목표의 개념은 이론적으로 혹은 경험적으로 대단히 다루기 힘들다고 알려져 있다. 조직목표에 관한 이론화나 경험적 분석이 어려운 까닭은 대략 네 가지로 요약된다. 첫째, 조직목표에 대해 기본 전제를 달리하는 상이한 관점이 존재한다. 둘째, 조직목표를 정의하기가 곤란하다. 셋째, 특정 조직의 목표를 경험적으로 확인하는 것이 어렵다. 끝으로, 조직목표가 갖는 특성을 측정하기도 힘들다는 것이다. 이러한 네 가지 요인은 다른 조직현상이 가진 특성에 비해 조직목표 특성이 가진 고유한 차별적 성격을 잘 드러내 주기 때문에 뒤에서 공공조직 목표모호성의 개념이나 이론을 설명하기에 앞서 충분히 이해할 필요가 있다. 다음에서는 이러한 네 가지 '목표특성 연구의 특성'에 대해 차례로 논의하겠다.

우선, 조직이론가들은 조직목표의 근본적 의미와 성격에 대해 매우 상반된 세 가지 시각을 제시하여 왔다. 우선, 합리적 관점에 입각하면 어떤 조직의 행위는 그 조직의 목표를 달성하기 위해 이루어진 의도적 선택으로 이해된다. 반면에, 외부적 제약 관점에 동조하는 이들은 특정 조직의 행위는 그 조직의 목표보다는 그 조직의 환경에 존재하는 제약과 강화요인에 의해 더 잘 설명할 수 있다고 본다. 생성적 관점에서는 조직목표가 행위에 선행한다는 전통적 인식을 거부하고 조직목표가 행위로부터 거꾸로 만들어질 수 있다고 주장한다. 때로는 목표가 행위를 지시하는 것이 아니라 반대로 행위에 근거하여 목표가 정당화된다는 것이다. 조직목표의 근본적인 성격에 대한 이러한 상반된 견해의 존재는 조직목표와 그 속성에 관한 과학적 이론의 개발과 연구에 큰 어려움을 준다.

조직목표의 정의 또한 많은 난점을 갖고 있다. 가장 일반적인 조직목표의 정의는 조직의 '소망스러운 미래 상태(desired future state)'이다. 그러나, 이러한 정의는 불가피하게 조직의 물화(reification)를 초래한다. 사람이 아닌 조직 그 자체가 무언가를 소망할 수 있을까? 조직을 구성하는 개인의 목표와는 구별되는 조직만의 목표가 존재할 수 있을까? 조직목표의 정의가 갖는 또 다른 문제는 너무나 많은 유사 용어 혹은 개념의 존재이다. 조직이론가들은 조직목표를 설명하기 위해 '사명(mission), 비전(vision), 목적(purpose), 전략(strategy), 가치(value)' 등 여러 용어를 사용한다. 그런데 이 개념들이 각기 의미하는 것이 무엇이며, 개념 간 차이점은 무엇인지가 불분명한 실정이다. 전략적 관리론자 등 일부 경영학자들은 이 개념 혹은 용어들을 목표-수단 사슬로 묶은 위계적 구조로 이해하기도 하지만, 다른 이들은 이 용어들이 각기 수평적으로 뚜렷이 구별되는 개념적 기능을 갖는다고 주장한다. 분명한 것은 여러 연구자가 저마다 다른 방식으로 이 용어 혹은 개념들을 정의해 사용하고 있다는 사실이고 앞으로도 이러한 사정은 크게 변하지 않을 것이다.

조직 목표의 경험적 확인 혹은 규명 역시 난제이다. 어떤 조직의 목표를 연구하자면 그 목표가 무엇인지 알아야 한다. 가장 고전적인 어려움은 공식적으로 표방된 조직목표가 그 조직이 추구하는 실제 목표와 다를 수 있다는 점이다. 또한, 조직의 목표들은 흔히 목표-수단 연계사슬 속에서 목표위계를 형성하며, 이 때 하나의 조직목표는 그 자신이 목표이기도 하지만 다른 조직목표를 위한 수단일 경우도 많다. 이런 위계적 목표-수단 연계사슬의 존재는 간단명료하게 그 조직의 진정한 목표가 무엇인지 파악하기 어렵게 한다. 조직목표 파악의 곤란함은 수평적 차원에서 더 커진다. 조직의 하위부서와 작업집단, 개별 직원들은 모두 독자적인 목표를 갖고 있기 때문에 이 중 어느 것을 조직목표로 보아야 할지 논란이 발생한다. 조직목표의 규명이 쉽지 않은 또 다른 이유는 이른바 "누구의 목표인가?"의 문제이다. 대부분의 조직들은 다양한 이해관계자를 가지는데 각 이해관계자는 대개 해당 조직이 추구해야 할 목표에 대해 상이한 견해를 갖는다. 이 때 조직목표의 규명은 기술적 문제가 아니라 정치적 문제로 전환되고, 설사 정치적 타협과 합의로 조직목표가 도출된다 해도 이 합의는 끊임없는 변동의 위험에 노출되기 마련이다.

조직목표 연구자들을 힘들게 하는 마지막 장애물은 목표특성의 측정 문제이다. 목표연구자들은 목표 난이도, 갈등, 구체성, 명료성, 초점 등 다양한 목표 특성 혹은 속성에 관심을 가져왔다. 하지만, 이러한 목표특성 연구는 많은 개념적 혹은 방법론적 난점을 갖고 있다. 무엇보다도 이 목표특성 간의 상호관계에 관한 개념적 혼란이 존재한다. 어떤 속성과 다른 속성이 어떻게 개념적으로 구별되고 연결되는지 불확실한 것이다. 이러한 혼란은 목표특성 연구자 간의 의사소통을 제약하고 연구성과의 체계적 축적을 어렵게 한다. 유사한 목표특성에 대한 상이한 개념화는 다시 상이한 조작화 혹은 측정방식을 낳고, 이는 다시 목표특성에 대한 경험적 연구결과가 한 방향으로 수렴되지 않고 제각기 흩어져 파편화되는 경향을 초래한다. 여기에 더하여 분석수준의 혼동과 복수목표의 존재는 목표특성 연구를 어렵게 하는 또 다른 걸림돌이다.

지금까지 살펴본 것처럼 목표모호성과 같은 목표특성 연구는 여타 조직현상을 연구하는 것과는 다른 고유한 어려움이 존재한다. 하지만, 이러한 '목표특성 연구의 특성'이 갖는 제약에도 불구하고 21세기 들어 목표모호성 연구는 이론적으로 또 경험적으로 많은 진전을 이루었다. 여기서는 이러한 진전에 대해 주로 이론적 내용에 초점을 맞추어 소개하도록 하겠다.

2 목표모호성의 개념

조직 목표모호성(organizational goal ambiguity)은 조직목표가 경쟁적 해석을 가능하게 하는 정도(level of the leeway for competing interpretation)를 의미한다(Chun, 2003).[1] 모호성이란 동일한 현상을 상이하게 지각할 수 있는 가능성의 정도이다. 어떤 조직의 목표에 대한 복수의 서로 다른 해석이 가능하다면 그 목표는 명료성을 상실하고 모호성을 갖게 된다. 조직목표에 관한 기존 연구 문헌에는 다양한 목표특성에 관한 개념들이 등장한다. 조직목표의 구체성(specificity), 복잡성(complexity), 복수성(multiplicity), 갈등(conflict), 실체성(tangibility), 일반성(generality), 측정가능성(measurability) 등이 좋은 예이다. 조직목표의 모호성을 조직목표에 대한 경쟁적 해석의 수준으로 정의한다면 위와 같은 기존의 다양한 목표특성 개념들을 통합하는 역할을 목표모호성에 부여할 수 있다. 즉, 목표모호성은 한 단계 위의 추상적 개념(higher-order abstraction)이 되고, 앞서 언급한 각 개념들은 목표에 대한 경쟁적 해석의 정도와 연계된 파생개념으로 이해할 수 있다. 예컨대, 목표구체성이 높다면 경쟁적 해석의 여지가 적을 것이고, 복잡하다면 반대 양상이 나타날 것이며, 그러한 양상은 목표가 복수이거나, 서로 갈등적이거나, 실체가 불분명하고 측정이 어려운 경우에도 마찬가지일 것이다.

조직의 목표모호성은 여러 하위 차원을 가질 수 있다. 어떤 조직목표가 경쟁적 해석을 가능하게 하는 정도는 직접적으로 관찰하기 어려우므로 잠재적 구성개념(latent construct)에 해당한다. 그러나, 조직목표의 주요 기능이라고 할 수 있는 조직 존재이유의 이해와 의사소통, 조직활동의 지시, 조직성과의 평가, 그리고 우선순위 결정 등의 상황에서 이 구성개념은 구체적이고 관찰가능한 행동으로 포착될 수 있고, 우리에게 조직의 목표모호성을 경험적으로 측정할 수 있는 귀중한 기회를 제공한다. 조직 내외에서 발생하는 이러한 각각의 상황에서 발생하는 경쟁적 해석의 정도는 동일한 구성개념인 조직 목표모호성의 상이한 시현으로 볼 수 있는 것이다.

이런 관점에서 조직의 목표모호성은 다음과 같은 네 가지의 하위 차원을 가질

---

1) Chun, Young Han. 2003. *Goal Ambiguity in Public Organizations: Dimensions, Antecedents, and Consequences.* Doctoral Dissertation. University of Georgia, Athens.

수 있다: 사명이해 모호성, 지시적 모호성, 평가적 모호성, 그리고 우선순위 모호성.2) 사명이해 모호성(mission comprehension ambiguity)은 어떤 조직의 사명, 즉 미션을 이해하고 설명하고 의사소통할 때 발생하는 경쟁적 해석의 정도를 의미한다. 조직사명 개념의 핵심 요소는 조직 존재의 이유이다. 조직 존재의 이유를 밝히는 사명진술(mission statement)은 조직의 사회적 정당성을 부각시켜 조직구성원의 조직몰입을 촉진시키고, 직무동기를 높이는 기능을 수행한다. 사명이해의 모호성은 어떤 사명진술이 이해하고, 설명하고, 그리고 의사소통하기 어려울 때 발생한다. 이 경우 조직사명에 대한 경쟁적인 해석이 나타날 가능성이 높아지며 그 진정한 의미에 관하여 공통된 의견을 찾기가 힘들어진다.

지시적 모호성(directive ambiguity)은 어떤 조직의 사명이나 일반적 목표들을 그 사명을 달성하기 위한 구체적 행동지침으로 전환할 때 발생하는 경쟁적 해석의 정도를 말한다. 어떤 사명진술의 이해와 설명이 쉽다 해도 특정한 조직의 구체적 활동이 갖는 사명과의 부합성 정도에 대한 의견은 분분할 수 있다. 공공조직의 사명을 구체적인 조직활동으로 전환시키는 과정에서 발생하는 경쟁적 해석의 정도는 정치학자와 행정학자에게는 꽤 친숙한 주제이다. 정치적 과정을 통해 만들어진 법률을 실제 행정활동으로 집행하는 과정에서 행정관료들은 자주 '불분명한 위임(fuzzy mandates)'의 문제에 봉착한다. 정치적 위임의 내용을 담은 법률의 구체적 의미가 모호하여 정확한 해석이 어려운 상황이 발생하는 것이다. 이 상황은 관료에 의한 행정적 해석을 불가피하게 만들고, 결국 관료재량권의 강화를 초래한다. 선출되지 않은 공직자인 관료의 재량권 확대는 유권자의 뜻과 거리가 있는 공권력의 행사로 이어질 수 있으므로 정치학자와 행정학자에게 지시적 모호성의 존재는 민주주의 규범을 위협할 수 있는 매우 중요한 문제가 아닐 수 없다.

평가적 모호성(evaluative ambiguity)은 어떤 조직의 사명을 얼마나 달성했는지 그 진전을 평가할 때 발생하는 경쟁적 해석의 정도이다. 조직성과를 평가할 때 조직의 사명은 성과지표 혹은 성과목표(performance targets)로 전환되어야 한다. 그런데 성과목표가 정확하게 기술될 수 있는 정도 혹은 타당하고 객관적인 성과지표를 구할 수 있는 정도는 조직사명에 따라 다르다. 어떤 조직들은 성과목표를 객관적이고 측정가능한 방식으로 표현할 수 있지만, 주관적 서술(narratives) 말고는

---

2) Ibid.

달리 성과목표를 제시하기 어려운 조직들도 있다. 전자의 경우는 조직 성과평가에 있어서 경쟁적 해석이 대두될 가능성이 낮지만 후자의 경우는 그 가능성이 높아진다.

우선순위 모호성(priority ambiguity)은 복수의 조직목표들 중 우선순위를 결정할 때 발생하는 경쟁적 해석의 정도를 말한다. 목표의 우선순위를 결정한다는 것은 특정 시점에서 어떤 목표가 다른 목표보다 더욱 중요하다고 밝히거나 혹은 복수의 목표들을 수단-목표의 연계사슬을 통해 수직적으로 통합하는 것을 의미한다. 만약 어떤 조직이 복수의 조직목표 혹은 성과표적을 가진다면 어느 것이 더 중요한가에 대한 경쟁적 해석이 존재할 가능성이 높아진다.

3 공공조직 목표모호성의 원인

공공조직의 목표는 언제 어떤 이유로 모호해질까? 이 질문에 대한 체계적 답변을 제시하는 이론적 주장은 전통적인 학문 간 경계를 뛰어넘어 존재한다. 조직이론과 행정학은 물론이고 정치학, 경제학, 경영학, 심리학, 사회학, 심지어 법학 분야에서도 관련된 문헌과 주장을 발견할 수 있다. 다음에서는 이렇게 다양한 학문 분야에서 제시된 논리를 종합하여 공공조직 목표모호성의 원인을 시장, 정치, 정책, 조직요인으로 범주화한 이론으로 제시하겠다.[3]

1) 시장 요인

어떤 조직이 생산하는 재화나 서비스에 대한 시장이 없을 때 그 조직의 목표는 모호해진다. 시장의 결핍은 공공조직에 대한 논의에서 흔히 등장하는 공공조직의 대표적 특성이다. 시장의 부재가 공공조직에 미치는 많은 영향 중에서 조직목표의 모호성은 핵심적 주제이다. 공공-민간관리의 차이점에 관한 문헌을 종합한 분석에 의하면(Rainey and Chun, 2005)[4], 시장을 갖고 있지 않은 공공조직의 목표

---

3) Ibid.
4) Rainey, H. and Chun, Y. 2005. "Public and Private Management Compared," in E. Ferlie, L. Lynn, and C. Pollitt (eds.), *The Oxford Handbook of Public Management*.

가 시장을 보유한 민간조직의 목표보다 더 모호하다는 명제는 많은 공공－민간조직 차이에 관한 명제들 중 가장 널리 알려져 있고 가장 빈번하게 언급되는 주장이다.

그렇다면, 왜 시장의 결핍은 조직목표의 모호성을 초래할까? 시장에 노출된 조직은 시장에서 조직생존에 필요한 재정적 소득을 획득하지 못하면 다른 모든 목표의 달성이 무의미하다. 시장을 통한 재정수입 확보에 실패하는 상태가 계속되면 결국 조직이 사라지기 때문이다. 시장 생존이라는 단일하고 명확한 목표와 이 목표 달성 여부를 가능하게 해주는 이윤율 등의 성과지표가 있는 민간의 시장조직과는 달리 공공조직은 이에 견줄 만한 단일하고 명확한 목표가 없다.

그렇다면 공공조직의 목표는 무엇이고, 어떻게 정해질까? 민주주의 사회에서 공공조직의 목표는 정치과정을 통해 결정된다. 공식적 정치행위자인 입법부, 행정부, 사법부, 기타 감독기관과 비공식적 정치행위자인 이익집단, 언론, 유권자대중이 개입하는 정치적 의사결정과정을 통해 생산되는 산출물의 하나가 공공조직의 목표이다. 이러한 정치과정은 법률과 정책의 형태로 특정 공공조직이 도달해야 할 '바람직한 미래 상태'를 제시하는데 그것이 곧 공공조직의 목표가 된다. 공공조직의 목표설정 과정이 갖는 이러한 정치적 특성 때문에 공공조직의 목표는 불가피하게 가치개입적이고, 추상적이며, 종종 이상화(idealized)된다. 공공조직이 추구하는 가치들은 형평성, 공정성, 정치적 반응성, 민주적 책무성, 인간 존엄성의 보호 등으로 다양하다. 하지만, 이 가치들의 한 가지 공통점은 엄밀하게 그 의미를 정의하기 어려운 사회적, 정치적 요구를 반영하고 있다는 것이다. 이러한 요구들은 공공조직의 기능 수행에 의해 그 요구가 얼마나 충족되었는지 판단할 명확한 기준을 찾기 힘든 경우가 많다. 예를 들면, 공정성이나 인간 존엄성의 의미는 시대와 장소에 따라 끊임없이 바뀌어 왔기 때문에 보편적이며 객관적인 기준에 입각한 가치 달성 여부 확인이 곤란하다.

이러한 상황에 직면한 공공조직에서 흔히 목격되는 행동은 그 조직의 업무활동이 만든 세상의 변화, 즉 결과보다는 업무 과정 혹은 업무량 자체에 초점을 두어 조직성과 평가가 이루어지는 것이다. 사실 이러한 방식은 시장에 노출된 민간조직에 대한 성과평가에서는 발붙이기가 어렵다. 시장으로부터 그 조직이 얼마나 일을 잘했는지에 대한 성적표를 직접적이고 객관적으로 구할 수 있기 때문이다.

UK: Oxford University Press.

예컨대, 시장이 제공하는 투자수익률(ROI) 등의 수치는 그 조직의 업무 과정 혹은 업무량과 무관하게 얼마나 업무를 잘했는가, 즉 목표달성 여부를 객관적으로 알려준다. 요컨대, 시장의 존재는 조직목표의 평가적 모호성을 감소시키고 명료성을 증가시킨다.

시장의 존재는 또한 조직목표의 지시적 모호성도 감소시킨다. 앞서 언급했듯이 시장의 결핍은 결과지향적 성과평가를 어렵게 한다. 이 때 성과평가는 모호한 용어로 추상화된 정치적 위임의 달성 여부를 따지게 되는데, 이 과정은 구체적으로 어떤 행정 활동이 필요한가에 대해 폭넓은 해석과 관료적 선택의 여지를 발생시킨다. 대조적으로 시장에 노출된 조직은 조직원에 대한 행동 기대를 사전에 구체적으로 정해놓을 필요가 없다. 쥐만 잡을 수 있다면 고양이의 색깔을 흰 고양이 혹은 검은 고양이 식으로 미리 정해놓거나 미리 정해놓은 쥐 잡는 방법을 훈련시킬 이유가 없다. 무엇이 효과적인 방식인지는 궁극적으로 시장을 통해 확인될 것이기 때문이다.

시장은 조직관리자에게 의사결정의 효과성 여부를 알려주는 신호기능을 한다. 매출액이나 이윤율이 감소하면 뭔가 어리석은 결정을 내렸거나 필요한 결정이 없었음을 의미하고, 반대의 경우라면 관리자들이 정확한 판단을 하였음을 뜻한다. 시장이 없는 공공조직은 이러한 신호기가 작동하지 않는다. 관료들의 의사결정을 미세조정할 수 있는 자동적 환류체계가 취약하다는 것이다. 시장정보를 활용한 자동적 의사결정 조정이 어렵다면 공공조직 관리자들의 재량적 선택이 증가하지 않겠는가라는 예상을 할 수 있다. 하지만, 다원적 민주주의 사회의 공공조직 관리자들은 다양한 이해관계와 가치를 충족시켜야 하는 책무성 기대 때문에 관료적 재량권 행사에 제약이 가해진다. 이러한 이유로 시장정보의 부재가 초래한 관료적 재량권 행사는 공공조직 내부의 의사결정과 업무활동에 관한 무수한 세부 규정과 절차가 덧붙여지는 것으로 귀결되곤 한다. 이 과정에서 공공조직 내부의 의사결정과 업무활동의 공식화(formalization) 정도가 역설적으로 조직목표의 지시적 모호성이 강한 정도를 반영할 수 있다는 점은 매우 시사적이다.

또한 시장의 부재는 우선순위 모호성도 증가시킬 수 있다. 시장에 노출된 조직은 다른 모든 목표에 우선하여 수익 창출을 통한 생존을 추구한다. 물론, 민간기업을 단순히 이윤을 극대화하려는 존재로 보지 않는 시각도 있다. 하지만, 민간기업은 손익기준(bottom-line)을 중심으로 비교적 적은 수의 유사한 목표를 갖는 경향이 있다는 점은 부인하기 어려우며, 이러한 손익기준의 존재는 여러 경쟁적인 단기 목표들 사이의 우선순위 결정에서 강력한 통합적 힘으로 작용한다.

이와는 대조적으로 공공조직은 시장수익이 아니라 조세로부터 조직활동에 필요한 예산을 확보한다. 행정학자들은 이렇게 예산이 확보되는 과정은 근본적으로 정치적 과정으로서 상이한 가치관과 이해관계의 충돌이 불가피하다고 지적한다. 다원적 민주주의 사회에서 정치적 경쟁과 타협에 의한 의사결정 결과물은 매우 높은 변동성을 특징으로 하는데, 결국 공공조직 목표의 우선순위는 일관성과 안정성에서 취약해진다. 조세수입의 배분과정에서 최대한의 예산을 확보하려면 공공조직의 관리자들은 불가피하게 서로 상충적인 다수의 정치적 요구를 모두 수용하는 형태로 조직목표의 우선순위를 관리해야 하며, 그 결과 우선순위 모호성은 높아지게 된다.

2) 정치적 요인

조직의 목표는 때로는 의도적으로 모호해진다. 정치적 타협의 필요성 때문이다. 서로 상충적 입장을 가진 여러 이해관계자 사이에서 절충점을 찾으려면 갈등을 유발하는 명료성보다는 모호성의 장막을 쳐서 모든 이의 입장을 수용하거나 최소한 그렇게 보여야만 한다. 대의민주제에서 선출직 공직자들은 유권자들 사이에 존재하는 상충적인 이익과 관점의 차이를 줄여서 다수연합(majority coalition)을 형성해야만 법률의 형태로 정책결정을 할 수 있다. 통상 공공조직의 목표는 이렇게 의회가 통과시킨 법률에 기초한다. 그런데, 가치와 이익의 다양성을 전제로 하는 다원적 민주주의에서 입법에 성공하려면 정치적 타협이 필수적이며, 타협에 도달하려면 모호성이 필요하다. 명료한 법률은 다원주의적 협상이 성공할 가능성을 낮추기 때문이다. 모호하게 표현된 정책이나 공공조직의 목표는 '입법부의 바퀴를 굴러가게 하는 윤활유'와 같다는 것이다.

이런 의미에서 법률로 표현된 공공조직 목표의 모호성은 모든 의원들이 본인의 선거구에 돌아가서 자신이 다른 의원과의 정치적 투쟁에서 이겼다고 주장할 수 있는 흥미로운 상황을 가능하게 한다. 법률로 표현된 정책결정은 넓은 해석의 여지가 있도록 (의도적으로) 고안되었으므로 상이한 가치와 이익을 가진 선거구민 중 모두로부터 지지를 극대화하는 절묘한 해결책이 되는 것이다. 하지만, 이렇게 '정치적으로 합리적인' 선출직 공직자의 모호성 전략은 누군가를 화나게 할 정책결정의 부담을 그 정책을 집행해야 하는 관료에게 전가시키는 결과를 낳는다. 모호한 정책결정 내용이 실제로 존재하는 정치적 갈등을 해소시키지는 못하며, 다만 갈등의 표면화를 입법부의 정책결정 단계에서 행정조직의 정책집행 단계로 지연시킨 것에 불과하기 때문이다.

이러한 정치적 타협의 필요성은 공공조직 목표의 지시적 모호성을 높인다. 현존하는 상충적 이해관계의 제약하에서도 어떻게든 합의를 도출해야 하는 정치인들은 관료들에게 불명확한 정책위임을 전달하는 경향을 보인다. 예를 들면, 정치인들은 '빈곤의 추방'이라는 모호한 정책목표에 합의하고, 합의가 어려운 '소득지원 대상자의 선정 기준'의 결정은 행정관료에게 떠넘기는 식이 되는 것이다.

공공조직 목표의 우선순위 모호성 또한 정치적 타협의 필요성이 클수록 증가한다. 정치적 타협은 흔히 모든 협상 참여자들에게 각자 원하는 것을 조금씩 주는 방식으로 이루어진다. 이러한 '모두에게 조금씩' 방식으로 통과된 법률에서 복수 정책목표 사이의 명료한 우선순위를 찾기는 매우 어렵다. 다원적 정치체제가 요구하는 '다수연합'의 형성에 의한 정책결정 방식은 서로 공존이 어렵고 상호모순 관계에 있는 여러 목표가 하나의 정책에 한꺼번에 들어가버리는 결과를 초래하며, 이러한 정책을 집행해야 하는 공공조직의 관료들은 무엇부터 해야할지 모호한 상황에 직면하게 된다.

3) 정책 요인

일반적으로 공공조직은 정책집행 기능을 수행하는데, 이 때 집행을 맡은 정책의 특성에 따라 목표모호성 수준의 차이가 나타날 수 있다. 다음에서는 이러한 정책과 공공조직 목표모호성의 관계에 대해 정책의 유형과 정책문제의 복잡성을 중심으로 설명하겠다.

정부의 공공정책은 다양한 유형이 있지만, 일반적으로 다음의 세 유형으로 구분된다: 규제정책, 분배정책, 그리고 재분배정책. 규제정책(regulatory policy)은 공적 목표 달성을 위해 개인의 선택을 제한하는 정책이며, 분배정책(distributive policy)은 국민 전체로부터 거둔 일반적 재정수입을 활용하여 일부 집단에게 편익을 제공하는 정책이며, 재분배정책(redistributive policy)은 국민 중 일부 집단에게 조세를 부과하여 또 다른 일부 집단에게 그 편익을 제공하는 정책을 의미한다. 정책학자들에 의하면, 각 정책유형별로 상이한 형태의 정치과정이 정책결정과 집행 단계에서 나타난다. 정책목표의 모호성 차이는 이러한 상이한 형태의 정치과정이 만들어내는 차이 중 하나로 볼 수 있다. 다만, 여기서 한 가지 지적할 점은 이러한 정책의 유형 구분에 있어서 분배정책과 재분배정책의 개념적 차이가 명확하지 않다는 것이다. 예를 들면, 특정 지역에 건설되는 고속도로는 흔히 분배정책으로 간주되지만 지역간 편익의 재분배효과에 주목하면 재분배정책으로 분류해도 무리가 없다. 소득재분배 기능이 있다고 알려진 많은 정책프로그램들이 유사한 문제점을 갖는다. 이 점에 유의하여 여기서는 규제정책과 비규제정책(주로 분배정책) 간의 차이에 초점을 두도록 하겠다.

규제정책과 비규제정책의 정책형성과정에서 가장 많이 논의되는 차이점은 규제정책이 상대적으로 높은 수준의 정치적 가시성을 가진다는 것이다. 규제정책은 특정 개인이나 집단의 행동을 제한하고 비용을 발생시키는 방식으로 정책목표를 추구한다. 이런 이유로 규제정책의 형성과정에서는 승자와 패자 간의 치열한 대립 양상이 빈번히 나타난다. 반면에, 분배정책 등 비규제정책은 특정 개인이나 집단의 행동을 제한하며 비용을 부담시키지 않고 국민 모두로부터 거둔 조세수입을 활용하여 특정 집단에게 편익을 제공하므로 정책형성과정에서 명백한 패자가 나타나기 어렵다. 그 결과 정책의 정치적 가시성이 낮아지고 대체로 크게 주목받지 않고 법률이 의회를 통과하는 경향이 있다. 정치학자들은 이 과정을 이른바 '철의 삼각형(iron triangles)'으로 알려진 정책하위체제(policy subsystems) 내부 행위자 간 폐쇄적 협상 혹은 정책결정자들 사이의 '주고받기식 결탁(logrolling)'으로 표현하기도 한다.

이러한 규제정책과 비규제정책(주로 분배정책)의 정치적 패턴의 차이는 해당 정책을 넘겨받아 집행하는 공공조직의 지시적 목표모호성 수준의 차이로 연결된다. 규제정책 형성과정에서 부각되는 승자와 패자의 존재는 명확하고 상세한 정책지침이 법률에 포함되는 것을 회피하려는 정치적 유인을 만든다. 정책지침이 모호할수록 승자와 패자 간 합의 도출 가능성이 높아지기 때문이다. 이런 이유로 규제정책을 담은 법률의 내용에는 종종 규제기관이 '공익' 또는 '공공선'을 위해 '공정하고 합리적인 규제'를 실행해야 한다는 모호한 서술이 들어가곤 한다. 이렇게 불명확한 정책지침은 막상 규제기관의 관료가 정책집행을 위해 어떤 행동을 할지 결정할 때 상당한 해석상의 여지를 남긴다.

또한, 공공조직의 평가적 목표모호성도 정책유형의 차이에 의해 영향을 받는다. 예를 들면, 고속도로 건설과 같은 비규제정책이 발생시키는 편익은 실체가 분명하고 물리적 관찰이 가능한 경우가 많은 데 비해, 공정 경쟁이나 산업안전 향상과 같은 규제정책의 편익은 직접적 관찰이 어렵고 편익의 계량화도 힘들다. 이 때 규제기관들은 성과평가에 있어서 조직의 업무수행 결과를 알려주는 성과지표보다는 단순히 투입자원 혹은 업무량에 불과한 정보를 성과지표로 활용하려는 경향을 보일 수 있다. 시차(time-lag) 또한 규제기관 목표의 평가적 모호성에 영향을 주는 요인이다. 규제활동의 결과는 정책집행 초기 단계에서 명확하게 나타나지 않고 일정 기간이 경과한 후에야 관찰할 수 있는 경우가 적지 않다. 경쟁촉진과 소비자 편익 증진을 위한 공정거래 규제가 좋은 사례이다. 규제정책이 가진 이러한 요인들은 규제정책을 집행하는 공공조직 목표의 평가적 모호성을 높일 수 있다.

정책문제의 복잡성(complexity of policy problem) 역시 공공조직 목표모호성에 영향을 미칠 수 있다. 정부가 해결해야 하는 정책문제는 복잡할 수도 있고 상대적으로 단순할 수도 있다. 특히, 정책을 추진하는 공공조직의 업무루틴화(task routinization)가 어렵거나 정책문제의 원인과 결과를 연결하는 인과관계에 관한 지식이 부족할 때 정책문제의 복잡성은 높아진다. 앞서 서술한 정치적 타협의 필요성이 정책결정자들이 의도적으로 공공조직의 목표모호성을 높이는 경우라면, 정책문제의 복잡성은 정책결정자들이 원치 않음에도 불구하고 불가피하게 모호성이 높아지는 상황이라 할 수 있다.

우선, 정책문제의 복잡성은 공공조직의 지시적 목표모호성을 높인다. 어떤 공공조직이 맡은 정책의 목표가 유사하고, 반복적인 업무 활동에 의해 달성이 가능하다면 이러한 정책은 해당 공공조직의 일상적 업무 활동에 대해 명확하고 구체적인 지침이 된다. 하지만, 어떤 정책이 추진되는 상황의 맥락이 제각각으로 다양하여 일반적인 표준절차를 준수하기 어려운 예외적 상황이 많다면, 이 정책은 공공조직 업무활동에 대해 명료한 지침으로서 기능하기 곤란하다. 공공조직의 업무수행과정에서 사전에 예상하지 못한 일이 많이 발생할수록 관료들이 그 상황에서 어떻게 행동해야 할지 정책결정자들은 미리 구체적 지침을 제공하기 어렵고, 공공조직의 업무루틴화는 힘들어지기 때문이다.

정책문제의 인과관계에 관한 일반적인 지식의 결핍 혹은 최소한 정책결정자와 관료 사이에 존재하는 정보의 비대칭성 역시 공공조직의 지시적 모호성에 영향을 준다. 정책문제의 심각성에 대한 정보는 존재하지만 문제를 해결할 기술적 지식이 충분하지 않을 때 정책결정자들은 모호한 정책을 수립하는 경향이 있다. 설령 관료들에게 충분한 기술적 지식이 있다고 해도 입법부가 이러한 지식을 결여하고 있다면 구체적 지침이 없고 일반적 표현으로 가득한 법률은 등장할 수 있다. 또한 정책문제의 복잡성은 공공조직의 평가적 모호성에도 영향을 미친다. 사전에 예상하기 어려운 사건이 많이 발생하고, 객관적으로 의사소통이 가능한 지식보다 암묵지(tacit knowledge)의 활용이 불가피한 업무일수록 비전문가보다 전문가에게 의존하는 경향이 존재한다. 예를 들면, 공공 연구기관의 경우 연구성과를 평가하는 유일한 방법은 흔히 다른 전문가의 주관적 판단이며, 이러한 상황은 평가적 모호성을 높이게 된다.

4) 조직 요인

앞서 살펴본 시장, 정치, 정책 요인 이외에도 공공조직의 자체 요인들도 목표모호성에 영향을 줄 수 있다. 다음에서는 조직의 역사와 규모를 중심으로 조직요인에 대해 설명하겠다. 우선, 조직의 역사는 경로의존성 등의 개념을 통해 조직현상에 대한 제도론적 설명을 시도하는 이들에게 최근 큰 관심을 받고 있는 주제이다. 하지만, 여기서 의미하는 조직의 역사는 제도론적 개념이 아니라 단순히 조직설립 이후에 누적된 시간을 뜻한다. 조직 연령(organizational age)이라고도 표현할 수 있는 이 누적된 시간 혹은 조직역사는 조직목표의 지시적 모호성과 우선순위 모호성에 영향을 미칠 수 있다.

통상 어떤 정책문제에 대응하기 위해 처음 만들어지는 법률들은 관련 정책정보나 지식의 부족으로 인해 선언적이거나 상징적 표현에 그치는 경향을 보인다. 하지만, 최초 입법 이후 시간이 흐르면 이 법률의 집행책임을 맡은 공공조직의 활동을 통해 상세한 정책정보가 수집되고 정책문제가 재정의되며 정교해지는 과정이 뒤따르게 된다. 이러한 재정의와 정교화를 지칭하여 일부 정책학자들은 정책의 진화적 과정(evolutionary process) 혹은, 좀 더 낙관적으로 표현해 학습과정(learning process)이라고도 부른다. 왜냐하면 이 과정을 통해 정책목표와 정책수단의 관계에 관한 인과지식이 이전에 비해 보다 높은 수준의 타당성과 신뢰성을 갖춘 지식으로 발전한다고 보기 때문이다. 이러한 논리의 연장선에서 우리는 어떤 정책의 집행책임을 맡아 설립된 신생 공공조직보다 그 역사가 훨씬 긴 공공조직의 지시적 목표모호성 수준이 낮을 것이라는 시사점을 얻을 수 있다.

한편, 시간의 경과와 함께 공공조직이 수행해야 하는 정책과 관련된 성과지표 및 성과목표(performance targets)의 수는 증가하는 경향을 보이고, 그에 따라 그 조직의 우선순위 모호성도 높아질 수 있다. 이러한 현상이 발생하는 주된 이유는 대부분의 정부들은 비용절감 등의 사유로 인해 새로운 정책문제에 직면했을 때 새로운 조직을 신설하여 집행책임을 맡기기보다 기존의 조직에 그 책임을 덧붙이는 방식을 선호하기 때문이다. 더불어, 공공조직의 역사가 깊어지면 조직 자체의 이유로 새로운 목표와 업무를 추가하는 경향을 보이기도 한다. 공공조직의 성장을 위해 필수적인 외부의 정치적 지지를 확보하려면 외부에 존재하는 다양한 이해관계를 반영할 필요성이 점차 커지기 때문이다.

끝으로, 조직의 규모는 많은 조직현상의 차이를 만드는 중요한 변수로 간주되는데, 목표모호성 역시 예외가 아니다. 특히, 우선순위 모호성은 공공조직의 규모가 커질수록 증가하는 경향을 보일 수 있다. 일반적으로 규모가 큰 공공조직은 작은 공공조직에 비해 더 많은 기능과 정책프로그램을 수행한다. 이는 자연스럽게 더 많은 수의 성과지표와 성과목표로 이어지며, 결과적으로 무엇이 더 중요한 조직목표인지 우선순위를 결정하는 데 있어 더 큰 어려움을 발생시킬 수 있다.

4 목표모호성과 조직성과

공공조직의 목표모호성이 왜 중요할까? 처방적 응용학문인 행정학에서 어떤 현상의 중요성은 대체로 그 현상의 성과 영향(performance impacts)에 의해 판단된다. 조직목표의 모호성 역시 조직성과를 좌우하는 핵심적 요인의 하나이므로 중요한 연구주제가 된다. 물론, 목표모호성은 조직성과 이외에도 조직의 구조적 및 행태적 특성에도 영향을 준다. 예를 들면, 조직구조의 여러 차원 중에서 특히 집권화 수준을 높이고, 번문욕례(red tape)를 증가시킨다는 연구결과가 있고, 조직행태 차원으로는 조직원의 보상기대(reward expectancy)와 직무만족(job satisfaction)을 감소시킨다는 연구결과가 있다.[5] 하지만, 성과영향이 갖는 중요성을 감안하여 여기서는 목표모호성의 구조적 및 행태적 영향보다 조직성과에 미치는 효과에 초점을 두려 한다. 다음에서는 조직의 목표모호성과 조직성과의 관계에 대해 앞서 소개한 목표모호성의 네 차원인 사명이해 모호성, 지시적 모호성, 평가적 모호성, 그리고 우선순위 모호성으로 구분하여 차례로 설명하겠다.[6]

1) 사명이해 모호성의 성과 영향

조직의 사명(mission)이 조직성과에 영향을 미치는 이유는 다음과 같다. 우선, 조직의 사명이 가진 중요한 기능 중 하나는 조직원이 열심히 일하도록 동기를 부여하는 것이며, 이 점에서 폭넓은 사회적 기능의 관점에서 조직활동의 정당성을 확보할 수 있는 매력적인 조직 사명을 가진 조직일수록 강점을 가질 수 있다. 구체적으로, 매력적인 조직 사명은 새로운 구성원을 모집하고, 사회화하며, 자발적으로 열심히 일하도록 동기를 부여하는 과정에서 조직성과의 향상을 촉진할 수 있다. 또한, 매력적인 조직의 사명은 조직 외부의 이해관계 집단들에게서 조직에 필요한 자원과 정치적 지지를 이끌어내는 기능을 수행할 수 있다.

하지만, 이 모든 조직 사명의 기능들은 그 조직 사명을 이해하고, 설명하며, 의사소통하는 것이 용이할 때 효과적으로 발휘된다. 만약 사명이해 모호성이 높아서 사명의 이해, 설명, 의사소통의 어려움이 크다면, 매력적인 조직 사명을 통해 조직원의 동기부여와 외부 지지의 확보를 추구하는 방식의 성과 제고 노력은 성공하기 어려울 것이다. 요컨대, 조직의 사명이해 모호성은 조직성과에 부정적인 영향을 미칠 가능성이 높다고 볼 수 있다.

---

5) Chun, op. cit.
6) Ibid.

2) 지시적 모호성의 성과 영향

지시적 모호성과 조직성과의 관계는 두 가지 상반된 방향의 이론적 견해들이 존재한다. 어떤 학자들은 조직원들의 의사결정과 행동에 대한 조직목표의 지시적 모호성이 감소할수록 혹은 지시적 명료성이 증가할수록 공공조직의 책무성이 확보되며, 주요 이해관계자의 기대에 부응하는 조직활동이 나타날 것이라고 주장한다. 하지만, 다른 학자들은 이러한 지시적 명료성은 실험을 통한 학습이나 환경변화에 대한 유연한 적응을 가로막는 장애물이며, 결국 공공조직의 성과를 저해한다고 반론을 제기한다.

이러한 상반된 견해의 충돌은 사실 정치학, 정책집행론, 그리고 조직관리론의 각 분야에서 이어진 오랜 논쟁을 반영한다. 전통적으로 정치학자들은 모호하게 정의된 공공조직의 정책 책임을 민주적 통제와 책무성에 대한 위협으로 여겨 왔다. 하지만, 풀뿌리(grass-root) 민주주의를 강조하는 일부 정치학자들은 거꾸로 중앙정부로부터의 상세한 정책지침이 지역적 특성에 대한 정치적 반응성을 침해할 수 있다고 주장해 왔다. 유사한 논쟁은 정책집행 연구자들 사이에서도 발견된다. 하향적(top-down) 관점을 취하는 연구자들은 정책집행자들이 정책결정자들의 의도보다 자신들의 가치와 이익을 앞세우는 것을 억제하려면 정책지시가 최대한 구체적일 필요가 있다고 본다. 대조적으로, 상향적(bottom-up) 관점을 선호하는 집행 연구자들은 정책결정자들이 폭넓은 해석의 여지를 가진 정책을 수립할수록 다양한 집행현장의 맥락에 맞춘 실험, 학습, 적응이 가능해진다고 지적한다.

지시적 모호성의 성과 영향을 둘러싼 비슷한 논쟁은 경영학과 조직학 분야에서도 찾아볼 수 있다. 상세한 행동적 지침 없이 목표만을 설정할 것을 권유하는 조직관리 전문가들은 이러한 지시적 모호성이 환경변화에 대한 유연한 대응, 예상하지 못한 기회의 적극적 활용, 근시안적 전략의 회피, 관리적 창의성의 촉진, 행정적 자율성의 증가 및 정치적 갈등의 감소 등의 다양한 장점이 있다고 강조한다. 반면에 지시적 모호성의 잠재적 비용에 주목하는 연구자들은 실무자들에 의한 자의적 가치판단이 증가할 수 있으며, 조직 사명에 부합하지 않는 의사결정과 행동들이 일선에서 나타날 수 있다고 경고한다. 지시적 모호성은 유연성을 발휘하도록 도와주지만 과도한 유연성은 무책임한 행동으로 이어질 수 있다는 것이다. 이제까지 논의한 상반된 두 가지의 이론적 입장의 차이는 쉽게 해소되기 어려울 것이며, 아마도 경험적 자료에 입각한 실증적 연구들이 제시하는 증거의 축적이 진행된 후에야 지시적 모호성의 성과 영향에 대한 해답의 실마리를 구할 수 있을 것이다.

3) 평가적 모호성의 성과 영향

위에서 본 대로 의견이 엇갈리는 지시적 모호성의 성과효과와는 달리 많은 학자들은 조직목표의 평가적 모호성에 대해 부정적 성과효과를 주장한다. 특히, 이런 견해는 민간기업의 경영전략을 연구하는 학자들에게서 많이 발견된다. 이들은 조직 성과목표의 달성 여부를 객관적으로 측정하기 어렵다면 그 조직의 성과제고를 위한 관리전략의 개발을 합리적으로 기대할 수 있는가라는 반문을 제기한다. 사실 민간기업이 아닌 공공조직을 연구하는 행정학자들도 유사한 견해를 표명하는 경우가 적지 않다. 이들은 정부의 고위관리자들이 측정가능한 성과지표와 이에 기반한 성과목표를 활용할 경우 하위부서 혹은 조직원들의 업무 활동이 창출한 결과를 객관적으로 확인할 수 있고 이러한 성과정보의 환류에 힘입어 어떤 관리방식이 효과적인지 판단할 수 있다고 주장한다.

또한 G. Tullock과 같은 공공선택론자들은 평가적 모호성의 차이가 중요한 공공－민간관리 차이점의 하나라고 지적하였다. 즉, 민간기업 관리자들은 공공조직 관리자들에 비해 하급자들의 보고에서 발생할 수 있는 정보왜곡에 대처하기가 훨씬 용이하다. 왜냐하면 민간관리자들은 이윤율이나 매출액과 같은 계량적으로 측정가능하고 명료한 성과지표를 통해 자신의 조직의 상황을 손쉽게 점검할 수 있는 데 비해, 공공관리자들은 이러한 성과지표를 구하기 어렵기 때문이다. 위계제에 입각한 모든 조직에서는 하급자가 상급자에게 보고할 때 본인에게 불리한 정보를 숨기고 유리한 정보만을 제공하려는 유인이 존재하는데, 공공조직의 경우 이러한 정보왜곡 경향이 평가적 모호성에 의해 더욱 악화된다는 것이다.

그렇다면, 공공조직의 고위관리자들은 이런 상황에서 어떻게 대응할까? 객관적 성과지표를 활용하기 어려운 공공관리자들은 조직의 내부관리보다 외부 행위자와의 관계개선과 같은 정치적 활동에 치중하는 선택을 할 가능성이 있다. 즉, 어떤 공공조직의 객관적 성과를 확인하기 어려운 상황에서 그 조직에 대한 평가는 '사회적 평판'을 넘어서기 어렵고, 이러한 '사회적 평판'은 결국 정치인, 언론, 이익집단 등 외부의 유력한 행위자들의 주관적 의견에 달려있기 때문이다.

4) 우선순위모호성의 성과 영향

일반적으로 조직목표의 우선순위모호성은 조직성과에 대해 부정적 영향을 미친다고 알려져 있다. 20세기에 가장 널리 알려진 기업경영 서적의 하나인 '*In Search of Excellence: Lessons from America's Best−Run Companies* (1982)'에서 T. Peters와 R. Waterman은 초일류기업들은 소수의 명확하게 우선순위가 정해진 목표에 집중하는 경향이 있다고 언급하였다.

공공부문에서도 이러한 경향에 대한 주장은 어렵지 않게 찾아볼 수 있다. 예를 들면, 저명한 관리전문가인 P. Drucker(1980)는 공공조직에서 여러 목표를 동시에 추구하는 것은 행정의 치명적인 '죄악'의 하나라고 비판하였다.[7] 또한 미국 연방정부의 보건부장관을 지낸 D. Shalala는 자신의 경험을 회상하면서 거대하고 복잡한 관료조직을 관리할 때 가장 중요한 교훈 중 하나는 확고한 목표와 우선순위를 결정하고 그 결정에 충실히 따르는 것이라고 언급하였다.[8] 요컨대 만약 모든 것을 성취하고자 한다면 아무 것도 성취할 수 없을 것이라는 지적이다.

5 나가며

앞서 언급했듯이 행정학은 처방적 지식을 추구하는 응용학문이므로, 여기서 공공조직의 목표모호성을 논의하는 궁극적 목적은 공공조직의 성과 향상에 도움을 주려는 것이다. 이제까지 살펴본 대로 많은 학자들은 공공조직의 목표모호성을 감소시키고 목표명료성을 증가시킨다면 조직성과의 향상을 기대할 수 있다고 믿는다. 이러한 신념에 기초하여 우리나라 정부는 물론 여러 해외 선진국 정부들도 공공조직 목표의 명료화를 주요 내용으로 하는 행정개혁을 꾸준히 추진하고 있다.

---

7) Drucker, P. F. 1980. "The Deadly Sins in Public Administration." *Public Administration Review* 40: 103−106.
8) Shalala, D. 1998. "Are Large Public Organizations Manageable?" *Public Administration Review* 58: 284−289.

하지만, 이러한 개혁 방향에 대한 광범위한 공감대에도 불구하고 실제로 개혁의 현장에서 공공조직 목표의 모호성을 줄이고 명료화를 추진하는 것은 결코 쉬운 일이 아니라는 것이 드러나고 있다. 각국의 정부가 직면한 어려움 중 일부는 기술적이고 분석적인 문제였으므로 전문 기술관료에 의해 해결할 수 있었다. 하지만, 많은 어려움들은 기술적인 문제가 아니라 본질적으로 정치적인 문제였다.

앞서 논의한 대로, 목표모호성을 줄이는 목표명료화 과정은 흔히 '관리적으로는 현명하지만', '정치적으로는 어리석은' 것으로 간주된다. 공공조직의 목표설정 과정이 내재하고 있는 정치적 성격을 감안할 때 많은 성과관리 행정개혁이 채택하고 있는 '전략적 기획(strategic planning)'을 통한 목표명료화와 같은 합리적 관리 기법은 뚜렷한 한계가 있다. 명료한 목표를 원하는 관리전략적 논리와 애매모호한 목표가 필요한 정치적 논리 사이에는 좀처럼 좁혀지지 않는 간극이 존재하고, 이 거리를 줄이려고 할 때마다 강한 긴장이 초래되는 것이 당연하다. 이렇게 보면 그간 목표명료화를 추구했던 행정개혁들이 좀처럼 실질적 변화를 만들지 못하고 다람쥐 쳇바퀴 돌 듯이 원점으로 돌아오곤 했던 것은 어쩌면 예상된 귀결일 수 있다. 앞으로도 공공부문의 성과 향상을 위한 행정개혁은 지속적으로 추진될 것이고 또 추진되어야 하겠지만, 이후의 행정개혁은 공공조직의 환경과 목표가 갖는 태생적이고 고유한 정치적 성격에 대한 진지한 고려에 기초하여 추진될 필요가 있다.

제4장

공공조직의 구조설계: 현재와 미래

박성민

생각해보기

- 관심있는 민간조직 및 공공조직의 조직도를 살펴보고 해당 조직의 구조적 주요 특성과 조직구조 유형 등을 유추하고 토론해 보자.
- 현재 우리나라 공공조직이 가지고 있는 조직구조적 문제점들과 개선방향에 대하여 논의해 보자.
- 조직관리 및 인사관리에 있어 조직의 구조적 특성인 복잡성, 집중화, 공식화, 레드테이프 및 그린테이프의 중요성에 대해 논의해 보자.
- 포스트코로나 패러다임 시기에 있어 혁신적인 조직구조설계의 중요성이 부각되는 이유는 무엇인지 논의해 보자.
- 전통적 조직구조설계의 원리와 대안적 조직구조설계의 원리들을 비교해 보고 효과적이고 지속가능한 정부혁신전략과 조직개편방향 등에 대하여 논의해 보자.

공공조직의 구조설계: 현재와 미래

1 들어가며

Aaron Wildavsky는 그의 저서 'Searching for Safety'(1988)에서 사회정책적 관점에서 예측(anticipation)과 회복탄력성(resilience) 두 가지 전략을 제시하며 '가용정보의 총량'(amount of knowledge about what to do)과 '변화예측 가능성'을 축으로 정책결정자와 조직관리자들은 두 전략의 최적의 조합을 선택해야 한다고 제시하고 있다. 예를 들면, 코로나 19 위기의 초기단계의 사례에서 보듯이, 전혀 예상치 못한 위험이 도래하면서 질병의 발병, 진행, 확산 경로의 예측이 거의 불가능하며, 따라서 사전 대처방안을 마련할 수 없었던 불확실한 상황에 대응하기 위한 전략은 점진적, 시행착오적 회복탄력성(resilience) 전략이 유효하다고 주장할 수 있다. 반면, 질병위험성에 대한 정보가 축적되고 상황변화에 대한 예측과 검증이 상당한 수준으로 가능하고, 다양한 대응책과 해결책이 합리적으로 준비되는 경우에는 지식의존적, 추론적 예측(anticipation) 전략은 유용하다고 볼 수 있다.

이러한 윌다브스키의 '예측－회복탄력성' 가설과 전략은 조직의 구조를 진단하고 설계하는 구조설계 전략과 접근 방정식과도 맥을 같이 하고 있고 다양한 조직 관리정책의 담론을 직·간접적으로 전하고 있다고 하겠다. 즉, 조직 외부적 충격과 영향, 조직 내부의 다양한 제도적, 물적, 인적 위험요소들, 그리고 이러한 조직 내·외부 요소들 간의 상호 연결된 위협요인들을 어떻게 사전에 방지하며 지속적이고 사후적으로도 치유해 나갈 것인가에 대한 해답을 조직구조설계에 대한 과정에서 찾아야 할 것이다.

본 장에서는 먼저 조직구조와 조직설계에 대한 내용을 총체론적(holistic) 시각을 통해 소개하고, 이어서 조직의 구조 및 설계에 대한 개념, 쟁점과 과제 등에 대한 내용들을 부문별로 세부적으로 설명한다. 끝으로, 미래형 공공조직구조와 조직설계에 대한 다양한 시각과 시사점을 논의하며 향후 대한민국 공공조직 및 정부조직이 품어야 할 기관과 조직의 재설계 방향을 간략히 제시하고자 한다.

2 조직구조: 개념과 특징

1) 조직도의 의미와 중요성

기계의 다양한 기능, 부품, 역할을 알고 싶거나 혹은 AI 로봇의 프로그램을 업그레이드 할 때 반드시 참고해야 할 지침, 역할 등을 '설계도'와 '조감도' 등을 통해 지식을 얻고 진단해 볼 수 있다. 이와 마찬가지로 조직과 기관의 주요업무, 주요구조, 주요기능, 주요체계, 주요인적자원들에 대한 정보를 확인하기 위해서는 '조직도'를 맨 처음 펼쳐보는 것이 필수이다. 특히 조직생태학적 관점에서 바라볼 때, 관심 해당조직과 기관이 어떠한 방식으로 생명력을 유지하고 어떠한 미션과 목표, 핵심가치 등을 가지고 움직이는지를 알아보기 위해서는 조직도에 나와 있는 내용들을 보다 면밀히 살펴보게 된다. 또한, 보다 통시적인 관점에서 조직의 변동과 발전과정을 살펴보고 더 나아가 조직변동의 주요원인 등을 유추해 볼 때도 조직도는 매우 유용하다.

예를 들어, 아래의 두 가지 다른 조직도를 살펴보고 상호 비교해 보면 두 조직의 기본적인 조직구조의 상이점은 물론 왜 조직이 변화하고, 어떻게 다른 목표,

가치 및 성과를 지향하고, 어떠한 목적으로 인해 조직이 변동되었는지를 간접적으로나마 알 수 있게 된다. <그림 4.1>은 과거의 질병관리본부의 조직도이고, <그림 4.2>는 2020년에 탄생한 질병관리청 조직도이다. 즉, 관리본부에서 관리청으로 승격되면서 보다 다양한 기능과 업무, 보다 정교화된 명령체계와 부서체계를 가지게 되었다고도 볼 수 있다. 반면, 다른 측면에서는 조직구조의 비대화, 공식화, 다면화로 인해 예상하지 못하는 부정적 조직 병폐 현상들도 마주할 수도 있다고 예상한다. 독자들은 본 조직도의 유사성과 상이성을 비교, 분석해 봄으로써 '질병관리'를 다루는 조직의 기능적, 구조적 변화과정을 유추해보고 이와 함께 조직발전의 전략적 방향을 모색해 볼 수 있을 것이다.

그림 4.1 질병관리본부 조직도(과거형)

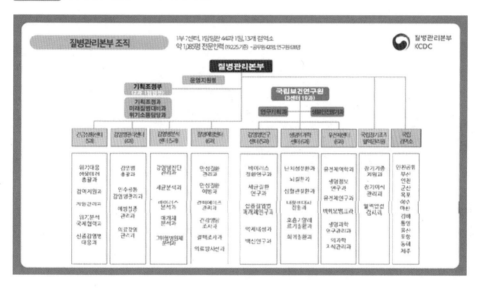

그림 4.2 질병관리청 조직도(2020.9.8. 현재형)

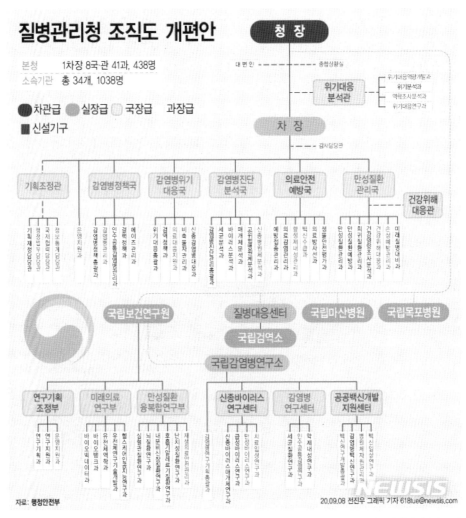

출처: 행정안전부(2020)

그림 4.3 조직개편 전·후 달라지는 점

현 재		조직개편 후
질병관리본부(복지부 소속기관) 보건복지부(단일차관)	조직	질병관리청(중앙행정기관) 보건복지부(복수차관)
보건복지부는 정책, 질병관리본부는 집행 기능 수행	감염병 의사결정구조	질병관리본부로 정책·집행 일원화
별도 조직 없음	지역체계	자치단체 방역을 지원하는 권역별 질병대응센터 신설
국립보건연구원 내 감염병 연구센터	감염병 R&D	국립감염병연구소로 확대 개편

출처: 행정안전부(2020)

2) 조직구조의 개념과 의의

조직구조란 조직의 각 요소들 간에 공식적으로 성립되어 있는 다양한 관계의 유형과 요소들을 뜻하는 것으로 조직의 기능과 업무, 권한, 책임, 보고체계 등이 어떻게 배분되고 조정, 통제되는가를 결정하는 체제라 할 수 있다. 조직구조에 대한 정의는 다양한 관점에서 조망이 가능하다. 예를 들면, 신체조직의 뼈대 혹은 건축물의 지지대로 상징되는 조직구조를 Mintzberg(1979)는 "과업을 분명히 구분하고 이들을 성공적으로 달성할 수 있도록 조정하는 총체적 방법"으로 정의하였고, Robbins & Judge(2011)는 조직구조에 의하여 업무의 공식화와 전문화, 계층화, 집중화와 분권화가 결정된다고 보았다. 또한 Rainey(2014)는 조직구조를 "위계수준과 조직 내 전문화된 단위와 직위의 배치 및 조직구성원들의 활동이 조직화되는 규범"으로 개념화하였고 Daft(2021)는 조직구조는 다음의 세 가지 핵심요소, 즉, 1) 공직적인 직위와 보고체계, 2) 부서 내 개인의 그룹화, 3) 전체를 묶어주는 조직 요소 간 연계와 조정 메커니즘 등의 정보를 반드시 포함하고 있다고 포괄적 정의를 제시하고 있다. 이러한 다양한 시각에서 정의되고 있는 조직구조의 개념을 본 장에서는 다음과 같이 정의하고자 한다—즉, 조직구조란 조직이 일하는 방식과 업무 네트워크 등의 유형을 규정하고 수평적, 수직적 조정, 통제 메커니즘, 의사결정 절차 등의 조직 내 권력체계를 결정하는 방식으로 이해할 수 있다 (박성민 & 김선아, 2015).

특히, 조직을 공동목표 달성을 위해 구성된 사회적 단위이자 외부환경과의 지속적인 상호작용을 통해 적응해 나가고 변화해 나가는 유기체적 성격을 가진 대상으로 가정한다면, 조직관리 및 인사관리적 측면에서 조직구조에 대한 깊은 성찰과 지속적인 혁신 노력이 필요한 이유를 알 수 있다. 첫째, 조직구조의 성격에 따라 조직의 미션과 목표, 가치체계, 그리고 전반적인 조직관리의 방향과 전략이 달라질 수 있다. 둘째, 조직구조의 특성에 따라 구성원들의 직급 및 직위체계, 직무 및 성과평가체계, 업무 역할 및 책임성 등 전반적인 인사관리제도의 방향과 전략이 정해질 수 있다. 셋째, 조직구조를 통해 중요한 의사결정과정을 공식화하고 구체적인 조직운영 기능과 범위를 수립하는 과정에서 기타 조직들과 차별화되는 조직의 정체성과 조직문화를 형성하게 해준다(김병섭·박광국·조경호, 2009).

3) 조직구조의 요소와 차원

조직구조를 탐색하고 보다 심층적인 구조적 정보를 습득하고자 하거나, 혹은 조직을 구조화하고 새로운 조직구조를 설계하고자 할 때, 다양한 하부조직 구조모형의 차원들을 고려하여 살펴볼 수 있다. 첫째, 조직의 업무들이 분화된 정도를 나타내는 수평적 세분화와 권한, 명령체계 등을 나타내는 수직적 위계화의 정도로서 조직구조를 파악해 볼 수 있다. 이를 통해 조직의 효율성과 효과성의 수준을 가늠해보고 조직 내 자율성과 유연성 및 분권화 정도, 의사소통 채널의 유의성, 조직 내 학습조직화 가능성과 지속가능성 여부 등을 파악할 수 있다. 둘째, 보다 입체적, 다면적 관점에서 조직구조를 진단하고 새로운 조직을 재설계하고자 한다면, Robbins & Judge(2011)의 여섯 가지 주요요소들을 참고해볼 필요가 있다. 즉, 1) 업무 전문화, 2) 부서화, 3) 명령체계, 4) 통제범위, 5) 의사결정의 집권화와 분권화, 6) 공식화이다. 이러한 여섯 가지 조직구조의 차원을 탐색하고 진단하기 위해서 다음과 같은 주요질문과 해결책 등을 제시해 볼 수 있다.

표 4.1 조직구조의 여섯 가지 주요 요소

주요질문	질문에 대한 해결책
활동이 어느 정도 세분화되는가?	업무 전문화
어떤 근거로 업무를 함께 묶을 것인가?	부서화
개인이나 그룹이 누구에게 보고하는가?	명령체계
한 관리자가 몇 명까지 효율적이고 효과적으로 관리할 수 있는가?	통제범위
의사결정 권한이 어디에 있는가?	집중화와 분권화
규칙과 규정이 직원과 관리자의 행동을 어느 정도로 제약하는가?	공식화

출처: Robbins & Judge (2011) (조직행동론, 이덕로 등 옮김에서 재인용, p. 543)

셋째, 보다 공공조직에 초점을 맞추어 조직구조의 유형을 살펴본다면, Rainey (2014)가 제시하는 여섯 가지 유형의 내용에 집중해 볼 필요가 있다. 즉, 집중화(Centralization), 복잡성(Complexity), 공식화(Formalization), 레드테이프(Red tape), 그린테이프(Green tape) 등의 유형을 중심으로 구조적 특성을 살펴볼 수 있다.

(1) 복잡성(Complexity)

업무 전문화(Specialization)의 정도와 조직 내에서 하위 조직 및 하위 계층의 수, 즉 부서화(Departmentalization) 정도를 의미한다. 따라서, 복잡성은 기본적으로 조직 내 분화 및 분업의 수준으로 이해할 수 있다. 이에 복잡성 수준에 따라서 누구에게 보고할 것인지를 결정하는 명령체계(Chain of Command)와 조직 내 관리자의 수를 결정하는 통제범위(Span of Control)가 결정된다. 이러한 복잡성은 수평적 분화와 수직적 분화로 구분할 수 있다. 수평적 분화(Horizontal Differentiation)는 하위 단위의 수와 개인적 전문화 정도가 평평(Flatness)하게 이루어지는 것을 의미한다. 수직적 분화(Vertical Differentiation)는 조직 내 계층의 수를 의미하는 것으로서 이는 조직의 위계적 높이(Tallness)를 나타낸다(박성민 & 김선아, 2015, p. 254에서 재인용).

(2) 집중화(Centralization)

조직의 상위 계층에 권력과 권한이 집중되어 있는 정도를 의미한다. 집중화된 조직에서는 최고 관리자가 모든 의사결정을 하게 되고, 하위 관리자의 역할은 단지 최고 관리자의 지시를 받아들이고 수행하는 것에 그친다. 반면, 집중화 수준이 낮은 분권화(Decentralization) 된 조직에서는 의사결정 권한이 분산되어 일선 관리자 및 일반 조직구성원들의 의견까지 의사결정에 반영된다(박성민 & 김선아, 2015, p. 254에서 재인용).

(3) 공식화(Formalization)

조직의 구조와 절차가 명시된 규칙 및 규정으로 제시되어 있는 정도 및 직무가 조직 내에서 표준화되어 있는 정도를 의미한다. 공식화 수준이 높은 조직에서는 직무와 관련된 의사결정, 즉 무엇을, 어떻게, 어디에서 수행할지에 관해 조직구성원의 재량권이 발휘될 수 있는 여지가 매우 적다. 반면, 공식화 수준이 낮은 조직에서는 직무 관련 행동이 상대적으로 덜 구조화되어 있기 때문에 조직구성원들은 자신의 직무를 수행하는 데 있어 상당한 재량을 발휘할 수 있다(박성민 & 김선아, 2015, p. 254−255에서 재인용). 이러한 공식화의 개념과 조직 내 실제적 적용 사례들은 후술하는 레드테이프와 그린테이프와 연계되어 설명될 수 있다.

(4) 레드테이프(Red Tape)

레드테이프(red tape)는 강제적이며 준수 부담을 주는 규칙과 절차(Bozeman, 2000: 12), 조직성과에 부정적인 영향을 미치는 부담스러운 규칙과 절차를 의미한다(DeHart−Davis & Pandey 2005; Yang and Pandey 2009; Freeney, 2012; 안병철, 2020, p. 378에서 재인용). 한국적 맥락에서는 최근 정부혁신의 주요과제로서 공공영역의 기관과 조직들에서 많은 수정이 요청되는 '소극행정'의 원인과 부정적 결과와 연계되어 설명될 수 있는 개념이다. 보다 현대적 의미에서 해석한다면, 레드테이프는 규칙과 규범, 제도 등 조직구조의 본질적, 절차적, 기능적 목적들이 달성되지 못하는 현상을 총칭하는 것이며, 특히 규칙과 절차로 인한 업무지연, 절차복잡, 서류과다를 야기하여 조직성과에 부정적 영향을 미치는 일련의 선행 및 매개, 조절요인들로 규정될 수 있다(Bozeman, 2000; Moon & Bretschneider, 2002; Pandey & Welch, 2005; Coursey & Pandey, 2007; 안병철, 2020, p. 378에서 재인용). 결론적으로, 레드테이프란 불필요한 절차와 내외부 관례적, 법적, 제도적 규율로 인해 개인 차원 및 조직 차원에서의 비효율성과 비효과성을 야기시키고 궁극적으로는 조직목표와 조직미션 달성에 부정적 효과를 전달하는 일련의 조직현상을 의미한다고 정의할 수 있다.

(5) 그린테이프(Greee Tape)

레드테이프가 바라보는 시각과는 다르게 그린테이프는 조직 내 많은 절차와 내규, 지침, 법규정 등은 조직의 안정성 및 연속성, 대내적·대외적 책임성 보장, 부정부패 방지, 공공가치 보호 등과 같은 긍정적 목적과 효과를 가진다는 부분을 강조하고 있다. 즉, 과도한 규정은 시간 및 비용을 증가시키고 그러한 과정에서 희생을 낳지만 다른 사람에게 보호장치가 되며(Kaufman, 1977: 29; Bozeman, 2000: 8), 부담스러운 규칙은 이해관계자의 편익을 보호하는 기능적 목표를 수행하는 부분이 있다고 본다. 특히 공공영역에서 규칙을 준수부담을 주는 레드테이프로만 인식하기보다는 관료제 규칙의 효율적 운영을 강조하는 시각도 있다(Goodsell, 2000: 375). 또한 DeHart−Davis는 그린테이프를 규칙 효과성 차원에서 접근하면서 규칙과 절차의 효용성을 제시하였다(DeHart−Davis, 2008; DeHart−Davis, 2009; 안병철, 2020, p. 378에서 재인용). 따라서 조직구조설계자 입장에서는, 정서적, 관리적, 제도적 차원에서 어떠한 방식과 전략을 가지고 레드테이프(red tape)를 그린테이프(green tape)로 바꾸어 나가야 하는지를 지속적으로 고민해야 한다.

그림 4.4 조직구조의 차원

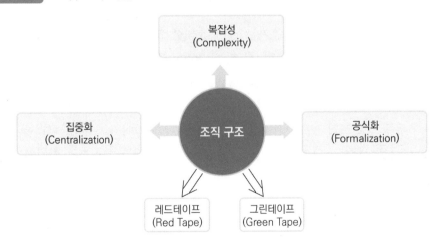

3 조직구조설계: 의의와 유형

1) 조직구조설계의 의의

먼저 거시적 관점에서의 조직설계(Organizational Design)와 미시적 관점에서의 조직구조설계(Organizational Structure Design)의 이원화된 개념적 구분이 필요하다. 조직설계란, 조직의 전반적인 미션과 목표, 핵심가치 및 사업전략체계, 조직구성원들의 행동양식 및 문화, 조직관리제도 및 정책 등 조직관리와 조직전략에 대한 부분을 포괄적으로 설계해 나가는 관점이다. 즉, 가장 유의미하고 유효한 방식으로 조직의 전반적인 체계를 구체화, 공식화하는 작업을 의미한다. 따라서, 조직설계적 관점에서는 조직의 목표와 전략, 조직의 규모, 조직이 보유하고 이는 기술과 직무, 조직의 인적자원관리 및 재정관리, 조직의 대·내외적 환경요소 등 전반적인 조직의 역량을 고려한 조직설계 구상이 필요하다고 볼 수 있다. 반면, 조직구조설계란, 각각의 조직이 갖는 특수적 맥락과 역사성, 업무적 적합도를 고려하여 가장 적합한 조직구조를 디자인하고 완성체로 구축해나가는 프로세스로 바라볼 수 있다. 즉, 조직구조설계란 "조직 내에서 과업, 책임, 권한관계 및 외부환경의 특수성 등을 고려하여 자신의 조직에 가장 적합한 조직구조를 선택해 나가는 과정"으로 정의해 볼 수 있다(박성민 & 김선아, 2015, p. 255에서 재인용). 본 장에서는 미시적인 관점을 투영하여 조직구조설계에 대한 내용을 중심으로 논의하고자 한다.

조직구조설계에 대한 논의는 보다 실무적 관점에서 진행해 볼 수 있다. 즉, 조직을 디자인하는 조직관리 전문가는 앞서 논의한 조직도, 조직구조의 개념, 조직구조의 요소와 차원 등을 숙지한 후 다음 단계로서 조직구조의 설계방안을 보다 심도있게 고민해야 한다. 예를 들면, 새로운 조직을 신설하거나 더 효율적인 조직으로 구조를 개편하고자 할 때 다양한 조직구조설계 선택지와 대안 중에 어떠한 방식과 유형으로 조직구조를 설계해 나갈지에 대한 고민이 필요하다. 이러한 시각에서, 다음은 전통적, 그리고 대안적 조직구조설계에 대한 유형화와 각각의 특징들을 살펴보도록 하겠다.

2) 전통적 조직구조설계의 유형 및 특징

조직의 핵심기능 특징과 기능 간의 연계양식에 따라 전통적 조직구조설계 유형은 단순 구조(Simple Structure), 기계적 관료조직(Machine Bureaucracy), 전문적 관료조직(Professional Bureaucracy), 특별 임시조직(Adhocracy), 사업부 형태 (Divisionalized Forms) 등 여섯 가지로 설명되어 왔다(Mintzberg, 1979). 이러한 논의를 바탕으로 본 장에서는 단순구조(Simple Structure), 관료제(Bureaucracy), 특별 임시조직(Adhocracy), 매트릭스 구조(Matrix Structure) 중심으로 전통적 설계방식에 대해 설명해 보고자 한다.

(1) 단순 구조(Simple Structure)

일반적으로 신규조직 혹은 소규모 조직에서 나타나는 구조 형태로서, 구조의 집중화 현상이 높은 반면 조직의 전문화, 복잡화, 공식화 수준이 낮은 것이 특징이다. 즉, 수직적·수평적 집권화 수준이 매우 높아 대부분의 중요한 의사 결정이 경영층이나 특정 개인에게 집중되어 있다. 따라서 단순구조의 장점으로 단순성과 유연성을 제시할 수 있으며 단점으로는 조직의 규모가 커지거나 보다 전문화, 복잡화되면 단순구조 조직설계모형의 적합도가 매우 낮아진다는 점을 들 수 있다.

(2) 관료조직(Bureaucracy)

관료조직이란 "전문화, 공식화된 규칙과 규정, 기능적 부서로 그룹화된 업무, 집중화된 권위, 좁은 통제범위, 명령체계에 의한 의사결정 등을 통해 얻어지는 고도로 정형화된 업무의 구조"로 정의된다(Robbins & Judge(2011); 조직행동론, 이덕로 등 옮김에서 재인용, p. 551). 조직 내 관료제적 속성은 기계적 관료조직과 전문적 관료조직으로 나누어 설명할 수 있고 이를 바탕으로 조직에 맞는 관료제형 구조설계를 구상해 볼 수 있다.

첫째, 일반적으로 기계적 관료제는 대규모 조직 설계에 적합한 구조 형태로서, 공식화, 복잡화, 표준화 수준을 높이고자 할 때 고려해 볼 수 있는 유형이다. 표준화된 운영과 높은 공식화는 전략수립과 주요 의사결정의 중앙집중화를 이끈다. 따라서 혁신적이고 유연하며, 창의적인 아이디어와 조직문화에 기반한 조직운영과 조직성과를 기대하기에는 다소 구조적 약점을 보이기도 한다. 둘째, 전문적 관료제는 법률조직, 연구조직, 방산조직 등의 지식기반 전문조직들이 가지는 관료제적 성격을 일컫는다. 조직의 복잡화와 전문화, 부서화 수준이 높고 공식화 수준도 높은 편에 속한다고 볼 수 있다. 다만, 기계적 관료제에서는 많은 의사결정과 조직관리 권한들이 상층부에 집중되는 현상을 보이는 반면, 전문적 관료제에서는 집중화 수준이 이에 비해 다소 완화되고 전문성을 갖춘 중간급 구성원들이 많은 재량권을 가질 수 있다는 점에서 분권화 특성을 지닐 수도 있다는 점이 특징이다.

(3) 애드호크라시(Adhocracy)

애드호크라시(Adhocracy)는 상술한 관료제와는 대조적인 모형으로서 '임시특별위원회' 혹은 '특별 임시조직'으로도 불린다. 관료조직이 강한 공식화, 표준화, 집중화 성격을 기반으로 성과지향적 구조설계를 지향하고 있는 반면, 애드호크라시는 문제해결을 위해서 다양한 기술을 갖는 비교적 이질적인 전문가의 집단으로 구성되고 '급속히 변화하며, 적응적이고, 일시적인 시스템'으로 개념화 할 수 있다(박성민 & 김선아, 2015). 따라서 애드호크라시는 외부적 다양한 환경변화에 효과적으로 대응할 수 있고, 높은 유연성, 탄력성, 융통성, 신속성, 적응성 등의 강점을 지니면서 혁신적이고 창의적인 성과를 기대할 수 있는 기능별로 분화된 횡적조직으로 규정할 수 있다(Park & Kim, 2014).

애드호크라시 조직의 일반적 특징으로는, 낮은 수준의 복잡성, 낮은 수준의 집권화, 그리고 낮은 수준의 공식화를 들 수 있다. 예를 들면, 애드호크라시 조직은 높은 수준의 전문성(professionalization)으로 인하여 낮은 수준의 공식화를 나타내고 있으며 보다 심도있는 해결 프로세스가 조직 내에서 필요하므로 표준화나 공식화 수준은 높지 않다. 다만, 권한과 책임, 업무 배분에서의 역할모호성 문제가 야기될 수 있고 애드호크라시에서는 다양한 전문성을 가진 전문가들이 모여서 프로젝트팀을 구성하기 때문에 구성원 간의 갈등 수준이 높아질 수 있다는 약점도 존재한다. 조직구조 설계자 입장에서는, 애드호크라시의 설계를 구체적으로 구상하는 경우 유사한 개념으로서 프로젝트별 목표와 미션 중심의 TFT(Task Force Team)의 설계를 고려해 볼 수 있다. 공공조직의 예를 들자면, 정부기관 간, 부처 간의 범정부적 정책협업을 도모하고 제한된 시간에 급박하게 돌아가는 외부적 환경에 대응하면서 조직을 효율적, 한시적으로 운영하고자 하는 범정부 TFT 조직구조설계가 그 예이다.

(4) 매트릭스 구조(Matrix Structure)

본 구조는 1) 기능적 조직과 2) 프로젝트 조직이 동시에 한 부서에 속하도록 설계하는 방식을 의미한다. 따라서 앞서 설명한 애드호크러시의 TFT 구성요소들의 일정을 공유하는 설계방식으로도 볼 수 있다. 즉, 매트릭스 조직구조를 구상하고자 할 때는, "결정 권한을 공유, 분산, 위임하고 이중명령 체계(Dual Line of Command)를 유지함으로써 수평적이고 균형적이며, 유연한 메커니즘 구현"에 초점을 맞추고 조직을 설계, 재설계 방향을 잡는 것이 중요하다(박성민 & 김선아, 2015, p. 264). 부서 내에서 수행되는 업무에 대하여 프로젝트 관리자와 기능 부서 관리자에게 동시에 보고하고 두 사람의 통제를 받도록 설계됨에 따라 환경의 불확실성이 매우 높고 조직의 미션과 목표가 기능 부문과 프로젝트 부문을 동시에 상호의존적으로 고려해야 하는 경우에 적합한 모형이라 할 수 있다. 전문화 및 수평적 분화 정도가 높은 반면 상대적으로 공식화, 집중화 정도는 낮은 수준으로 측정된다. 매트릭스 구조조직의 강점으로는, 기능적, 업무적 전문가들의 지식과 경험, 기술들을 동시에 유용하게 조합, 활용함으로써 예측하기 어려운 문제에 대한 적응 및 해결을 용이하게 해주고, 관료주의적 병폐(Bureaupathology)를 최소화하며, 유기적인 의사소통 기능을 보다 활성화해줄 수 있다는 점이다. 약점으로는, 이중보고체계구조로 인해 의사결정과정에서 심각한 갈등을 유발할 수 있고 관리자들의 원활한 의사소통 활동에 많은 시간이 필요할 수 있다(박성민 & 김선아, 2015).

3) 대안적 조직구조설계의 유형 및 특징

(1) 애자일 조직(Agile Structure)

애자일(Agile)은 '민첩하고 기민하게 외부변화에 대응한다'는 의미로서, 애자일 조직은 이러한 높은 수준의 민첩성과 대응성, 그리고 혁신성을 가지고 조직성과를 이루어 나가는 목표지향형 집합체라고 정의할 수 있다. 애자일 조직은 유기적·수평적 조직구조로 형성되며, 구성원은 '개인'(직위)이 아니라 그들이 담당하는 '역할'(직무역할)로 구성되며, 단위역할이 모여 보다 큰 책임을 위해 조직화될 경우 이는 '서클'(circle)이라는 핵심단위가 존재하게 된다. 서클은 다시 서클, 서브서클, 앵커서클, 슈퍼서클 등으로 세분화되어 조직내부에서 다양한 역할을 맡게 되는 다충적 구조로 이루어져 있다. 또한 고객중심의 운영방식을 취하고 있고 책임중심의 다수의 소규모 팀으로 구성된다. 이러한 애자일 조직의 특징들은 다음과 같은 세 가지 핵심적 법칙으로 요약해 볼 수 있다(Denning, 2018). 첫째, 작은 팀의 법칙으로, 풍부한 상호작용을 보일 수 있는 소규모의 다양한 자율적 기능혼합팀을 구성한다는 점이다. 둘째, 고객의 법칙을 조직에 투영함으로써, 내부적 성과와 내부 프로세스의 효율화작업은 물론이고 외부적 고객들과 이해관계자들에게 더 많은 가치를 전달하는 부분에 조직의 역량을 집중시킨다. 세 번째 특징은 네트워크의 법칙으로서, 유기체적, 상호작용적, 역할 중심적인 네트워크 체계를 통해 애자일 조직은 성장, 학습, 적응하며 보다 민첩하게 난해한 문제들을 해결해 나가려 노력한다(Denning, p. 59, 2018). 이러한 애자일 조직의 특성은 앞서 논의한 관료제의 일반적 특징들과 비교해 보면 더욱 선명하게 그 차이점들을 이해해 볼 수 있다. 특히 애자일조직은 분권화 및 전문화 수준이 높고, 공식화, 집중화, 복잡화 수준이 낮은 것이 특징이라고 할 수 있다.

조직을 새롭게 디자인하고자 하는 것은 비단 조직 내부의 구조설계 측면만을 뜻하는 것은 아니다. 특히 상시 변화 가능한(Change-able) 애자일 조직화를 성공적으로 진행하기 위해서는, 리더십, 조직문화, 그리고 조직과 구성원들 간의 정합성 수준을 살펴보고 구성원들의 다양한 동기구조를 탐색하는 것은 물론 효과적인 인센티브 방식에 대한 심도있는 연구와 분석이 필요하다. 또한, 조직 내부의 기술 수준과 인적자원역량에 대해 냉철한 시각으로 진단을 해보아야 한다. 이러한 측면에서 애자일 조직으로의 조직설계 작업은 다른 유형의 구조설계에 비해 보다 종합적이고 체계적인 사전준비가 필요하다 할 수 있다. 예를 들면, "고객 여정에 따른 고객 주도의 설계 가능 여부, 애자일팀의 구조화 가능 여부, 높은 수준의 자율성과 지속적인 피드백 가능 여부, 공유형 및 분산형 리더십 존재 여부, 소규모 애자일팀 성장가능 여부" 등의 애자일 조직설계를 위한 사전적 진단과 확인절차들이 중요하다(Holbeche, 2018, p. 273-274).

(2) 홀라크러시(Holacracy)

홀라크러시 구조설계방식은 복잡적응계 이론에 기초하여 서클(세포)을 중심으로 하는 자기조직화(Self-Organizing) 원리와 자발적 진화 논리를 조직관리(신체)

에 투영한 자율경영 패러다임이라 할 수 있다. 상술한 애자일조직에서 진화된 조직구조형식이라고도 말할 수 있고 '보스가 없는 조직', '조직도가 없는 조직', '명령체계가 없는 조직' 등을 상징화하여 3-無 조직이라고도 회자된다. 홀라크러시는 '홀라크라시 헌장'이라는 최상위 기본틀을 준수하며 집중형, 응집형 회의를 통해 모든 구성원들의 다양한 의견들을 취합하고 개별 서클이 각 영역의 업무자율성을 보장 받으면서 동시에 조직 목표달성 프로세스와 연계되는 매우 혁신적인 조직설계 방식이라 할 수 있다. 또한, 증거기반 접근방식을 통해 현장중심형 분석능력과 대응능력을 최고조화 할 수 있고 역할 중심으로 권한과 책임을 명확히 부여함으로써 효율성과 투명성을 높일 수 있는 강점을 가지고 있다(Robertson, 2015). 이러한 기본적인 정의들과 개념들을 전제로 홀라크라시 구조의 주요 특징들을 나열하면 다음과 같다.

첫째, 자율경영조직에 기반하여 조직구성원 개인별 업무에 대한 권한과 책임을 명확히 부여하고 이를 통해 자기결정성과 내재적 동기 수준을 극대화하고자 한다. 둘째, 홀라크러시를 이끄는 실천적 개념 중에 하나인 '거버넌스' 프로세스는 기존의 조직들에서 찾기 힘든 자율경영시스템의 주요 작동원리라고 할 수 있다. 거버넌스라는 참여적 의사결정 프로세스(거버넌스 회의)를 통하여 조직의 권한을 분배하고 이를 통하여 보다 명확하고 수용성 높은 조직구조를 개발, 진화할 수 있는 구조적 성격을 가진다. 셋째, 세포막 역할을 하는 '링크'라는 유기적 연결체를 통해 역할을 배정하고 직무를 조율하는 수평적 조력시스템이 확립되어 있다. 넷째, 사람(rank in-person)에게 권한을 부여하는 시스템이 아닌 역할(rank in-role)을 조직화하여 역할과 책임을 명확하게 분리한다. 따라서 직무분석 및 직무평가에 기반한 직무역할분류제와 직무급제도와는 상호정합성이 높다고 할 수 있다. 이러한 특징으로 인해 애자일 조직과 마찬가지로 분권화 및 전문화 수준이 높고, 공식화 수준은 중간 정도이며 집중화, 복잡화 수준은 낮은 것으로 판단된다.

(3) 가상조직(Virtual Structure)과 무경계조직(Boundaryless Structure)

두 가지 유형의 구조설계방식은 모두 기존의 전통적 조직설계방식의 단점들을 극복하고 핵심적 조직성과에 전략적으로 집중하고자 하는 노력의 산물이라 할 수 있다. 첫째, 가상조직은 주변에서 쉽게 접할 수 있는 네트워크조직(Network

Organization)이나 모듈형 조직(Modular Organization)으로 정의되는 조직구조의 유형으로서 주요 사업기능을 외주화하여 핵심 주요기능만 가지고 있는 소규모 조직으로 정의된다. 따라서 가상조직은 부서화, 공식화, 복잡성 수준은 매우 낮고 집중화 정도는 매우 높은 수준을 보이는 특징을 가지고 있다(Robbins & Judge, 2012). 또한 언택트형(Untact) 및 디스턴트형(Distant) 조직구조를 가지고 있는 관계로 조직구성원들의 몰입과 구성원들 간의 상호소통과 네트워크 형성을 도모하기에는 약점을 보이고 있다. 다만, 향후 가상소통(Virtual Communication)과 관련한 다양한 기술(가상현실(VR) 네트워크 및 홀로그래피/홀로그램 기반 소통방식 등)의 진보를 통해 이러한 약점들을 보완해 나갈 수 있는 여지는 충분해 보인다. 둘째, 무경계조직이란 조직 내 수평적, 수직적 경계를 제거하고 이에 수반되는 다양한 명령체계들 또한 축소해 나가는 대안적 조직설계모형이다. GE의 최고경영자인 잭 웰치(Jack Welch)가 고안해낸 개념으로 조직 내 경계와 명령체계뿐 아니라 조직과 고객, 다양한 이해관계자들 간의 경계도 축소하고자 하였다(Robbins & Judge, 2012). 무엇보다 수직적, 수평적 경계를 제거하면서, 직위와 직급의 최소화를 지향하고 전문가(Specialist)들보다는 수평적 순환에 유리한 일반관리자(Generalist)들을 선호하는 현상이 나타난다. 공식적인 팀이나 부서에 의하여 조직이 운영된다기보다 조직 내 실행되고 있는 다양한 프로젝트를 담당하는 프로젝트팀 매니저(Project Manager)에 의해 전반적인 업무프로세스가 관리되고 조직화된다. 앞서 설명한 가상조직과 유사한 성격을 보이고 있는 부분도 많고, 통제범위가 크게 늘어날 수 있다는 점에서 부서화, 공식화, 복잡성 수준은 매우 낮고 집중화 정도는 매우 높은 조직으로 유형화 해볼 수 있다.

4 미래형 공공조직 구조설계: 전략과 방향

1) 공공조직 구조설계의 쟁점과 과제

공공조직뿐만 아니라 과도하게 관료화되고 비대해진 대규모 조직에 있어 다양한 조직병폐현상들이 나타나기 마련이다. 특히 조직구조설계적 관점에서 이러한 현상들을 앞서 논의한 다양한 의제들을 기반으로 하여 선제적으로 예측하고 (Anticipation) 동시에 회복탄력적(Resilience)으로 대응하는 조직설계자의 역할이 무엇보다 중요하다고 할 수 있다. 대표적인 조직병폐적 가설인 '파킨슨의 법칙'과 '피터의 원리'로 예를 들어보자. 먼저, 파킨슨의 법칙은 '일의 양과 공무원의 수의 사이에는 아무런 관련이 없다'는 가설로 정부조직 내 고용증가현상을 탐색, 관찰, 분석하면서 조직구조의 과도한 집중화, 공식화, 비대화, 레드테이프, 비효율성을 비판하는 상징적 단어로 통용되고 있다. 둘째, 피터의 원리는 계층제조직 안에서 공석(job opening)이 생겼을 때, 통상 바로 그 하위 직급에서 가장 유능한 사람이 승진한다는 사실에 근거를 두고 있는 가설이다. 즉, 조직구성원이 승진함으로써 (promoted) 최고의 무능 수준에 도달할 수 있기 때문에 역설적 오류가 발생한다고 주장한다. 따라서 모든 조직구성원들이 한 단계 강등되어(demoted) 그의 능력에 맞는 낮은 단계 수준의 업무를 지속적으로 담당하게 된다면 조직과 개인 차원에서 더 큰 효용성을 얻을 것이라는 강등의 원칙을 제시한다.

이러한 승진제도와 모집·선발제도 및 충원제도와 관련된 비판적 관점과 역설적 현상들을 대비, 치유할 수 있는 공공조직 구조설계 방향이 필요한 이유이다. 앞서 논의한 대안적 조직구조설계의 내용들은 일정 부분 이러한 비판적 견해에 대해 부분적 해답들을 제시하고 있으나 공공영역의 조직들, 즉 다양한 제도적, 법적, 정치적 제약들에 자유롭지 않은 환경적 맥락들을 고려해야 하는 기관들로서는 더욱 복잡한 구조설계의 셈법을 가지고 다양한 요소들을 살펴보아야 한다. 예를 들면, 국민참여, 사회현안, 정책환경 및 내부여건 분석, 환류, 자문을 통한 조직관리 전략방향들을 도출함으로써 조직설계의 방향성을 전략적으로 구상하는 부분을 생각할 수 있다. 또한, 효과적인 조직진단을 통한 조직개편 실시 및 조직 안정화 추진을 도모하는 것이 중요하고 조직운영 중장기 로드맵을 구축하고 전략체계를 수립함으로써 보다 유의미한 조직구조설계 방향의 주요 좌표들을 선점하는 것도 의미가 있을 것이다. 또한, 공공조직의 특성을 감안하여 장기성과 창출형 조직구축을 위한 조직개편 설계과정이 유의미 할 수 있으며 중장기 진화형 조직개편 또한 구상할 수 있는 조직구조설계 방안 중 하나이다. 부서 간 장벽으로 인하여 효율적 협업을 가로막는 요인들을 제거하고 조직의 자율성을 제고해 나가면서 대내외 TFT, 협업기관 등을 활용하여 환경변화에 더욱 유연한 대처가 가능한 조직으로 재설계할 수 있다.

2) 미래형 공공조직설계의 적용과 함의

앞서 논의한 애자일 조직구조설계방식은 조직문화적 관점에서 애자일이 어떤 행동과 결과로 이어질지를 규명하고, 새로이 조직문화를 구축하기 위해 조직을 변화, 관리하는 것으로 규정할 수 있다. 다시 말해, 애자일 조직관리 및 기타 대안적 조직구조설계의 성패는 조직문화 구축 및 변화관리에 있다 해도 과언이 아니다. 따라서 협력(Collaboration)과 배양(Cultivation)가치에 기반한 전략적 민첩성(Strategic Agility)을 구상하는 조직이 포스트 코로나-19 시대가 요청하는 시대적 혁신조직의 유형이라 할 수 있다. 또한 미래형 조직구조설계 전략으로서, 애자일 조직화는 물론 자율경영 조직의 한 유형으로서 주목받는 홀라크러시(Holacracy)적 요소를 대한민국 공공 및 정부기관들에 이입, 이식하는 작업을 정책 디자이너로서 상상해 볼 수 있다. 사람이 갖는 '권한과 책임'을 '역할과 규칙'에 이양하는 애자일 조직 혹은 홀라크러시의 개념들은 자연스럽게 대한민국 공직시스템의 혁신정책 철학과 전략으로 지속적으로 내재화되어 나갈 수 있다고 보여진다.

미래형 공공조직 설계에 있어 플랫폼 구조(Platform Structure)에 대한 심도 있는 논의도 앞으로 지속적으로 요청될 것으로 보인다. 플랫폼 조직이란, 다양한 사회구성체들이 참여와 협력을 통해 효과적인 정부기능을 유지하고 포용적인 정부 혁신을 도모하는 참여형 국가플랫폼 모델을 의미한다. '모듈화, 양면성, 다양성, 인터페이스' 등의 핵심적 속성을 가지면서 고도화된 IT 행정서비스와 공존과 공감 가치의 결합을 이루어내는 최고 수준의 거버넌스시스템으로 정의할 수 있다. 따라서 플랫폼 조직구조설계를 통해 신공공관리론적 가치와 후기신공공관리론의 가치들을 발전적으로 연대, 통합하여 한층 높은 차원으로 승화시키며 조직구조 혁신에 투영해 볼 수 있는 미래지향적 조직혁신 어젠다라고 말할 수 있다.

미래진형형의 조직관리적 어법으로써 포스트코로나 패러다임에 대한 지속적인 해석 및 분석을 기반으로 하여 증거기반 예측정부를 설계해 나가야 할 것이다. 또한, 이와 함께 민첩성 및 회복탄력성을 소지한 사회통합적, 플랫폼적 거버넌스 정부조직을 지속적으로 고민하면서 정부기관, 책임운영기관, 공공기관, 준정부기관들에 대해 경영관리평가와 사업평가의 개선 및 조직진단 작업도 아울러 진행해

나가야 할 것이다. 이와 함께 보다 혁신적이고 포용적인 조직관리정책과 제도들을 창출, 적용해 나가는 것도 중요하다.

3) 미래형 정부혁신 설계의 전략과 방향

미래형 정부조직 및 공공조직의 설계방향은 협치중심 시스템을 전제로 구상되어야 한다. 즉, AI 및 미래전략데이터 기반 정부와 시민 중심 사회통합형 정부 간의 연대와 공생, 공공데이터 개방과 열린정부, 초협력적 플랫폼 거버넌스의 실현, 애자일형 구조혁신체계 기반의 미래정부 설계를 위한 사전적 준비와 중간적 점검, 사후적 처방과 지속적 혁신이 필요하다. 이를 위해 미래 공공서비스 패러다임의 변화를 예측하고 다양한 혁신적 공공조직 구조설계 정책실험들이 시도되어야 한다. 즉, 공공서비스 영역에서 다양한 혁신적 아이디어를 실행하고 적용할 수 있는 혁신적 조직구조들을 지속적으로 발굴, 실험, 검증, 적용, 내재화하는 작업이 필요하고 이러한 접근방식이 미래정부 조직설계 주요기능에 추가되어야 할 것이다. 정책실험의 장으로 정책랩, 리빙랩의 다각화와 조직 내 상설화가 필요하고 정책문제에 대한 혁신적 아이디어 발굴을 위한 정책 수요자, 이해관계자, 전문가, 공무원 간 활발한 소통과 자발적 학습조직체 구성도 필요하다. 이와 같은 조직설계 시스템의 혁신은 미래정부의 공공서비스 질 제고에 큰 기여를 할 수 있을 것이다. 또한 이와 같은 전략중심형, 문제해결형, 책임지향형 조직관리설계에 기반한 정부혁신을 통해서만이 국민에게 진정으로 봉사하는 '지속가능한 미래정부플랫폼체계'를 실현할 수 있다고 보여진다.

이러한 관점에서 미래정부는 다양한 혁신적 기능과 사회통합적 기능들을 아우르는 정부조직 신설 및 개편작업, 그리고 다양한 혁신적인 정부조직 혁신제도들을 설계, 적용해 볼 수 있다. 예를 들면, 조직개편 관점에서는, 미래전략데이터처, 사회연대통합처, 행정혁신처 등을 통합, 개편, 신설하여 전반적인 정부조직 혁신의 업무들을 주관, 주도하는 혁신선도형 조직들을 구상하는 것이 필요하다. 제도혁신적 관점에서는, 장관책임제, 국민참여조직평가제 등에 논의를 이어갈 수 있을 것이다.

4) 소결

<그림 4.5>는 1854년 맥칼럼(Daniel McCallum)이 뉴욕앤이어리 철도회사 조

직을 구조적으로 설계, 관리하기 위해 작성하였던 최초의 현대적 개념의 조직도이다. 맥칼럼은 점점 많아지는 데이터를 수직적 조직구조설계 관점에 의존해서 담아내기에는 부적절하다는 것을 깨닫고 지역 단위로 권력을 위임하는 수평적 분권화 개념을 담아내어 아래 그림과 같이 트리 형태의 조직도를 설계하였다. 더욱 흥미로운 것은 캐틀린 로젠탈(Caitlin Rosenthal)이 맥킨지 쿼털리(McKinsey Quarterly)에 기고한 글을 보면, 약 180년 전의 전보시대(the age of the telegraph)에서 이미 빅데이터의 사용방식의 원리를 본 조직도를 통해 보여주고 있다는 내용이다. 이처럼, 많은 조직구조 성격과 설계에 대한 중요 내용들이 함축적으로 담겨 있는 것이 조직도이고 이를 통해 조직이 생존하였던 시대적 맥락과 기술적, 관리적 진보들을

그림 4.5 1854년 뉴욕앤이어리 철도회사 조직도(Daniel McCallum's 1854 organizational design for the New York and Erie Railroad)

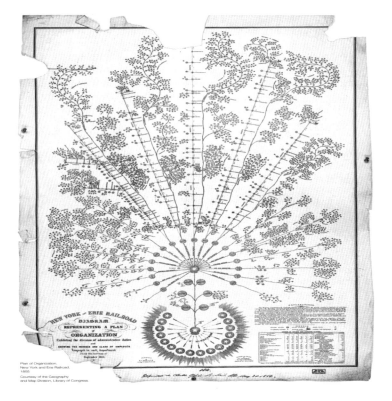

출처: Mckinsey & Company, Big data in the age of the telegraph.

엿보게 된다. 특히 공공영역에 있어서는 조직혁신과 조직병폐 해소에 대한 국민들의 요구와 시대적 요청이 강해지고 있는 것이 사실이다. 이러한 맥락에서 공공조직의 구조설계에 대한 내용적, 방법론적 혁신성은 매우 중요한 담론이자 현실적인 대안을 찾는 지름길이라 할 수 있다. 전보시대의 조직관리에 있어서도 빅데이터 접근 방식을 찾아볼 수 있듯이 현재의 4차혁명시대에 있어서도 조직설계 분야의 다양한 정책실험을 통해 얻을 수 있는 교훈들은 미래형 조직에 제공해 줄 수 있는 혁신의 씨앗들로 해석될 수 있다. 이러한 시각은 미래형 공공조직 및 정부조직의 설계과정에서도 예외는 아닐 듯하다.

5 나가며

본 장은 공공조직의 구조혁신과 조직재설계에 대한 이론과 쟁점, 그리고 미래지향적 관점들을 함께 논의해 보았다. 우리는 앞으로 코로나 19로 변화된 세상이 다시 새롭게 던져주는 다양한 차원의 난제적 문제(wicked problems)에 대한 고민이 필요하다. 동시에 하루하루 끊임없는 질병과의 전쟁에 마주치는 안타까운 우리의 소리없는 아우성에 귀 기울여 볼 필요도 있다. 궁극적으로는 예측성과 회복탄력성을 갖추고자 노력하고 있는 대한민국 정부시스템과 공공거버넌스체제 혁신에 대한 자아적 응원이 필요한 시점이다. 특히, 정부혁신의 관점에서 조직구조 재설계의 쟁점들을 바라볼 때, 현재 및 미래의 다양한 사회위험적 요소들에 대해 탄력적으로 대응하고 효과적으로 예측하여 최상의 공공서비스를 사회구성원들에게 제공해 줄 수 있는지가 매우 중요하다고 볼 수 있다. 즉, 행태적, 정책적, 시스템적, 거버넌스적 관점에서의 NPM적 '민첩한 효율성'과 post−NPM적 '회복 탄력적인 포용성'을 갖추는 체제를 어떻게 구현하는가가 관건이다.

무경계위험사회에 진입한 대한민국 정부조직 및 공공조직의 조직설계 및 조직구조 개편전략에 있어 보다 강력하고 지속가능한 혁신 드라이브가 필요하다. 아론 윌다브스키(Aaron Wildavsky)의 'Searching for Safety'(1988)의 마지막 문단에 담긴 회복탄력성 담론을 통한 효과적인 조직구조설계 의미를 다시금 공유하면서 본 장의 글을 닫는다.

"Safety is not a hothouse plant that can survive only in a carefully controlled environment. Nor is safety a ripe fruit waiting only to be plucked..... Safety results from a process of discovery. Attempting to short−circuit this competitive, evolutionary, trial and error process by wishing the end—safety—without providing the means—decentralized search—is bound to be self−defeating. Conceiving of safety without risk is like seeking love without courting the danger of rejection"

Aaron Wildavsky, 1988, p. 246.

참고문헌

김병섭·박광국·조경호. (2009). 「휴먼조직론」. 서울: 대영문화사.

문명재. (2019). 「초변화사회의 신뢰받는 미래정부」. 서울: 문우사.

박성민·김선아. (2015). 「조직과 인간관계」. 서울: 박영사.

안병철. (2020). "레드테이프에서 그린테이프 전환요인 연구". 한국자치행정학보, 34(2): 377−397.

Bozeman Barry. (2000). *Bureaucracy and Red Tape*. New Jersey: Prentice Hall, INc.

Coursey, David H & Pandey, Sanjay K. (2007). Content Domain, Measurement and Validity of the Red Tape Concept. *American Review of Public Administrative*, 37(3): 349−361.

Daft, R. L. (2021). *Organizational Theory & Design* (13th ed). MA: A Part Of South-Western Cengage Learning.

DeHart−Davis, Leisha. (2008). Green Tape: A theory of Effective Organizational Rules. *Journal of Public Administration Research and Theory*, 19(3): 361−384.

DeHart−Davis, Leisha. (2009). Green Tape and Public Employee Rule Abidance. *Public Administration Review*, 69(5): 901−910.

DeHart−Davis, Leisha & Sanjay K. Pandey. (2005). Red Tape and Public Employees. *Journal of Public Administration Research and Theory*, 15(1): 133−148.

Denning, S. (2018). The Age of Agile: How Smart Companies Are Transforming the Way Work Gets Done. AMACOM eBook.

Holbeche, L. (2018). *The Agile Organization: How to Build an Engaged, Innovative and Resilient Business* (2nd ed). Kogan Page.

Freeney, Mary K. (2012). Organizational Red Tape: A Measurement Experiment. *Journal of Public Administration Research and Theory*, 22(2): 427−444.

Goodsell, Charles T. (2000). Red Tape and a Theory of Bureaucratic Rules. *Public Administration Review*, 60(4): 373−375.

Kaufman, H. (1977). *Red Tape : Its Origins, Uses, and Abuses*. Washington, D.C.: Brookings.

Moon Jae, M & Bretscneider Stuart. (2002). Does the Perception of Red Tape Constrain IT Innovativeness in Organization? *Journal of Public Administration Research and Theory*, 12(2): 273−291.

Pandey, Sanjay K & Welch, Eric W. (2005). A Multistage of Management Perceptions of Red Tape. *Administration & Society*, 37(5): 542−575.

Park, S. M., & Kim S. (2014). *Public Management: A Case Handbook*. Seoul: Sungkyunkwan Unversity Press.

Rainey, H. G. (2014). Understanding and Managing Public Organizations (5th ed.). Jossey−Bass.

Robbins, S. P., & Judge T. A. (2012). *Organizational Behavior* (14th ed). UK: Pearson Education.

Robertson, B. (2015). *Holacracy: The New Management System for a Rapidly Changing World*. New York: Henry Holt and Co.

Wildavsky, A. (1988). Searching for Safety: Social Theory and Social Policy. New York: Routledge.

Yang, Kaifeng & Sanjay K. Pandey. (2009). How do perceived political envi−ronment and administrative reform affect employee commitment? *Journal of Public Administration Research and Theory*, 19(2): 335−360.

제5장

조직몰입

조경호 · 이수영

생각해보기

- 공직사회에서 몰입이 왜 중요하게 다루어져야 하는가?
- 조직몰입의 선행변수, 조직몰입, 조직몰입의 후행변수를 포괄하는 조직몰입모델은 어떠해야 하는가?
- 조직몰입에 대한 새로운 시각은 어떤 것들이 있는가?
- 세대가 변화하면서 조직몰입은 어떤 방식으로 이루어지는가?
- 조직몰입과 공직몰입의 유사점과 차이점은 어떤 것들이 있는가?

제5장

조직몰입

1 들어가며: 몰입이란?

몰입의 개념을 공식 조직에 가장 먼저 도입한 March & Simon(1958: 65)은 "인간은 기계와 달라서 그들 자신의 위치를 상대방의 가치와 관련지어 생각하며 상대방의 목표를 자기의 것으로 치환해서 자신의 위치를 평가한다"라고 몰입을 정의하고 있다. 몰입한 개인은 조직의 다양한 요구와 영향력을 자발적으로 받아들여, 고용 조직의 성공을 위해 열심히 노력하게 된다(조경호, 1993, 1997a). 즉, 어떤 조직에 몰입한 개인은 그곳에서 계속 근무할 의도를 가지며, 재직하고 있는 조직을 위해 보통 이상의 노력을 경주하며, 그 조직의 요구를 잘 수행하게 된다는 것이다(Mowday, Porter & Steers, 1982). 위와 같은 세 가지 특징적인 태도와 행동을 몰입한 개인이 모두 보이는지에 관한 논란은 분분하지만, 최소한 고용 조직에 몰입한 개인은 위의 세 가지 태도 또는 행동 중 하나는 나타내는 것이 보통이다.

표 5.1 몰입의 유형

몰입의 유형	내용
가치몰입	작업의 가치에 대한 몰입(예: 기독교 정신과 가치에 대한 몰입)
전문직몰입	자신의 전문직업에 대한 몰입(예: 전문의라는 직업에 대한 몰입)
직무몰입	일상적 직무 수행에 푹 빠진 상태(예: 직무 밀착, 직무 관여)
조직몰입	고용 조직에 대한 태도적, 타산적 몰입
노조몰입	조직 내 협상 집단(노조)에 대한 몰입

March & Simon의 몰입에 대한 일반적 정의는 상당히 포괄적인 것이 사실이다. 전술한대로 몰입의 대상에 따라 몰입의 이해는 달라지며, 몰입을 일으키는 동인에 따라 몰입의 태도와 행동은 다르게 나타나기 때문에 조직몰입을 일원적 개념으로 이해하기는 어렵다. 몰입의 동인에 따라 조직몰입은 타산적 몰입, 행위적 몰입, 태도적 몰입 등 세 가지로 구분되어 이해된다(<표 5.2>).

표 5.2 조직몰입의 세 가지 구분

조직몰입의 유형	정의	연구 학자
타산적 조직몰입	조직몰입은 고용조직에 관련된 보상과 비용의 함수관계로 존재한다.	Becker(1960), Sheldon(1971), Alutto, Hrebiniak, & Alonso (1973), Meyer & Allen(1984)
행위적 조직몰입	조직몰입은 행위로 표시된 행태적 특성의 분명성, 대체 불가능성, 공공성, 번복 불가능성 등의 결과로 존재한다.	Salancik(1977), O'Reilly & Caldwell(1981), Kline & Peters (1991)
태도적 조직몰입	조직몰입은 조직구성원이 조직의 목표와 가치를 판별하고 그들을 동일화시켜 내재화해 발생하는 것이다.	Poler et al.(1974), Mowday et al.(1982), welsch & laviu (1981), Mottaz(1988), Glisson & Durick(1988), Mathieu & Hamel(1989), Bauour & Wechslrr(1991), Bailey & Kik (1992)

출처: Reichers(1982, p. 468)의 재구성과 필자에 의한 보충자료 첨가.

1) 타산적 조직몰입의 경제학

타산적 조직몰입(Calculative OC)은 고용과 관련된 보상과 비용의 이해타산에 따라 개인이 조직에 몰입하게 된다는 개념이다. 이 개념의 지배적 가설은 개인이 고용 조직으로부터 혜택과 보상을 많이 받으면 받을수록 조직에 몰입하게 된다는 것이다. Becker(1960)의 '부차적 투자이론(side－bet theory)'과 유사한 이 개념은 개인이 조직에 시간적 그리고 물질적 투자를 하면 할수록 그는 그 조직으로부터 이탈하기 어렵게 된다는 가설을 말한다. 개인의 경력과 교육받은 연수 등은 타산적 조직몰입을 결정하는 중요한 변수들이 된다. 타산적 조직몰입은 조직구성원의 조직이탈 현상을 잘 설명할 수 있기는 하지만, 진행 중인 개인의 몰입 태도와 행동을 설명하는 데는 어려움이 있다는 보고가 있다(Cohen & Lowenberg 1990).

2) 행위적 조직몰입의 사회학

행위적 조직몰입(Behavioral OC)은 조직구성원의 표시된 행위적 특성들을 조직몰입의 동인으로 한정하는 이론이다. 행위적 특성에 따라 몰입한 개인은 대체로 분명한 행위나 의사를 표시할 때, 그 행위나 의사 표시가 번복 불가능할 때, 대체할 만한 조직이 부족할 때, 그리고 그 행위나 표시가 상당한 정도로 공공성을 가질 때이다. 가령, 단체장 선거에 입후보한 사람이 다중이 시청하는 TV 연설에서 분명하고 공공연하게, 그리고 거의 번복 불가능한 공약을 제시하였다면 그는 단체장에 당선된 뒤에 그 공약을 지키지 않을 수 없게 될 것이다. 즉, 행위적 조직몰입은 조직과의 공언된 약속을 통하여 결정적으로 몰입하게 되는 경우를 설명한다. 주로 Gerad Salancik에 의해 이러한 접근이 이루어졌으나, 아주 소수의 연구들(예: O'Reilly & Caldwell, 1981; nine & Peters, 1991)을 제외하고는 거의 일반화 노력이 이루어지지 못하고 있다. 행위적 몰입 개념은 공식조직에 적용되기보다는 비공식적 조직 영역에서 더 현실성 있게 적용되며 공식 조직에의 적용은 그리 용이치 않다는 보고도 있다.

3) 태도적 조직몰입의 심리학

태도적 조직몰입(Attitudinal OC)은 개인이 재직하고 있는 조직의 목적과 가치를 동일화(identification)하여 내재화(internalization)할 때 발생한다. 태도는 어떤 상황을 대하는 개인의 자세나 입장을 의미하는 매우 중요한 조직 변수이다. 태도적으로 몰입한 조직구성원은 조직의 목적과 가치를 의식적으로 수용하여 스스로 조직의 목적 달성을 위해 노력하게 된다. 즉, 태도적으로 몰입이 형성되면 조직의 이익을 위해 자신을 적극적으로 희생할 수 있는 의사결정을 하게 될 확률이 높아진다. 재직하는 조직의 성공을 위해 자신을 희생한 후 실제 그 결과가 의도했던 방향으로 드러날 경우 그 개인에게는 일에 대한 만족감이나 조직에 대한 우호적인 감정이 더 강해져서 업무 수행에 적극적이게 된다는 것이다. 재직 조직에 대한 태도적 몰입의 수준을 측정하기 위해 가장 많이 쓰이고 있는 척도는 Richard Mowday, Richard Steers, Michael Porter 등이 1979년에 고안한 '조직몰입 설문(Organizational Commitment Questionrlaire: OCQ)'이다. OCQ는 고용 조직에 대한 가치수용(value acceptance), 고용 조직을 위해 보통 이상의 노력을 할 것이라는 동기(motivation), 그리고 고용 조직에 계속 남아 근무하고자 하는 의도를 내포한 복합적 개념이다(Mowday et al., 1979).

조직몰입을 태도로 이해하는 관점은 몰입의 개념을 공식조직에 가장 적절히 적용할 수 있으며, 다른 태도 변수들과의 관계를 검증하고 연구하는 데 가장 의미 있는 접근이 될 수 있다. 물론 OCQ가 몰입의 단일 국면을 측정하고 있는지에 대한 논란이 없는 것은 아니다. 현재까지의 연구 결과들을 종합해 보면 두 가지 서로 다른 입장이 발견된다. OCQ가 한 가지 총체적인 몰입의 국면을 측정하고 있다고 보고하고 있는 모우데이 등(Mowday et al., 1979)과 던헴 등(Duhm et al., 1994), 조경호(1993)의 연구들과 상반되게, '타산적 몰입'과 '가치몰입'의 두 개 국면을 측정하고 있다고 주장하는 논문들(Mathieu & Zajac, 1990; Meyer & Schoorman, 1992; Bar-Hayim & Bermart 1992; Cho, 1997)이 있으며, 이러한 상반된 주장들은 OCQ가 여러 가지 차원의 몰입 국면을 측정하고 있는지의 여부에 대한 논란을 불러일으키고 있기도 있다.

4) 조직몰입과 직무만족의 차이점

많은 사람들이 조직몰입과 직무만족을 혼동한다. 조직몰입은 조직에 대한 우호적인 태도를 반영한다는 점에서 직무만족과 유사하다. 아울러 많은 학자들이 직무만족과 조직몰입을 결정짓는 변수를 동일하게 취급하고 있다는 점에서 두 개념은 유사한 것처럼 보이지만 다음의 몇 가지 점에서 이 둘은 구별된다 (조경호, 1998: 147-149).

첫째, 이 둘은 발동 시기와 범위에서 다르다. 직무만족은 개인이 조직에 입사하면서 즉각적으로 발생되는 태도다. 스미스 등의 '직무진단 지수(Job Diagnostic Index)'는 개인이 조직에서 수행하는 직무의 여러 가지 단면에 대한 즉각적이고 일시적인 태도를 순발력 있게 측정하도록 고안되어 있다. 개인은 조직에 입사한 뒤 곧바로 배당된 직무나 근무하게 될 부서의 상관, 동료, 직무 수행의 대가로 받게 되는 여러 가지 혜택 등에 대해 평가를 하게 되고, 이들 평가를 반영한 결과가 직무만족으로 나타난다는 것이다 (Locke, 1976).

반면에 조직몰입은 직무만족을 포함하여 개인이 조직생활을 하면서 획득하게 되는 조직의 목표와 가치에 대한 이해, 조직에서 높은 성과를 달성했을 때 돌아오는 보상에 대한 기대, 조직에 계속 근무함으로써 얻게 되는 개인적 이해(利害) 등을 반영하여 발생하므로 직무만족의 태도보다 늦게 발동되며, 그 효과는 매우 장기적이고 지속적이다(Williams & Hazer, 1980). 따라서 조직몰입은 직무 수행 경험과 직무 그 자체에 대한 개인의 평가는 물론, 직무 수행과 무관한 외부의 고용조직에 대한 평가와 이미지 등의 다양한 영향을 반영하여 발생되며 한 번 형성되면 안정적으로 유지되는 속성을 가지고 있다.

하지만 조직몰입을 태도적 차원으로 이해하기보다 행위적 차원으로 이해하게 되면 조직몰입이 먼저 발생하여 입사하게 되고, 이에 따라 여러 가지 태도가 발생할 수도 있다.[1] 이러한 입장을 견지하는 학자들은 주로 조직몰입이 직무만족이라는 태도를 형성케 하는 선행 변수가 된다고 주장한다 (Curry et al., 1986; Bateman & Suasser, 1984: 97).

사람은 누구나 한 번 선택한 조직이 최선이었다고 믿는 성향을 가지고 있어서 자신이 조직을 선택하는 시점에서 조직몰입은 발동되며 이는 곧바로 직무만족과 같은 태도를 형성하게 된다는 것이다. 하지만 태도적 차원에서 조직몰입을 이해하는 학자들은 직무만족이 조직몰입의 결과 변인이기보다는 선행 변인이 될 수밖에 없다고 한다.

---

1) 예컨대 대학 시절에 이미 어떤 특정 조직에 입사하기를 주위 사람들에게 목표로 공언하고 그러기 위해 노력한 결과 그 목표를 달성한 사람은 행위적 조직몰입을 경험하게 된다.

둘째, 조직몰입과 직무만족은 발동 경로에서 서로 다르다. 직무만족은 개인이 입사 전 소유하고 있던 직무 관련 스키마(추상적으로 특정 직무에 대해 가지고 있었던 지식과 신념 체계)가 작동되어 실제 직무 수행 경험이 비교 처리됨으로써 자신의 기준에 부합되는 정보는 만족으로 나타나고, 그렇지 못한 정보는 불만족으로 나타나는 경우가 많다. 물론 동료들이나 조직의 문화를 통해 전달되는 정보(주로 조직에서 떠도는 이야기)를 직무에 대한 개인의 평가과정에 반영시키는 경우도 많지만, 이들을 직무에 대한 합리적 평가의 산물이라 보기 힘들다. 이러한 이유 때문에 직무만족이 조직행동을 결정짓는 중요한 변인임에도 불구하고, 실제 연구에서 '양념' 이상의 요인으로 취급하지 않고 있기도 하다(Staw, 1984).

반면 조직몰입은 여러 가지 경로를 통해 학습되는 개념으로 이해하는 경향이 높다. 조직몰입은 경험학습을 통해 조직에 대해 발생하는 개인의 성향(disposition)으로 이해된다. 조직에서 개인의 경험학습은 그가 원래 가지고 있었던 조직에 대한 관념, 직무 수행태도 등을 변화시키는 역할을 한다. 이러한 성향에는 개인이 조직의 미래에 대해 갖게 되는 애착감, 조직과 '나'를 동일시하려는 의식 등이 있다. 한번 형성된 성향은 웬만한 외부적 자극에도 변화하지 않는 속성을 지닌다.

결국 직무만족은 상대적으로 직무에 대한 수동적이고 소극적인 태도를 반영한 것이라 볼 수 있으며, 조직몰입은 조직에 대한 능동적이고 적극적인 태도를 반영한 것이며,[2] 다른 중요한 조직 행동의 효과 변인이라 할 수 있는 이직과 근무 생산성에 영향을 미치는 태도로 이해될 수 있다.

셋째, 분석수준에 있어서도 조직몰입과 직무만족은 서로 다르다. 직무만족은 당연히 개인이 수행하는 직무와 관련된 정보에 기초하여 평가되어 발생하는 개념이므로 분석의 수준이 직무수행 환경에 국한된다. 하지만 조직몰입은 조직생활 전반에 대한 개인의 평가를 반영하며, 현재 시점에서의 평가는 물론, 조직의 과거와 미래를 견주어 평가하여 내려진 변인이라는 점에서 직무만족에 비해 분석의 수준이 높다. 이러한 점에서 조직몰입이 직무 만족의 결과로 나타난 현상이란 점에서 많은 학자들이 동의하고 있다(Rusbult & Fauell, 1983; William & Hater, 1986). 하지만 직무만족과 조직몰입 간 인과 방향에 대해서는 양립된 결과들이 발표되고 있

---

2) 물론 타산적 몰입도 소극적 차원에서 조직몰입의 한 형태이지만 여기서 의도한 적극적 차원에서의 조직몰입 개념과는 거리가 멀다.

다 (Lance, 1991, Ymdenbeig & lance, 1992). 이와 같이 직무만족과 조직몰입은 서로 다른 개념임에도 불구하고 직무 만족한 개인이 조직에 몰입하지 못하는 경우와, 조직몰입한 개인이 직무에 만족하지 못하는 경우, 그리고 조직몰입이 직무만족의 결정 요인인가 아니면 조직몰입이 직무만족의 결과 변인인가에 관한 논란이 학술적 연구의 대상이 되고 있다.

2 조직몰입의 동인

1) 조직구성원의 특성

개인이 조직에 대해 시간적 투자를 많이 하면 할수록 그 개인의 조직에 대한 헌신과 애착은 더 커질 것이다. Koch와 Steers(1978), Bruning과 Snyder(1983) 등에 의하면 조직구성원의 연령이 많을수록 그는 조직에 대한 이해력과 애착감을 가지게 되어 조직에 몰입하는 경향이 높아진다고 한다.

조직구성원이 공식기관에서 받은 교육의 수준이 높을수록 직업 대체 역량의 가능성이 높아져 재직하는 조직에 몰입할 확률을 떨어뜨린다고 한다(Glisson & Dunck, 1988). 하지만 교육 수준이 높은 개인은 그렇지 못한 사람보다 직무에 관한 지식이 많거나, 직무에 대해 내재적 성향을 개발시킬 능력을 더 보유하게 되어 고용 조직에 몰입하는 경향이 높아진다는 주장도 있다(Putti et al., 1989; 조경호, 1993).

남성이 여성보다 고용 조직에 몰입하게 된다는 것이 지배적 가설이었으나, 최근 들어 직장 경력 여성의 인구가 늘어나면서 이 가설은 그리 신뢰를 받지 못하고 있다.

2) 내부 인력 관리 수준

재직하는 조직이 주변 이해관계자들로부터 지지와 신뢰를 얻게 되면 조직구성원들도 덩달아 사기가 오르고 힘이 날 것이다. 공공조직의 경우 더 그렇다고 볼 수 있다. 재직하는 부처가 국가와 사회로부터 인정을 받고 있을 경우 그 속에서 일하는 공무원들은 그만큼 신바람나게 일을 할 수 있게 될 것이다. 그 반대의 경우도 자주 볼 수 있다. 박동서 교수는 공공조직을 대표하는 공직의 사회적 인정감이 높으면 높을수록 유능한 인적 자원을 공직으로 유인하게 만드는 매우 중요한 요인이 된다고 하면서 기관장들은 평소 조직의 내부 인력관리에 힘써야 한다고 설명한 바 있다(박동서, 1993: 171-172). 결국 공직의 사회적 인정감은 적극적 모집과 직접적으로 연결되는 중요한 인력 관리 변수가 된다는 것이다. 공직의 사회적 인정감이 높으면 높을수록 개인은 재직 조직에 몰입하게 된다(조경호, 1993, 1997a; 김병섭, 1994; Goodsell, 1985). 또한 업무 수행의 결과가 엄정하고 공평하게 평가되면 될수록 그것을 경험한 개인은 재직 조직에 몰입하게 된다(조경호, 1997a). 반대로 재직 조직의 근평이나 성과관리가 공정하게 이루어지지 못하고 있다고 조직구성원들이 인식할수록 그들의 조직몰입 수준은 떨어진다(조경호, 2012).

최근에는 조직구성원의 능력개발(Ability), 동기부여(Motivation), 그리고 이러한 능력과 동기를 발휘할 수 있는 기회의 제공(Opportunity)이라는 세 측면에서 구성원의 능력 강화(예: 교육훈련, 경력개발 등), 동기 부여(예: 보상, 후생복지 등), 기회 향상(예: 권한위임, 참여 등)의 정도에 따라 조직구성원의 몰입 수준과 성과가 달라질 수 있다고 주장하는 학자들도 등장하였다(Appelbaum et al., 2000).

3) 조직의 일하는 방식

Morris와 Steers(1980), Decotiis와 Summers(1987), 최창현(1991) 등의 국내외적으로 많은 학자들은 조직 내 의사 결정구조의 집권화(또는 분권화)와 개인의 조직몰입 간에 관계가 있는 것으로 보고 있다. 조직 내 의사결정의 집권도를 많이 경험한 개인은 재직 조직의 중요한 의사결정에 대해 참여감을 느끼지 못하게 되어 조직으로부터 이탈할 생각을 가지게 된다는 가설이 지배적이다.

이와 더불어, Hackman과 Oldham(1974)는 담당한 직무와 관련된 자율성(autonomy)과 피드백(feedback) 정도가 구성원의 만족과 몰입 정도에 영향을 준다고 지적하였다. 담당 업무의 처리에 대한 자율성 부여는 구성원에게 결과에 대한 책임감을 느끼게 하여 직무와 관련된 만족과 몰입을 향상시켜 주며, 담당 업무에 대한 관리자의 피드백 강화는 구성원들에게 결과 및 업무의 의미에 대한 지식을 증대시켜 만족과 몰입을 향상시킨다고 주장하였다.

또한 업무수행 방법이 혁신적인 조직은 그렇지 못한 조직에 비해 변화에 민감하다. 변화에 민감한 조직의 구조는 유연하며, 개인의 개혁적 제안이나 요구에 반응적이게 된다. 이러한 생활을 경험한 개인은 그렇지 못한 개인에 비해 고용 조직에 참여감을 갖게 되고 결국에는 몰입하게 될 확률이 크다.

4) 직무와 담당 역할에 대한 태도

직무에 만족한 개인은 재직 조직에 몰입하게 된다. 직무만족보다 조직몰입이 더 장기적이고 안정적인 조직에 대한 태도를 반영하기 때문에 조직몰입한 개인이 직무에 만족하게 되는 경우보다 그 반대의 경우가 더 타당하다(Meyer et al., 1989; Grinn & Bateman, 1986.)

아울러 직무의 일상성도 조직몰입에 영향을 미친다. 아직까지 직무의 일상성(routineness)의 조직몰입에 대한 영향을 직접적으로 분석한 연구는 눈이 띄지 않지만, 직무의 범위(iob scope)나 직무의 도전성(iob challengeability)과 조직몰입 간의 관계를 연구한 논문을 통해 짐작해 보면, 직무가 일상적인 경우에 개인은 직무수행시에 단조롭고 지루한 느낌을 받게 되어 조직에 몰입하는 경우가 상대적으로 떨어진다고 한다(Bateman & Suasser, 1984; Buhinn, 1974).

직무의 일상성과 대조적으로, 수행하고 있는 직무가 자신의 잠재적 능력을 개발하는 데 도움이 된다고 생각될 때 개인은 조직에 몰입할 확률이 높아진다고 가설화된다(Bateman & Suasser, 1984; Ftlkami & Buchana, 1984).

Steven 등(1978)은 직무나 역할의 구조가 조직몰입과 긴밀한 관련성을 가지고 있다고 설명한다. 조직몰입 학자들은 조직 내에서 주어진 역할에 대해 개인이 직무 수행의 모호감을 경험하면 할수록 조직으로부터의 이탈감이 강하게 발생한다고 주장한다. 하지만 우리나라 공직사회에 응용하여 분석한 논문에 의하면(조경호, 1993), 조직몰입과 역할불분명성 간에는 아무런 관계가 없으며, 두 변수는 오히려 약하게나마 긍정적인 관계에 있다고 한다. 따라서 역할의 불분명성(모호성)과 조직몰입 간의 관계에 관한 설득력 있는 가설은 설정되지 못하고 있는 실정이다(Griffin & Bateman, 1980).

마지막으로 재직 조직 내 동료 간 신뢰도의 수준도 개인의 조직몰입에 긍정적인 영향을 미치는 것으로 가설화되었다(Steen, 1977). 동료 간 관계가 좋을수록 개인의 재직 조직에 대한 애착이 강해진다고 볼 수 있다.

3 조직몰입의 결과

조직몰입이 개인에게 발생하여 일어나는 결과는 주로 개인의 구체적 행동으로 나타나는데, 그 중에서 가장 두드러지는 행동은 이직 결정이라고 할 수 있다. 조직에 몰입한 개인은 시간이 지나면 지날수록 재직 조직을 떠날 확률이 줄어든다. 이직과 몰입 간의 관계에서는 다음과 같은 특징이 있다. 첫째, 결국 이직한 개인은 조직에 남는 개인보다 몰입의 수준이 낮다. 이러한 경우는 취업 첫날이라도 마찬가지이다. 둘째, 이직한 개인의 현재 직장에서의 몰입의 수준은 점점 낮아지는 것이 보통이다. 셋째, 이직에 가까워진 개인은 그렇지 않은 개인과 몰입도의 차이는 극대화된다.

몰입한 개인은 거의 결근하지 않고, 조직의 과업을 수행하는 데 근면하고 열심이다. 개인의 조직몰입과 실적과는 관계가 있는 것으로 보고되고 있다. 물론 실적을 어떻게 측정하느냐에 달려 있지만, 몰입한 개인은 그렇지 못한 개인에 비해 상대적으로 조직에 유익한 활동들을 할 것으로 기대되기 때문에 조직에서의 성과와 업적은 높을 것이다. Rontondi(1975)는 '창의적 활동'으로 성과를 측정하여 성과와 조직몰입 간에 아주 강한 유의한 관계를 발견했다고 보고하고 있기도 하다.

4 나가며: 몰입에 대한 새로운 시각

최근 조직몰입에 대한 새로운 시각들이 등장하고 있는데, 가장 먼저 무조건적인 조직몰입이 늘 바람직한 것인가에 대한 문제제기를 들 수 있다. 이 이슈는 최근 조직구성원의 다양성(diversity)에 대한 관심이 부각되면서 소위 MZ세대라고 일컬어지는 젊은 조직구성원들의 등장과 더불어 나타나고 있는데, 이 세대들은 선배

세대와는 달리 삶의 질이나 일과 가정의 양립에 더 많은 의미를 부여하는 행태적인 변화를 보이는 관계로 관찰되는 현상이다. 자원보존이론(Conservation of Resources Theory)에 따르면, 사람의 에너지 자원은 총량이 제한되어 있어서 일과 가정 사이에서 어느 한 쪽에 상대적으로 큰 양의 에너지를 사용해 버리면 나머지 부문에 사용할 에너지 자원이 부족해 질 수밖에 없는데, 과거와 같이 조직에만 몰입하도록 강조하는 방향성은 현재의 워라밸 중시 경향의 측면에서는 적합하지 않은 점이 있다고 지적한다. 즉, 지나친 조직몰입의 강조는 구성원의 시대적인 마인드 변화와 맞지 않을 뿐만 아니라 에너지 보존의 관점에서도 가정생활을 희생시키도록 할 가능성이 있다고 주장한다(Lee & Lee, 2021).

다음으로는 조직몰입과 유사한 개념이지만, 조금 더 긍정적이고 활력이 넘쳐 적극적인 행태를 지칭하는 직무열의(work engagement)라는 개념을 강조하는 학자들도 있다. 앞서 언급한대로 조직몰입은 조직구성원이 자신이 속한 조직에 대해 충성심과 밀착감을 느끼는 태도를 말하는데(Mowday, Steers, & Porter, 1979), 직무열의는 조직구성원이 직무를 수행하면서 자신의 육체적, 인지적, 정서적, 정신적인 에너지를 투입하는 것을 의미한다(Kahn, 1990). 즉, 직무열의가 업무 역할로 인한 관계를 기초로 한 개인의 심리적 상태인 반면, 조직몰입은 조직과의 관계를 기초로 한 개인의 태도라는 점에서 구별된다. 또한, 조직몰입은 조직에 대해 애착을 느끼지만 수동적이고 소극적인 심리상태라고 할 수 있지만, 직무열의는 상대적으로 조금 더 능동적이고 적극적인 심리상태라는 점에서 차이가 있다고 할 것이다. 직무열의가 높은 직원은 그렇지 못한 사람들에 비해 생산성이 높고, 담당 직무뿐만 아니라 공식적으로 정해진 역할 이외의 행동도 적극적으로 수행하며(Rich et al., 2010), 조직을 떠나고자 하는 이직 의도나 이직률 등 부정적인 직무행동은 작게 나타나는 특성을 보인다(Harter, Schmidt, & Keyes, 2002)고 한다.

마지막으로, 조직몰입이라는 개념은 조직에 대한 애착이나 충성심 등을 의미하는데, 공직 구성원에게 조직에 대한 몰입을 강조하는 것이 바람직한지에 대한 고민도 필요하다고 생각된다. 대다수의 조직이 직면하고 있는 가장 큰 문제점은 부처이기주의 혹은 부처할거주의 등과 같이 전체적인 최적화보다는 국지적 최적화을 추구하는 행태라고 할 것인데, 공직자에게 조직몰입을 강조한다는 것이 전체 국민이나 정부보다는 본인 소속 부처나 이해관계자에게 더 집중하게 만드는 부작용을 유발하지는 않는지에 대한 재고가 필요하다는 지적이다. 따라서 조직몰입 대신에 공직몰입 같은 대체 개념을 강조하는 것이 필요하다는 주장이다. 이런 맥락에서 공직몰입(public service commitment)은 공직이 요구하는 가치와 목적을 공무원 자신이 수용하여 국가 장래의 성패에 대해 진심으로 관심을 가지고 공직생활을 해나가려는 자세(조경호, 1997)로 이해 가능할 것이다.

참고문헌

HRB. (2021.1.31.) 「VCNC에서 배우는 소통의 기술」. 조직문화시리즈.

김병섭. (1994). "공무원의 복지부동과 직무몰입도". 한국행정학보, 28(4): 1279－1299.

조경호. (1993). "한국 공무원의 조직몰입도 결정 요인에 관한 연구". 한국행정학보, 27(4): 1203－1226.

조경호. (1997a). 「전환기의 공무원 가치관」. 서울: 집문당.

조경호. (1997b). "공직몰입을 위한 공무원 인력관리 방안". 한국행정학보, 31(1), 57－75.

조경호. (1998). "Hunter의 메타방법론을 적용한 조직몰입과 직무만족 간의 상관관계분석". 한국행정학보, 32(2): 147－164.

조경호. (2012). "공무원의 성과평가 공정성 요인에 대한 인식 연구". 한국인사행정학회보, 11(3): 309－330.

Appelbaum, E., Bailey, T., Berg, P., & Kalleberg, A. L. (2000). Manufacturing advantage: Why high－performance work systems pay off. London: ILR Press.

Bateman, T. S. & Strasser, S. (1984). A longitudinal analysis of the antecedents of organizational commitment. *Academy of Management Journal*, 27: 95－112.

Bruning, N. S. & Snyder, R. A. (1983). Sex and position as predictors of or－ganizational commitment. *Academy of Management Journal*, 26: 485－491.

Cho, K. H. & Lee, S. H. (2007). Commitment to Gender Policy, Commitment to Organization and Innovative Behavior. *International Journal of Public Administration*. *30*(12): 1485－1502.

Cohen, A. & Lowenberg, G. (1990). A re－examination of the side－bet theory as applied to organizational commitment. *Human Relations*, 43: 1015－1050.

Curry, J. S., Wakefield, D. S., Price, J. L. & Mueller, C. W. (1986). On the causal ordering of job satisfaction and organizational commitment.

Academy of Management Journal, 29: 847－858.

DeCotiis, T. A. & Summers, T. P. (1987). A path analysis of a model of the antecedents and consequences of organizational commitment. *Human Relations*, 45: 305－317.

Glisson, C. & Durick, M. (1988). Predictors of job satisfaction and organizational commitment. *Administrative Science Quarterly*, 33: 61－81.

Goodsell, C. (1985). *The Case for Bureaucracy*. Chatham, NJ: Chatham House.

Griffin, R. W. & Bateman, T. S. (1986). Job satisfaction and organizational commitment, in C. L. Cooper & I. Robertson (eds.), *International Review of Industrial and Organizational Psychology 1986*. New York: John Wiley & Sons.

Hackman, J. R. & Oldham, G. R. (1974). The job diagnostic survey: An instru－ ment for the diagnosis of jobs and the evaluation of job redesign projects. Department of Administrative Sciences: Yale University.

Harter, J. K., Schmidt, F. L., & Keyes, C. L. M. (2002). Well－being in the workplace and its relationship to business outcomes: a review of the Gallup studies. (205－224).

Kahn, W. A. (1990). Psychological conditions of personal engagement and dis－ engagement at work. *Academy of Management Journal, 33*(4), 692－724.

Koch, J. T. & Steers, R. M. (1978). Job attachment, satisfaction, and turnover among public sector employees. *Journal of Vocational Behavior*, 12: 119－128.

Lee, H. & Lee, S. (2021). Is More Commitment Always Better? A Study on the Side Effects of Excessive Organizational Commitment on Work-Family Conflict. *Review of Public Personnel Administration*. 2021: 25－56.

Locke, E. A. (1976). The Nature and Causes of Job Satisfaction, in M. D. Dunnette (ed.), *Handbook of Industrial and Organizational Psychology*. Chicago: Rand McNally.

March, J. G. & Simon, H. A. (1958). *Organizations*. New York, John Wiley & Sons.

Meyer, J. P., Paunonen, S. V., Gellatly, I. R., Goffin, R. D. & Jackson, D. N. (1989). Orgnizatinal commitment and job performance. *Journal of Applied Psychology*, 74: 193－210.

Morris, J. H. & Steers, R. M. (1980). Structural influences of organizational commitment. *Journal of Vocational Behvior*, 50−57.

Morrow, P. C.(1983). Concept redundancy in organizational research. *Academy of Management Review*, 8: 486−500.

Mowday, R. T., Porter, L. W., & Steers, R. M. (1982). *Employee−organization linkage*. New York: Academic Press.

Mowday, R. T., Steers, R. M., & Porter, L. W. (1979). The measurement of or − ganizational commitment. *Journal of Vocational Behavior*, *14*(2), 224−247.

O'Reilly, C. & Caldwell, D. (1981). The commtment and job tenure of new employees. *Administrative Science Quarterly*, 26: 597−616.

Putti, J. M., Aryee, S. & Liang, T. K. (1989). Work values and organizational commitment. *Human Relations*, 42: 275−288.

Reichers, A. E. (1985). A review and reconceptualization of organizational commitment. *Academy of Management Review*, 10: 458−476.

Rich, B. L., Lepine, J. A., & Crawford, E. R. (2010). Job engagement: Antecedents and effects on job performance. *Academy of Management Journal*, *53*(3), 617−635.

Rontondi, T. Jr. (1975). Organizational identification. *Organizational Behavior and Human Performance*, 16: 95−109.

Staw, B. M. (1984). Organizational Behvior, in M. R. Rosenzweig & L. W. Porter (eds.), *Annual Review of Psychology*. Palo Alto: Annual Reviews Inc.

Stevens, J. M., Beyer, J. M. & Trice, H. M. (1978). Assessing personal, role, and organizational predictors of managerial commitment. *Academy of Management Journal*, 21: 380−396.

제6장

공공조직의 리더십

최유진

생각해보기

- 관심 있는 리더 한 명을 선정하고 그의 리더십을 다양한 리더십 이론을 활용하여 평가해보자.
- 민간리더십과 다른 공공리더십이 필요한 이유에 대해 논의해보자.
- 최근 공공리더십의 중요성이 부각되는 이유에 대해 생각해보자.
- AI 시대에 적합한 미래형 공공리더십의 특성에는 어떤 것들이 있는지 논의해보자.

제6장

공공조직의 리더십

"Nothing in public administration is more important, interesting, or mysterious than leadership" (Lambright and Quinn, 2011, p.782).

1 들어가며

공동체 속에서 살아가는 우리는 생활 속에서 리더십을 발휘할 기회를 가지는 한편, 팔로워(follower)로서 리더와 상호작용한다. 시대를 막론하고 사람들은 리더십에 많은 관심을 가져왔다. 오래전 마키아벨리의 군주론에서부터 리더십 철학을 이야기했고, 20세기 들어 사회과학의 발달과 함께 행정학뿐 아니라, 정치학, 사회학, 경영학 등 다양한 학문 분야에서 리더십 연구가 수행되었다. 이렇듯 다양한 학문분야에서 리더십에 대한 연구가 시작되면서, 리더십에 대한 다양한 이론들이 제시되었다(Northhouse, 2015).

주류 리더십 이론들(mainstream leadership theories)은 민간조직을 대상으로 발전하였지만, 민간부문과 공공부문에 공통적으로 적용되었다(Wart, 2003). 최근 행정학자들은 급변하는 행정환경 변화에 대응하기 위한 공공리더십의 중요성을 강조하고 있는데, 놀랍게도 행정학 관점에서 타 학문분야와 차별적인 공공리더십 (public leadership)의 특성을 연구하기 시작한 것은 얼마 되지 않는다(Vogel and Masal, 2015; Hansen and Villadsen, 2010).

따라서 본 장은 공공리더십에 대한 행정학적 관점에서의 논의를 정리하고 더 많은 연구 축적을 위한 방향을 제시하는 것을 목적으로 한다. 이를 위해, 먼저 주류리더십 이론을 간략히 정리하고, 공공리더십의 등장과 그 개념에 대해 살펴본 후, 공공리더십의 향후 연구 방향을 제시하고자 한다. 또한 제시한 연구 방향 중, 최근 4차 산업혁명으로 인한 환경변화에 따라 요구되는 미래형 공공리더십에 대해서도 간략히 논의하고자 한다.

2 리더십의 개념과 접근방법

사람들은 어떤 사람들이 리더가 되는지, 리더는 무슨 일을 하는지 등에 대해 지속적인 관심을 가져왔다. 리더십 개념은 시대에 따라 계속 변화하며, 조직구조 변화, 기술의 발달 등 상황의 변화는 리더십에 대한 요구와 제약에 영향을 미친다 (Daft, 2017; Van Wart,2013). 지난 수십 년간 많은 학자들은 '리더십이란 무엇인가?' 라는 질문에 대해 다양한 정의로 답해왔다.

표 6.1 리더십의 정의

- 리더십은 공유된 목표를 달성하기 위해 구성원의 집단 활동을 유도하는 개인의 행동이다(Hemphill & Coons, 1957).
- 리더십은 조직의 목표를 달성하기 위해 구성원을 관리하고 활동하게 하는 개인의 능력이다(Robbins & Judge, 2011).
- 리더십은 조직의 일상적인 활동이나 지시 등에 대한 순응을 넘어서게 하는 영향력이다(Katz & Khan, 1978).
- 리더십은 집단과 조직 내 활동을 구조화하고 촉진시키기 위해 구성원에게 의도적으로 영향을 미치는 영향력이나 과정이다(Yukl, 2002).
- 리더십은 조직 내 의사소통 과정에서 구성원에게 영향력을 행사하는 권력이다(Stogdill, 1974).

출처: 진종순 외(2016: 226).

다양한 리더십 정의들의 공통적인 속성을 살펴보면, 대다수의 사람들에게 리더십은 개인의 타고난 독특한 자질을 의미하는 특성, 타고난 기량뿐 아니라 습득이 가능한 능력, 어떤 일을 효과적으로 성취하기 위해 개발된 역량을 뜻하는 스킬, 관찰 가능한 행동, 리더와 구성원 간의 소통을 중시하는 관계, 마지막으로 타인에게 영향을 미치는 과정으로 이해되고 있음을 알 수 있다(Northhouse, 2015). Northhouse(2015)는 영향을 미치는 과정으로서의 리더십을 강조하면서, "공통의 목표를 이루기 위해 한 개인이 다른 사람들에게 영향을 미치는 과정"으로 리더십을 정의하였다. 유사한 관점에서 Daft(2017)는 리더십을 "조직목표 달성을 위한 리더와 구성원 간의 영향력 행사 과정"으로 정의하면서 그 구성요소로써 영향력, 의도, 개인적 책임과 정직, 변화, 공유목표, 팔로워(추종자) 등을 제시하였다.

리더십에 대한 논의는 다양한 접근방법을 통해 진화해왔다. 먼저, 위대한 리더가 지닌 특성(trait)을 중시하는 특성 접근법(trait approach)이 있다. 위인이론(great man theory)이라고 불리는 이 접근방식의 출현과 함께 리더십은 조직론에서 주목을 받게 되었다(Orazi et al., 2013). 리더십을 특성으로 보는 연구들은 결단력, 사회성, 자신감, 정직성, 솔선수범 등 이상적인 리더가 가지는 구체적인 특성을 선별하고자 하였다. 리더십 특성에 대한 연구는 이후에 카리스마 리더십으로 다시 주목받게 되었으며, 1980~90년대에는 빅파이브 성격 요인, 감성지능과 연계된 연구가 진행되었다(Northhouse, 2015).

1930년대 후반에는 리더의 특성(trait)에서 리더십 행동(behavior) 연구로의 전환이 이루어졌다. 행동접근법(behavioral approach) 이론들은 조직 내 리더의 실제 행동에 초점을 두고, 리더의 어떤 행동이 구성원들에게 영향을 미치는지 살펴보았다(Daft, 2017). 특성과 달리 행동은 학습이 가능하므로 성공적 리더의 행동을 모방할 수 있어 리더십 개발이 가능하다는 장점이 있다. 미시간 주립대학 연구는 리더의 행동 유형을 구성원 중심 리더와 직무중심 리더로 나누었고, 텍사스 주립대학의 블레이크와 머튼의 리더십 격자(leadership–grid)이론은 과업행동과 관계행동을 축으로 하여 9개 리더십 유형을 제시하였다(Daft, 2017).

이후 연구자들은 효과적인 리더십은 특성이나 유형이 아닌 상황에 따라 결정된다고 주장하면서, 이를 규명하고자 노력하였다. 이는 리더의 스타일과 조직 맥락의 정합성(fit)을 중시하는 상황이론의 등장을 의미한다. 상황적합접근(contingency approach)에 따르면, 각기 다른 상황은 다른 종류의 리더십을 요구하며, 리더, 구성원, 상황 요인들이 상호 조화를 이룰 때 높은 성과가 도출된다(Daft, 2017). 상황

적합 이론들은 다양한 상황 요인을 설명하고 있는데, 대표적 상황이론인 피들러 이론은 리더—구성원 관계(leader—member relationship), 과업구조(task structure), 직위권력(position power) 요인을 조합하여 매우 호의적이거나 비호의적인 상황에서는 과업지향적 리더십이, 중간 정도의 호의적 상황에서는 관계지향적 리더십이 효과적임을 밝혔다(Griffin, Phillips, & Gully, 2017).

1970년대 후반 이후 리더십 이론들은 리더와 구성원들의 관계 측면에 초점을 두었다. 관계중심 접근(relational approach)은 리더십에 있어 대인관계의 중요성을 강조하는데, 이러한 맥락에서 리더—구성원 교환이론(leader—member exchange (LMX) theory), 변혁적 리더십(transformational leadership), 서번트 리더십(servant leadership)이 등장하였다(Daft, 2017; Northhouse, 2015). 변혁적 리더십은 "리더가 변화의 필요성을 인지하고, 변화를 이끌기 위한 비전을 수립하며, 그 변화를 효과적으로 실행할 수 있는 능력들의 조합"으로 정의할 수 있다(Griffin et al., 2017). Burns(1978)와 Bass(1985)에 의해 제시된 변혁적 리더십이론은 다른 주류 리더십 이론과 마찬가지로 기업을 대상으로 등장, 발전하였다. 이후 1990년대 신공공관리론의 등장으로 공공부문 개혁을 위해 민간부문의 관리기법이 도입되면서, 효율적인 정부로의 탈바꿈을 원하는 공공부문의 상황에 적합한 리더십으로 변혁적 리더십이 강조되었다(Denhardt & Campbell, 2006; Van Wart, 2003; Sun & Henderson, 2017). 변혁적 리더십과 주로 비교되는 거래적 리더십(transactional leadership)은 "리더와 구성원 간 교환 관계에 중점을 두면서 조직의 성과 달성의 대가로 구성원들의 요구가 달성될 수 있는 교환관계의 균형성"을 강조한다(Daft, 2017: 361).

1970년대에는 조직의 상층부 관점보다 부하들의 입장을 중시하고, 리더를 팔로워와 조직의 신하로 여기는 서번트 리더십(servant leadership)이 등장하였다(Daft, 2017). 1990년대에는 변혁적 리더십과 거래적 리더십을 통합한 모형을 제시하기 위한 시도가 시작되었다(Van Wart, 2003). 이러한 이론들은 여전히 리더십 이론의 주류를 이루고 있지만, 이때 공공부문 리더십(public leadership)은 주류 리더십 논의에 포함되지 못하였다. Van Wart(2003)는 시대별 주류리더십 이론을 다음과 같이 정리하였다.

표 6.2 시대별 주류 리더십이론

시대	기간	주요 특징
위인 이론	1900년 이전; 이후에도 '전기(biographies)'에서 계속 논의됨	- 나폴레옹, 조지 워싱턴, 마틴 루터와 같이 사회에 중대한 영향을 미친 위인의 출현을 강조함 - 독특한 재능과 통찰력 있는 개인이 가져오는 사회변화에 대한 긍정적 인식 존재
특성 이론	1900–48; 타고난 재능의 중요성 인식	- 리더의 개인적 특성과 스킬 강조 - 과학적 방법론과 과학적 관리법에 의해 영향을 받음
상황 이론	1948–1980년대; 상황 레퍼토리를 확장하며 지속적으로 논의됨	- 리더가 다뤄야 하는 상황별 변수(특히 성과와 팔로워에 관한 변수) 강조. 특성(trait)에서 행동(behavior)으로의 전환. - 인간관계이론, 행태과학(예: 동기부여 이론), 심리학의 소규모 그룹 실험 설계의 영향을 받음
변혁적 리더십 이론	1978–	- 구조, 과정, 문화 측면에서 혁신적 변화를 이끌어낼 리더의 역할 강조. 리더 메커니즘(설득력 있는 비전, 뛰어난 기술적 통찰력, 카리스마) - 사업, 금융, 과학 분야에서의 미국의 압도적 지위 상실과 현실에 안주하는 다양한 산업의 부활에 의해 영향을 받음
서번트 리더십 이론	1977–	- 팔로워, 이해관계자, 그리고 사회에 대한 윤리적 책임 강조. 경영학 이론가들은 팔로워에 대한 서비스를, 정치적 이론가들은 시민을, 공공행정 분석가들은 법률의 준수와 시민을 강조하는 경향이 있음 - 1960년대와 1970년대에 대두된 사회적 감수성의 영향을 받음
다면적 리더십 이론	1990년대–	- 거래적 및 변혁적 리더십의 통합 - 리더십에 대한 정교하고 총체적인 접근의 필요성

출처: Van Wart(2013: 218).

3 공공리더십(public leadership) 이해하기

1) 공공리더십(public leadership)의 등장

1990년대까지 행정학 분야에서 리더십 연구는 그다지 주목을 받지 못하였다 (Van Wart, 2003). 60여 년간의 리더십 연구 경향을 분석한 Van Wart(2003)는 공공부문의 리더십 연구가 민간에 비해 양적, 질적으로 부족함을 지적하고 있다. 이는 정부운영에 있어 정치적 리더십과 규제 및 절차의 영향이 크기 때문에, 공무원은 리더보다는 주로 팔로워(follower)의 역할을 수행하는 것으로 생각되었기 때문이다(Mau, 2020; Orazi et al., 2013). 따라서 선출직 또는 정무직 공무원의 리더십에 관한 연구가 주를 이루었는데, 이처럼 공식적인 지위(position)에 기반한, 즉 고위직의 리더십만을 전제하였기 때문에 연구의 범위가 제한된 측면이 있다(Getha- Taylor et al., 2011). 이처럼 정치적 리더십이 공공리더십의 일부로써 논의되어 왔지만 정치적 리더십을 넘어 일반적 리더십과 구별되는, 행정학적 관점에서의 공공리더십 영역이 분명히 존재한다는 주장이 등장하였다(Morse and Buss, 2007).

앞서 살펴본 주류 리더십 이론들(mainstream leadership theories)은 민간부문에서 주로 발달해왔지만, 별다른 구분 없이 민간부문과 공공부문 모두에서 적용되고 연구되었다(Van Wart, 2003). 하지만 2000년대 이후 고위공무원의 책임과 자율이 증가하면서 공공부문에서의 리더십에 대한 연구가 늘어났으며, 과연 공공부문 리더십이 민간부문 리더십과 다른가에 대한 논의가 시작되었다(Orazi et al., 2013). 공공부문과 민간부문 리더십은 조직리더십(organizational leadership)이라는 측면에서 공통점을 가지고 있지만, 그 차이 또한 존재한다. 즉, 일반리더십을 공공부문에 적용한 것을 넘어서는, 일반리더십과 다른 독특한 특성을 지니고 있다는 것이다(Ospina, 2016). 민간부문과 다른 맥락에서 공공리더십을 이해해야 한다는 주장은 공·사 조직 특성 차이에 대한 논의를 반영하는데, 이러한 특성은 조직목표의 복잡성(complexity)과 모호성(ambiguity), 공식화(formalization)와 레드테입(red tape), 동기(motivation), 외부로부터의 제약(external constraints) 등을 포함한다(Rainey, 2003). 즉, 공공부문의 리더는 민간부문에 비해 높은 책임성을 요구받고, 높은 공식화와 레드테입이 존재하는 환경에서 일하며 공공봉사동기는 높지만 외부로부터의 과도한 제약으로 직무만족이 낮다는 것이다(Orazi et al., 2013). Van Wart(2013)

또한 공공부문은 법에 의해 권위를 부여받고 통제되고, 공공재를 생산하며, 장기적 관점을 중시하는 반면, 민간부문은 시장에 의해 통제되고, 고객이 중심이 되며, 단기적 관점을 중시한다는 점을 제시하면서, 이러한 차이로 인해 공공부문의 리더는 민간부문의 리더와 다르게 생각하고 행동한다고 설명하였다.

2008년 Minnowbrook회의에서 Getha-Taylor를 포함한 행정학자들은 공공리더십에 대한 관심이 더 필요함을 역설하면서, 공공리더십을 "공공 가치(public value)의 창출을 목적으로 하는, 공공선을 위한 리더십"이라고 정의하였다 (Getha-Taylor et al., 2011). 또한 공공관리자는 공익 수호, 헌법과 법률 준수, 청렴성과 윤리성이라는 가치에 기반을 둔 리더십을 추구하므로, 공공리더십은 일반적인 리더십 연구와 다르게 논의되어야 한다고 주장하였다(Crosby and Bryson, 2018).[1] 이러한 노력의 결과로 현재 행정학 분야에서 공공부문 리더십은 독자적이고 자율적 영역으로 인식되고 있다(김호정, 2017).

2) 공공리더십(public leadership)의 개념

그렇다면 과연 공공리더십(public leadership)이란 무엇일까? 공공리더십 연구가 증가하고 있지만(Van Wart, 2013; Ospina, 2016), 공공리더십 개념은 여전히 명확히 규정하기 어려우며(elusive concept), 아직 이론적·개념적 통합 수준에는 이르지 못하고 있는 것이 사실이다(Crosby and Bryson, 2018; Vogel and Masal, 2015; Orazi et al., 2013). 선행연구들에서 공공리더십은 다양한 의미로 정의되고 있는데, 이를 정리해보면 크게 세 가지 의미로 나눌 수 있다(Morse and Buss, 2007).

첫째, 정치적 리더십(political leadership)을 의미한다. 이 때 리더란 정부에서 어떤 공식 직위를 가지고 있는 선출직 또는 정무직 고위 공무원을 의미한다(예: 대통령, 지방자치단체장, 장관 등). 행정학 분야에서의 초기 리더십 연구는 주로 정치적 리더의 행동에 초점을 맞추었는데, 이러한 연구들은 주로 강력한 리더가 어떤 변화를 가져오는가에 관심을 두었다(Getha-Taylor et al., 2011). 국내 연구 역시 주로 새 정부 출범, 정부조직 개편과 관련한 대통령의 리더십 특성, 장관급 이상

---

1) 공공리더십 연구가 일반 리더십 이론의 개념, 측정방법 등을 그대로 수용한다면 공공리더십의 본질을 간과하는 문제가 발생한다는 의견에 반해, 공공리더십을 민간리더십과 개념적·경험적으로 구별하면, 공공부문의 특이성(public idiosyncrasy)을 인정하여 학문적 고립(disciplinary silo)을 초래할 수 있다는 의견 또한 존재한다(Vogel and Werkmeister, 2020).

의 행정가, 지방자치단체장의 리더십을 공공리더십으로 다루었다(조선일, 2015).[2] 그러나 행정학에서 전기적 접근(biographical approach)을 통한 리더십 연구는 비교적 적은데, 그 이유는 경영학이나 정치학에서 주로 이러한 접근이 이루어졌고, 공공관리자는 정치적, 사회적 영향력 하에 있어 변혁적 리더십을 발휘할 여지가 적다고 보았기 때문이다(Lambright and Quinn,2011).

둘째, 조직리더십(organizational leadership)을 의미한다. 조직리더십은 공공조직 내에서 공식적인 리더 지위를 가지고 있는 사람들의 리더십, 즉 계선조직 관리자(line supervisor)의 리더십으로 볼 수 있다. Behn(1998)은 행정부, 입법부, 사법부가 직면하는 실패에 대응할 수 있는 공공관리자는 리더십을 발휘할 권리와 의무가 있다고 주장하면서 공공리더십 연구의 중요성을 강조하였다. Vogel과 Masal(2015)은 조직리더십에 초점을 두어 공공리더십 관련 문헌들을 리뷰하였는데, 선행연구들을 두 가지 기준, 즉 객관성(양적방법론)−주관성(질적방법론) 및 분석 수준(개인−집단)으로 나누어 공공리더십에 대한 네 가지 접근 방법−기능주의 접근(funcionalist approach), 개혁주의 접근(reformist approach), 행동주의 접근(behavioral approach), 전기적 접근(biographical approach)−을 제시하였다. Van Wart(2013)와 Ospina(2016) 또한 공공리더십을 조직리더십으로 보고, 관련 문헌들을 리뷰하였다.

마지막으로, 공공리더십은 협력적 리더십(collaborative leadership)의 의미로 이해할 수 있다.[3] 최근 많은 행정학자들이 소위 정부 내의 공식적인 리더십 지위를 가지고 있는 리더에만 관심을 두기보다는, 정부 내부와 외부에서 공공가치를 창출하는 과정에 주목하고 있다. 즉, 협력적 리더십은 "다양한 이해관계를 지닌 행위자들이 공공가치를 창출하기 위해 함께 일하는 과정"의 의미를 지닌다(Morse, 2010). 공공리더십을 조직의 모든 계층에서 발휘될 수 있고 공공조직이나 공식적

---

2) 김경은(2015)은 장관의 역할을 "대통령에 대한 정치적 책임과 담당 조직에 대한 행정적 책임성 간의 균형을 유지하는 이중적 역할"로 보아, 역할에 따라 정치적 리더십과 행정(조직) 리더십을 발휘한다고 하였다.

3) 이는 촉진리더십(catalytic leadership)(Luke, 1998), 공동선을 위한 리더십(leadership for the common good)(Crosby and Bryson, 2005), 통합적 공공리더십(integrative public leadership)(Morse, 2010), 공공가치리더십(public values leadership)(Getha−Taylor, 2009) 등 다양한 용어로 지칭된다. 한편, 공유 리더십(shared leadership), 분배적 리더십(distributed leadership) 등도 유사한 개념이나, 이들 용어는 주로 조직 내에 국한되어 쓰인다는 점에서 협력적 리더십과 차이가 있다(김호정, 2017).

지위의 범위를 넘어서는 과정적 개념으로 이해하는 것이다. 이는 공유된 권력 (shared power)을 기반으로 하는 거버넌스의 등장으로 인한 조직구조 변화의 흐름을 반영한다(Van Wart, 2013). 환경의 복잡성이 증가하고 단일 조직이 해결하지 못하는 난제(wicked problem)를 풀기 위해 다양한 조직 간의 협력이 요구되면서, 협력적 공공관리(collaborative public management)가 등장하였다(Bingham, O'Leary, and Carson, 2008). 협력적 공공관리는 조직간 협력뿐 아니라, 신공공거버넌스(New Public Governance) 패러다임이 강조하는 공공관리자와 시민의 협력을 포함한다. 이러한 변화와 함께, 새로운 거버넌스에 적합한 공공리더십에 대한 논의가 전개되었다.

과거의 리더십 연구는 리더 개인의 특별한 자질이나 행동을 중시하고, 무엇이 좋은 리더를 만드는가에 대해 관심을 두었으며, 따라서 리더의 자질이나 스킬을 기르기 위한 리더십 교육이 강조되었다(Crosby and Bryson, 2018). 또한 시민이나 조직구성원이 그 특별한 개인들을 따르는 것이 바람직함을 전제하였다. 이러한 연구들에서 리더는 특정한 목적을 달성하기 위해 조직구성원들에게 영향을 미치거나 변화시키는 공식적인 리더를 의미한다. 그러나 이를 협업이나 네트워크 상황에 그대로 적용하면 계서제(hierarchy)에서 나타나는 리더-팔로워 가정(leader-follower assumption)을 충족하지 못하게 된다. 서로 다른 조직에서 모인 구성원들로 이루어진 네트워크에서는 리더와 팔로워의 경계가 명확하지 않고, 각 조직별로 다른 목적을 가질 수 있기 때문이다(Huxham and Vangen, 2000). 협력적 리더십은 리더 개인에 집중하는 것이 아니라 모든 구성원들이 리더십을 발휘하고 공유하는 것을 전제하므로, 조직 내 맥락(intraorganizational context)에서 고려되는 조직리더십으로서의 공공리더십과 달리, 조직 간 관계(interorganizational context)에서 논의된다(Morse and Buss, 2007). 이 때 리더십은 공식적인 지위와 결부될 수도, 그렇지 않을 수도 있으며, 조직이나 커뮤니티 안에서 누구나 리더가 될 수 있다고 본다(Crosby and Bryson, 2018).

지금까지 공공리더십을 정의하는 세 가지 관점에 대해 살펴보았다. 이러한 세 가지 시각은 서로 완전히 배타적으로 구분되는 것은 아니며, 초점을 어디에 두는가에서 오는 차이라 할 수 있다(Morse and Buss, 2007). 정치적 리더십 및 조직 리더십으로서의 공공리더십은 리더십의 영역을 정치엘리트와 공공조직 리더의 활동으로 국한하여 좁게 본다면, 협력적 리더십으로서의 공공리더십은 정부 내·외의 다양한 사람들이 공공가치(public value)를 창출하는 광범위한 과정을 리더십의 영역으로 보고 있다. 이는 공공리더십 범위의 확장을 의미하며, 리더십 연구에서 더 많은 행위자, 분석 수준, 과정, 맥락이 고려되어야 한다는 주장을 강조하고 있다(Ospina, 2016).

4 나가며: 공공리더십의 연구 방향

공공리더십에 대한 연구는 최근 상당히 증가하고 있지만(Van Wart, 2013; Ospina, 2016), 충분한 경험적 연구가 축적되었다고는 보기 어려운 것이 사실이다(Crosby and Bryson, 2018). 이하에서는 선행연구를 바탕으로 공공리더십 연구의 발전을 위한 연구방향을 제시해보고자 한다.

1) 리더 중심에서 시스템 중심으로

최근 공공리더십 연구의 중요한 경향은 리더 중심에서 시스템 중심으로의 변화라고 할 수 있다(Ospina, 2016; Van Wart, 2013). 시스템 중심 접근방법이란 리더, 팔로워, 그리고 그들이 속한 맥락(context)의 상호관계를 중시하는 접근으로, 즉 리더십을 개인이 아닌 다수의 관계 또는 시스템으로 보는 관점이다(Crosby and Bryson, 2018). 이러한 관점을 집합적 관점(collective lens)에서의 공공리더십으로 설명하기도 한다(Ospina, 2016). 이들 연구들은 복수의 리더, 섹터나 조직의 경계를 넘는 리더십(multi-sector or cross-boundary leadership), 공공가치를 창출하는 리더십을 대상으로 한다.

Ospina(2016:281)는 "복잡성에 대응하기 위한 구성원의 능력과 적응력 증진을 위한 능동적 상호작용"을 집합적 리더십(collective leadership)으로 정의하고, 리더 개인뿐 아니라 조직 내·외부 구성원들과의 관계를 강조하였으며, Ospina와 Foldy(2009)는 리더십을 "집합적 성취를 추구하는 시스템의 관계적 특성"으로 보았다. 공공리더십을 "정부와 비정부조직의 다양한 계층의 사람들이 조직을 이끌고 관리하는 과정 및 네트워크"를 포함하는 개념이라고 주장한 Van Wart(2013)의 정의도 이러한 접근방법에 해당한다고 생각된다. Crosby와 Bryson(2018)은 행정학자들이 공공리더십을 공공가치 중심의 집합적이고 다층적이며 섹터를 초월한 노력으로 인식하고 이를 발전시켜야 한다고 주장하였다. 즉, 이전에 중시했던 리더 개인의 역량보다, 모든 구성원들이 리더십을 얼마나 효과적으로 공유하는지가 더 중요하게 된 것이다.

협력적 리더십은 현재 가장 활발하게 논의되는 리더십 개념일 것이다. 행정학 분야에서 협력적 리더십에 관한 경험적 연구들을 살펴보면, 협력적 리더가 가지는 특성과 행태를 도출하거나(O'Leary, Choi, Gerard, 2012; McNamara, 2016), 협력적 리더십이 조직성과 또는 네트워크 성과에 미치는 영향에 대해 주로 논의하고 있다(Silvia and McGuire, 2010; Hsieh and Liou, 2018). 예를 들면, Agranoff와 McGuire(2001)는 협력적 리더의 행태를 활성(activation), 조직화(framing), 동원(mobilizing), 그리고 종합(synthesizing)으로 분류하였고, 이러한 분류에 기반하여 협력적 리더십의 성과에 관한 경험적 연구가 다양한 맥락에서 수행되었다. 그러나 Ospina(2016)는 이는 네트워크 성과에 대한 논의이지, 이러한 연구결과가 공공리더십에 있어 함의를 도출하는 데에는 한계가 있음을 지적한다. 왜냐하면, 이러한 연구는 집합적 관점이 아닌, 네트워크 성과를 높이기 위한 촉진자(catalyst)로서의 리더 개인에 대해 논의하고 있기 때문이다.

한편, Huxham과 Vangen(2000, 2005)은 리더십이 구조(structure), 과정(processes), 참여자(participants)라는 리더십 미디어(media)를 통해 발휘됨을 제시하여, 집합적 관점에서 리더십을 설명하고 있는 것으로 생각된다. Morse(2010)는 Huxham과 Vangen(2005)이 제시한 리더십 요소들이 공공가치 창출에 어떻게 기여하는지 다중사례연구를 수행하여 공공리더십 연구에 기여하였다고 본다. 국내의 경우, 협력적 리더십에 대한 연구는 매우 부족하며, 특히 집합적 관점에서 공공가치창출을 논의하는 연구는 찾기 어렵다(김호정, 2017). 따라서 향후에는 공공리더십이론에 기여할 수 있는 더 많은 네트워크 및 협업 관련 연구들이 수행될 필요가 있을 것이다.

2) "리더십"보다는 "공공" 관점의 강조

행정학 분야에서 리더십 관련 선행연구들은 여전히 '공공' 측면보다는 '리더십'

측면에 치중하고 있다(Vogel and Masal, 2015; Ospina, 2016). 이들 연구들은 공공조직을 연구대상으로 하고 있지만, 대부분 일반적인 리더십 개념과 이론을 적용하고 있으며,[4] 민간리더십과 구분되는 공공리더십의 특성에 대해서는 잘 설명하지 않는다. 또한 행정학 문헌에서 공공조직과 민간조직, 또는 공공관리자와 민간관리자를 비교한 연구들은 많지만(e.g., Perry and Rainey, 1988; Rainey and Chun, 2005), 리더십 일반이론을 적용하여 공공부문과 민간부문의 리더십을 비교한 연구들은 의외로 많지 않다(Vogel and Masal, 2015; Hansen and Villadsen, 2010; 장임숙, 2001).[5] 여기에는 신공공관리론의 등장으로 공공리더십과 민간리더십의 차이가 덜 강조된 이유도 있을 것이다. 그러나 신공공관리론의 한계를 비판하는 신공공거버넌스론이 등장한 이후에도 이러한 연구는 여전히 부족해 보인다.

최근 연구들은 공공성(publicness) 개념을 반영한 리더십 연구의 필요성을 강조하고 있다(Vogel and Masal, 2015; Tummers and Knies, 2016). Bozeman(1987)은 공·사조직을 단순히 이분법적으로 구분하는 것을 비판하면서, 공공성을 기준으로 하는 상대적인 조직유형 구분을 제시하였다. 모든 조직은 정도의 차이가 있을 뿐 일정한 공공성을 가지기 때문에 공공성의 정도에 따른 차원적 접근(dimensional construct)으로 공공과 민간의 차이를 바라보아야 한다는 것이다. 이러한 맥락에서 공공성의 정도에 따른 리더십을 비교하는 경험적 연구가 필요하다.

3) 공공리더십의 복잡성(complexity) 고려

공공리더십을 이해하고 그 효과를 평가하기 위해서는 공공리더십의 다양한 측면(맥락, 과정, 결과)을 동시에 고려하고 이들 간의 상호작용에 초점을 맞추어야 한다. 리더십을 구성하고 있는 요소들 간의 관계는 일방향(unilateral), 순차적(sequential)이라기보다 양방향(bilateral), 동시적(simultaneous)이기 때문이다(Vogel and Masal, 2015). 하지만 기존 연구들은 주로 단선적 선형(linear) 관계(예: 리더십 유형과 조직효과성)를 살펴보았고, 리더십 효과성에 영향을 미치는 맥락 요인에 관

---

4) 이러한 예로 변혁적, 거래적 리더십(Kroll and Vogel, 2014; Pandey, Davis, Pandey, and Peng, 2016), 리더-구성원 교환이론(Tummers and Knies, 2013; Yeo, Ananthram, Teo, and Pearson, 2015), 윤리적 리더십(Hassan, Wright, and Yukl, 2014), 서번트 리더십(Miao, Newman, Schwarz, and Xu, 2014) 관련 연구들이 있다.
5) 예외적으로, Hooijberg and Choi(2001), Anderson(2010), Hansen and Villadsen(2010).

한 경험적 연구는 상대적으로 부족하다. 국내 연구 역시 상황적 맥락에 대한 관심이 부족하고, 선행연구에 활용된 맥락변수 역시 개인수준의 변수에 한정된다는 한계가 있다(조원혁, 김태연, 2020). Vogel and Masal(2015)은 리더-팔로워 간의 정합성(fit)뿐 아니라 리더십 맥락(context)과 과정(process) 요인 간의 정합성(fit)에 대한 향후 연구가 필요함을 강조하였다. 또한 이러한 공공리더십의 복잡성을 연구하기 위해 질적 연구가 더 보완될 필요가 있다.

4) 공공리더십의 문화적 맥락 고려

기존 공공리더십 연구들은 리더십이 발휘되는 문화적 맥락에 대한 관심이 부족하였으며, 북미권 국가들을 대상으로 하는 연구가 대부분이었다(Vogel and Masal, 2015). 아시아나 아프리카의 많은 나라들이 북미 국가들이 먼저 도입한 개혁들을 받아들이는 경향이 있는 것은 사실이지만, 제도적 배경, 정치적 환경 등이 다른 상황에서 공공리더십의 효과는 다르게 나타날 수 있다(Raffel, Leisink, and Middlebrooks, 2009). 한태천(2013)은 2000년-2013년 국내 행정학 분야의 리더십 연구경향을 분석하였는데, 리더십 연구는 상당한 비중을 차지하고 있지만 대부분 국외문헌에 지나치게 의존하고 있고 한국적 행정 맥락에서 형성된 리더십 특성 등에 대한 연구는 전무함을 문제점으로 지적하였다. 김호정(2017) 역시 한국의 고유한 리더십 모형 개발이 필요함을 강조하였다. 향후 연구에서는 리더십의 문화권별 특성을 반영하는 비교연구 역시 활성화될 필요가 있다.

5) 미래형 공공리더십에 대한 연구 필요

2016년 스위스 다보스 세계경제포럼(World Economic Forum)에서 4차 산업혁명의 화두가 시작된 이후 우리 사회는 급속히 변화하고 있다. VUCA(volatility(변동성)), Uncertainty(불확실성), Complexity(복잡성), Ambiguity(모호성)으로 일컬어지는 4차 산업혁명 시대의 특성은 리더십이 발휘되는 맥락과 조건을 어느 때보다 빠르게 변화시키고 있다(Lues, 2020). Andrews(2018)는 인공지능, 로보틱스, DNA 시퀀싱, 사물인터넷, 자율주행차, 빅데이터, 나노기술 등의 기술 혁명이 앞으로의 공공 리더의 전략을 좌우할 것이라고 주장하였으며, Oberer와 Erkollar(2018) 역시 데이터, 연결성, 애널리틱스, 인간-기계 상호작용 영역에서의 능력이 리더십

성공의 결정요인이 될 것이라 기술하였다. 이러한 논의들 이전에도 이미 Dunleavy와 동료들(2006, p. 467)은 신공공관리론의 시대는 끝났고, 앞으로 디지털 거버넌스가 지속될 것임(New Public Management is dead: Long live digital-era governance)을 주장하면서 새로운 리더십의 필요성을 역설한 바 있다(Lues, 2020).

사물인터넷(internet of things), 소셜 미디어, 모바일 앱, 네트워크 등을 활용한 디지털 기술은 더욱 효율적이고 투명한 정부를 가능하게 하며 이는 새로운 의사결정 과정과 공공서비스 전달방법뿐 아니라 새로운 유형의 리더십을 요구한다(Gil-Garcia, Dawes, & Pardo, 2018). 이처럼 빅데이터와 알고리즘 시대의 도래는 공공리더십에 새로운 도전과 변화를 요구하고 있지만, 행정학 분야에서는 이러한 변화에 대해 크게 주목하지 않고 있다(Andrews, 2018; Dunleavy, 2009).

따라서, 4차 산업혁명 시대를 주도할 수 있는 미래형 공공리더십이란 무엇인지에 대한 고민이 필요하다. 한두 개의 기존 리더십 유형으로는 이러한 시대흐름에 대처할 수 없을 것이다(Lues, 2020). 상황적 리더십 이론은 모든 리더십 유형은 특정한 상황에 기반해야 하므로, 유일한 방법은 존재하지 않는다고 주장한다. 리더십유형의 범위는 보다 유연하게 확장되어야 한다는 것이다. 이와 관련하여 생각해 볼 수 있는 공공리더십연구의 관심은 통합적 리더십(integrated leadership)에 있다. 최근 행정학 문헌들을 살펴보면 각 리더십 유형의 명확한 구별보다는, 새롭고 다양한 리더십 스타일을 제안하고 있음을 알 수 있다(Orazi et al., 2013). 예를 들면, Orazi et al.(2013)은 변혁적, 거래적 리더십을 함께 사용하는 리더를 통합적 리더라 지칭하였고, Fernandez et al.(2010)는 성과에 영향을 미칠 수 있는 다섯 가지 리더십 스타일-과업지향, 관계지향, 변화지향, 다양성지향, 청렴성지향-을 통합하여 제시하였다. 또한 Baltaci와 Balci(2017)은 계서제와 강력한 통제를 기반으로 하는 행정리더십(administrative leadership), 새로운 학습과 문제해결에 기반한 적응적 리더십(adaptive leadership), 그리고 VUCA 환경에서 대담하고 신속한 결정을 내리는 행동중심리더십(action-centered leadership), 이러한 세 가지 리더십 유형의 산물로 복잡성 리더십(complexity leadership)을 제시하였다. 따라서, AI 시대라는 새로운 변화에 대응하기 위해서는 어떤 상황에서 어떤 공공리더십 이론들을 종합화할 수 있을지에 대한 논의가 이루어져야 할 것이다.

참고문헌

김경은. (2015). "한국의 장관은 정치가인가 행정가인가: 장관 리더십에 대한 근거 이론 적용". 한국행정학보, 49(3), 391 – 425.

김호정. (2017). "21세기 공공부문 리더십의 변화: 이론적 성찰과 전망". 한국행정학보, 51(1), 117 – 143.

장임숙. (2001). "변혁적 · 거래적 리더십이 조직효과성에 미치는 영향 – 공 · 사 조직간 비교연구를 중심으로". 지방과 행정연구, 13, 205 – 223.

조선일. (2015). "공공부문 리더십 특성요인 연구". 한국인사행정학회보, 14, 55 – 80.

조원혁 · 김태연. (2020). "리더십과 인적자원관리 제도가 조직성과에 미치는 영향". 한국행정학회 동계학술발표논문집, 2020(4), 2179 – 2203.

진종순, 김기형, 조태준, 임재진, 김정인. (2016). 「조직행태론」, 서울: 대영문화사.

한태천. (2013). "한국 행정학적 관점에서 이루어진 리더십 연구 경향 분석". 한국행정논집, 25(3), 911 – 933.

Agranoff, R., & McGuire, M. (2001). Big questions in public network manage – ment research. *Journal of public administration research and theo – ry, 11*(3), 295 – 326.

Andersen, J. A. (2010). Public versus private managers: How public and private managers differ in leadership behavior. *Public Administration Review, 70*(1), 131 – 141.

Andrews, L. (2018). Public administration, public leadership and the con – struction of public value in the age of the algorithm and 'big da – ta'. *Public Administration, 97*(2), 296 – 310.

Baltaci A and Balci A (2017) Complexity leadership: a theoretical perspective. *International Journal of Educational Leadership and Management, 5*(1): 30 – 58.

Bass, B. M. (1985). Leadership and Performance Beyond Expectation. NY: The Free Press.

Behn, R. D. (1998). What right do public managers have to lead?. *Public Administration Review,* 209 – 224.

Bingham, L. B., O'Leary, R.,& Carson, C. (2008). Lateral Thinking for Collaborative Public Management. In Bingham, L. B.,&O'Leary, R. (Eds.).

(2008). Big ideas in collaborative public management. ME Sharpe.

Bozeman, B. (1987). *All organizations are public: bridging public and private organizational theories.* San Francisco, CA: Jossey−Bass.

Burns, J. M. (1978). *Leadership.* NY: Harper & Row.

Crosby, B. C. & Bryson, J. M. (2005). *Leadership for the common good.* John wiley & Sons.

Crosby, B. C., & Bryson, J. M. (2018). Why leadership of public leadership re− search matters: and what to do about it. *Public Management Review, 20*(9), 1265−1286.

Daft, R. (2017). *The Leadership Experience.* Cengage.

Denhardt, J. V., & Campbell, K. B. (2006). The role of democratic values in transformational leadership. *Administration & society, 38*(5), 556−572.

Dunleavy, P. (2009). Governance and state organization in the digital era. In C. Avgerou, R. Mansell, D. Quah, &R. Silverstone (Eds.), The Oxford handbook of information and communication technologies. Oxford: Oxford University Press.

Dunleavy P, Margetts H, Bastow S, et al. (2006) New public management is dead: long livedigital−era governance. *Journal of Public Administration Research and Theory*, 16: 467-494.

Fernandez, S., Cho, Y. J., & Perry, J. L. (2010). Exploring the link between in− tegrated leadership and public sector performance. *The Leadership Quarterly, 21*(2), 308−323.

Getha−Taylor, H., Holmes, M. H., Jacobson, W. S., Morse, R. S., & Sowa, J. E. (2011). Focusing the public leadership lens: Research propositions and questions in the Minnowbrook tradition. *Journal of Public Administration Research and Theory*, 21(suppl_1), i83−i97.

Gil−Garcia, J. R., Dawes, S. S., & Pardo, T. A. (2018). Digital government and public management research: finding the crossroads.

Griffin, R., Phillips, J.& Gully, S. (2017). *Organizational Behavior.* Cengage.

Hansen, J.R. and A. R. Villadsen. (2010). 'Comparing Public and Private Managers' Leadership Styles: Understanding the Role of Job Context', *International Public Management Journal*, 13, 3, 247−74.

Hassan, S., B. E. Wright and G. Yukl. (2014). 'Does Ethical Leadership Matter in Government? Effects on Organizational Commitment, Absenteeism, and

Willingness to Report Ethical Problems', *Public Administration Review*, 74, 3, 333－43.

Hooijberg, R., & Choi, J. (2001). The impact of organizational characteristics on leadership effectiveness models: An examination of leadership in a pri－vate and a public sector organization. *Administration & Society, 33*(4), 403－431.

Hsieh, J. Y., & Liou, K. T. (2018). Collaborative leadership and organizational performance: Assessing the structural relation in a public service agency. *Review of Public Personnel Administration, 38*(1), 83－109.

Huxham, C., & Vangen, S. (2000). Leadership in the shaping and im－plementation of collaboration agendas: How things happen in a (not quite) joined－up world. *Academy of Management journal, 43*(6), 1159－1175.

Huxham, C., & Vangen, S. (2005). *Managing to collaborate: The theory and practice of collaborative advantage.* New York: Routledge.

Kroll, A., & Vogel, D. (2014). The PSM-leadership fit: A model of performance information use. *Public administration, 92*(4), 974－991.

Lambright, W. H., & Quinn, M. M. (2011). Understanding leadership in public administration: The biographical approach. *Public Administration Review, 71*(5), 782－790.

Lues, L. (2020). Has public leadership as we know it reached the end of its shelf life? Exploring leadership styles in the 21st century. Teaching Public Administration, 0144739420974737.

Luke, J. S. (1998). *Catalytic leadership.* San francisco: Jossey－Bass.

Mau, T. A. (2020). Public sector leadership: An emerging subfield with tre－mendous research potential. *Canadian Public Administration, 63*(1), 140－147.

McNamara, M. W. (2016). Collaborative Management and Leadership: A Skill Set for the Entrepreneur. In J.Morris,& Miller－Stevens, K.(Eds.). Advancing Collaboration Theory. NY: Routledge.

Miao, Q., Newman, A., Schwarz, G., & Xu, L. (2014). Servant leadership, trust, and the organizational commitment of public sector employees in China. *Public Administration, 92*(3), 727－743.

Morse, R. S. (2010). Integrative public leadership: Catalyzing collaboration to create public value. *The Leadership Quarterly, 21*(2), 231−245.

Morse, R. S., & Buss, T. F. (2007). The transformation of public leadership. *Transforming public leadership for the 21st century*, 3−19.

Northhouse, P. (2015). Introduction to Leadership: Concepts and Practices. Sage publication.

Oberer, B. & Erkollar, A. (2018). Leadership 4.0: digital leaders in the age of Industry 4.0. *International Journal of Organizational Leadership* 7(4): 404-412.

O'Leary, R., Choi, Y., & Gerard, C. M. (2012). The skill set of the successful collaborator. *Public Administration Review*, 72(s1), S70−S83.

Ospina, S. M. (2016). Collective leadership and context in public administration: Bridging public leadership research and leadership studies. *Public Administration Review*, 77(2), 275−287.

Ospina, S. M., & foldy, E. (2009). A critical review of race and ethnicity in the leadership literature, *The Leadership Quaterly*, 20(6), 876−896.

Orazi, D. C., Turrini, A., & Valotti, G. (2013). Public sector leadership: new perspectives for research and practice. *International Review of Administrative Sciences*, 79(3), 486−504.

Pandey, S. K., Davis, R. S., Pandey, S., & Peng, S. (2016). Transformational leadership and the use of normative public values: Can employees be inspired to serve larger public purposes?. *Public Administration, 94*(1), 204−222.

Perry, J. L., & Rainey, H. G. (1988). The public−private distinction in organ−ization theory: A critique and research strategy. *Academy of management review, 13*(2), 182−201.

Raffel, J. A., Leisink, P., & Middlebrooks, A. E. (Eds.). (2009). Public sector leadership: International challenges and perspectives. Edward Elgar Publishing.

Rainey, H. G. (2003). Understanding and managing public organizations. San Francisco, CA: Jossey−Bass.

Rainey, H. G., & Chun, Y. H. (2005). Public and private management compared. In The Oxford handbook of public management.

Silvia, C., & McGuire, M. (2010). Leading public sector networks: An empirical examination of integrative leadership behaviors. *The Leadership*

Quarterly, *21*(2), 264−277.

Sun, R., & Henderson, A. C. (2017). Transformational leadership and organiza−tional processes: Influencing public performance. *Public Administration Review*, *77*(4), 554−565

Tummers, L. G., & Knies, E. (2013). Leadership and meaningful work in the public sector. *Public Administration Review*, *73*(6), 859−868.

Tummers, L. and E. Knies. (2016). Measuring Public Leadership: Developing Scales for Four Key Public Leadership Roles. Public Administration, 94: 433−451. doi:10.1111/padm.12224

Van Wart, M. (2003). Public−sector leadership theory: An assessment. *Public administration review*, 214−228.

Van Wart, M. (2013). Administrative leadership theory: A reassessment after 10 years. *Public Administration*, *91*(3), 521−543.

Vogel, R., & Masal, D. (2015). Public leadership: A review of the literature and framework for future research. *Public Management Review*, 17(8), 1165−1189.

Vogel, R., & Werkmeister, L. (2020). What is public about publicleadership? Exploring implicit public leadership theories. *Journal of Public Administration Research and Theory*, *31*(1), 166-183.

Yeo, M., Ananthram, S., Teo, S. T., & Pearson, C. A. (2015). Leader-member exchange and relational quality in a Singapore public sector organization. *Public Management Review*, *17*(10), 1379−1402.

제7장

조직문화

박광국

생각해보기

- 현대 조직관리에 있어 조직문화에 대한 이해는 왜 중요한가?
- 조직문화의 기본요소는 무엇인가?
- 조직문화의 순기능과 역기능은 무엇인가?
- 조직문화는 변동 가능한가?

제7장

조직문화

1 들어가며

조직문화에 대한 연구는 조직론 분야에서 조직구조나 조직행태에 대한 연구에 비해 1980년대 이전까지는 별로 주목을 받지 못했다.[1] 그 이유는 문화 개념에 대한 정의가 학자들 간에 너무나 다양하고 비록 개념에 어느 정도 합의를 했다고 하더라도 이를 조작화해서 측정하는 것이 용이하지 않다는 데 기인한다. 하지만 현대 조직을 둘러싼 환경은 급변하고 있으며 이에 따라 조직이 직면하는 문제도 예측 불가능한 상태로 이행하고 있다. 최근 코로나19와 같은 전대미문의 역병이 거의 1년 가까이 창궐하면서 조직은 이제 생존을 위한 한계상황으로 내몰리고 있다. 단순히 조직구조의 신설이나 통·폐합, 조직구성원의 사기 진작이나 직무 만족과 같은 미시적 처방만을 가지고는 조직관리자가 원하는 조직목표 달성을 달성하기란 매우 요원하게 되었다.

---

1) 물론 1920년대 이루어진 호손 연구도 조직을 사회학적 관점과 비공식 조직적 관점에서 파악했다는 점에서 조직문화에 대한 개념을 사용했다고 볼 수 있다.

이러한 문제점을 인식하고 1980년대 초에 두 사람의 학자에 의해 조직문화 분야에서 기념비적인 연구가 이루어졌다. Peters와 Waterman이 미국 내 초우량 기업에 대한 연구에 대해 Ouchi가 미국 기업과 일본 기업의 경영 형태의 차이를 문화적 관점에서 비교함으로써 향후 조직문화에 관한 연구를 촉발시켰다. Bolman과 Deal도 복잡하고 중층적인 조직 현상을 구체적으로 이해하기 위해서 우리는 통상 네 가지의 렌즈를 사용하는데 바로 조직구조적 관점, 인간관계론적 관점, 정치권력적 관점, 문화상징적 관점이다. 여기서 조직문화에 기초하고 있는 문화상징적 관점은 조직 내 다양한 활동들, 즉 기획, 의사결정, 재조직화, 평가, 목표 설정, 의사전달, 동기유발, 회의 등을 통해 도출된 결과에 초점을 맞추는 것보다는 그러한 행위가 조직구성원에게 부여하는 의미생성에 더 많은 관심을 갖는다.2)

1960년대 이후 미국과 프랑스를 중심으로 정치, 경제, 사회의 모든 영역에 걸쳐 포스트 모더니즘 운동이 일어나면서 18세기 계몽주의로부터 시작된 이성중심주의를 신봉하던 모더니즘은 심각한 도전을 받게 되었다. Nietzsche는 「도덕의 계보학」과 「선과 악의 저편」에서 기존의 전통을 거부하고 문화를 통해 억압받는 삶을 해방시키고자 했으며, Freud는 인간 행동의 저변에 있는 무의식의 세계와 이를 움직이는 리비도를 밝혀냄으로써 사회과학 연구에서 논리실증주의가 갖는 한계를 극명하게 보여주었다.3)

이에 힘입어 조직론 분야에서도 1979년에 Pettigrew가 *Administrative Science Quarterly*에 "On Studying Organizational Cultures"를 발표하면서 조직문화에 관한 연구가 촉발되었고, 이어 1985년에 Schein에 의해 *Organizational Culture and Leadership*이라는 책이 출간되면서 본격적인 궤도에 오르게 되었다. 지난 40여 년 동안 미국과 유럽에서는 조직문화 연구가 다양한 질적, 양적 방법론을 가지고 수행되었지만, 국내 연구는 대부분 논리실증주의에 입각한 계량적 방법론에 치우쳐 조직문화에 관해 풍부한 논의를 하는 데 미흡했다는 비

---

2) 예컨대 조직구조적 관점에서는 회의실을 의사결정을 위한 공식적 장소로 보는 반면에 문화상징적 관점에서는 조직문화 형성과 변동을 위한 신성한 장소로 간주한다.

3) Heidegger와 Gadamer의 존재론적 해석학, Wittgenstein의 언어분석철학 모두 논리실증주의가 인문학과 사회과학 연구에서 갖는 한계를 「존재와 시간」, 「진리와 방법」, 「논리철학논고」에서 탁월하게 보여주고 있다.

판이 꾸준히 제기되고 있다(김주엽, 2004; 조성한·주영종, 2007; 장용선·문형구, 2008).

아래에서는 절을 달리하여 조직문화에 대한 심도깊은 이해와 효과적 관리를 위한 방안들을 중점적으로 살펴보고자 한다.

2 조직문화 이해하기

1) 유사개념과 정의

김명언(1997)은 지금까지 이루어진 조직문화에 대한 정의를 다섯 가지로 분류하여 소개하고 있다. 조직문화를 첫째, "조직의 최고 경영자가 지니고 있는 경영철학 내지는 표방하는 경영이념"으로 본다(Pascale & Athos, 1981; Ouchi, 1981). 둘째, "한 조직이 추구하는 조직목표나 가치"로 간주한다(Deal & Kennedy, 1982). 셋째, "조직구성원들이 공통적으로 보이는 외현적 행동 양식"을 의미하는 것으로 본다(Goffman, 1961; Trice & Beyer, 1984). 넷째, "조직이 만들어 적용하는 각종 제도 및 구조"로 파악한다(Schein, 1985; Van Mannen & Barley, 1985). 끝으로, 아주 협의의 의미로 "조직이 벌이는 각종 문화행사"로 정의하기도 한다. 물론 마지막 정의는 조직, 그 자체의 의미는 완전히 사라지고 문화라는 용어에만 초점을 맞추는 본말이 전도된 개념 정의로 볼 수 있다.

이렇게 조직문화를 다양한 관점에서 정의하지만, 그럼에도 불구하고 공통적속성을 보면 상당히 오랜 기간 축적되고 학습되어 구성원 다수에 의해 공유된 의미를 지니며, 일정 기간 지속성을 가진 그 무엇으로 간주할 수 있다. 이와 유사한 개념으로 조직 분위기(organizational climate)가 있는데, Denison(1996)에 의하면 조직문화 연구자들은 조직에 배태된(embedded) 가정, 시간 변화에 따른 사회 시스템의 진화, 조직구성원의 관점에 많은 관심을 가지고 있는 반면 조직 분위기 연구자들은 조직 내 관찰가능한 관행과 절차에 대한 조직구성원의 지각 및 이의 범주화에 초점을 맞춘다고 한다. Joyce와 Slocum(1984)은 조직 분위기를 "특정조직이나 그 하부 시스템에 대해 인식할 수 있는 일련의 속성으로서 조직이나 하부

시스템들이 그들의 구성원이나 환경에 대처하는 방법에서 나오는 것"으로 정의하고 있다. 즉, 사람에게 각기 다른 개성이 존재하듯이 조직도 다른 조직과 구별해 주는 특성을 가지고 있다는 것이다. 이러한 조직 분위기는 조직구성원들이 인지하는 조직 전반에 대한 인상을 강조한다.

2) 조직문화 개념 정립 모형

조직문화 개념 모형에 관해서 수많은 연구들이 있지만 여기서는 대표적으로 Schein(1985)과 Hatch(1993)의 패러다임에 대해 언급하고자 한다. Schein은 1985년에 유명한 조직문화 계층 이론을 발표하여 이 분야 연구에 획기적 공헌을 한 이후 1993년에 Hatch가 Schein의 이론을 수정·확장하여 문화 역동 모형(cultural dynamics model: CDM)을 제시하였다.[4]

(1) 조직문화 계층 이론

사회심리학자이면서 문화인류학자인 Schein은 조직의 구조적 안정성을 강조하면서 조직문화는 <그림 7.1>과 같이 세 가지 구성 요소로 이루어진 3층 구조를 가지고 있다고 주장한다.

(2) 기본 전제

3층 구조의 기저층에 자리 잡고 있으며 조직구성원들에 의해 당연한 것으로 받아들여져 논쟁의 대상이 되지 않는다. 조직이 직면하고 있는 중요한 문제에 대한 해결책이 반복적으로 잘 적용될 때 이것은 자연스럽게 조직구성원들의 무의식 속에 잠재되어 소위 Simon이 언급하는 의사결정의 전제로서 자리매김하게 된다. 조직문화의 핵심은 이들 기본 전제들의 총합으로 이루어져 있는데 각 세부 요소들은 진리, 시·공간, 인간 본성, 인간 행동, 인간관계, 환경과의 관계, 집단의 동질성과 다양성 등의 본질과 관련되어 있다.[5]

---

4) 1996년에 Schultz와 Hatch는 지금까지 행해진 조직문화 연구의 수많은 패러다임을 분석한 후에 세 가지 종류의 메타이론 담론을 확인하였다. 즉, 패러다임 간 비양립성(paradigm inc-ommensurability), 패러다임 통합(paradigm integration), 패러다임 상호교차(paradigm crossing) 메타이론이다. 이들 연구자들은 패러다임 상호작용(paradigm interplay)을 적용해 기능주의(functionalism)와 해석주의(interpretivism)가 서로의 유사점과 차이점을 이해함으로써 조직문화 현상을 보다 풍부하게 파악할 수 있다고 주장하였다.

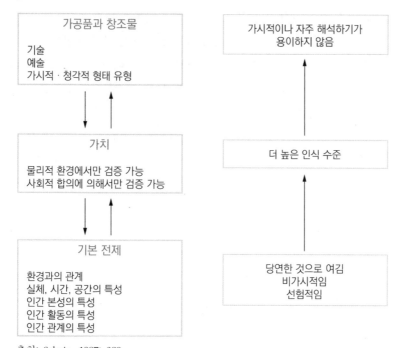

그림 7.1 문화수준과 이들 간의 상호작용

가공품과 창조물

기술
예술
가시적·청각적 형태 유형

가치

물리적 환경에서만 검증 가능
사회적 합의에 의해서만 검증 가능

기본 전제

환경과의 관계
실체, 시간, 공간의 특성
인간 본성의 특성
인간 활동의 특성
인간 관계의 특성

가시적이나 자주 해석하기가
용이하지 않음

더 높은 인식 수준

당연한 것으로 여김
비가시적임
선험적임

출처: Schein, 1987: 389.

(3) 가치

가치는 조직문화 수준에서 두 번째 층에 위치하고 있으며, 이것들은 일정 기간에 걸쳐 학습되어 조직구성원들에게 공유되거나 혹은 학습 없이 구전되어 형성되는 경우도 있다. 이런 공유된 가치체계는 기본 전제와는 달리 의식 수준에 위치하고 있어 포착은 용이하나 진정한 의미를 밝혀내기는 상당히 어렵다.[6] 하지만 이러한 가치들이 일정 시간을 거쳐 조직구성원들에 의해 당연하게 받아들여지게 되면 이것은 기본 전제로 바뀌게 되고 의식 밖으로 나가 무의식으로 내재화된다. 이런 점에서 항상 공유 가치의 기원은 기본 전제에서 찾아내야 한다.

---

5) 예컨대 시간에 대한 질문을 보면, 과거, 현재, 미래 중 어느 것을 우리 조직은 중시하고 있는가? 인간 본성에 대해서는 우리 조직은 소위 McGregor가 언급하는 X이론과 Y이론 중 어느 것을 신봉하고 있는가? 등이다.

6) 가치의 대표적인 예로 삼성의 '초일류 기업', 애플 회사의 'Think different' 운동 등을 들 수 있다.

(4) 가공물

조직문화 분석에서 가장 가시적인 것은 기본 전제들과 가치들에 기초해 조직에 의해 만들어진 가공물(artifacts)과 창조물이다. 가공물인 문화적 표상물은 의식, 복장, 언어, 슬로건, 조직 신화, 사무실 배치 및 구조 등을 통해서 드러난다. 그리고 창조물인 조직 제도, 구조, 일처리 관행, 규정, 정책 등도 조직문화의 독특성을 규정짓는다. 조직론자들은 이것들이 의미하는 바를 정확히 해독하기 위해 기호학, 해석학, 문자학 등에서 많은 도움을 받고 있다.7) 정치한 학문적 기초에 근거하지 않고 피상적으로 이루어진 해독은 오히려 조직발전에 부정적인 영향을 미칠 수도 있다.

김명언(1997)은 Schein의 조직문화의 개념적 틀이 기존의 다른 연구와의 차별적인 우월성을 다음과 같이 언급하고 있다. 조직 분위기(혹은 조직풍토)는 '문화의 드러난 외면적 모습이어서 측정해 내는 데 있어서는 용이하나, 왜 한 조직이 특정한 방식으로 운영되는지에 대한 심층적 원인을 밝혀주지는 못한다'라고 비판한다. 그리고 호손 연구가 처음 개념화한 집단규범도 조직의 한 부분인 집단들이 공유하고 있는 행동기준만을 설명함으로써 문화의 한 면만을 다룬다는 한계가 있다. 그리고 Likert(1961)가 조직구성원들이 공유하는 태도와 규범을 범주화한 4System 모형도 앞의 두 개념에 비해서는 보편성을 띠고 있으나 조직 현상의 의식 수준까지만 다룸으로써 조직문화에 관한 심층 연구는 결여하고 있다는 지적을 받고 있다.

(5) 문화 역동 모형(CDM)

Schein은 창업자의 신념과 가치들이 집단 학습(group learning)을 통해 조직구성원들에게 학습되고 이것들이 성공에 입증되면 인지적 변환 과정(cognitive transformation)을 거쳐 기본 전제로 자리매김한다고 보고 있다. 하지만 그가 다루는 리더십과 조직 사회화 과정은 변동(change)과 안정(stability)이라는 국지적 과정에 국한되어 있다. Hatch는 그의 모형에 들어 있는 결함을 인식하고 CDM을 통해 두 가지의 개념을 추가하고 있다. 첫 번째, Schein의 이론과 상징적–해석적 관점의 영향을 모두 고려하기 위하여 상징(symbol)이 새로운 개념으로 추가된다.

---

7) 보다 더 자세한 이해를 위해서는 소쉬르의 언어학과 기호학(기표, 기의, 외시, 공시 개념 등), 가다머의 철학적 해석학, 데리다의 문자학(grammatologie)을 참고할 것. 롤랑 바르트의 신화학(mythologies)도 이런 맥락에서 가공물과 창조물을 이해하는 데 도움을 줄 수 있다(이화여자대학교 기호학연구소에서 1997년에 「현대의 신화」로 번역하였다).

두 번째, CDM에서는 기본 전제, 가치, 인공물, 상징들의 요소보다는 이들 요소들 간의 관계를 분석하는 데 더 많은 초점을 맞추고 있다. CDM을 도식화해 보면 <그림 7.2>와 같다.

그림 7.2 이론적 정향과 담론을 고려한 문화 역동 모형

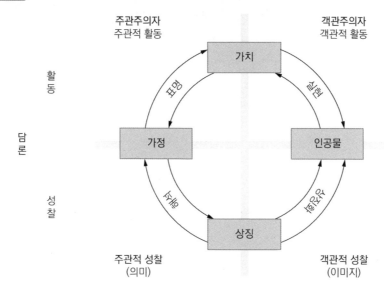

출처: Hatch, 1993: 685.

위 <그림 7.2>를 보면, CDM은 순환 구조를 가지며, 네 개의 과정 중에 시작 지점이 어디이며 방향성이 시계방향이 우선인지, 아니면 시계 반대 방향이 우선인지에 대하여는 개의치 않는다. 이러한 모든 과정은 안정 혹은 변동의 형태와 조건을 띠고 연속적인 문화의 생산과 재생산을 반복하면서 동시에 일어난다고 주장한다.

3) 조직문화 유형론

조직문화 연구에 천착하는 일단의 학자들은 실재 사회에 존재하는 수많은 다양한 유형의 조직문화를 유형화하는 데 많은 노력을 기울여 왔다. 대표적으로 언급되는 조직문화 유형론은 Deal과 Kennedy(2000), Sethia와 Glinow(1985)의 모형이다. 박원우(1993)는 약간 다른 관점에서 조직 전체 문화와 하위 부서 간 문화

의 적합성 여부에 따라 조직구성원을 네 가지 유형으로 구분하고 있다.

(1) Deal & Kennedy의 조직문화 유형

이들은 조직문화 유형을 기업의 활동에 따르는 위험의 정도, 기업이 내린 의사결정 전략의 성공 여부에 대한 피드백 속도라는 두 가지 변수를 가지고 <그림 7.3>처럼 네 가지 유형의 조직문화를 구분하고 있다.

그림 7.3 Deal & Kennedy의 조직문화 유형

위협의 정도	많음	씩씩하고 남성다운 문화	사운을 거는 문화
	적음	열심히 일하고 열심히 노는 문화	과정 중시의 절차 문화
		빠름	늦음

환경으로부터의 피드백

출처: 김병섭 외, 2008: 312.

첫째, 씩씩하고 남성다운 문화(tough-guy, macho culture)에서는 상호 경쟁하는 개인주의적 색채가 강한 반면 구성원들 간의 협력은 별로 중시되지 않는다. 주로 건설, 화장품, 출판, 스포츠, 오락산업 등에 이러한 문화가 지배적이다. 둘째, 열심히 일하고 열심히 노는 문화(work-hard, play-hard culture)에서는 조직구성원의 열정적 활동이 성공의 열쇠로 작용하며 팀워크가 중시된다. 백화점, 방문 판매 등의 업종에서 지배적 문화로 많이 발현된다. 셋째, 사운을 거는 문화(bet-your-company culture)에서는 올바른 결정이 매우 중요함으로 신중성이 요구되며 의사전달은 상의하달식으로 이루어진다. 컴퓨터, 석유 탐사, 항공기 제조회사에서 이러한 조직문화가 선호된다. 끝으로, 과정 중시의 절차문화(process culture)로써 결과로서 나타나는 산출보다는 과정에 초점을 두기 때문에 조직구성원들은 현재 수행하는 과정이나 절차에 관심을 둔다. 이를 통해 기술적 정확성과 완벽성을 기하려고 하며 은행, 보험회사, 정부기관이 여기에 해당된다.

(2) Sethia & Glinow의 조직문화 유형

이들은 조직구성원에 대한 배려, 구성원의 업적에 대한 보상이라는 두 가지 변수를 가지고 <그림 7.4>처럼 네 가지 유형의 조직문화를 제시하고 있다.

그림 7.4 Sethia & Glinow의 조직문화 유형

출처: 김병섭 외, 2008: 313.

첫 번째 유형은 통합문화(integrative culture)로써 구성원에 대한 배려가 높고 업적이 뛰어난 조직구성원에 대해 금전이나 승진 보상체계를 통해 동기 부여를 한다. 두 번째 유형은 엄격 문화(exacting culture)로써 구성원에 대한 배려는 낮으나 업적에 대한 보상체계는 잘 확립되어 있다. 시장이 동태적이고 경쟁이 치열한 환경에 놓인 조직이 이러한 조직문화와 잘 부합된다. 세 번째 유형은 배려문화(caring culture)로써 구성원에 대한 배려는 높으나 업적에 의한 보상체계가 잘 확립되어 있지 않다. 독점적 지위를 갖는 많은 공익사업에서 이러한 문화가 지배적이다. 끝으로, 냉담문화(apathetic culture)는 구성원 개인에 대한 배려나 업적 모두에 관심이 없다. 이러한 조직문화는 연구자들에게 의도적 변동의 대상으로서 많은 주목을 받고 있다.

(3) 문화단위 간 적합성에 따른 조직구성원의 유형 분류

박원우(1993)는 개인-기업 적합성과 개인-부서 간 적합성이라는 두 변수의 고-저에 따라 <그림 7.5>처럼 네 가지 유형의 조직구성원들이 존재할 수 있다고 한다.

그림 7.5 문화단위 간 적합성에 따른 구성원의 유형구분

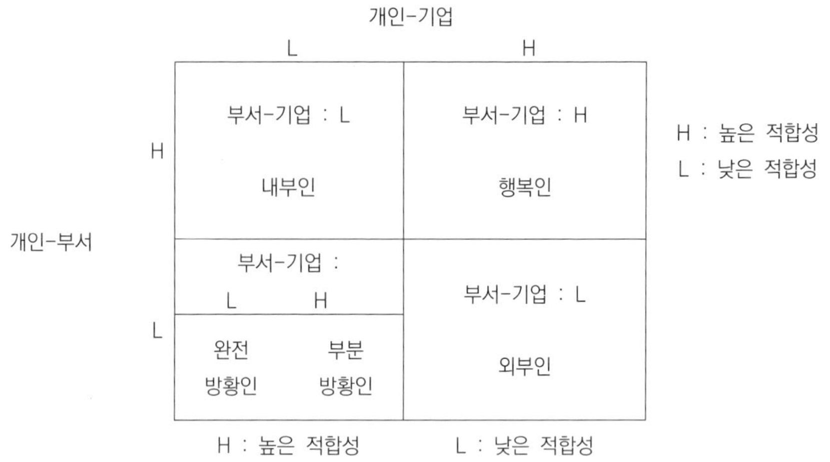

개인-기업

	L	H

개인-부서

H

부서-기업 : L	부서-기업 : H
내부인	행복인

H : 높은 적합성
L : 낮은 적합성

L

부서-기업 :	부서-기업 : L
L　　　　H	
완전　　부분	외부인
방황인　방황인	

H : 높은 적합성　　　　L : 낮은 적합성

출처: 박원우, 1993: 353.

첫째, 방황인은 개인 특성이 부서문화나 조직문화와 부합도가 떨어져 매우 좌절감을 느끼는 유형이다. 이러한 방황인은 부서와 조직문화의 적합성 여부에 따라 완전 방황인과 부분 방황인으로 구분된다. 이들을 그대로 방치할 경우에는 조직의 생산성이 떨어지고 이직률이 높아지는 부정적 결과가 초래된다. 둘째, 내부인은 부서문화와는 잘 조화되지만, 조직 전체 문화와의 부합도가 떨어지는 유형을 일컫는다. 다시 말해, 부서 내의 공유된 가치관, 규범, 관행 등은 선호하지만 조직 전체의 문화에 대해서는 거부감을 느끼고 적응하지 못한다. 셋째, 외부인은 내부인 유형과는 역으로 조직 전체 문화에는 잘 부합하지만, 부서문화에는 적응하지 못하는 유형이다. 부서 내의 인간관계나 규정이나 규칙, 업무 처리방식 등을 두고 어려움을 겪는다. 자신의 적성이나 능력에 맞지 않는 부서에 배치될 때 구성원들은 이러한 유형의 행동 특성을 보일 가능성이 높다. 마지막으로 행복인은 그의 개인 특성이 조직 전체 문화나 부서문화와 아주 잘 부합되는 유형이다. 이들은 조직에 대해 높은 충성심을 갖고 있으며 자신의 업무에도 몰입하는 경향을 보인다. 이러한 유형의 사람들이 많을수록 조직의 생산성은 올라가고 이직률도 급격히 낮아지게 된다.

4) 조직문화와 대항문화: 불편한 공생

Martin과 Siehl(1983)에 의하면, 단일체의(monolithic) 조직문화는 조직발전에 순기능을 할 수도 있고 반대로 역기능을 할 수도 있다고 주장한다. 한 조직 내에는 대체로 세 가지 유형의 하위문화가 발견되는데, 구체적으로 보면, 고양적 하위문화(enhancing subculture), 직교격자형 하위문화(orthogonal subculture), 그리고 대항문화(countculture)가 존재한다.[8] 이 중에서도 이들은 특히 대항문화의 중요성에 주목하면서 GM 사례를 가지고 조직발전에 미치는 영향을 추적하였다.

(1) GM의 핵심 가치들

GM사가 가지고 있는 핵심 가치는 권위 존중, 조직과의 일체감(fitting in), 조직 충성도로 표현된다. 첫째, 최고 경영자의 권위에 대한 존중은 구성원들이 사용하는 언어나 행위를 통해 발견된다. I자 형태의 거대한 GM 본사 14층에 고위 경영자층의 사무실이 있는데 직원들은 이 영역을 'the fourteenth floor'로, 이들의 집무실을 'executive row'로 부른다. 다른 한편으로, GM사는 '권위 존중'이라는 핵심 가치를 구현하기 위하여 많은 의례의식(rituals)을 가지고 있는데 대표적인 것이 공항에서 상사를 영접하는 방식이다. 부하들은 공항에서 상사의 가방을 나르고, 호텔비와 식사비를 계산하며, 그가 머무르는 동안 밤낮으로 자질구레한 시중까지 들어주어야 한다.

둘째, 조직과의 일체감을 제고하기 위하여 가시적인 신호들(cues)로 비가시적인 것과의 소통을 추구한다. GM사의 감지할 수 없는 핵심 가치들은 작업복이나 건물의 실내 장식과 같은 문화적 인공물(cultural artifacts)을 통해 구현된다. 1960년대 GM 작업복 규범은 어두운 색의 바지, 밝은 셔츠, 그리고 무늬 없는 넥타이에 녹아들어 있다. 그리고 GM 본사의 모든 실내 장식은 표준화되었는데 경영자층의 집무실도 예외는 아니다. 즉, 카펫은 별 특징이 없는 청록색 원단으로, 벽에 붙이는 떡갈나무 판자는 옅은 노란색으로 장식되었다. 이외에도 GM사의 직원들

---

8) 고양적 하위문화는 조직 내 소수 부서(organizational enclave)에서 조직의 지배적 핵심 가치들(core values)에 대해 더 열렬히 집착하는 경향을 보일 때 나타난다. 직교격자형 하위문화는 조직구성원들이 조직의 지배적 핵심 가치뿐만 아니라 그들이 속해 있는 부서들의 가치가 조직의 지배 가치와 상충되지 않는 한 이를 수용하려고 할 때 존재한다. 그리고 대항문화는 앞의 두 종류의 하위문화와는 달리 조직의 지배적 핵심 가치에 정면으로 도전할 때 발생한다.

은 모두 한 명의 '팀원'으로 기능했으며, 경영자층까지도 점심 식사는 같이 모여 하는 게 원칙이었다.9)

셋째, GM사의 핵심 가치인 상사에 대한 충성은 더 나아가 조직에 대한 충성으로, 궁극적으로 국가에 대한 충성으로 등가화되기도 한다.10) 이 핵심 가치는 정년퇴임자의 만찬 의식에서 잘 드러난다. 의식 중에 대표적인 것이 회사 대표자와 정년퇴임자 간의 지속적인 상호 존중에 대한 맹약이다. 이러한 맹약은 일종의 원형적 불멸성(proto-immortality)의 의미를 지니고 있다. 즉, 회사는 정년퇴임자의 조직에 대한 기여를 결코 잊지 않을 것이며 이에 보답하기 위해 편안한 노후 생활을 책임지겠다는 신뢰의 약속이다.

(2) DeLorean의 대항문화

GM사의 지역 본부장인 DeLorean은 GM사의 핵심 가치가 원래의 조직발전에는 기여하지 못하고 오히려 조직에 부정적 영향을 끼치는 궤적을 발견하고 이를 수정하려고 시도하였다. 첫째, 그는 권위에 대한 맹목적인 존중에 의문을 가졌는데 그 이유는 부하들이 일부 상관의 사적 기호에 맞추기 위하여 불필요한 시간과 에너지를 낭비하고 있다는 것이다.11) 둘째, 조직과의 일체감을 요구하는 핵심 가치에 대항해 그는 반대(dissent), 독립성이라는 가치를 중시했다. '조직 일체감'이라는 주관적 평가를 지양하고 그 대신 과업성과를 정확히 측정해 객관적 평가가 이루어지도록 했다. 복장과 장식에서도 그는 약간의 일탈을 시도함으로써 기존의 지배적 조직문화를 받아들이는 것을 거부했다.12) 끝으로, 젊은이들은 겨냥한 혁신적 개념을 가진 Corvair는 엄청난 재앙을 GM사에 안겨주었다. 이 신차를 처음 개발

---

9) 이러한 의식은 회사의 존재가 직원들의 개인적인 사생활 영역까지도 깊숙이 침투해 있다는 것을 암시한다.

10) 1950년대 GM의 최고 경영자가 의회에서 증언을 할 때 GM사에 좋은 것은 미국을 위해서도 좋은 것이라고 언급한 일화가 있다.

11) GM사의 한 중역은 출장 중 호텔에서 시원한 맥주, 과일, 샌드위치를 즐기기 위해 냉장고를 비치해 주기를 원해 현지 직원들은 이를 위해 호텔 천장을 뚫고 냉장고를 설치해야 하는 곤욕을 치렀다. 이 '냉장고 이야기'가 GM 직원들 간에 널리 회자되었고 대항문화가 생겨나는데 일조하였다.

12) 그는 짧은 바지에 넓은 오프white 칼러 셔츠, 폭이 넓은 넥타이를 선호했으며 로비와 집무실의 카펫도 밝은색으로 교체하고 사무실 가구도 모던한 패션으로 바꾸어 기존의 핵심 가치와 다른 가치를 추구한다는 것을 문화적 인공물을 통해 분명히 보여주었다.

할 당시에 전문 엔지니어들은 엔진을 차 후미에 장착하는 것이 공학적으로 많은 위험성이 있다고 반대했지만, GM 경영층은 이러한 의견을 묵살하고 신차 프로젝트를 강행하였다. DeLorean은 조직에 대한 지나친 충성 강요가 조직 내 집단 사고(group think)를 유발하였다고 비판하였다.[13]

Martin과 Shehl은 GM 사례를 분석하면서 조직이 올바른 발전을 이룩하기 위해서는 지배적 문화와 대항문화가 불편한 공생 관계를 이루면서 존재하는 것이 필요하다는 결론에 도달하였다.[14]

3 조직문화 관리하기

1) 조직문화와 조직 효과성

조직문화 연구자들은 조직문화가 조직 효과성에 어떠한 영향을 미치는지를 규명하는데 많은 관심을 기울여 왔다(박원우, 1993; 박노윤, 1996; 김남현·이주호, 1997; 권기환·김인호, 2004; Denison & Mishra, 1995). 이 중 Denison과 Mishra(1995)의 연구가 매우 흥미롭다. 이들은 Denison이 1984년도에 행한 조직구성원의 관여(involvement) 수준과 과업성과 수준 간 관계에 관한 연구에서 미처 규명하지 못한 의문점들을 풀기 위해 1996년도에 동일한 샘플을 가지고 후속 연구에 착수했다. 다음 <그림 7.6>은 첫 연구에서 나온 사례들의 두 변수 간 상관관계를 보여주고 있다.

---

13) Janis(1989)는 *Critical Decisions: Leaderships in Policymaking and Crisis Management*라는 책에서 제한된 정보, 부적절한 대안의 평가 절차, 일방적인 리더십, 자아의식의 결여, 그리고 집단 내 개인들의 높은 스트레스가 집단 사고를 유발한다고 분석하였다(김병섭 외, 265).

14) 일찍이 Hegel은 「정신현상학」 제4장에서 주인과 노예의 변증법을 언급하면서 그들은 궁극적으로 인정 투쟁을 통해 화해에 도달하지만, 그것은 어디까지나 불안정한 화해에 불과하다고 주장한다. 이러한 맥락에서 보면, 지배 문화와 대항문화도 불편한 공생(uneasy symbiosis) 관계에서 불안정한 화해에 머무를 수밖에 없을 것이다.

사례 연구 대상 선정기업들

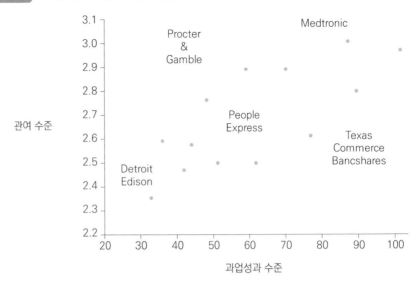

출처: Denison & Mishra, 1995: 207.

위 <그림 7.6>을 보면, 대각선에 위치한 사례들은 관여와 조직 효과성 사이
에는 강한 상관관계가 있다는 가설을 지지하는 반면, 대각선 밖에 위치한 사례들
은 관여 이외에 또 다른 중요한 변수들이 있을 수 있다는 것을 시사하고 있다. 이
들은 질적 연구 방법을 통해 아직 탐구되지 않은 변수들을 추적한 결과 일관성
(consistency), 적응성(adaptability), 그리고 사명(mission)과 같은 문화적 특성들이
관여(involvement) 변수 못지않게 중요하다는 것을 밝혀냈다. 동시에 이들 변수들
은 해당 조직이 처한 상황맥락적 조건에 따라 그 영향력이 상이하다는 것도 규명
하였다.

아래에서는 조직문화에 중요한 영향을 미치고 있는 리더십, 전략, 조직구조,
인적자원관리(Human Resources Management: HRM)에 대해 살펴보기로 하자.

(1) 조직문화와 리더십

일반적으로 두 개념을 분리된 것으로 보는 경우에 세 가지 방향으로 연구가
이루어져 왔다. 첫째, 리더십이 조직문화에 미치는 영향을 다룬 연구가 있다
(Schein, 1985; Wiener, 1988; Trice & Beyer, 1984; Yukl, 1998; 서인덕, 1986; 신철우,

1988; 김남현·이주호, 1997; 박노윤, 1997). 둘째, 조직문화가 리더십에 영향을 미치는 것을 다루는 연구가 있다(Schein, 1992; Quinn & McGrath, 1985; Pheysey, 1993; 전상호·신용존, 1995). 셋째, 조직문화와 리더십의 상호작용을 다루는 연구들도 있다(Hatch, 1993; 김남현, 1997).

Wiener(1988)는 조직문화 가치의 근원으로서 카리스마적 리더십과 조직 전통을 언급하고 있다. 특히 카리스마적 리더십은 가치 시스템의 형성이나 변동에 강한 영향을 미칠 뿐만 아니라 사회화와 의례의식을 통해 조직문화의 유지에도 중요한 역할을 담당하는 것으로 보고 있다. Trice & Beyer(1984)도 비슷한 맥락에서 리더십은 조직문화의 지속과 유지 대 조직문화의 변동과 생성이라는 두 가지 측면에서 영향을 미친다고 보고 있다. 신철우(1988)는 상사의 부하에 대한 관계성, 통제성, 의사결정 방식 등의 요인이 조직문화에 결정적인 영향을 미친다는 것을 15개 기업체를 대상으로 경험적 분석을 통해 밝혀내고 있다.

Schein(1992)에 의하면, 조직의 라이프 사이클에 따라 조직의 성숙기와 쇠퇴기에는 리더십이 문화를 창조한다기 보다는 오히려 반대의 경우가 더 설득력이 높다고 주장한다. Quinn & McGrath(1985)와 Pheysey(1993)도 네 가지 문화유형을 구분하고 각각의 문화유형에서 기대되는 바람직한 리더십 유형을 언급하고 있다.15) 조직문화와 리더십의 상호영향은 Hatch(1993)의 문화 역동 모형에서 잘 나타나고 있는데 그녀는 조직문화의 단계를 네 단계로 구분하고 있다. 즉, 기본 전제와 가치 간의 현현(懸懸)화(manifestation) 단계, 가치와 인공물 간의 실현화(realization) 단계, 인공물과 상징 간의 상징화(symbolization) 단계, 그리고 상징과 기본 전제 간의 해석화(interpretation) 단계인데 이들 단계는 일방향 관계가 아니라 쌍방향 관계를 구성하는 것으로 설명하고 있다.

(2) 조직문화와 전략

조직문화 유형에 따라 조직관리자가 채택할 수 있는 전략은 상이한 것으로 나타났다. 최만기(1994)는 Quinn의 모형을 적용해 분석한 결과, 개발 문화에서는 공

---

15) Quinn & McGrath(1985)는 합리 문화, 개발 문화, 합의 문화, 위계 문화의 네 가지 문화유형을 제시하고 이에 대응하는 바람직한 리더십으로 과업형, 혁신형, 참여형, 관료형 리더십을 언급하고 있다. Pheysey(1993)도 역할문화, 성취문화, 권력문화, 지원문화의 네 가지 문화유형을 구분하고 각각의 문화유형에서 바람직한 리더십 특성을 설명하고 있다.

격형 전략이 유효한 반면, 위계 문화에서는 방어형 전략을 택하는 것이 적절한 것으로 나타났다. 이인수(1996)도 동일하게 Quinn의 모형을 적용해 분석해 보았는데, 합리 문화에서는 원가주도 전략보다 혁신 차별화 전략이나 마케팅 차별화 전략을 구사하는 것이 더 효과적인 반면, 친화적 문화에서는 마케팅 차별화 전략과 원가주도 전략이 더 유효한 것으로 드러났다.

또 다른 연구자들은 조직문화가 다른 두 기업이 합병된 경우에 통합조직에서 지배적인 문화유형을 분석해 보는 데 초점을 맞추었다. 분석 결과, 합병 전 피매수 기업의 지배적 조직문화 유형은 합병 후에는 매수 기업의 지배적인 조직문화 유형으로 변화되었다(노재구, 2001). Tetenbaum(1999)은 기업합병의 성공과 실패를 결정짓는데 문화가 중요한 역할을 한다는 사실을 발견하였다. 그에 따르면, "합병이 전략과 재정 측면에서 아무리 탁월할지라도 합병 대상의 두 조직문화를 결합시키기 위한 효과적인 통합노력이 없으면 성공은 환상에 불과할 것"이라고 주장하였다. 같은 맥락에서, 최성욱(2001)은 경제기획원과 재무부 합병 과정에서 조직문화를 통합하지 못함으로써 빚어진 여러 가지 실패 사례들을 조직 인사, 정책 대응, 일상 근무 환경에서 도출해 분석하고 있다. <표 7.1>은 두 조직의 문화가 얼마나 상이한가를 극명하게 잘 보여주고 있다.

표 7.1 경제기획원과 재무부의 조직문화 비교

모체조직		기획원(EPB)	재무부(MOF)
지배은유		"대학원세미나실"	"야전사령부"
문화적 요소	핵심가치	'이상', '개인'	'현실', '집단'
	의사소통	'자유토론'	'정보교류단절'
	상하관계	'희미한 계급의식'	'엄격한 위계질서'
	의사결정 인사관행	'상징적 기획라인 우대' '엘리트라인 중심'	'순환보직', '개방성', '장기보직', '폐쇄성'

출처: 최성욱, 2001: 26.

(3) 조직문화와 조직구조

조직구조와 조직문화 간의 관계를 다룬 대부분의 연구는 Quinn의 모형을 활용하여 분석 결과를 도출하고 있다(서인덕, 1986; 이인수, 1996; 이명하, 1998). 일반적으로 조직구조의 특성은 복잡성(complexity), 공식화(formalization), 그리고 집권화(centralization)의 수준으로 측정된다. 서인덕(1986)에 의하면, 친화적 문화와 진취적 문화는 집권화와 낮은 적합성을 보인 반면, 보존적 문화는 집권화와 높은 적합도를 보여주고 있다. 이인수(1996)의 연구에서도 진취적 문화와 친화적 문화는 공식화나 집권화의 수준이 낮은 조직에서 지배적 문화유형인 것으로 나타났다. 그리고 조직문화 유형과 조직구조 변수 간에 적합도가 높을수록 직무 만족과 조직몰입이 상대적으로 높게 나타남을 발견하였다. 이명하(1998)의 연구는 이들 두 가지 문화유형 이외에 과업적 문화도 낮은 집권화 수준과 부합되는 것으로 나타났다. 하지만 위계적 문화는 높은 집권화와 정(正)의 관계를 보였다. 이러한 발견들은 조직문화 변동시 그에 부합하는 조직구조로 개편하는 것이 매우 중요하다는 것을 시사하고 있다.

(4) 조직문화와 HRM

HRM과 학습조직이 조직문화와 어떤 연관성을 맺고 있는지에 관한 연구도 조직문화 연구 분야에서 많은 주목을 받아왔다(최성욱, 2003; 이상철, 2012; Budhwar, 2002; Durham, 2003). 최성욱(2003)은 HRM과 조직문화 간의 상호적합성을 연구하기 위해 기업조직과 정부조직을 대상으로 분석을 실시하였다.16) 이를 통해 조직관리를 위한 두 가지 함의를 도출하였는데 하나는 HRM과 연계된 조직문화 관리방식은 그 조직이 처한 상황맥락적 조건에 따라 그 효과가 다르게 나타난다. 가치수준보다는 행태 수준 관리방식이 효과적이지만 부득이하게 가치 수준 관리방식을 택할 경우에는 엄격한 성과 감시가 수반되어야 하고 가치 주입을 위한 하향식 접근보다는 중뿔나지 않는(unobtrusive) 상향식 접근법이 효과적이다. 다른 하나는 두 조직이 합병되는 상황에서는 합병 주도 조직에 대한 문화적 분석과 HR 부서의 참여가 동시에 이루어져야 한다.

이상철(2012)은 공공기관의 조직문화가 조직학습을 매개로 조직 효과성 측정 변수인 직무 만족과 조직몰입에 유의미한 영향을 미친다는 사실을 경험적으로 검

---

16) 기업조직으로는 세계적 제약회사인 GSK와 컴퓨터 회사인 HP(Hewlett Packard)를, 정부조직으로는 재정경제원과 행자부가 분석 대상으로 선정되었다.

증하였다.[17] 그에 따르면, 조직구성원은 스스로 주도하는 학습을 통해 조직문화의 핵심인 신념과 가치에 대한 올바른 이해를 할 수 있게 되고 이를 통해 조직문화는 비로소 조직 효과성에 유의미한 영향을 미칠 수 있다.[18]

2) 조직문화의 생성, 유지, 그리고 변동

(1) 생성

조직이 조직문화를 형성하는 원인은 크게 조직 차원과 개인 차원으로 구분해서 살펴볼 수 있다. 태정원(1991)에 의하면, 조직 차원에서 문화적 시스템(신념, 이념, 가치)과 사회문화적 시스템(구조, 전략, 과정, 정책)의 차이에서 비롯되는 구조적 특성과 개개 구성원의 행위(기대, 욕구−의식 혹은 무의식, 리더십 등)의 차이에서 비롯되는 행동적 특성에 의하여 조직문화가 형성된다고 보고 있다.

먼저, 조직 차원에서 조직은 외부환경에의 적응과 내부 구성원의 통합을 통해서 조직 효과성을 달성하는 데 초점을 맞추는데, 이때 요구되는 것이 바로 바람직한 조직문화의 생성이다. 특히 조직의 설립 초기에는 최고 관리자의 가치관이나 신념이 조직문화 형성에 결정적 영향을 미치게 되며 오랜 시간을 거쳐 조직구성원의 가치관이나 신념을 지배하는 조직문화로 자리매김하게 된다. 이러한 최고 관리자의 가치관이나 신념은 집단 학습을 통해 성공적 해결방식으로 인식되어 Schein이 언급했듯이 조직의 기본전제로 제도화되게 된다.

(2) 유지

일단 형성된 조직문화를 유지하기 위하여 조직이 처한 상황 맥락에 따라 다양한 방식이 활용될 수 있으나 일반적으로 다음과 같은 방법들이 주로 사용된다(김명언, 1997). 첫째, 최고 관리자의 가치와 신념을 생성된 조직문화와 부합되게 반복적으로 보여줌으로써 공유 가치를 뿌리내리게 한다. 둘째, 조직문화에 부합하는 행동과 그렇지 않은 행동에 대한 처벌 및 보상체계를 일관성 있게 적용함으로써 제도화에 성공할 수 있다. 셋째, 개인 수준 혹은 조직 수준의 부단한 학습을 통해

---

17) 시장형 및 준시장형 공기업 10개를 대상으로 설문조사를 실시하였다.
18) 조직학습과 학습조직의 차이는 이러한 학습을 누가 주도하는가에 의해 구별된다. 조직학습은 조직의 최고 관리자에 의해 이루어지는 반면, 학습조직은 조직구성원들이 스스로 학습을 주도해 가는 특징이 있다.

현재의 조직문화에 대한 올바른 이해를 하도록 유도한다. 넷째, 조직구성원의 충원, 승진, 배치, 퇴직과 같은 인사관리에 조직문화의 핵심 가치가 구현될 수 있도록 한다. 끝으로, 조직구성원의 복장, 조직의 의례의식, 무용담, 언어, 사무실 환경 등과 같은 문화적 표상물에 조직문화의 핵심 가치가 담기도록 한다.

(3) 변동

김명언(1997)은 조직문화의 효과적 변동을 위해 Kanfer의 삼화음 이론(방향성, 강렬성, 지속성)과 Tichy와 Devanna의 혁신 리더의 성공 사례 분석에 기초해 '5막의 변화극' 모형을 제안한다. 첫째, 제1막은 조직구성원들에게 조직문화의 변화가 왜 필요한지를 주지시켜 주는 단계이다. 여기서는 know-how보다는 know-why에 대한 분명한 인식이 중요하다. 둘째, 제2막에서는 변화의 당위성을 인식시킨 후에 앞으로 나아갈 방향을 제시해 주는 단계이다. 여기서는 조직의 최고 관리자에 의해 비전이 일방적으로 제시되기 보다는 조직구성원들의 참여하에 비전이 정립되어야만 생명력을 가질 수 있다. 셋째, 제3막은 조직변동을 둘러싸고 일어나는 조직적 저항을 극복하는 단계를 다룬다. 인간이면 누구나 현재의 상태에 만족하며 변화를 두려워하는 본능을 갖고 있다. 따라서 여기에서는 최고 관리자의 변화를 위한 솔선수범이 필요하며 변화가 가져올 바람직한 측면을 분명하게 제시해 주는 것이 중요하다. 넷째, 제4막은 조직구성원 모두가 설정된 변화 방향으로 몰입을 하도록 유도하는 단계와 관련되어 있다. 여기서는 변화의 역군(change agent)을 찾아내고 훈련시켜 이들을 중심으로 변화의 물결이 전 부서로 퍼져 나가도록 해야 한다. 이 단계에서는 조그마한 성공사례라도 만들어 내어 조직구성원들에게 자신감을 불어 넣어 주는 것이 중요하다. 끝으로, 제5막은 앞 단계에서 형성된 몰입이 지속되도록 제도화를 시켜 나가는 일에 초점이 맞추어져 있다. 조직 전반에 만연되어 있는 낡은 제도나 조직구조를 과감히 혁파하고, 변화의 역군에 대해 확실한 보상을 해 주어야 한다. 그리고 조직문화의 변동은 조직뿐만 아니라 조직구성원 각자에게도 혜택이 돌아간다는 것을 주지시키는 게 필요하다. 하지만 조직문화의 변동은 조직구조 개편처럼 급하게 서두르는 것은 금물이다. 최고관리자가 인내심을 갖고 변동을 추진해야 하며, 어떠한 역경이 오더라도 이를 극복하여 바람직한 조직문화를 정립하겠다는 그의 초인적 의지가 조직구성원들에게 각인되어야 한다.

4 나가며

지금까지 조직문화와 관련하여 개념, 준거틀, 유형론에 대해 살펴보고 이를 통해 조직문화를 올바로 이해하고 나아가 효과적 조직관리를 위한 방안을 살펴보았다. 조직론 역사에서 보면, 조직구조론이나 조직행태론에 비해 조직문화론이 연구의 대상으로 본격화된 것은 1980년대 이후부터다. 1920년대 세계 대공황을 겪으면서 인간의 중요성을 도외시한 조직구조론은 그 한계성을 드러내고 인간에 초점을 맞춘 조직행태론이 득세하게 되었다. 행태과학에 기반한 조직행태론은 논리실증주의 방법론과 결합하면서 1960년대에 그 절정을 경험하였다. 하지만 이러한 방법론은 지나친 인과관계의 추론에 매몰된 나머지 그러한 현상이 생성되는 고유한 공간적·역사적 맥락을 제거해 버리는 우를 범하게 된다(김웅진, 1996).

실제 조직론 분야의 경험적 연구를 보면, 이들 독립변수의 종속변수에 대한 설명력은 거의 10–20% 수준에 머물러 있다. 이것이 뜻하는 바는 수많은 조직현상이 계량화할 수 없는 질적 변수에 의해 영향을 받는다는 것을 시사한다. 실제 Freud가 무의식의 세계를 발견한 이후, 인간 행동의 대부분은 무의식의 작용에 의하여 강한 영향을 받는다는 것은 부정할 수 없는 사실이 되었다. Husserl의 현상학이나 Heidegger의 해석학에서도 우리가 살고있는 세계는 우리와 단절되어 있는 것이 아니라 끊임없이 우리와 관계 맺음을 하면서 의미를 부여받고 해석을 해내야 하는 세계라고 본다. 조직론 분야도 이러한 철학과 정신분석학의 영향을 받아 비로소 상징과 의미가 핵심주제인 조직문화 연구에 주목하게 되었다. 물론 소쉬르나 레비스트로스 같은 언어학자나 구조주의자도 조직문화 연구에 더 많은 생기를 불어넣어 주었다.

하지만 이번 장에서 조직문화를 다루면서 받은 느낌은 선진국에 비해 우리나라 연구는 너무나 설문지를 통한 계량일변도 연구에 치중되어 있다는 것이다. 반대로 미국이나 유럽에서는 계량적 연구뿐만 아니라 질적 연구인 현상학이나 해석학에 기반한 연구가 상당한 균형을 이루면서 이루어지고 있었다. 앞으로는 미시적 차원에서의 질적 연구뿐만 아니라 거시적 차원에서 조직문화의 형성에 영향을 미치는 자본주의 환경까지도 사회 비판이론을 적용해 해부해 보는 다양한 연구들이 촉발되어야 할 것이다. 이를 위해서는 조직문화 연구를 둘러싸고 수많은 학문 분야가 리좀적 사고를 갖고 지적 담론을 벌이는 연구 생태계가 먼저 조성되어야 할 것이다.

참고문헌

권기환·김인호. (2004). "조직문화와 창의적 역량의 관계에 대한 연구 – 공공부문 연구관리 기관을 중심으로", 인사관리연구, 28(3): 33 – 78.

김남현·이주호. (1997). "조직의 문화유형, 최고경영자의 리더십 유형 및 행동성과에 관한 실증연구", 인사·조직연구, 5(1): 193 – 238.

김명언. (1997) 조직문화론의 자리매김. 김명언·박영선(편). 「한국기업문화의 이해」: 3 – 27. 서울: 오롬시스템.

김병섭·박광국·조경호. (2008). 「휴먼조직론」. 대영문화사.

김웅진. (1996). 「방법론과 정치적 실존: 경험과학 연구의 재성찰」. 인간사랑.

김주엽. (2004). "조직문화 연구에 대한 비판적 검토". 인적자원개발연구(한국인적자원개발학회), 6(1): 123 – 143.

노재구. (2001). "M&A 企業의 組織文化 適合性과 有效性에 關한 研究", 충북대학교 대학원 박사학위 논문.

문형구·장용선. (2001). "리더십과 조직문화: 연구의 동향과 과제", 인사관리연구(한국인사관리학회), 24(2): 41 – 70.

박노윤. (1996). "환경과 조직문화이 관계에 따른 조직성과의 차이에 관한 탐색적 연구", 인사관리학회, 24(2): 41 – 70.

박원우. (1993). "조직 내 문화단위간 적합성에 따른 구성원 유형분류의 실증적 연구", 인사관리연구, 17: 349 – 361.

비트겐슈타인, 루드비히. (2016). 「논리철학논고」, 서울: 동서문화사.

서인덕. (1986). "한국기업의 조직문화유형에 관한 연구", 조직과 인사관리연구, 10: 103 – 133.

신철우. (1988). "기업문화가 조직유효성에 미치는 영향에 관한 연구", 중앙대학교 대학원 박사학위논문.

이명하. (1998). "병원의 조직문화유형과 조직유효성의 관계", 간호행정학회지, 4(2): 363 – 385.

이상철. (2012). "공공기관의 조직문화, 학습조직, 조직 효과성의 관계에 관한 연구", 한국행정학보, 46(4): 181 – 205.

이인수. (1996). "組織文化와 組織構造·戰略이 組織有效性에 미치는 영향에 관한 연구(조직문화와 조직구조·전략이 조직유효성에 미치는 영향에 관한 연구)", 단국대학교 대학원 박사학위 논문.

장용선·문형구. (2008). "조직문화연구의 동향과 과제", 인사·조직연구, 16(1):

65 - 114.

전상호·신용존. (1995). "조직문화와 리더쉽의 적합성이 행동적 유효성에 미치는 영향에 관한 실증연구", 經營學硏究, 24(4): 153 - 186.

조성한·주영종. (2007). "공공부문 조직문화 연구에 대한 비판적 고찰", 한국조직학회보, 4(1): 35 - 62.

최만기. (1994). "조직의 문화유형,전략 유형 및 행동성과", 조직과 인사관리연구, 18: 283 - 328.

최성욱. (2001). "조직문화를 통해서 본 통합관료조직: 스키마 중심의 인지해석적 접근", 한국행정학회보, 35(3): 127 - 145.

최성욱. (2001). "정부조직개편에 있어 문화통합논리의 모색", 한국정책학회보, 10(3): 17 - 40.

최성욱. (2003). "상황맥락적 인적자원관리", 한국행정학회보, 37(4): 147 - 167.

태정원. (1991). "우리나라 기업의 조직문화유형과 조직 유효성과의 관련성 연구", 인사관리연구, 15: 227 - 254.

Bolman, L. & T. Deal. (1984). *Modern Approaches to Understanding and Managing Organizations*. San Francisco, CA: Jossey - Bass.

Budhwar, P. (2002). Strategic HRM through the Cultural Looking Glass: Mapping the Cognition of British and Indian Managers. Organization Studies(July - August).

Deal, T. & A. A. Kennedy. (1982). *Corporate Cultures: The Rites and Rituals of Corporate Life*, Addison - Wesley.

Deal, T. & A. Kennedy. (2000). *Corporate Cultures*. Perseus Books Group.

Denison, D. (1996). What is the Difference Between Organizational Culture and Organizational Climate? A Native's Point of View on A Decade of Paradigm Wars. *Academy of Management Review*, 21: 619 - 654.

Denison, D. & A. Mishra. (1995). Toward A Theory of Organizational Culutre and Effectiveness. *Organization Science*, 6: 204 - 223.

Durham, N. (2003). Merger Strategy: Culture is Key. PR Newswire (Feb.5).

Goffman, E. (1961). Asylums. New York: Double - day: Anchor Books.

Hatch, M. (1993). The Dynamics of Organizational Culture. *Academy of Management Review*, 18: 657 - 693.

Joyce, W. & J. Slocum. (1984). Collective Climate: Agreement as A Basis for Defining Aggregate Climates in Organizations. *Academy of Management*

Journal, 27: 721−742.

Kanfer, R. (1990). Motivation Theory and Industrial and Organizational Psychology. In Dunette, M. D., & Hugh, L. M. (Eds.) *Handbook of in−dustrial and Organizational Psychology*, 1, 75−171, Palo Alt, CA: Consulting Psychologist Press.

Likert, R. (1961). *New Patterns of Management*. New York: McGraw−Hill.

Martin, J. & C. Siehl. (1983). Organizational Culture and Countculture: An Uneasy Symbiosis. *Organizational Dynamics*, 12: 52−64.

McGregor, D. (1960). The Human Side of Enterprise. New York: McGraw−Hill.

Ouchi, W. (1981). Theory Z : *How American Business can Meet the Japanese Challenge*. Reading: Addison−Wesley

Pascale, R. & A. Athos. (1981). *The Art of Japanese Management: Applications for American Executives*. New York: Simon & Schuster.

Peters, T. & R. Waterman. (1982). *In Search of Excellence: Lessons from America's Best−Run Companies*. NY: Harper & Row.

Pettigrew, A. (1979). On Studying Organizational Cultures. *Administrative Science Quarterly*, 24: 570−581.

Pheysey, D. (1993). *Organizational Cultures: Types and Transformations*. London & New York: Routledge.

Quinn, R. & M. McGrath (1985). The Transformation of Organizational Culture: A Competing Values Perpective, In P. Frost, L. Moore, M. Louis, C. Lunderberg, and J. Martin (eds.) *Organizational Culture*, Beverly Hills, CA, Sage, 315−334.

Schein, E. (1985). *Organizational Culture and Leadership*, Joseey−Bass Publishers.

Schein, E. (1987). Defining Organizational Culture, in Jay M. Shafritz & J. Steven Ott(eds.), *Classics of Organization Theory*, The Dorsey Press.

Schein, E. (1992). *Organizational Culture and Leadership*. San Francisco, CA: Jossey−Bass.

Sethia, N. & V. Glinow. (1985). Arriving at Four Cultures by Managing the Reward System, In R. Kilmann, et al(eds.). *Gaining Control of the Corporate Control*. Jossey−Bass, San Francisco.

Tetenbaum, T. (1999). Beating the Odds of Merger & Acquisition Failure; Seven Key Practices that Improve the Chance for Expected Integration and

Synergies. *Organizational Dynamics*, Autumn: 22 – 36.

Tichy, N. & Devanna, M. (1986). *The Transformational Leader*. New York: Wiley.

Trice, H & J. Beyer. (1984). Studying Organizational Culture Through Rites and Ceremonials. *Academy of Management Review*, 9: 653 – 669.

Van Mannen, J. & S. Barley. (1985). Cultural Organization: Fragments of a Theory. In P. Frost, L. Moore, M. Louis, C. Lunderberg, and J. Martin (eds.) *Organizational Culture*, Beverly Hills, CA, Sage, 315 – 334.

Wiener, T. (1988). Forms of Vales System; A Focus on Organizational Effectiveness and Cultural Change and Maintenance, *Academy of Management Review*, 13(4): 534 – 545.

Yukl, G. (1998). *Leadership and Organizations*. New Jersey: Prentice – Hall International.

3부

조직 간 관리

제8장

환경변화와 정부조직의 대응: 인사 및 조직관리 전략

유상엽

생각해보기

- 정부조직을 둘러싼 환경요인을 생각해보자. 현재 당면한 정부조직의 환경요소는 무엇이고 앞으로 정부조직이 맞이할 환경요인은 무엇일까?
- 우리나라 정부조직의 강점요인과 약점요인, 정부조직을 둘러싼 외부환경의 기회요인과 위협요인을 생각해보자.
- 현재 그리고 미래 환경변화에 대응하기 위한 정부조직의 대응전략을 인사관리 및 조직관리 차원에서 논의해보자.

환경변화와 정부조직의 대응
: 인사 및 조직관리 전략

1 들어가며

'바람은 계산하는 것이 아니라 극복하는 것이다.'

영화 「최종병기 활」에서 적에게 사로잡힌 누이를 구하기 위해 주인공이 활을 당기려 하나 바람이 도와주지 않자 주인공이 한 말이다.

이 영화대사는 조직을 공부하는 사람에게는 많은 생각할 거리를 던져준다. 조직은 불확실한 외부환경에 노출된 상태에서 다양한 환경변수들과 상호작용을 한다. 조직의 성패는 결국 조직을 둘러싼 환경을 어떻게 규정하고 대응하느냐에 달려있다고 해도 무리가 아니다. 이때 조직은 환경을 계산하여야 하는가? 즉, 환경변화에 조직이 스스로 변화를 모색하여 새로운 환경에 적응해야 하는가? 혹은 조직의 역량을 최대한 활용하여 환경변화를 극복해야 하는가? 이 질문에 답은 간단하지가 않다.

코로나—19로 전 세계가 타격을 받은 2020년 초기만 하더라도 조직은 환경을 극복하려 했다. 정부는 사람들로 하여금 외출 자제를 당부하였고 학교는 개학을 연기하였다. 그러나 코로나-19가 장기화하면서 조직은 적응하기 시작하였다. 정부는 방역지침을 만들고 사람들은 마스크를 쓰거나 비대면 방식을 활용하여 일상생활로 복귀하였다. 이렇게 환경에 적응하며 일부에서는 다시 백신을 개발하면서 코로나-19 환경을 극복해 나아가고 있다.

이렇게 조직은 복잡한 환경의 불확실성 속에서 조직의 생존을 위하여 극복과 적응의 다양한 전략을 구사하고 있다. 이는 코로나-19와 같은 전대미문의 환경 불확실성뿐만 아니라 일반 조직이 평소에 직면한 환경에도 마찬가지로 적용된다.

본 장에서는 이러한 환경의 불확실성 속에서 조직이 어떻게 대응해야 하는가를 다루고자 한다. 특히, 본 장은 정부를 중심으로 정부를 둘러싸고 있는 환경을 이해하고, 환경을 분석하는 SWOT을 소개한다. 이후 인사관리와 조직관리 측면에서 정부조직이 환경에 어떻게 반응해야 하는지를 검토하여 앞으로 도래할 불확실한 미래에 대처할 지혜를 제시하고자 한다.

2 행정의 이해

본 장이 주목하는 분석대상은 정부조직이다. 혹은 넓은 의미에서 공공조직에 관한 환경분석과 이에 대응하기 위한 인사 및 조직관리 전략을 소개한다. 그렇다면 정부 혹은 공공조직은 무엇인가? 정부의 영역은 정치의 영역과 어떤 관계이며 정부조직의 운영원리, 민간조직의 운영원리와 어떤 관계일까? 본 물음에 대한 답을 통해 분석대상인 정부조직에 대한 이해를 도모하여 정부의 특성을 반영한 환경분석과 대응 전략을 살펴보겠다.

1) 행정과 정치

정부조직의 운영원리인 행정의 정의와 특징은 많은 학자에 의해 다양하게 설명되고 있다. 이는 행정을 정의하는 것이 상당히 어렵다는 것을 방증해준다. 무엇보다 행정의 경계가 모호하고 공공 문제가 더욱 복잡하고 난해해질수록 행정의 내용과 범위가 증가하는 동태적 특성으로 인하여(오세홍·원한식, 1995) 보편적이고 일반적인 정의를 내리는 것은 매우 어렵다(Nigro & Nigro, 1977). 따라서, 행정을 한마디로 정의하기 보다는 행정과 유사한 분야와 비교하는 것이 행정을 이해하는 데 도움을 줄 것이다.

우선 정치와의 비교이다. 일반인들은 행정과 정치를 의미있게 구별하지 못하는 경우가 있다. 혹은 행정을 정부가 하는 일이라고 단순하게 이해하기도 한다. 물론 정부가 하는 일이 행정임에는 틀림없다. 그러나 오늘날 행정문제의 복잡화로 인하여 정부의 기능이 확대되면서 정부 내에서 행정과 정치의 경계가 모호해지며 단순히 정부가 하는 일을 행정이라고 보기 어려운 것이 현실이다. 특히 우리나라의 경우 삼권분립원칙에 기반한 대통령제를 택하고 있음에도 불구하고 현직 국회의원이 직을 유치한 채 국무위원으로 임용된다거나 정부가 국회에 입법발의를 하는 등 내각제적 요소가 섞여있으면서 행정의 영역 내에 정치가 크게 자리를 잡고 있기 때문이다.

일찍이 미국은 대통령 선거에서 승리한 세력이 주요 공직을 차지하는 엽관제가 인사원리로 자리를 잡았다. 선거를 통해 민주적으로 당선된 대통령의 국정운영 철학을 실현하는 데 있어 정치적으로 뜻을 같이하는 인사들이 정부의 주요 자리를 차지함으로써 대통령의 뜻을 실현하여 관료제의 민주성을 담보하자는 취지였다. 그러나 엽관제의 순기능보다는 매관매직과 그로 인한 부패 등 엽관제의 역기능이 엽관제의 순기능을 압도하였고, 급기야 James Garfield 대통령의 선거를 도왔다는 이유로 대사직을 요구했으나 거절당한 Charles Guiteau가 James Garfield 대통령을 암살하는 사건이 벌어지며 엽관제에 대한 비판적 목소리가 나왔다.

마침 엽관제에 대한 비판적 입장을 가지고 있던 Woodrow Willson은 1887년 「행정 연구」(The Study of Pubic Administration)를 통해 정치는 헌법원리를 제정하는 역할을 한다면 행정은 헌법원리를 구현하는 관리의 역할이라 보며 정치와 행정의 구분(정치행정이원론)을 주장하였다. 이후 Goodnow(1900)는 정치는 국가의 의지를 표현(expression of the will of the state)하는 영역이라면 행정은 그 의지를 집행하는(execution of the will of the state) 영역으로 구분하며 우드로월슨의 정치행정이원론을 지지하였다. 이와 같이 정치행정이원론의 주장이 힘을 받으면서 후속 학자들은 조직관리의 효율성을 행정의 핵심가치로 여기며 최고의 조직운영방식(one best way)을 찾는 데 노력을 쏟았다.

그러나 Waldo(1952)는 행정이 추구하는 효율성이란 가치중립적 개념으로 행정은 누구를 위한 효율성을 추구하는지에 대한 답을 함께 제시할 수 있어야 한다고 주장하며 정치행정일원론을 주장하게 되었다. 특히, 세계대공황, 베트남전쟁, 흑인 인권운동 등을 거치며 정부의 역할이 다시 주목을 받기 시작하면서 행정은 단순히 정치의 결정을 따르는 수동적 존재가 아니라 스스로 의사결정을 함에 있어서 민주적 가치를 함께 고려해야하는 정치의 영역을 내포한다고 보았다.

이후 행정의 역할이 커지며 행정을 정치와 분리해서 보기 힘들다는 견해가 우세하나(정정길 외, 2019) 여전히 학자들 사이에서는 행정과 정치의 관계 속에서 일원론과 이원론의 논쟁이 뜨겁다(Overeem, 2005, 2006; Svara, 2006). 다만, 행정의 대상인 정부는 입법의 기능을 가진 국회와는 기능적 차원에서 성격이 다르며 국회를 포함한 다양한 정치 이해관계자들을 행정의 외부적 파트너로서 인식해야 할 것이다.

2) 행정과 경영

정치와 더불어 행정의 정체성을 괴롭히는 또 다른 영역은 경영이다. 행정의 대상을 정부조직을 포함한 공공조직이라고 보고, 경영의 대상을 민간조직이라고 볼 때, 역시 일반인의 입장에서 공공조직과 민간조직의 차이를 답한다면 전자는 공공성을 추구하는 반면, 후자는 이윤을 추구하는 민간조직을 운영하는 원리라고 본다. 이러한 답은 반은 맞고 반은 틀리다. 우선, 조직의 목적 측면에서 공공조직과 민간조직을 구분하는 기준이 공익추구와 이윤추구라고 본다면 설명할 수 없는 예외가 존재하기 때문이다. 가령 LH와 같은 공기업은 재화와 서비스를 만들어 시장에서 판매를 하고 이를 통해 이윤을 추구한다. 반면, 최근 많은 민간기업들이 사회적 가치실현을 목표로 다양한 공익적 사업 활동을 한다. 이와 같이 공익추구와 이윤추구를 기준으로 행정과 경영을 구분한다면 이윤을 추구하는 공공조직과 공익을 추구하는 민간조직이 존재하기 때문에 공공조직과 민간조직을 구분하는 좋은 기준이 되기 어렵다. 둘째로 조직의 기능차원에서도 공공조직과 민간조직을 구분하기 어렵다. 과학기술부 소속기관인 우정사업본부나 일반 민간 은행은 돈을 빌려주고 이자를 받는 대출사업을 한다. 또한 우정사업본부나 일반 민간 택배회사는 택배사업을 통해 수익을 창출한다. 그러나 전자는 행정의 영역이고 후자는 경영의 영역임을 상기할 때 기능 차원에서 공공조직과 민간조직을 구분하는 것 역시 어렵다. 끝으로 공공서비스 전달체계에서 오는 혼선도 있다. 오늘날 많은 정부의 재화와 서비스가 민간과의 협업을 통해 정책수혜자에게 전달되고 있다. 코로나19 초기에 공적마스크를 생산하고 유통하고 공급했던 여러 담당기관은 민간이었지만 정부의 마스크 수급정책에 맞춰 정부와 민간의 협업을 통해 공적마스크가 국민에게 전달되었다. 이렇게 정책의 목표달성을 위해 정부와 민간이 함께 협업을 할 경우 행정의 영역과 경영의 영역을 구분하는 것은 매우 어렵다.

그림 8.1 조직의 유형

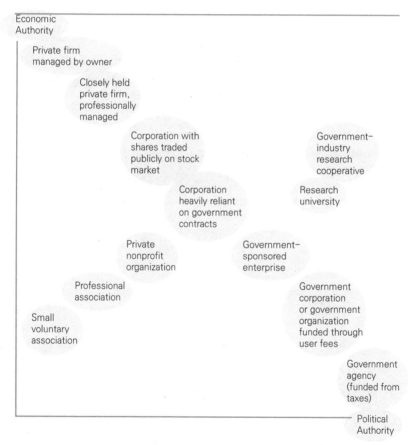

출처: Bozeman(2004).

이와 관련하여 보즈만(Bozeman, 2004)은 조직의 유형을 정치적 권위와 경제적 권위의 두 개축에 따라 구분할 수 있다고 보았다(<그림 8.1> 참조). 이때 정치적 권위란 국민이나 정부기관으로부터 의사결정권한에 있어서 얼마나 위임을 받았는지의 정도를 나타낸다면, 경제적 권위란 소유자와 관리자가 외부 정부기관으로부터 자신의 조직의 자산이나 수익에 대해 얼마나 통제권을 가지는지를 의미한다(Bozeman, 2004). 다만, 그는 정도의 차이는 있을지언정 모든 조직은 정치적 영향을 받으므로 모든 조직은 공공조직이라고 주장한다.

이상과 같이 행정은 그 자체만으로 정의내리기 어렵고 유사한 개념과의 비교를 통해 행정만의 특징을 도출하여 그 의미를 이해할 수 있다. 물론 학자들 사이에선 정치와의 관계 속에서 행정의 의미를 어떻게 해석할 것인지, 경영과의 관계 속에서 어떻게 행정을 해석할 것인지 여전히 의견이 분분하다. 이를 두고 Ostrom(Ostrom, 2008)은 행정학의 지적위기(intellectual crisis)라고 진단하는가 하면 헨리(Henry, 1987)는 패러다임의 궁지(paradigmatic quandary)라고 주장하였다. 그럼에도 불구하고 행정학의 독립선언서라고 불리는 윌슨의 「행정 연구」(The Study of Pubic Administration)를 상기하면, 행정은 헌법을 구현하는 행위이며 따라서 헌법적 가치추구를 최우선하는 국가운영의 원리라고 볼 수 있다.

따라서 이번 장에서 다루는 정부조직을 포함한 공공조직은 헌법적 가치의 구현을 최고의 목표로 삼고 이를 구현하기 위하여 공공조직을 둘러싼 환경의 분석 및 이해를 바탕으로 인사 및 조직관리의 전략을 수립하여야 한다.

3 정부조직을 둘러싼 환경과 제도

조직은 끊임없이 조직을 둘러싼 환경 및 제도와 상호작용을 한다. 제도주의자들은 이러한 환경과 제도의 중요성을 강조하며 조직의 성패는 조직을 둘러싼 환경과 제도가 결정한다고 본다. 물론 환경과 제도는 게임의 룰을 제공한다는 측면에서 상당히 중요하다. 가령, 아무리 발재간이 좋은 축구선수들을 모아 둔다 하더라도 게임의 룰이 농구라면 이들은 실력발휘를 할 수 없다. 그러나 공공관리학자들은 환경과 제도의 중요성을 인지하면서도 여전히, 그 틀 안에서 공공관리의 유의미한 역할에 주목한다. 조직을 둘러싼 환경을 이해하고 이에 따라 자신의 조직을 변화시켜 해당 환경에 적응(adaptation)하거나 혹은 자신의 조직이 충분히 실력 발휘를 할 수 있는 환경을 채택(adoption)하는 전략을 구사하게 되는데 양자 모두 관리자의 판단에 따라 환경 및 제도에 대응하는 행위라고 볼 수 있다.

환경 및 제도에 적응을 하든, 채택을 하든, 전제조건은 조직을 둘러싼 환경 및 제도를 올바르게 이해하고 분석할 수 있어야 한다는 것이다. 본 소절에서는 행정환경을 이해하고 분석하는 방법을 소개한다.

1) 정부조직의 환경

정부조직을 포함한 공공조직은 민간조직보다 복잡한 환경에 노출되어 있으며 이에 따라 다양한 환경요소와의 상호작용이 공공조직의 성패를 가름한다고 보아도 무방하다. 특히 정부조직을 둘러싸고 있는 환경은 환경행위자와 환경특성으로 구분할 수 있다.

외부 환경행위자로는 공식참여자와 비공식참여자가 있다(남궁근, 2019). 공식참여자는 헌법과 법률에 따라 공식적으로 정부조직의 의사결정에 영향을 미치는 참여자로서 입법부, 행정부, 사법부의 구성조직(원)을 의미하며 비공식참여자는 법률에 따른 권한은 없으나 실질적으로는 공공조직의 의사결정에 영향을 주는 참여자로서 일반국민, 이익집단, 시민사회단체, 정당, 싱크탱크와 연구기관, 대중매체 등을 들 수 있다. 따라서, 정부조직의 입장에서 각각의 공식참여자들과 비공식참여자들이 정부조직에 어떠한 공식적 혹은 비공식적 영향력을 행사할 수 있는지에 대한 분석을 토대로 각 대상자별 대응전략을 세워야 환경참여자들로부터 보다 독립적인 위치에서 대응을 할 수 있다(<그림 8.2> 예시 참조).

한편, 환경의 특성으로는 정치, 경제, 사회, 문화 등을 꼽을 수 있는데, 조직의 특성에 따라 영향을 주고받는 환경의 특성을 좁게 볼 수도 있고 넓게 볼 수도 있다. 일반적으로 민간기업은 정치(Politics), 경제(Economics), 사회문화(Social-cultural), 기술(Techonology) 측면에서 환경을 분석하는 PEST 분석을 실시하는가 하면, STEEP 분석을 통해 PEST 분석에 생태학적(Ecological) 측면을 추가하여 분석하기도 한다.

그림 8.2 이해관계자맵(예시)

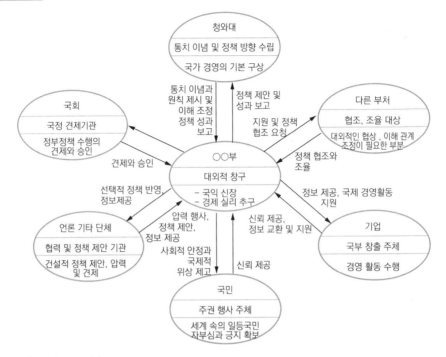

출처: 박홍윤(2014: 161).

본 장에서 더 자세히 다룰 환경분석 방식인 STEPPER 분석기법은 카이스트 문술미래전략대학원이 개발한 사회변화 분석체계로서 사회(S), 기술(T), 경제(E), 정치(P), 인구(P), 환경(E), 자원(R) 등 조직을 둘러싼 환경을 일곱 분야로 구분한다. 본 틀에 따라 정부조직을 둘러싼 미래환경은 다음과 같이 정리할 수 있다.

표 8.1 STEPPER에 따른 환경변화 요소

분야	환경변화
사회 (Society)	• 지역·계층·세대 간 갈등 • 경제적·신체적·정신적 양극화 심화 • 사회적 역동성 상실 가속화 • 전 지구적 문화의 동기화

기술 (Technology)	• 클라우드, 빅데이터, 사물인터넷, 가상현실, 증강현실 • 인공지능, 로봇, 드론, 자율주행차 • 바이오기술, 나노기술 • 에너지저장장치, 양자컴퓨팅, 3D 프린터
경제 (Economic)	• 뉴노멀 시대의 도래 • 복지수요의 확대와 재정건전성 악화 • 부동산 거품 붕괴 및 가계부채 증가 • 실업률 증가 및 고령 빈곤층 증가 • 공유경제의 부상
정치 (Politics)	• 다양한 이해집단의 정치 참여 확대 • 고령민주주의의 도래 • 국제적 협력 및 방어체계 증가 • 통일을 대비한 행정기반 구축
인구 (Population)	• 저출산·고령화의 급속한 진전 • 외국 인구의 국내 유입증가 및 다문화사회로의 진전 • 삶과 죽음의 질에 대한 관심증가 • 1인 가족 등의 다양한 가족 형태의 등장
환경 (Environment)	• 기후변화로 인한 기상이변과 자연재해 증가 • 환경오염과 생물다양성 감소 • 팬데믹 취약성 증가
자원 (Resources)	• 에너지·식량·수자원 부족심화 • 원자력발전의 지속가능성 및 위험성 증대 • 북한을 포함한 한반도 자원 개발의 필요성

출처: 인사비전 2045.

본 분석에 따르면 정부조직을 둘러싼 환경은, 사회 전반적으로는 다양한 계층별 갈등이 가속화되며 동시에 정치적으로는 다양한 계층들이 정치에 참여할 것으로 기대된다. 또한 경제적으로는 뉴노멀시대의 도래와 더불어 삶의 질에 대한 기대가 높아짐에 따라 복지수요가 늘어나는 반면 경제침체 내지는 위기가 올 것으로 내다봤다. 그럼에도 불구하고 소위 4차 산업혁명적 요소로서의 다양한 기술들이 개발되어 새로운 가능성을 만들어낼 수 있을 것으로 보인다. 인구측면에서는 저출산·고령화와 더불어 다문화 가정이 보편화될 것이며 환경적 측면에서는 기후변화와 이에 따른 자연재해 증가, 코로나-19와 같은 팬데믹에 대한 취약성 증가가 예상된다. 끝으로 자원 측면에서 우리는 자원고갈을 경험할 것이며 이에 따른 자원개발의 필요성이 적극 요구될 것이다.

본 환경분석은 인사혁신처가 향후 30년인 2045년을 조망하며 2015년에 발간한 「인사비전2045」에 제시된 내용으로 상당 부분 이미 우리가 목도하고 있거나 경험하고 있는 내용이기도 하다.

다만, 이러한 환경분석만으로는 추후 정부조직의 나아갈 방향설정과 이를 위한 전략 도출에는 한계가 있다. 환경분석을 통해 목표와 전략을 도출하는 환경분석 방법으로 SWOT분석이 널리 사용된다.

2) SWOT분석

SWOT분석은 환경분석을 위한 실용적 분석도구로서 크게 여섯 단계의 분석절차를 거친다(<그림 8.3> 참조).[1] 첫 번째 단계는 SWOT조사단계이다. SWOT조사단계는 SWOT요소 및 조직의 미션과 비전을 도출하는 단계로서 1·2차 전문가 델파이조사로 구성된다. 우선 전문가를 대상으로 1차 주관식 설문을 통해 SWOT요소를 도출한 뒤 그 가운데 몇 가지로 공통된 내용을 요약하여 SWOT요소 및 비전을 도출한다. 이를 토대로 객관식 설문을 만들고 2차 전문가 델파이 조사를 하여 그 결과를 SWOT요소와 미션 및 비전 설정을 위한 기초자료로 활용한다. 두 번째 단계는 SWOT이슈분석 및 SWOT전략분석 단계이다. 첫 번째 단계인 SWOT조사를 통해 도출한 키워드를 중심으로 조직 내부의 강점과 약점, 조직외부의 기회와 위협을 도출한다. 이때 각 요소를 도출하기 위해서 시점을 중심으로 조직의 현재환경과 미래환경으로 구분하고 역량을 중심으로 조직의 잠재력과 경쟁력 및 한계와 문제점으로 구분하여 2×2 메트릭스 틀을 활용한다(<표 8.2> 참조).

표 8.2 SWOT이슈분석

시점 역량	현재환경	미래환경
잠재력과 경쟁력	강점요소	기회요소
한계와 문제점	약점요소	위협요소

---

1) 이하 SWOT분석에 대한 설명은 류재현(2008)의 연구를 수정발췌함.

강점요소는 조직의 현재 환경 속에서 가지고 있는 잠재력과 경쟁력이라면 약점요소는 현재 환경 속에서 조직이 당면한 한계와 문제점을 의미한다. 또한, 기회요소는 조직에게 닥칠 미래의 환경 속에서 조직의 경쟁력을 의미한다면 위협요소는 미래의 환경 속에서 발현될 수 있는 부정적 한계와 문제점을 의미한다. 이와 같이 SWOT이슈 분석 이후 도출한 강점, 약점, 기회, 위협 요소들을 토대로 강점으로 기회를 활용하는 SO전략, 약점이지만 기회를 탐구하는 WO전략, 강점으로 위협을 극복하는 ST전략, 약점과 위협을 회피하는 WT전략 등 네 가지 전략을 도출할 수 있다. 동시에 외부의 경쟁조직과 비교하여 절대우위경쟁력과 비교우위경쟁력을 도출하는 한편, 환경참여자로서 다양한 이해관계자들의 수요를 파악하는 수요분석을 함께 실시한다. 세 번째 단계는 미션 및 비전 도출로서 조직이 무엇을, 누구를 위해, 왜 해야 하는지 등 존재의 이유를 찾아 미션선언문을 작성하고 이후 조직이 이루고자 하는 바람직한 상태를 비전선언문에 담아 작성한다. 네 번째 단계는 목표체계 및 벤치마크체계의 설정으로 앞서 도출한 미션과 비전을 토대로 비전, 가치, 목표 및 실행목표 순으로 목표체계를 설정한다. 이때 상하위 목표 간에 목표 계층제와 목표 수단연쇄화가 이루어질 수 있도록 인과관계를 설정해야 한다. 또한 벤치마크 지표와 성과지표로서 벤치마크할 다른 기관을 찾아 이들의 비전, 가치, 목표 및 실행목표순으로 벤치마크체계를 설정한다. 다섯 번째 단계는 환경분석과 경쟁력분석, 기타 각각의 전략을 토대로 전략이슈를 도출하고 여섯번째 단계에서 거시적 환경추세분석 또는 PEST분석 등을 통해 전략의 타당성을 검토한다. 또한, 전략 사안별로 각각의 대안을 분석하고 옵션 및 시나리오기법 등 다양한 사업분석기법을 활용하여 비전전략, 가치전략, 목표전략, 실행전략 및 선도전략 등 전략체계를 설정한다.

이상과 같이 정부조직을 둘러싼 환경참여자들 −공식 및 비공식 참여자−과 환경요소인 사회(S), 기술(T), 경제(E), 정치(P), 인구(P), 환경(E), 자원(R) 등을 바탕으로 SWOT분석을 실시할 경우 복잡하게 변화하는 환경 속에서 정부조직이 나아가야 할 방향성을 설정할 뿐만 아니라 그 목표와 미션을 달성하기 위한 세부전략들을 도출할 수 있다는 점에서 STEPPER를 통한 환경분석과 SWOT분석은 환경 속 정부조직의 성공적 대응을 위해 필수적으로 선행되어야 할 것이다.

그림 8.3 SWOT 분석의 절차와 방법

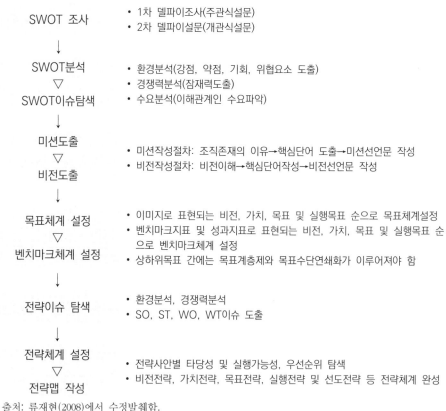

출처: 류재현(2008)에서 수정발췌함.

이를 전제로 환경변화 속에서 정부조직의 생존과 성공을 담보하기 위한 전략으로서 인사관리전략과 조직관리전략을 알아보겠다.

4 환경과 사람: 인사관리

상황별로 유능한 인재상은 달리 나타난다. 상황조건적합 이론(contingency theory of leadership)에 따르면 조직의 내·외부 여건에 따라 리더에게 요구되는 적합한 리더십은 다르다. 피들러의 상황조건적합 리더십이론에 따르면 조직구성원들의 리더에 대한 태도(리더와 구성원의 관계), 조직이 해결해야 할 과업의 명확성과 구체성(과업구조), 리더에게 부여된 공식적 권력의 정도(직위의 권력)에 따라 리더십의 유형(과업지향적/관계지향적 리더십)이 다르게 나타날 때 효과적이다. 부하의 성숙도 정도에 따라 리더십의 유형이 설득적, 참여적, 지시적, 위임적으로 달리 나타난다는 P. Hersey와 K. H. Blanchard의 상황적 리더십이나 부하의 특성 및 직무 및 작업환경의 특성에 따라 리더십 유형이 지시적, 지원적, 참여적, 성취 지향적으로 달리 나타나야 효과적이라는 R. J. House의 경로－목표이론 등이 모두 단 하나의 최적화된(one best way) 리더십을 강조하기보다는 상황에 맞는 리더십을 강조한다.

이와 같이 조직내부의 인력관리에 있어서 어떠한 사람조직구성원으로 둘지 혹은 어떠한 사람을 조직의 최고관리자로 둘지 등을 정하기 위해서는 조직안팎의 환경분석이 필수적으로 선행되어야 한다.

그렇다면 공공조직에 요구되는 인재상은 무엇일까?

이 질문에 답하기 위해서는 앞서 살펴본 환경변화를 주목할 필요가 있다(<표 8.1> 참조). 미래 혹은 현재 이미 겪고 있는 환경은 유례가 없는 다양한 이해관계자들의 목소리 분출과 더불어 정치적, 경제적, 세대 간 등 다양한 갈등이 나타나고 있다. 또한 전지구적으로 환경문제와 전염병문제, 자원고갈문제 등을 겪고 있다. 이러한 문제를 해결하기 위해서는 이전과는 다른 전혀 새로운 접근법이 필요하며 따라서 과거와는 다른 인재상이 필요하다. 다만, 새로운 기술의 발달은 이러한 문제를 해결할 수 있는 가능성을 제시하며 따라서 앞으로의 인재상 역시 새로운 기술발달과 연계하여 재정립할 필요가 있다.

우리나라 국가공무원인재개발원은 공무원의 역량을 지식(knowledge), 기술(skill), 능력(ability) 및 태도(attitude)로 구분하고 직급별로 요구되는 역량을 반영하여 크게 사고(thinking), 리더십(leadership), 업무(working) 및 관계(networking)의 차원에서 역량모델을 제시하고 있다(<그림 8.4> 참조).

그림 8.4 직급별 역량모델

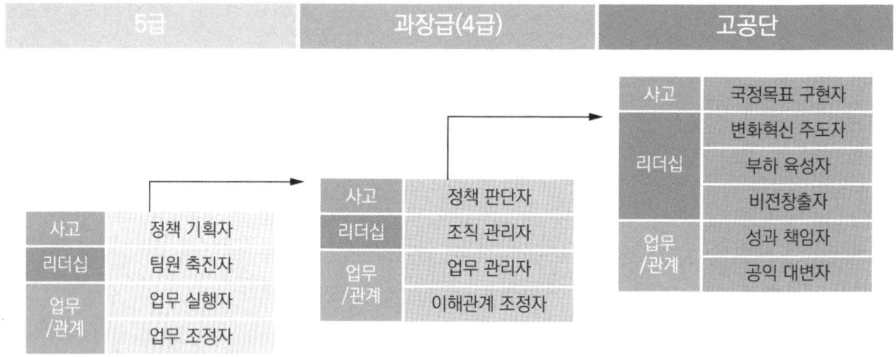

5급	과장급(4급)	고공단

				사고	국정목표 구현자
				리더십	변화혁신 주도자
					부하 육성자
		사고	정책 판단자		비전창출자
		리더십	조직 관리자	업무/관계	성과 책임자
사고	정책 기획자	업무/관계	업무 관리자		공익 대변자
리더십	팀원 촉진자		이해관계 조정자		
업무/관계	업무 실행자				
	업무 조정자				

구분	직급별 역량모델		
	사고: Thinking	업무: Working	관계: Networking
고공단	문제인식 전략적 사고	성과지향 변화관리	고객지향 조정통합
과장급(4급)	정책기획	조직관리 성과관리	의사소통 동기부여 이해관계 조정
5급	기획력 논리적 사고	상황인식, 판단력	의사소통 능력 조정능력

출처: 국가공무원인재개발원 홈페이지.

이와 같은 직급별 공무원 역량은 일 잘하고 유능한 공무원을 개발하기 위하여 필요한 역량이다. 그러나 현재 우리가 목도하고 있는 또는 앞으로 현저하게 나타날 환경변화에 대응하기에는 역부족이다. 미래 조직에 필요한 핵심적 요소로 신속, 혁신, 연계, 투명성을 꼽은 PwC(2013)의 보고서를 감안할 때 무엇보다 빠르게 변화하는 환경에 신속하게 대응할 수 있고, 새롭게 제시되는 다양한 기술을 활용하여 기존의 문제해결방식을 혁신할 수 있으며, 다양한 난제를 다양한 이해관계자가 연계하여 협업을 통해 해결하며, 동시에 정부의 책임성과 신뢰를 높이기 위해 투명성을 확보할 수 있는 공무원이 필요하다.

이에 따라 인사혁신처는 미래의 공무원에게 필요한 역량으로 네 가지 인재상을 다음과 같이 제시하고 있다.

첫번째는 길잡이형 인재이다. 길잡이형 인재란 일상적인 환경 속에서 기존의 현상 유지를 위한 사고방식과 행태에서 벗어나 불확실한 환경에 보다 유연하게 대응하고 불확실한 환경 속에서 조직의 생존을 위해 새로운 비전을 제시하고 모험과 변화를 선도하는 인재이다. 이같은 인재는 세 가지 특징이 있는데, 첫째, 도전과 개척정신과 더불어 빠르고 정확한 상황판단능력을 불확실한 환경에 대응할 수 있다. 둘째, 직관과 대응력을 통해 예상하지 못했던 환경변화에 시의적절하게 대응할 수 있다. 셋째, 호기심과 통찰력으로 그동안 당연한 것으로 여겨왔던 현상에 대하여 의심함으로써 그 이면의 문제를 발굴할 수 있다.

두 번째는 융합·협업형 인재이다. 융합·협업형 인재는 H형 인재라고도 하는데 개별 공무원들이 협업을 통해 각자 가지고 있는 고유의 전문영역들을 연결함으로써 전문성이 융합되어 기존에 단일 전문성으로 풀지 못한 난제를 풀 수 있는 인재를 말한다. 따라서 융합·협업형 인재는 개개인의 전문성과 더불어 다른 전문성을 가진 공무원과 협업할 수 있는 능력이 요구된다. 다만, 그동안 우리나라 공무원들에게 강조된 것은 전문성을 갖춘 전문가(specialist)보다는 두루두루 일을 잘하는 일반행정가(generalist)였다. 따라서 공무원의 전문성을 키우기 위해서는 현재의 일괄채용, 순환보직에 따른 승진 등 일련의 인사관리체계를 바꾸어야 한다. 직위분류제에 따른 부처별 상시채용이 대안이 될 수 있다. 또한, 두 사람 이상이 모여 함께 일을 한다고 자연스럽게 협업이 되는 것은 아니다. 함께 일하는 사람이 늘어날수록 무임승차의 가능성이 커지게 되고 지금처럼 개인 또는 부서단위의 성과평가와 이에 따른 성과급이 부여되는 상황에서 타부서 혹은 타부처의 공무원들이 협업하는 것은 현실적으로 상당히 어렵다. 따라서 협업 역시 하나의 역량으로 인식하고 이에 대한 부단한 교육훈련이 필요할 것이다.

세 번째는 창조적 정보조합형 인재이다. 급변하는 환경 속에서 기존의 문제해결지식만으론 효과적으로 환경에 대응하기가 어렵다. 따라서 기존의 사고의 틀에서 벗어나 새롭고 창의적인 사고를 할 수 있는 발생의 전환이 필요하다. 이를 위해서는 여러 정보와 지식을 조합하여 전혀 새로운 조합과 해결책을 만들어 낼 수 있는 역량이 필요하다. 파랑색과 빨간색을 하얀 종이에 칠할 때 종이를 절반으로 나누어 한쪽은 파랑색 다른 쪽은 빨간색을 칠하면 두 가지 색만 표현할 수 있지만, 종이를 삼등분하여 가운데 파랑색과 빨간색을 섞은 색까지 표현하면 보라색까지 두 가지 색으로 세 가지 색을 표현할 수 있다. 정보와 지식도 이와 같이 서로 조합함으로써 각각의 정보와 지식 이외에 새로운 정보와 지식을 만들때 비로소 새로운 해결책을 제시할 수 있다.

넷째로 감성적 교감형 인재이다. 감성적 교감형 인재란 창의력, 감수성, 사색능력 등 인문학적 소양을 갖춘 인재를 말한다. 2018년 LG경제연구원이 발간한 '인공지능에 의한 일자리 위험 진단'보고서에 따르면 2017년 상반기 기준 전체 취업자 2660만명 중 43%에 해당하는 1136만명은 인공지능이 대체할 가능성이 70%이상 높은 고위험군 일자리에 종사하고 있다고 한다. 이 가운데 통신서비스판매원, 텔레마케터, 인터넷판매원뿐만 아니라 관세사, 회계사, 세무사 등도 자동화 위험이 높은 상위 20대 직업에 포함이 되었다. 반면 인공지능에 대체될 가능성이 30%미만인 '저위험군' 취업자는 18%(486만명)에 불과하다고 밝혔는데, 각종 연구원을 포함하여 교육전문가, 종교지도자 등이 이에 포함된다. 이들은 주로 정서적, 심리적 서비스를 제공하는 직업군으로서 인공지능 등 기술이 발달해도 사색하고 사람들과 교감해야 하는 영역은 대체되지 않을 것이란 점을 보여준다. 이 점은 공무원에게도 시사하는 바가 큰데, 기술발달에 따라 공무원의 역할도 단순반복 중심의 업무에서 벗어나 정책수혜자들의 니즈를 공감하고 이들과 교감할 수 있는 역량이 필요하다.

지금까지 앞으로의 환경변화에 대응할 수 있는 역량이 무엇인지 알아보았다. 그렇다면 이러한 역량을 갖춘 인력을 어떻게 준비해야 할까? 두 가지로 구분해서 생각해볼 수 있다. 첫째는 기존의 인력에게 교육훈련을 통해 앞으로 필요한 역량을 개발하는 것이다. 현재 사고, 리더십, 업무/관계 중심의 역량모델을 개선하여 다양한 시나리오를 중심으로 서로 다른 전문성을 갖춘 인력들이 팀으로 함께 문제를 해결할 수 있는 방식의 교육훈련이 제공될 필요가 있다. 이를 통해 소통 및 협업능력을 키울 수 있고 나아가 새로운 지식의 조합 및 창조 역량을 개발할 수 있다. 또한, 다양한 형태의 롤플레이를 활용하여 직접 정책수혜자의 입장을 이해하고 교감할 수 있는 역량을 키우는 교육훈련도 함께 생각해볼 수 있다.

두번째는 미래환경에 필요한 역량을 갖춘 인력을 선발하는 것이다. 인사행정의 명언 중에 'hire hard, manage easy'라는 말이 있다. 즉, 신중하게 유능한 인력을 선발하면 그만큼 관리하기 쉽다는 의미로 교육훈련을 통해 인력의 역량을 개발하는 것보다는 이미 역량을 갖춘 인력을 선발하는 것이 보다 효율적이고 효과적이라는 뜻이다. 이를 위해서는 기존의 선발방식을 수정할 필요가 있다. 앞서서도 간단히 언급했으나 지금처럼 중앙정부/지방정부나 공공기관의 일괄채용방식으로는 이러한 역량을 검증하고 선발하는 것이 어렵다. 우선 직무분석과 더불어 인력수요분석이 선행되어야 한다. 현재의 직무 가운데 미래환경 대응에 필요한 역량이 요구되는 직무가 무엇인지에 대한 분석과 더불어 미래환경에 따라 필요한 직무가 무엇인지에 대한 분석이 필요하다. 이에 따라 향후 필요한 인력의 숫자는 얼마나 되는지에 대해 중장기적으로 계획을 세울 필요가 있다. 가령 우리나라 정부는 각 부처별로 매 5년마다 인력계획을 수립하고 있으며 이 과정 속에서 현재 공무원의 역량과 미래에 필요한 역량이 무엇인지를 분석하여 그 차이를 좁힐 수 있도록 인력계획을 세우고 있다. 보다 세부적으로 보면, 우선 공무원 규모와 배치 현황, 인력구조와 구성, 최근 인력변화와 현재 역량수준 등을 파악한다. 이후 인력규모, 배치, 필요역량 등을 고려하여 향후 5년간 필요한 인력을 예측한다. 이러한 분석을 통해 5년 후 인력수요와 현재인력 간의 차이를 분석하여 그 차이를 줄이기 위해 선발, 교육훈련 배치 등 인사관리체계 전반에 대한 전략을 세운다.[2]

지금까지 미래환경에 대응할 수 있는 인재상과 더불어 인사관리방향에 대하여 알아보았다. 그러나 미래환경에 대응은 사람만으로는 부족하다. 구슬 서말도 꿰어야 보배이듯, 역량있는 인력을 조직화할 수 있는 조직구조 역시 함께 다루어야 비로소 성공적으로 미래환경에 대응할 수 있기 때문이다.

5 환경과 조직: 조직관리

조직에 대한 다양한 정의가 있으나 공통적으로 공동의 목표를 가지고 있으며, 이를 달성하기 위해 의도적으로 정립한 체계화된 구조에 따라 구성원들이 상호작

---

2) 출처: OECD Survey on Competency Management in Government 2009.

용하며, 경계를 가지고, 외부환경에 적응하는 인간들의 사회적 집단으로서 조직화 과정의 산물로 이해할 수 있다(이창원 외, 2019: 27). 이같은 조직은 일반적으로 환경이 복잡해짐에 따라 환경에 대응하기 위한 하부조직을 만듦으로써 불확실성을 줄이고자 한다.

<그림 8.5>는 제1공화국 당시 정부조직도와 2021년 문재인정부의 정부조직도이다. 제1공화국 정부조직은 11부4처3위원회로 총 18개 기관으로 구성되었다면 문재인정부의 정부조직은 18부4처18청7위원회, 2원4실1처로 총 54개의 기관으로 구성되어 있다. 단순히 정부기관 숫자를 비교하면 70여 년 동안 정부조직의 규모가 3배 이상 커졌음을 알 수 있다. 이렇게 정부조직이 변화한 이유는 결국 70여년 동안 정부가 대응해야 할 환경의 복잡성이 증가했음을 설명해준다. 가령, 제1공화국 정부에는 없었던 환경부, 과학기술부, 여성가족부 등은 1948년 당시에는 정부가 대응할 환경적 요소가 아니었으나 점차 환경문제, 여성인권, 과학기술의 발전 등의 환경변화에 따라 정부가 그 대응의 필요성을 느껴 부처를 신설한 것이다.

그림 8.5 정부조직도 비교

제1공화국 정부조직도(1948)

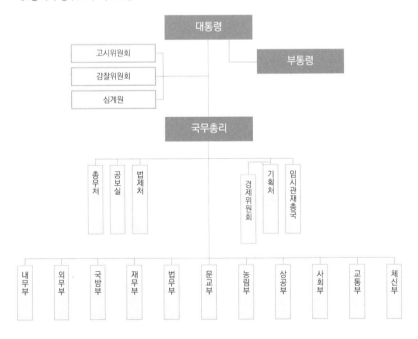

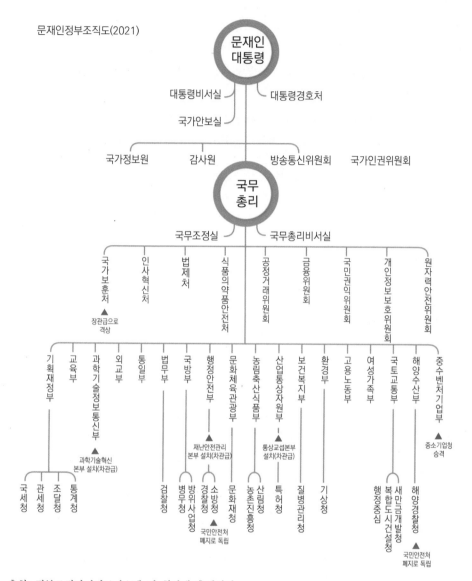

문재인정부조직도(2021)

출처: 정부조직관리정보시스템 및 청와대 홈페이지.

　이와 같이 정부조직을 포함한 조직은 환경변화에 대응하기 위해 끊임없이 조직개편의 필요성을 진단하고 조직개편을 단행한다. 따라서 환경에 대응하기 위해서는 환경분석을 토대로 조직진단이 필요하다. 보다 구체적으로 Weisbord(1976)은 조직이 처한 현재 상태와 추구해야 할 바람직한 미래 상태 간의 차이를 확인

하는 것을 조직진단이라고 정의하고 있다. 조직진단에 관하여 다양한 방식들이 제시되고 있다.[3)]

　대표적인 조직진단의 틀로서 Leavitt의 다이아몬드 조직체계 모델이 있다. 다이아몬드 모델에 따르면 조직의 네 가지 요소들이―구조(의사소통체계, 권한관계, 업무의 흐름), 과업(조직의 주요임무), 기술(도구 및 운영기술), 인력(과업을 수행하는 조직구성원)―서로 상호의존적 관계를 가지고 있다고 보고 네 가지 요소에 대한 진단을 통해 조직의 현 상황을 진단할 수 있다고 보았다. 그러나 Leavitt의 모형은 조직을 폐쇄형 조직으로 가정함으로써 환경의 요소를 감안하지 못하였다는 한계를 가지고 있다. 반면 Nadler의 적합모델은 크게 투입 → 변혁 → 산출 → 환류 단계로 구분하고 환경, 자원, 조직전통 및 조직전략 등의 요소가 투입되면 중간의 변혁과정을 거쳐 체제, 단위, 개인 등으로 산출되어 투입으로 환류된다고 본다. 이때 조직진단의 핵심은 변혁과정 속에서 업무, 조직구성원 공식조직 및 비공식조직 등 네 가지 하부조직의 상호작용을 파악하여 진단하는 것이라고 본다(<표 8.3> 참조).

표 8.3　Nadler의 적합모델의 진단변수와 초점

구성원 ↔ 공식조직	• 개인의 욕구는 조직의 구성에 의해 충족되고 있는가? • 개인들은 조직구조에 대해 명확한 이해를 하고 있는가? • 개인의 목표와 조직의 목표는 수렴되고 있는가?
구성원 ↔ 업무	• 개인의 욕구는 주어진 업무에 의해 충족되고 있는가? • 각 개인은 업무를 수행할 수 있는 기술과 능력을 지니고 있는가?
구성원 ↔ 비공식조직	• 개인의 욕구는 비공식조직에 의해 충족되고 있는가?
업무 ↔ 공식조직	• 조직의 구성은 업무의 수행에 맞도록 적절히 되어 있는가? • 조직의 구성은 업무를 수행하는 동기를 유발시키는가?
업무 ↔ 비공식조직	• 비공식조직이 업무의 성과를 높여주는가? • 비공식조직이 업무수행의 요구를 수렴하는가?
공식조직 ↔ 비공식조직	• 비공식조직의 목표, 보상, 구조가 공식조직의 목표, 보상, 구조와 일치하는가?

출처: 이홍민(2012: 118) 발췌.

---

3) 이하 조직진단모델은 이홍민(2012)의 내용을 발췌수정하였음.

조직진단을 통해 정부조직의 현재상태를 파악한 이후 조직진단의 결과를 활용하기 위해서는 바람직한 정부조직의 모습을 설정해야 한다. 과거 산업화 시절, 정부 패러다임은 큰 정부였다. 주로 경제기획원을 중심으로 정부가 주도하여 경제성장의 방향성을 설정하였고 민간의 기업들을 선택적으로 지원함으로써 민간을 통한 경제성장을 정부가 주도하였다. 그러나 경제규모가 커짐에 따라 더 이상 큰 정부 중심으로는 경제성장을 이끌어가기 어려워졌다. 이에 따라 90년대를 지나면서 작은정부론에 따라 여러 정부기능이 민영화를 통해 민간기업으로 넘어가면서 정부는 방향성을 설정하는 기능을 담당하고 실제로 수단에 대한 권한을 민간에게 이양함으로써 목표잡기(steering)의 역할에 집중하게 되었다. 그러나 보다 복잡한 미래의 환경을 대응해야 하는 현 시점에서 작은 정부를 통해 시장에서 복잡한 미래환경에 대응해줄 것을 기대하는 것은 어려워졌다. 특히 여러 이해관계자들이 다양한 목소리를 내는 가운데 정부 혹은 민간참여자만으로는 오늘날 난제를 해결하기 더욱 어렵다. 이에 따라 우리는 새로운 정부의 패러다임을 설정하고 조직진단의 결과를 바탕으로 조직의 나아갈 방향을 재설정해야 한다.

이에 대하여 McKinsey[4]는 미래 행정환경에 대응하기 위한 새로운 정부운영 패러다임으로 1) 증거기반 의사결정, 2) 시민의 참여와 권한위임, 3) 전문성과 기술 개발 투자, 4) 민간 및 시민사회와의 협업 등을 제시했다. 첫째, 증거기반의 의사결정이란 기존의 정부가 규범적으로 정부의 역할을 규정하거나 혹은 정책수혜자입장이 아닌 정책집행자의 입장에서 정부서비스를 제공하던 틀에서 벗어나 신뢰할 수 있는 객관적 자료에 입각하여 정부서비스 수요를 파악하고 이에 대응한 서비스를 제공하는 역할을 한다. 특히 최근 행동경제학에서 강조하는 넛지의 개념을 정부의 조직과 연계하는 경우가 있는데 특별히 정부가 규제하지 않더라도 공공의 이익을 추구할 수 있도록 정책집행과정에 넛지의 개념을 적용하여 국민들이 자발적으로 정책을 수용함으로써 국민들의 행동을 바람직한 방향으로 유도하는 부드러운 개입을 넛지라고 볼 수 있다. 실례로 세금고지서에 이웃의 납세현황을 추가함으로써 세금납부자가 이웃과 비교하여 뒤처지지 않기 위해 자발적으로 세금을 납부하도록 하는 영국의 사례를 들 수 있다. 이러한 넛지 정책 개발을 위하

---

4) 출처: http://www.mckinsey.com/industries/public-sector/our-insights/government-by-design-four-principles-for-a-better-public-sector

여 여러 국가에서 넛지유닛(nudge unit)을 정부에서 운영하고 있다. 영국정부의 행동과학팀(Behavioral Insight Team), 미국연방정부의 사회 및 행동과학팀(Social and Behavioral Sciences Team), 호주 뉴사우스웨일스 주정부의 행동과학유닛(Behavioral Insight Unit) 등이 그 예이다. 이러한 넛지유닛을 정부에 둠으로써 적은 비용으로 높은 정책효과를 가져올 수 있다는 점에서 활용성이 높은 조직이다. 특히, 정부가 해결해야 할 난제가 늘어나는 상황에서 자원의 투입을 최소화하며 문제해결의 극대화를 추구할 수 있다는 점에서 넛지유닛의 도입은 고려할 만하다.

두 번째는 시민의 참여와 권한위임으로서 민간기업들이 고객들의 수요에 민감하게 대응하듯이 정부도 정책수혜자인 국민중심의 행정서비스를 제공하는 것을 의미한다. 실례로 에스토니아 정부는 국민들이 자주 사용하는 실업급여 신청, 세금 납부, 새로운 기업 등록, 투표 등을 온라인상에서 해결할 수 잇는 서비스 포털을 만들어 매일 만여명이 넘는 국민들이 해당 포털을 방문하고 있다. 또한, 미국은 regulations. gov라는 웹사이트를 운영하면서 미 연방정부가 생산한 신규 규제나 혹은 이와 관련한 정보를 제공하는 한편 국민들은 자신에게 직접적으로 영향을 주는 규제에 대하여 해당사이트를 통해 의견을 개진하여 반영할 수 있도록 하고 있다.

세 번째는 전문성과 기술개발투자로서 교육훈련을 통해 정부관리자들로 하여금 IT역량을 배가해주는 한편 정부의 중요분야에서 필요로 하는 전문성을 선별하여 정부조직 내외의 교육훈련기관을 통해 필요한 지식을 습득할 수 있도록 하는 것을 의미한다. 이러한 투자는 특히 위험관리기술과도 연결되는데 다양한 환경변화를 예측하고 이에 대한 대응능력을 키우는 방면에서도 이루어져야 한다. 싱가포로의 경우 Center for Stretigic Futures라는 조직을 국무총리 산하에 둠으로서 미래에 발생할 수 있는 다양한 시나리오를 개발하고 이에 대응하기 위한 전략들을 개발하는 역할을 한다.

마지막으로 민간 및 시민사회와의 협업이다. 공공문제가 나날이 복잡해짐에 따라 더 이상 큰정부 혹은 작은정부를 통해서 해결할 수 없다. 무엇보다 정책문제를 가장 잘 아는 집단은 사용자인 국민이다. 따라서 국민이 스스로 문제를 인식하고 이에 대한 해결책을 요구해야 한다. 그렇지 않을 경우 정부 관료는 기존의 업무연장선에서 업무처리를 실시하여 현장에서 대두되는 문제를 파악하기가 쉽지 않다. 문제를 제기하면 해당 문제를 해결해줄 수 있는 정부기관, 민간기관, NGO 등 다양한 조직들이 해결책을 제시한다. 이 가운데 가장 효율적이면서도 문제를 제기한 정책수요자들이 수용하기 쉬운 해결책을 선택하게 된다. 이때 정부는 민간이 제시한 해결책이 법제도적으로 구체화될 수 있도록 법률 및 재정적 지원을 하며 동시에 정부, 국민, 민간기관이 함께 문제를 해결할 수 있는 플랫폼을 제공하는 역할을 수행한다. 실제로 스톡홀름시에서 스마트기술을 이용해 시민들의 불편함을 해소하는 방식이 시민들의 문제제기와 민간기업의 스마트기술을 이용한 대안제시, 그리고 정부의 법률적 뒷받침 등 협업을 통해 문제를 해결하고 있다.

이상과 같은 원칙을 토대로 정부조직은 보다 환경에 기민하면서 동시에 효과적으로 대응할 수 있을 것으로 기대된다. 이에 따라 우리나라 역시 넛지유닛, 시민의 참여와 권한을 위임하는 서비스, 공무원의 전문성강화 교육훈련, 정부-민간기업-국민이 함께 문제를 발굴하고 해결책을 찾아 직접 시행할 수 있는 플랫폼을 제공하는 등의 정부조직의 변화가 필요하다.

6 나가며

환경은 끊임없이 변화한다. 문제는 변화의 방향성과 속도에 있다. 현대사회를 거쳐 미래사회로 갈수록 조직을 둘러싼 환경변화는 단일방향이 아닌 다방면으로 매우 빠르게 변화하고 있다. 이러한 환경변화를 정확히 읽어내고 대응할 수 있는지 여부가 조직의 성패를 가르게 된다. 시장의 큰 점유율을 차지하고 있는 민간기업들의 공통점은 환경변화를 읽어내어 기존의 조직과 인사관리를 성공적으로 혁신했다는 데 있다.

그러나 정부조직을 포함한 공공조직은 혁신에 둔감한 편이다. 오히려 Terry(1990)같은 학자는 정부조직의 핵심은 변화보다는 오랫동안 행정이 쌓아온 전통적 핵심가치를 잘 보존하는 것에 있다고 주장하기도 한다. 즉, 정부조직은 환경변화를 주도하기보다는 변화의 추이를 보며 민간조직보다는 조금 느리게 반응하기 마련이다. 그럼에도 성공적인 정부조직과 그렇지 못한 정부조직의 차이는 환경변화를 직시하고 이에 대비하느냐에 있다. 정부조직이 환경변화에 선도적으로 대응하기에는 그 위험요소가 많아 민간조직보다는 조금 느리게 대응하더라도 그 말이 곧 환경변화를 무시한다는 것은 아니다. 끊임없이 환경변화의 추이를 분석하고 앞으로의 환경변화를 예측함으로써 정부조직입장에서 미션과 비전을 설정하고 이를 달성하기 위한 실행목표로서 인사와 조직관리 차원의 전략을 세울 때 비로소 성공적인 정부조직이 될 수있다.

본 장에서는 환경분석기법으로서 STEPPER 기법과 더불어 환경변화에 따른 조직의 전략을 도출하는 SWOT분석기법을 소개했다. 이러한 환경분석기법을 통해 정부조직은 전략적으로 환경에 대응할 수 있다. 그러나 환경변화는 예측하기 어려우므로 이러한 환경분석기법은 끊임없이 수정보완되어야 할 것이다. 또한 본 장에서는 조직진단 기법을 소개하고 미래의 바람직한 정부조직모습과 현재 정부조직모습의 차이를 줄이기 위하여 인사관리와 조직관리 측면에서 정부조직이 추구해야할 전략들을 개략적으로 소개하였다. 물론 본 장에서 소개한 전략은 핵심적 전략이지만 그 자체로 완결된 전략은 아니다. 따라서 본 장을 통해 미래환경에 성공적으로 대응할 수 있는 정부조직의 전략을 생각해보는 계기가 되기를 바란다.

참고문헌

남궁근. (2019). 「정책학」. 법문사.

류재현. (2008). "지방정부의 SWOT 분석과 SWOT 전략: 부산광역시를 대상으로". 한국지방자치연구, 9(4), 23−46.

박흥윤. (2014). 「공공조직을 위한 전략적 기획론」. 대영문화사.

오세홍·원한식. (1995). "행정학의 정체성을 위한 전제로서 행정의 본질". 한국자치행정학보, 9, 63−81.

이창원, 최창현, & 최천근. (2019). 「새조직론」. 서울: 대영문화사.

이홍민. (2012), 「강한조직만들기」. 중앙경제사.

인사혁신처. (2015). 「인사비전2045」. 지식공감.

Bozeman, B. (2004). *All organizations are public: Comparing public and private organizations*. Beard Books.

Goodnow, F. J. (1900). *Politics and administration: A study in government*. Macmillan.

Henry, N. (1987). The emergence of public administration as a field of study. In R. C. Chandler (Ed.), A centennial history of the American administrative state (pp. 37−85). New York, NY: The Free Press.

Nigro, F. A., & Nigro, L. G. (1977). Modern Public Administration. Harper & Row

Ostrom, V. (2008). *The intellectual crisis in American public administration*. University of Alabama Press.

Overeem, P. (2005). The value of the dichotomy: Politics, administration, and the political neutrality of administrators. *Administrative Theory & Praxis, 27*(2), 311−329.

Overeem, P. (2006). In defense of the dichotomy: A response to James H. Svara. *Administrative Theory & Praxis, 28*(1), 140−147.

Svara, J. H. (2006). Complexity in political−administrative relations and the limits of the dichotomy concept. *Administrative Theory & Praxis, 28*(1), 121−139.

Terry, L. D. (1990). Leadership in the administrative state: The concept of administrative conservatorship. *Administration & Society, 21*(4), 395−412.

Waldo, Dwight. (1952). Development of Theory of Democratic Administration. *AmericanPolitical Science Review, 46*(1): 81 − 103.

Weisbord. M. (1976). Organizational Diagnosis: Six Places to Look for Trouble with or without a Theory, Group & Organization Studies, 1, 430 − 447

PWC, Future of Government, PWC, 2013. https://www.pwc.com/gx/en/psrc/pb ulications/assets/pwc_future_of_government_ pdf.pdf.

조직 미션의 이해와 관리

유은지 · 이정욱

생각해보기

- 당신이 소속해 있는 조직(이하 조직)의 미션은 무엇인가?
- 조직 내외 주변인들과 조직 미션에 대하여 이야기를 나누어 보시오. 조직 미션에 대해 동일한 인식을 공유하고 있는가? 만약 그렇지 않다면 어떻게 다른가? 그 이유는 무엇인가?
- 조직의 미션은 대내외적으로 어떻게 소통되고 있는가?
- 조직 미션의 기능성 제고를 위해 무엇이 필요한가? 컨설턴트의 입장에서 미션 기능성 전략을 수립하여 제시하시오.

제9장

조직 미션의 이해와 관리

제9장

1 들어가며

현대 조직관리 연구와 실무는 공사조직을 막론하고 미션의 기능적 중요성에 주목한다. 이러한 견해에 따르면 미션은 조직설계의 출발점이자(Drucker, 1974) 핵심적 관리수단(managerial tool)으로 간주하며, 때로는 '이념적 무기(ideological weapon)'(Selznick, 1949)이다.

미션의 기능적 중요성은 기본적으로 조직소통(organizational communication)의 맥락에서 파생된다. 미션은 "왜(Why)?"라는 질문을 중심으로 한 조직의 소통 수단이자 결과이기 때문이다. 즉, 조직은 해당 조직이 왜 존재하는가? 해당 조직을 왜 계속 지원해야 하는가? 해당 조직에서 왜 일해야 하며, 일을 하는 이유가 무엇인가?를 대내외적으로 소통하기 위해서 미션을 수립한다. 대외적으로 조직은 미션을 통해 그 존재이유(raison d'etre)를 표명하고 설득함으로써 조직 존속과 활동의 정당성을 획득한다. 미션을 조직구성원에게 설명하고 이해시키는 대내적 과정은 조직의 목적과 가치에 대한 내재화와 공유를 가능하게 한다.

다만, 미션의 이러한 기능성은 저절로 실현되는 것은 아니다. 단순히 미션을 수립·선언·공표하는 행위만으로 대외적 지지와 정당성이 확보되고, 대내적 가치 공유와 결속이 이루어질 수는 없다. 현대 조직관리 연구는 미션의 기능성 실현을 위한 다양한 방법과 전략을 논한다(Alegre et al., 2018). 이는 미션의 기능성 실현 문제는 곧 '관리의 문제(management matter)'임을 시사한다.

본 장은 조직미션의 올바른 이해(understanding)와 관리(managing)를 위한 지식 제공을 목적으로 미션과 미션의 기능적 중요성을 설명하고, 미션의 기능성 실현을 위한 다양한 방법과 관리전략을 소개한다.

2 미션이란?

1) 미션의 의의

미션(mission)은 무엇인가? 이에 관한 통용되는 단일의 정의는 없으나, 기존 연구자들에 따르면 미션은 조직이 성취하고자 하는 것(what do we want to become) 과 조직이 수행하는 업무(what is our business)(Bart, 1999; Drucker, 1993)를 의미하며, 조직의 존재이유, 목적(purpose), 초점(focus), 방향(direction)을 나타내는 것 (Drohan, 1999)으로 이해할 수 있다. 더불어 미션을 설명하는 데 있어서 살펴봐야 하는 개념은 조직목표의 개념이다. 미션은 '조직이 추구하는 바람직한 상태 (desired states)'를 의미(Hall, 1999; Daft, 2004; Rainey, 2014)하는 조직목표의 한 형태 이기 때문이다. 구체적으로 조직목표는 조직의 존재이유에 대한 이해와 의사소통 기능, 일상적인 의사결정과 활동을 위한 구체적인 지침을 제시하는 지시적 기능, 조직목표 또는 조직활동의 결과를 평가하는 기능, 마지막으로 다양한 목표들 중 우선순위를 결정하는 기능을 한다(전영한, 2004). 그 가운데 조직의 존재이유를 정 당화하여 조직구성원들의 동기부여를 촉진하고, 조직외부로부터 자원 획득을 용이 하게 하려는 기능을 하는 것이 바로 미션이다(전영한, 2004).

한편, 미션에 관하여 보다 심도있는 연구는 Campbell(1989)에 의해서 이루어 졌다. 그는 미션을 협의와 광의로 구분하여 파악하고, 미션을 구성하는 요소에 대해서 제시함으로써 미션의 개념을 구체화하였다. 그의 논의에 따르면 좁은 의미의 미션은 해당 조직이 수행하는 사업(the business that the organization is in)이다. 반면, 넓은 의미에서는 조직의 목적(purpose), 전략(strategy), 가치(values), 기준과 행동양식(standards and behaviors)을 함유한다. 이와 같은 네 가지 구성요소들은 아래 <그림 9.1>과 같이 서로 연계되면서 미션을 구성하게 되는데, 각 구성요소와 이들의 연계성에 대해서 살펴보면 다음과 같다.

그림 9.1 미션의 구성요소와 관계

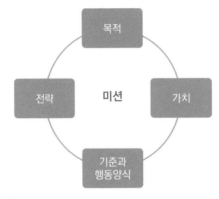

출처: Campbell(1989) 재구성.

미션의 첫 번째 구성요소인 '목적(purpose)'은 조직의 존재이유(why the organization exists)를 의미한다. 특히, Campbell(1989)이 미션의 구성요소로 제시한 목적은 '조직이 누구를 위하여 존재하는가'에 초점을 두었다. 이에 따르면 미션은 '여러 이해관계자들 중 누구의 이익을 충족시킬 것인가'를 설명하는 역할을 한다. 다만, 조직이 개별 이해관계자들의 이익을 초월하는 목적을 제시하는 경우, 이해관계자들 간의 경쟁, 긴장으로 인한 갈등을 줄이고, 폭넓은 이해관계자들의 지지를 확보할 수 있다.

미션을 구성하는 두 번째 요소는 목적을 달성하기 위한 '조직의 전략(the organization's strategy for achieving its purpose)'이다. 조직의 전략은 조직이 수행하고자 하는 과업이나 타조직에 비해 유리한 지위를 차지하기 위해 취하는 방법이나 노력을 의미하는 것으로서 조직의 목적을 뒷받침하며, 목적 달성을 위해 필요한 기준(standards)과 행동양식(behaviors)을 상세히 기술하는 역할을 한다.

세 번째 구성요소인 '가치(values)'는 조직의 관리방식을 뒷받침하는 믿음·신념(beliefs)으로서 '조직이 옳다고 생각하는 것(what the organization believes in)'으로 정의할 수 있다. 가치는 전략과 연계되어 전략을 강화하며, 조직의 목적과 행동양식의 도덕적 연결고리 역할을 한다. 즉, 가치는 미션을 구성하는 나머지 구성요소(조직의 목적, 전략, 행동양식)를 전략적·도덕적으로 지지하는 기반으로서 조직구성원으로 하여금 그들이 수행하는 업무가 전략적으로 뛰어날 뿐 아니라 '바른 행동방식(the right way to behave)'임을 정당화하는 근거가 된다.

마지막 구성요소인 '기준과 행동양식(standards and behaviors)'은 조직의 운영방식에 대한 방침과 행동(업무) 패턴(the policies and behavior patterns that guide how the organization operates)을 의미한다. 이러한 행동양식은 조직의 전략과 가치의 융합을 통해 도출되고, 이는 직접적으로 미션을 구성한다. 따라서 미션에 드러난 행동양식을 통해 조직의 전략과 가치를 확인할 수 있으며, 이들이 서로 명확하고, 강하게 연계되어 있을 때 강력한 미션이 될 수 있다.

이상의 논의를 종합하면, 미션은 조직의 정체성(identity)을 확립하는 활동으로서(Altiok, 2011) 조직의 존재이유(the reason for organization's existence)가 되는 목적과 이를 달성할 수 있는 수단, 그리고 조직의 도덕적 지지기반을 구체화하는 것이다.

2) 미션의 특징

조직 미션은 최고 관리자의 조직관리 수단이자 전략적 관리의 일환으로 주목받았다(Mullan, 2002). 최근에는 기존의 특징을 강조하면서도 사회적으로 구성되고, 인지되며, 환경에 의해 변화할 수 있다는 점에 주목한다. 이러한 특징들은 특히 공공조직의 미션에서 부각되는 특징으로 이를 살펴보면 다음과 같다.

첫 번째로 미션은 외부에 의해서 부여되고, 조직에 의해서 만들어진다. 미션이 지닌 이러한 특징은 위임사항(mandates)과의 비교를 통해서 보다 명확히 파악할 수 있다. 구체적으로 위임사항은 외부에서 조직의 존재 목적이나 활동에 관해 규정한 것을 의미한다. 특히, 공공조직의 경우 법규나 상부의 명령, 지시, 정책 등을 통해 조직이 해야 할 것, 조직이 할 수 있는 것, 조직이 해서는 안 될 것이 명확하게 규정된다(Nutt & Backoff, 1992). 실제로 우리나라의 경우, 중앙행정기관의 기능을 「정부조직법」에 규정하고 있는 바와 같이 위임사항은 외부로부터 주어진다. 반면, 미션은 조직이 무엇을 할 것인지에 대해 조직 스스로 설정한 것으로서 조직 의지로 조직의 존재 목적과 역할을 설정한다는 점에서 주어진 위임사항과 구별된다. 다만, 조직은 공식적인 위임사항 외에 공익을 위해 '할 수 있는 일'을 도출해야 하므로 주어진 위임사항을 바탕으로 조직의 목적과 실체를 설정하게 된다. 따라서 조직 미션은 조직에 부여된 임무와 조직이 수행하는 핵심업무를 포괄적으로 아우르는 특징을 지니게 된다(Bryson, 2004).

두 번째 특징은 미션이 사회적으로 구성된다는 점이다. 이러한 특징은 두 가지 측면에서 설명할 수 있다. 먼저, 미션은 이를 수립하는 과정에서 조직을 둘러싼 이해관계자의 다양한 견해와 외부 압력에 노출되고, 이를 모두 조정·통합하여 설정된다는 점에서 결의의 성격을 지닌다. 즉, 조직의 목적을 바라보는 내·외부 이해관계자들의 상이한 견해를 종합하여 수립된다는 점에서 미션은 사회적 구성물이다. 한편, 이러한 특징은 수립된 미션을 인식·이해하는 과정에서도 나타난다. 조직구성원이 미션을 인식하고 이해하는 수준이나 방식은 개인의 인식능력뿐만 아니라 외부 환경적인 요소에 영향을 받는다. 뿐만 아니라 미션은 객관적으로 존재하는 것처럼 보이지만 미션에 대한 조직 내부의 합의 정도에 따라 인식의 차이를 보이며, 사회와 조직을 둘러싼 지배적인 규범의 변화는 조직 미션과 미션 인식에 영향을 미칠 수 있다는 점(David, 2018)에서 사회적으로 구성된다.

마지막으로 미션은 가변적이다. 전략적 기획의 측면에서 조직은 수립한 미션과 비전을 실현하는 전략을 이행하는 과정에서 도출되는 정보를 바탕으로 지속적으로 전략, 목표, 비전과 미션을 변경한다. 특히, 조직이 설정한 미션을 완수하여, 존립의 근거를 재설정해야 하거나, 조직을 둘러싼 환경이나 사회의 지배적인 규범이 변화하는 경우에 미션을 변경할 유인이 커진다. 전자는 테네시강 유역 개발을 목표로 설립되었으나, 그 임무를 완수한 후 조직의 존립을 위하여 목표를 지속적으로 변화한 테네시강 유역 개발공사(TVA: Tennessee Valley Authority)의 사례[1]를

---

1) 세계 대공황을 극복하기 위해 미연방정부가 설립한 테네시강 유역 개발공사(TVA: Tennessee Valley Authority)는 댐을 건설함으로써 홍수를 조절하고 내륙 수운을 개선하며, 농민들의 생활수준을 향상시키고, 테네시 강과 그 지류를 따라 댐을 건설해 전기를 생산하는 데 그 목적을 두고 있었다. TVA는 당초 목표했던 테네시강 유역 개발을 완수한 후, 수렵발전을 통해 전기를

통해 설명할 수 있다. 한편, 환경변화에 따른 존폐의 기로에서 조직의 목표를 재정립하여 새로운 역할을 스스로 부여하는 노력을 통해 조직 존립의 기반을 마련한 대한석탄공사의 사례는 환경변화에 따라 미션을 변경한 예[2]라고 할 수 있다.

3 미션의 기능성

1) 조직 내부 의사소통 수단

미션은 조직 최고 관리자의 의도와 방향을 중간관리자와 그 이하 구성원에게 이해시킬 수 있는 수단이자 구성원 간의 의사소통 수단이다. 뿐만 아니라 원활한 의사소통이 전제될 때 여타 기능들도 제대로 작동할 수 있기 때문에 의사소통은 미션의 핵심적인 기능이라 할 수 있다. 이러한 조직 미션의 기능을 관점에 따라 구분하여 상술하면 다음과 같다.

먼저, 하향적 관점에서 미션은 조직의 존재이유뿐 아니라 최고관리자가 생각하는 미래상과 그 방법을 총체적으로 제시하는 수단으로서 조직구성원들은 미션을 통해 최고 관리자의 의도와 방향을 업무 전반에 투영할 수 있다. 이러한 측면에서 미션은 업무평가의 기준으로 작용하여 일관된 의사결정에 도움을 주어 조직

생산·판매했을 뿐 아니라 TVA는 지방자치단체 및 협동조합들과 계약을 맺어 일반인에 전력을 도매값으로 제공하고, 그들과 공동으로 그 지역에 있는 사설 전력공급업체들을 인수했다. 이를 통해 전력공급시설이 모두 통합되어 TVA는 유일한 전력공급자가 되었다. 이후 핵발전소 건설을 통한 전력공급에 이어 에너지 보존 및 친환경 에너지 발굴에 이르는 목표를 보유하게 되었다.

2) 석탄광산의 개발을 촉진하고 석탄의 생산·가공·판매 및 부대사업을 운영하여 안정적인 석탄 수급을 목적으로 설립된 대한석탄공사는 연탄 소비량의 감소, 적자누적 등으로 2016년 존폐위기에 놓이기도 했다. 에너지 환경 변화에 따라 석탄 생산량이 줄어들면서 서민연료의 안정적 공급이라는 석탄공사의 목표가 종결된 것에 기인한 결과이다. 이와 같이 환경변화에 따른 존폐의 기로에서 석탄공사는 조직의 목표를 재정립하여 새로운 역할을 스스로 부여하는 노력을 통해 조직 존립의 기반을 마련하였다. 구체적으로 기존 석탄의 안정적 공급이라는 조직 목표가 완료됨에 따라 에너지 안보차원에서 석탄산업을 최소 수준으로 유지할 수 있는 테스트 베드의 역할과 탄광 주변 지역재생, 그리고 자원교류 측면에서 남북협력을 도모하려는 목표를 설정하여 조직의 기능변화를 유도하고, 이를 통해 조직을 유지하려는 전략적 노력을 기울이고 있다.

의 일관성을 유지하고, 조직구성원을 통제하는 기제로 활용할 수 있다. 뿐만 아니라 조직문화를 정립하고, 잠재적으로 조직행태'(채용, 직무만족, 동기와 잔류(retention))'에 영향을 미칠 수 있는 중요한 관리의 수단으로서(Campbell, 1993) 기존 구성원의 동기부여와 조직몰입을 도울 뿐 아니라 미래의 조직구성원을 확보하는 데도 영향을 미친다(Wang & Lin, 2011).

한편, 상향적 관점에서 미션은 구성원들 간에 공통적인 목표를 공유하고, 의사소통을 촉진하는 기능을 한다. 더불어 미션에 관한 원활한 의사소통은 업무에 의미를 부여함으로써 조직구성원의 동기와 의욕을 고취시킨다(Barkus, Glassman, & McAfee, 2000; Braun et al., 2012). 뿐만 아니라 미션 그 자체로 구성원 간의 유대(culture glue)를 형성하는 데 도움을 주며(Wickham, 1997), 구성원들 스스로 행동을 관리(control)하는 기제로 작동한다(Bart, 1997b; Powers, 2002). 더 나아가 미션을 발굴하고 수립하는 과정에 참여함으로써 조직의 목적에 대한 심도 있는 이해와 헌신을 가능하게 한다(Latham & Locke, 1979). 이러한 과정을 통해서 구성원들에게 조직에 대한 '정서적 유대(emotional-bond)' 또는 '사명감(sense of mission)'이 형성되기 때문이다. 이러한 의사소통의 과정은 구성원들이 헌신을 불러일으키고(Campbell & Yeung, 1991), 과업에 대한 믿음과 조직에 대한 신뢰를 구축하여 구성원들의 동기유발과 효율적인 업무수행을 가능케 한다(Campbell, 1989).

즉, 미션은 조직의 핵심가치와 활동을 대내외 이해관계자들과 소통하는 가장 중요한 수단 중 하나로서(Kirk & Nolan, 2010), 조직구성원들과 이해관계자들은 미션 선언문(mission statement)[3]이라는 의사소통 수단을 통해 조직 운영상의 가치, 관점 등을 공유하게 된다(Babnik, 2014; Hirota et al., 2010).

2) 대내외 정당성 관리 수단

미션은 조직의 핵심가치와 활동을 대내외 이해관계자들과 소통하는 가장 중요한 수단 중 하나로서(Kirk & Nolan, 2010), 이해관계자들의 요구에 부합하는 가치를 추구한다는 것을 단적으로 보여주는 기제이다. 대외적 차원에서 미션은 조직의 평판(reputation)을 구성하는 요소이자, 효과성과 정당성 인식(perceived effectiveness

---

3) 미션 선언문(mission statement)은 조직이 지닌 미션을 간결한 문장 또는 문구로 표현한 것으로서 미션 선언문에 관해서는 이하에서 자세히 논의한다.

and legitimacy)에 영향을 미치는 중요한 요소가 된다(Basler & McClusky, 2005). 특히, 미션을 통해 조직의 방향을 외부에 표명함으로써 이해관계자들은 조직의 현재와 미래에 대해 보다 면밀히 파악하고, 이해할 수 있다. 이러한 과정을 통해 조직은 정당성(legitimacy)과 정치적 지지(political support)를 획득할 수 있고, 조직의 재정과 고객과의 의사소통 및 만족도 향상에 긍정적인 영향을 미칠 수 있다(Wang & Lin, 2011).

이를 상술하면 다음과 같다. 조직은 미션을 조직 내외에 공표함으로써 존재이유를 정당화하고, 조직 외부로부터 용이하게 자원을 획득할 수 있다(Chun & Rainey, 2005; Campbell & Nash, 1990). 미션은 조직을 나타내는 상징으로서(Ashforth & Gibbs, 1990; Glynn & Abzug, 2002; Peyrefitte, 2012) 조직 정체성(identity)(Pearce & David, 1987)과 조직의 이미지를 형성하는 역할을 하기 때문이다(Dutton & Dukerich, 1991). 즉, 조직은 미션을 통해 긍정적인 이미지를 형성할 수 있고, 이는 긍정적인 평판효과(positive reputational impacts)를 통해 조직 존속의 기반을 마련할 수 있다. 왜냐하면 핵심적인 이해관계자들로부터의 지지는 조직 자원 확보와 생존에 필수적인 요소이기 때문이다.

한편, 미션은 조직이 지닌 의도(intend)나 그들이 궁극적으로 추구하는 바를 파악할 수 있는 상징적인 장치이며(Pfeffer, 1992), 이는 조직 외부의 이해관계자가 조직에 대한 지지와 자원을 제공하는 근거가 될 수 있다. 이러한 미션의 기능은 공공부문의 조직에 더 중요한 의미를 지니는데 비영리 또는 정부조직은 실질적 비전과 구체적인 활동계획이 조직의 미션을 기반으로 도출되기 때문이다(Moore, 2002).4) 또한, 조직 스스로 입증해야 하는 조직의 사회적 정당성(a social raison d'être)과 관련하여 영리조직은 생산물의 매출(sales of products and services)을 통해 사회적 정당성을 명확하게 입증할 수 있다. 그러나 비영리 조직의 경우 재정적인 성과로 사회적 정당성을 확보하기 어렵고, 특히 관료제의 목적은 정치적 과정을 통해서만 비로소 정립된다(Moore, 2000; 1995). 즉, 공공부문 조직의 경우, 조직의 목적을 스스로 입증하고, 이를 국민과 그들의 대표자들로 하여금 공적가치로 인정받을 때에 한하여 사회적 정당성과 그에 필요한 자원을 획득할 수 있으므로 정당성의 기능이 더욱 부각된다.

---

4) 공공조직과는 달리 민간조직의 경우, 수익창출을 최상위 목적으로 하는 민간조직의 경우 이를 달성하기 위해 경쟁력 있는 제품과 서비스의 생산을 목표로 사업계획과 전략을 취한다(Moore, 2002).

3) 조직성과 향상

미션은 조직성과에 긍정적인 영향을 미치는가? 목표설정이론이 소개된 이래로 공사조직을 막론하고 많은 연구결과에 의해 지지된 바와 같이 구체적인 목표는 모호한 목표에 비해 업무성과 향상에 도움을 준다. 이는 미션에서 비롯되는 사명감(sense of mission)이 조직구성원들의 몰입(committment)을 향상시키기 때문이다(Campbell & Nash, 1990). 반대로 평가의 기준으로서 목표나 미션이 명확하지 않은 경우, 부하직원에 대한 상관의 통제력이 약해지고, 자신이 속한 조직의 발전에 대한 관심도 떨어지게 됨에 따라 관리적 권한과 구성원의 행동역량을 약화시켜 조직성과에 부정적인 영향을 미치게 된다(Rainey, 2014).

이러한 맥락에서 초기 연구자들은 미션이 특정 구성요소들을 포괄하는 미션 선언문(mission statement)으로 구체화되어 표명되었을 때 조직성과에 긍정적인 영향을 준다고 생각하였다. 특히, 민간조직의 미션에 대해 관심을 가진 연구자들은 미션과 재무성과(financial performance)에 관계를 실제로 규명하기 위해 노력했다. 다만, 미션과 성과에 관한 일치되는 결과가 도출되지 않았다.[5]

이후에는 미션이 성과에 어떻게 영향을 미치는가를 설명하고, 이를 실제로 규명하고자 하는 연구가 이루어졌다. Bart et al.(2001)에 따르면 합당한 존립근거(rationale)를 제공하는 미션을 가지고 있는 조직은 미션 선언문에 조직활동의 결과(ends)와 그에 이르는 수단(means)을 구체적으로 제시함으로써 미션과 조직의 활동이 일치되고(aligned), 구성원의 행동에 영향을 미친다. 구체적으로 조직활동의 결과와 수단을 미션 선언문에 명시하는 것은 구성원의 미션에 대한 만족도를 향상시킴으로써 조직몰입을 이끌어내고, 이는 결국 구성원의 행동에 영향을 주어 조직의 성과로 도출된다. 이를 그림으로 살펴보면, 다음 <그림 9.2>와 같다.

---

5) 미션과 조직성과의 관계를 실증적으로 규명하고자 노력하였으나, 미션이 성과에 유의미한 영향을 미치는 결과를 도출한 연구는 일부에 지나지 않으며(e.g. Pearce & Daivd, 1987; Bartkus et al., 2006), 양자의 관계가 유의미하지 않거나(O'Gorman & Doran, 1999), 반대로 미션이 성과에 부정적인 영향을 미친다는 결과가 도출되기도 했다(Bart & Baetz, 1998).

그림 9.2 미션과 조직성과의 관계

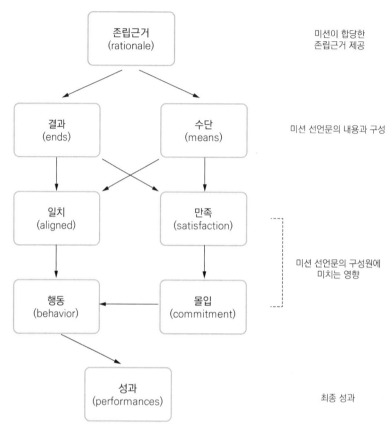

출처: Bart et al.(2001) 재구성.

　　동일한 맥락에서 공공조직에 관심을 가진 연구자들은 조직행태론적 측면에서 미션과 성과의 관계를 논의하였다. 구체적으로 공공조직 또는 공공관리를 다루는 연구자들은 조직의 미션이 어떠한 메커니즘에 의해 조직의 성과를 도출하는가와 조직구성원의 태도나 행태를 변화시키는 조직 미션의 특징에 관심을 가지고 연구를 지속하고 있다(e.g. Rainey & Steinbauer, 1999; Chun & Rainey, 2005; Kim & Lee, 2007). 특히, 공공부문의 연구는 미션 선언문의 명확성과 어조 등을 중심으로 전개되어 왔다는 점과 미션과 관련된 개념들(미션 유의성, 미션이해 명확성, 미션 애착)을 발굴했다는 점에서 미션 선언문을 구성하는 요소(component)에 착안하여 진행되어 온 민간영역 연구와 차별성이 있다. 미션과 성과의 관계 또한 이러한 특징이 반영되어 이루어지고 있다.

4 미션의 기능성과 관련된 개념

미션과 관련된 개념은 조직에서 미션이 작동하는 메커니즘을 설명하고, 미션의 효과성을 높이기 위한 관리방안을 제시하는 과정에서 도출되었다. 구체적으로 미션에 대한 조직구성원의 인지와 이해수준을 높이고, 이를 내재화시키는 메커니즘을 규명하는 과정에서 관련 개념들이 제시되었으며, 이하에서는 대표적으로 미션 유의성(mission valence), 미션이해 명확성(mission comprehension clarity), 미션 애착(mission attachment)을 중심으로 살펴본다.

1) 미션 유의성(mission valence)

미션 유의성(mission valence)은 기대이론(expectancy theory)에 근거한 개념이다(Rainey & Steinbauer, 1999). 기대이론에 의하면 동기는 인간의 내적 인지상태에 의해 유발되는 것으로 개인이 특정한 행동을 하는 경향 또는 그 정도는 주어진 결과와 그 결과에 대한 매력, 그것에 대해 기대의 강도에 의해 결정된다(Vroom, 1964). 이에 따르면 개인의 동기는 특정 행위의 결과로부터 얻게 되는 보상에 부여하는 가치(valence)와 행위의 결과가 보상을 초래할 가능성(instrumentality), 그리고 행위를 통해 결과를 도출할 수 있다는 기대(expectancy)로 인해 개인의 동기가 유발된다. 즉, 동기부여는 개인이 특정 행동을 통해 얻을 수 있는 결과와 그 결과가 자신에게 매력이 있을 때 가능해진다.

이와 같이 조직구성원이 조직의 목적 또는 사회적 공헌에 대해 가지는 매력(attractiveness)이나 현저성(salience)에 따라 구성원의 동기유발의 정도가 상이할 수 있다는 점에 착안하여 Rainey & Steinbauer(1999)는 개인이 조직 미션에 가지는 유의미함을 '미션 유의성(mission valence)'의 개념으로 설명하였다. 이들에 의하면 미션은 1) 어렵지만 달성가능한 경우(difficult but feasible), 2) 적절히 명확하고 이해가 용이한 경우(reasonably clear and understandable), 3) 가치, 보람, 또는 정당성이 존재하는 경우(worthy/worthwhile/legitimate), 4) 재미있거나 흥미진진한 경우(interesting/exciting), 5) 중요하거나 영향력이 있는 경우(important/influential), 그리고 6) 차별적 요소가 있는 경우(distinctive)에 보다 매력도가 높아진다.[6]

　　미션의 유의성이 제시된 이후, 공공관리 연구자들은 기존의 연구를 구체화하고, 발전시켜 미션 유의성을 높이는 요인을 확인하고자 하였다. 그들은 미션 유의성에 영향을 미치는 요인으로 '업무가 지니는 영향력에 대한 인식(perceived work impact), 조직 목표의 명확성(organizational goal clarity), 공직봉사동기(pubic service motivation)'를 제시하였다(Wright & Pandey, 2011). 각 요인들을 구체적으로 살펴보면 다음과 같다. 먼저, 제시된 목표가 달성 가능하고, 해당 업무를 통해 조직과 외부 관계자(external constituents)에게 의미있는 결과가 도출될 것으로 예상될 때 구성원은 업무에 전념할 수 있고, 이는 조직의 성과로 이어진다. 따라서 구성원이 해당 업무가 달성 가능하고, 내·외부적으로 의미있는 활동이라는 인식은 미션 유의성에 긍정적인 영향을 미친다. 두 번째로 조직 목표가 명확하고 이해 가능하게 제시되는 경우, 미션 유의성이 높아진다. 이는 명확한 조직의 목표를 통해 구성원이 조직의 활동이 해당 정책 영역에서 지닌 의미와 차별성을 명확히 인식하고, 조직의 가치와 개인의 가치를 연결하는 과정과 관련되어 있다. 이를 통해서 구성원은 조직의 목표에 대해 일체감(sense of identity)을 느낄 수 있고, 조직이 수행하는 업무에 대한 의미와 그 안에서 자신의 가치를 확인할 수 있다. 마지막으로 공직봉사동기는 미션 유의성 수준을 진작시키는 충분조건은 아니지만 이를 내재하고 있는 구성원들은 조직의 목표를 상대적으로 더 중요시할 개연성이 있다. 즉, 개인적으로 "남들을 돕거나", "사회에 도움이 되는" 활동에 대한 선호도가 높은 구성원의 경우, 공공조직의 미션에 대한 유의성에 대한 인식을 높을 수 있다는 것이다.

2) 미션이해 명확성(mission comprehension clarity)

　　미션과 관련된 두 번째 개념으로서 미션이해 명확성은 미션 선언문이 조직의

---

6) Rainey & Steinbauer(1999)는 효과적인 정부조직이 지니는 특징을 규명하는 과정에서 조직 미션이 가지는 중요성을 확인하면서 미션 유의성의 개념을 제시하였다.

미션을 이해가능하고 명확한 미션 선언문으로 기술하였는가와 관련된 개념으로 앞서 살펴본 미션 유의성을 높이는 요소이다. 조직은 미션을 통하여 조직구성원들의 헌신과 사명감을 고취시키고, 미션 선언문을 대내외적으로 공표함으로써 조직의 존립의 정당성과 존재이유를 표명한다. 단, 미션이 지닌 기능성의 전제조건은 미션 선언문의 명확성이 높을 때 경쟁적 해석의 가능성이 줄어들고, 의미에 대한 합의가 가능하게 된다(전영한, 2004; Chun & Rainey, 2005). 반대로 미션 선언문을 이해하고, 설명하고, 의사소통하기 어려울 경우, 경쟁적 해석이 나타날 가능성이 증가하여, 그 의미에 관한 합의가 잘 이루어지지 않을 수 있다. Chun & Rainey(2005)는 이러한 점에 착안하여 미션 이해 명확성에 반대되는 개념인 미션 이해 모호성(mission comprehension ambiguity)을 제시하였다.

미션이해 모호성은 조직의 사명을 이해 및 설명하고, 의사소통을 하는 데 있어서 발생하는 경쟁적 해석의 정도로 정의하였다. 더불어 그들은 미션이해 모호성을 객관적으로 측정하는 방법을 조직의 미션을 이해하는 과정상에서 발생하는 해석상의 어려움의 정도로 간주하여 이를 판단하는 측정지표로써 텍스트의 이해용이성을 측정하는 거닝-포그지수(GFI: Gunning-Fog-Index)를 사용하였다. 사명진술의 거닝-포그지수는 먼저, 사명진술 내 문장의 수와 단어의 수를 구하여 문장별 평균단어의 수를 계산하고, 전체 단어 중 3음절 이상 단어가 차지하는 정도를 백분율로 계산한 후, 두 지표를 합산하는 방식으로 구한다. 해당 지수가 높을수록 텍스트의 이해가 어렵다고 판단한다(Gunnig & Kella, 1994). 즉, 그들에 따르면 문장의 수와 문장을 구성하는 단어들이 많은 경우, 미션에 대한 이해가 어렵고, 명확성이 떨어짐에 따라 미션의 기능이 저해될 수 있다.

이와 같은 논의를 종합하면, 미션이 모호하게 수립되어 이를 이해하는 데에 어려움이 존재하는 경우 조직의 목적과 가치에 관한 의사소통을 저해하게 되므로 이는 조직에 부정적인 영향으로 귀결될 수 있다. 따라서 미션이 제 기능을 수행하기 위해서는 미션이해 모호성 수준을 낮추고, 미션은 보다 명확하게 제시하여 이해관계자의 이해를 높이는 노력을 해야 한다.

3) 미션 애착(mission attachment)

잘 구성된 미션이 조직의 성공을 담보하는 것은 아니다. 이는 단순히 미션이 명확하고, 잘 기술되는 것에 그치지 않고, 구성원들이 조직의 미션에 애착을 느낄 때 미션의 기능이 발현되고, 비로소 성과로 이어짐을 의미한다. 더불어 미션은 조직 인적자원을 확보하는 기능을 한다. 미션에 대한 유의미함과 기대는 잠재적 조직구성원들을 유입시키고, 기존의 구성원들을 조직에 머무르게 하는 기제이기 때문이다(Hayes & Stazyk, 2019).

미션의 이러한 특징은 공공부문의 조직에서 주목 받아왔다. 왜냐하면, 비영리 조직에 종사하는 구성원들은 급여와 같은 경제적인 보상보다는 업무가 지닌 의미나 가치에 유인을 갖는 경우가 많고, 조직의 가치에 합치된다는 인식(perception of congruence with organizational values)은 업무 만족도에 긍정적인 영향을 미치기 때문이다(Brown & Yoshika, 2003; Aryee et al., 1998; Mitchell & others, 2001; Samantrai, 1992; Spector, 1997). 특히, 미션은 구성원이 조직에 잔류(retention)하거나 떠나는(turnover) 요인으로 주목받았으며(Brown & Yoshika, 2003; Kim & Lee, 2007), 실제로 아동복지기관의 종사자들을 대상으로 한 인터뷰 결과, 그들이 조직에 머무르는 가장 큰 이유는 미션이었다(Rycraft, 1994).

이러한 맥락에서 조직구성원이 가지는 미션에 대한 애정, 지지의 중요성을 나타내는 '미션 애착(mission attachment)'의 개념이 대두되었다(Brown & Yoshika, 2003). 미션에 대한 조직구성원의 애착은 미션 대한 '인지(awareness)', '동의(agreement)', 그리고 '동조(alignment)'의 과정을 통해 형성된다((Brown & Yoshika, 2003). 구체적으로 미션에 대한 애착은 조직구성원이 미션을 통해 조직의 목적과 가치를 인식하고, 이를 수용하는 '인지(awareness)'의 과정과 이를 구성원 개인이 추구하는 가치로 받아들이는 '동의(agreement)'의 과정, 그리고 조직의 목적과 가치에 '동조(alignment)'하여 이를 본인의 업무와 연결시키는 과정을 통해 형성된다. 미션에 대한 애착을 형성하는 것은 유능한 조직구성원을 조직에 잔류시키고, 잠재적인 조직구성원을 조직에 유입시킬 수 있는 조직관리의 일환이다. 따라서 조직은 미션을 잘 기술하고, 이를 지속적으로 설명함으로써 대내외 이해관계자들이 이를 잘 이해하고 받아들일 수 있는 노력을 해야 한다.

5 미션 기능성 제고를 위한 수단: 미션 선언문

전략적 관리의 관점에서 미션은 조직목표를 정의 또는 설정하려는 의도적 노력의 산물이며, 미션 선언문을 조직의 목표를 정의하고 의사소통하는 중요한 관리도구로 정의하였다(Bryson, 2004). 실제로 미션은 미션 선언문으로 명문화되어야 그 기능과 효과가 발현된다. 즉, 조직이 수립한 미션을 어떻게 기술하고, 관리하는지에 따라 그 효과성이 상이할 수밖에 없다. 이와 관련하여 이하에서는 관리의 수단으로서 미션 선언문이 어떠한 의미를 지니고, 조직성과에 어떠한 영향을 미치는가를 살펴보고, 구체적으로 미션 선언문을 어떻게 관리해야 하는가를 논의하고자 한다.

1) 의사소통 수단으로서의 미션 선언문

미션은 미션 선언문의 형태로 조직 내·외부에 표현된다. 따라서 조직은 미션 선언문을 공표함에 따라 조직 존립의 사회적 타당성(the social justification for existence)과 정당성(legitimacy)을 획득할 수 있다. 즉, 조직이 지닌 미션을 간결한 문장 또는 문구로 표현하는 것은 조직이 수행하는 과업에 대한 정당성을 부여하고, 구성원들 간 의사소통을 촉진함에 따라 조직관리 차원에서 중요한 기능을 한다는 것은 이미 여러 연구자들을 통해 널리 알려져 있다(Campbell, 1989; Wickham, 1997; Green & Medlin, 2003; Wang & Lin, 2011).

이러한 견지에서 미션 선언문을 수립·표명하는 것은 조직이 가진 미션을 구체화하는 작업이며, 조직의 목적을 달성하기 위해 사용되는 하나의 전략이다(Rekate, 2002). 이와 같은 미션 선언문의 기능이 부각되면서 미션 선언문은 전략적 관리의 중요한 수단으로서 주목받고 있으며(Mullane, 2002). 관리적 관점을 지닌 많은 연구들은 지속적으로 명확한 미션 선언문의 이점에 대해 논의해왔다(Bart & Baetz, 1996; Analoui & Karami, 2002; Atrill, Omran & Pointon, 2005; Braun, et al., 2012; David, David & David, 2014). 조직은 미션 선언문을 통해 핵심업무와 포괄적인 조직의 사명을 명시하여 존재이유, 다른 조직과의 차별성, 그리고 조직이 추구하는 가치와 이상을 제시한다. 이러한 활동은 조직이 내외적으로 정당성을 획득하고, 구성원에게 조직의 목적과 가치를 인식·내재화시켜 궁극적으로 조직성과를 높이려는 조직의 전략적 행동의 일환이다(Bryson, 2004).

실제로 연구자들은 미션 선언문을 개발하는 것이 조직의 계획을 수립하는 과정의 출발점(starting point)(Stone, 1996)으로서 목적(objective)을 설정하고, 전략(strategy)을 수립과정에서 필수적 요소임을 강조해왔다(David, 1989; Powers, 2012; Collins & Rukstad, 2008). 미션이 명확하게 제시될 때 그에 맞는 조직이 목적 및 목표를 설정할 수 있고, 이를 달성할 수 있는 구체적인 전략이 도출될 수 있기 때문이다. 뿐만 아니라 미션 선언문은 목표와 규범, 의사결정과 행동에 의미를 부여하고(Bartkus and Glassman, 2008; Hirota et al., 2010; Khalifa, 2011), 구성원들이 조직과 미션에 감정적인 유대감을 지닐 수 있도록 하는 장치(a vehicle)의 역할을 한다. 따라서 효과적인 미션 선언문을 수립함으로써 조직이 추구하는 가치와 구성원들의 가치를 연결하고, 이러한 과정을 통해 조직구성원들은 조직과 조직 미션에 감정적으로 몰입(emotional commitment)하게 된다. 즉, 미션 선언문을 통해 '사명감(the sense of mission)'이라는 유대감을 공유하게 된다(Campbell & Yeung, 1991).

2) 미션 선언문과 성과

미션 선언문은 대외적으로 조직의 정당성 획득을 용이하게 하고, 대내적으로는 구성원들에게 동기를 부여하여 궁극적으로 조직의 성과향상에 영향을 미친다. 미션에 관심을 가진 연구자들은 이를 실증적으로 규명하기 위해 꾸준히 노력해왔는바, 이는 궁극적으로 미션 선언문을 어떻게 기술하고, 관리해야 조직성과로 이어질 수 있는지에 규명하고자 하는 노력이다. 미션 선언문과 성과에 관한 논의들은 민간부문과 공공부문으로 구분하여 살펴보면 다음과 같다.

민간조직을 대상으로 진행된 연구들은 미션 선언문이 영향을 주는 성과를 크게 재무성과(financial performance)와 비재무적 성과(non-financial performance) 구분하여 제시하였다. 먼저, Bartkus et al.(2006)은 2001년 포춘 글로벌 500에 선정된 기업을 대상으로 미션 선언문의 질(mission statement quality)이 재무성과에 미치는 영향을 확인하였다. 그들은 미션 선언문의 질을 이해관계자, 구성요소, 목표라는 세 가지 범주로 구분하고, 이를 구성하는 각 요인들의 존부가 기업의 재무성과에 영향을 미치는가를 검증하였다. 검증결과, 조직구성원과 사회에 대한 언급이 있는 경우, 조직의 가치 또는 철학을 담고 있는 기업의 경우 재무성과가 높은 것으로 나타났다. 한편, 조직과 성과의 관계를 규명하기 위한 목적으로 미션에 포함될 수 있는 25개의 요소들(components)을 제시하고, 각 요소들이 기업의 재무 성과와 직원의 행태에 영향을 미치는지를 확인하고자 하는 연구(Bart(1997b)는 그 결과를 살펴보면, 먼저 경쟁전략(competitive strategy), 관련 이해관계자(identify stakeholder), 비재무적 성과목표(non-financial objective), 사업에 대한 정의(business definition), 생존에 대한 관심(concern for survival), 직원에 대한 관심(concern for employee)을 명시하는 것은 재무 성과에 유의미한 영향을 미친다. 한편, 조직의 목적/존재의 이유(purpose/reison d'etre), 가치/철학(values/philosophy), 기업목표(general corpoate goals), 정체성(self-concept), 추구하는 이미지(desired public image), 고객에 대한 관심(concern for customers), 직원에 대한 관심(concern for employee), 공급업체, 주주, 사회에 대한 관심(concern for suppliers, shareholders, and society), 그리고 비전(vision statement)에 대한 언급은 조직구성원의 행동에 영향을 준다는 것을 확인하였다.

특히, Bart(1996a, 1996b, 1997a, 1997b, 1998)는 다양한 조직군의 미션 선언문의 내용(content)을 관찰하여 미션 선언문을 구성하는 요소들과 성과의 관계를 파악하고자 하였다. 해당 연구들의 결과를 종합하면, 먼저, 미션 선언문에 언급된 대부분의 구성요소는 재무성과(financial outcome)의 관계보다는, 미션에 대한 만족도, 행태에 대한 영향, 미션에 대한 헌신도, 조직 재무성과에 대한 만족도와 같은 비재무적 성과(intermediary non-financial performance)과 유의미한 관계가 존재한다.

한편, 공공부문의 조직을 대상으로 미션과 성과의 관계를 살펴본 연구들은 앞서 설명한 미션과 관련된 개념을 통해 이를 확인하였는바, 이를 상세히 살펴보면 다음과 같다. 먼저, Rainey & Steinbauer(1999)은 효과적인 정부조직의 특징을 도출하는 과정에서 아래 <그림 9.3>은 미션 유의성(mission valence)에 영향을 미치는 선행요인과 조직의 성과의 관계를 통합적으로 제시하였다. 그들은 효과적인 정부조직의 구성요소를 외부 이해관계자의 지지(supportive behavior from external stakeholders), 미션을 수립하고 이행하는 데 필요한 조직의 자율성(agency autonomy in refining and implementing its mission), 미션 매력도(mission valence), 미션중심의 문화(mission-oriented culture), 그리고 리더십을 제시하였다. 특히, 미션에서 도출되는 동기유발, 업무 자체가 중요하다는 믿음에서 기인하는 미션 유의성은 효과적인 조직의 특징이라고 설명한다. 즉, 완결성 있는 미션은 조직구성원들의 의사결정과 행동에 영향을 주어 결과적으로 주어진 임무와 미션수행(meet mandates and fulfill mission)을 가능케 하여 궁극적으로 조직이 추구하는 공공가치를 창출할 수 있다(Bryson, 2004). 즉, 정부조직에 있어서 매력적이고 가치있는 미션은 사람들로 하여금 지지받고, 그들을 조직에 참여하게 할 뿐 아니라, 구성원들의 동기부여를 유발해 더 나은 성과 획득을 가능케 한다는 것이다.

<table>
<tr><td>그림 9.3</td><td>미션 유의성의 선행요인과 결과</td></tr>
</table>

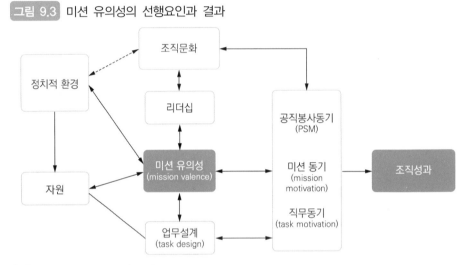

출처: Rainey & Steinbauer(1999).

한편, Kim & Lee(2007)는 '미션 애착'의 개념을 바탕으로 Brown & Yosihika(2003)가 구축한 분석 틀을 확장하여 제시하고, 미션 애착이 조직구성원들의 행태에 영향을 미친다는 것을 실증적으로 분석하였다. 그들은 미 남동부주의 10개 카운티에 위치한 비영리 지역사회정신보건센터의 종사하는 451명을 대상으로 연구를 진행하였다. 그 결과, 조직구성원들의 미션에 대한 애착은 이직의도를 감소시켜 근속을 유지시키는 요인이자, 급여와 경력개발의 불만족을 완화시키는 역할을 하는 것으로 나타났다(Kim & Lee, 2007). Wang & Lin(2011)은 유사한 맥락에서 미션 선언문이 직무 만족도를 높임으로써 조직성과[7]에 영향을 미친다는

7) Wang & Lin(2011)은 조직의 성과를 측정하는 데 있어서 균형성과표(BSC:Balance Score Card)의 성과평가체계의 네 가지 차원인 '재무, 고객, 혁신과 학습, 내부사업과정'에 착안하여

것을 중국에 소재한 227개 비영리 조직을 대상으로 한 설문조사 자료를 통해 규명하였다. 구체적으로 기존의 논의를 바탕으로 미션 선언문에 목적, 가치/철학, 조직의 목표(general corporate goals), 사업의 지리적 위치, 생존/투자자에 대한 관심, 행동양식, 조직구성원에 대한 관심, 성취에 대한 갈망(pursuit of excellence), 사회에 대한 관심과 같은 구성요소들이 많이 포함되어 있을 때, 직무만족도가 높아지고 이는 조직성과에 긍정적인 영향을 준다는 것이다.

3) 미션 선언문의 구성요소

미션 선언문은 조직의 전략적 의사결정의 기초이자 모든 전략적 활동의 출발점이다(Bryson, 2004). 효과적인 미션 선언문 개발을 통해 ⅰ) 조직구성원들은 조직의 목적과 존재 이유를 명확히 인식할 수 있고, ⅱ) 이를 바탕으로 실현 가능한 전략을 수립하는 데 있어서 고려해야 하는 내·외부적 요소들의 우선순위를 파악할 수 있으며, ⅲ) 자원배분의 기초를 제시할 수 있다. 연구자들은 이와 같은 이점이 발현되기 위해서 '미션 선언문을 어떻게 기술해야 하는가? 미션 선언문에 무엇을 함유해야 하는가?'에 의문을 가지게 되었고, 이를 토대로 미션 선언문의 구성요소에 관한 논의가 전개되었다. 이하에서는 미션 선언문의 구성요소를 민간부문과 공공부문으로 나누어 살펴보고자 한다.

(1) 민간부문

조직이 미션 선언문을 구성하는 핵심요소를 갖추었을 때 조직은 효과적인 의사소통(대내적)과 정당성(legitimacy) 획득(대외적)에 유리해진다는 전제를 가지고 미션 선언문 구성요소에 관해 논의하였다. 구체적으로 미션 선언문의 구성요소 분석(component analysis) 또는 내용분석(content analysis)은 Pearce(1982)의 연구를 기반으로 Pearce & David(1987)가 민간조직의 미션을 측정하기 위해 "미션의 여덟 가지 핵심요소(Eight key components of mission statements)"를 제시하면서 본격적으로 시작되었다. 이후 초기에 제시된 여덟 가지 요소에 '조직구성원(concern for employees)' 요소를 추가하여 제시하고, 분석하는 연구들이 진행되고 있다(Baertz & Bart, 1996; O'Gorman & Doran, 1999; David et al., 2014). 이하에서는 공공조직의

성과를 네 가지로 측정하였다.

미션 선언문을 제시하는데 앞서 기존 연구들이 제시한 구성요소를 구체적으로 살펴보고자 한다.

첫 번째 구성요소는 '고객(target customers or markets)'이다. 조직의 서비스나 생산물에 대한 고객의 수요와 욕구를 정의, 예측, 창출하는데 필수적인 요소일 뿐 아니라 조직의 주요 고객이 누구인가를 발굴하고, 명시하는 것은 조직의 전략을 수립, 집행, 평가하는 데 있어서 매우 중요한 기준이 된다(Kemp & Dwyer, 2003).

두 번째는 '제품 및 서비스(principle products or services)'인데, 조직이 제공하는 주요 제품 또는 서비스의 유형(type) 또는 그 내용을 미션에 포함하고 있는가이다(Pearce & David, 1987). 조직은 생산물이나 서비스에 관한 특징을 확인하고, 언급함으로써 경쟁조직과의 차별점을 드러낼 수 있다(Kemp & Dwyer, 2003).

세 번째 구성요소인 '지리적 영역(geographic domain)'은 조직이 경쟁해야 하는 지리적 시장(영역)이 어디인가?를 미션을 통해 확인할 수 있는가이다. 이는 조직의 생산물 또는 서비스에 대한 시장의 영역(location of the market)에 대한 명확한 인식이 전략을 수립하는데 중요하다는 인식에서 비롯되었다(Kemp & Dwyer, 2003).

네 번째 구성요소인 '기술(core technologies)'의 경우, 조직이 보유한 핵심기술을 미션 선언문에 명시하였는지를 확인한다. 수익성과 성장의 동력이 되는 새로운 기술에 대해 표명하는 것은 거래비용을 줄이고, 효율성을 향상과 경쟁력 확보를 도모할 수 있는 점에서 의의가 있다.

다섯 번째로 '생존, 성장과 수익성에 대한 고려(commitment to survival, growth, and profitability)'는 조직이 생존, 성장 및 수익성을 위해 경제적 목표(economic objectives)를 위한 구체적인 계획을 미션 선언문에 포함하고 있는가를 확인하는 것이다.

여섯 번째 구성요소는 조직이 지니고 있는 기본적인 신념, 가치, 윤리, 철학이 무엇인가?을 의미하는 '철학(philosophy)'이다. 이는 조직이 기본적인 철학과 조직이 추구하는 바를 보유하는 것이 조직 목표달성에 더 영향을 미칠 뿐 아니라 윤리적인 원칙과 도덕적 가치를 함유한 조직문화가 뒷받침될 때 조직의 성공(strategic success)이 가능하다는 논의(Gellerman, 1989; Kemp & Dwyer, 2003)와도 연관된다.

일곱 번째 구성요소인 '경쟁력(self-concept)'은 조직차원의 특별한 장점(the

organization's view of its particular strengths)을 의미한다(Kemp & Dwyer, 2003). 구체적으로 조직의 주요 경쟁력은 대표적으로 제품 개발, 고객 요구사항에 대한 신속한 대응, 비용절감, 마케팅, 상품화 기술(merchandising skill) 등에 있어서의 능숙도(proficiency) 등을 통해 파악할 수 있다. 조직은 미션 선언문을 표명함으로써 현재 조직이 보유하고 있는 경쟁력과 이점들을 확인하고, 경쟁력 확보를 위한 계획을 수립하는 근거가 될 수 있다(Kemp & Dwyer, 2003).

여덟 번째는 '조직이 그리는 대중적 이미지(desired pubic image)'를 미션에 표명해야 하는데, 이는 조직이 지역사회, 사회적 전체 그리고 환경에 대한 책임감을 지니고 있는가를 확인하는 구성요소이다. 조직의 사회적 책임의 범위를 명확하게 인지하고, 이를 표명하는 과정을 통해서 조직의 활동이 사회 전체에 미치는 영향을 가늠하고, 지향점을 스스로 설정함으로써 하나의 이정표 역할을 할 수 있다(Johnson & Scholes, 1997).

(2) 공공부문

미션 선언문을 이루는 구성요소에 관한 논의는 민간조직, 주로 기업을 중심으로 시작되고 발전되어 왔다. 그렇다면 민간부문에서 진행된 미션 선언문의 구성요소를 그대로 민간부문에 적용할 수 있을까? 많은 학자들이 제시하는 바와 같이 공공조직과 민간조직 간에는 궁극적인 목적, 조직을 둘러싼 환경, 자원획득과정의 차이가 존재하기 때문에 민간조직을 중심으로 개발된 구성요소들을 공공조직에 적용하는 것은 다소 무리가 있다. 이러한 관점에서 민간조직을 중심으로 개발된 구성요소와 행정학·정책학적 논의를 바탕으로 공공조직 미션 선언문의 구성요소를 제시하였다(유은지, 2020).

먼저, 공공조직의 미션 선언문을 이루는 첫 번째 구성요소는 '대상(target)'이다. 이는 공공조직의 활동으로 인해 이익이나 부담을 받는 대상을 의미하는 것으로 공공조직의 활동인 '정책'을 구성하는 요소이다. 뿐만 아니라 "누가, 무엇을, 언제 어떻게 획득하는가?"를 밝히는 것은 정치학과 정책학의 근본적인 탐구주제인데, 공공부문 목표에 내포된 가치의 수혜대상이 누구인가라는 문제는 공공조직 목표에 중요한 구성요소이다(Lasswell, 1936). 더 나아가 조직이 중요한 고객을 확인하고, 그 이해집단이 요구하는 내용을 충족시킬 수 있는 능력은 조직 효과성에도 영향을 미치는 중요한 요소이다(Pfeffer & Salancik, 1978).

두 번째로 조직의 '기능(function)'은 민간조직의 구성요소 중 '서비스 및 제품'의 의미와 유사한 개념으로서 공공조직이 부여받은 임무(given mandate) 및 실제 수행하는 활동과 관련되는 구성요소이다. 미션 선언문을 통해 조직의 기능을 명확히 제시함으로써 구성원들은 자신이 수행하는 업무와 역할이 궁극적으로 무엇을 위한 것인지에 대해 인식할 수 있고, 이는 동기와 직무몰입을 유발할 수 있다.[8] 더불어 대외적으로 '어떤 조직인가?', '무엇을 하는 조직인가'를 드러냄으로써 조직 정체성과 정당성 확보에도 도움을 줄 수 있다.

세 번째 구성요소로서 '수단(tool)'은 조직이 달성하고자 하는 목적(purpose), 조직 활동의 결과(outcome)를 도출하는 데 필요한 중간목표로서 조직의 기능, 목적, 가치와 조직의 의사결정과 활동을 잇는 징검다리(stepping stone) 역할을 한다. 이러한 수단은 조직의 목적이 일상적인 의사결정과 활동에 대한 구체적인 행동지침으로 전환(Scott, 1992; 전영한, 2004a)되는 과정을 구체화함으로써 목적 달성을 보다 용이하게 한다. 더불어 정책수단·도구를 선택하는 행위는 일종의 전략적인 활동인데, 이를 통해 대외적으로 조직의 역량을 드러낼 수 있다.[9]

네 번째 구성요소인 '목적(purpose)'은 조직이 나아가야 할 방향을 제시하고, 현재와 미래의 조직 영역(domain)을 나타낸다(Stazyk & Goerdel, 2011: 650). 목적은 앞서 Campbell(1989)이 제시한 바와 같이 조직이 최종적으로 달성해야 하는 결과 또는 상태(outcome)로 정의하며,[10][11] 조직이 활동을 통해서 궁극적으로 얻고자

---

8) 미션 선언문에 기능이라는 구성요소가 제시되어야 하는 이유는 역할 명확성(role clarity) 혹은 직무 정체성(job identity)을 통해서 설명할 수 있다. 구체적으로 구성원들이 인식한 자신이 수행하는 업무가 무엇이며, 어떠한 역할을 수행하고 있는지에 대한 인식이 구성원의 행태에 영향을 미치므로 역할이 명확하게 부여되고, 그에 대한 정보가 충분히 전달될 때 본인에게 기대되는 책임과 행동범위에 대해 충분히 이해하고, 직무에 몰입할 수 있으며 이는 궁극적으로 조직의 생산성과 효율성에도 긍정적인 영향을 미치기 때문이다(Blalack & Davis, 1975).

9) 조직은 수단을 통해서 대내적으로 구성원들에게 구체적인 지침을 제시하고, 대외적으로 조직의 목적을 달성할 수 있는 역량을 간접적으로 드러낼 수 있다. 이와 관련하여 Selznick(1949)는 조직이 수단을 선택하는 데 있어서도 내·외부의 압력에 직면하며, 환경과 상호작용을 하게 됨을 설명하였고, 문명재(2008) 또한 정책도구의 결정은 정책대상자의 규모와 성격, 정책분야의 특징과 정치적 리스크, 정부의 기능에 대한 사회적 요구수준, 경로의존성과 맥락적 특성 등에 의해 이루어진다고 하였다. 즉, 수단을 표명하는 것을 통해 조직이 내·외부 환경과의 상호작용하고, 조정하는 능력을 간접적으로 파악할 수 있다.

10) Campbell(1989)이 미션의 구성요소로서 제시한 목적과 미션 선언문의 구성요소로써의 목적은 조직의 존재이유를 정의한다는 측면에서는 유사성을 지닌다. 다만, Campbell의 정의가 이해관

하는 결과(the consequences of organizational action) 의미한다. 이를 미션 선언문에 기술하는 것은 조직이 달성하고자 하는 것에 대한 열망(organizational aspiration)을 직접적으로 드러내는 것으로 행동의 지향점을 명확히 설정하고, 조직 생존과 유지에 대한 정당성을 부여한다.

공공조직의 미션 선언문을 구성하는 마지막 요소는 '가치(value)'이다. 공공조직이 활동을 통해서 가치를 창출하는 것은 공공조직의 궁극적인 목표인데, 조직이 창출하고자 하는 가치와 의사결정상에서 감안하고자 하는 가치가 무엇인지에 따라 조직 활동의 방향과 운영상의 방침이 결정된다는 점에서 이는 매우 중요한 요소이다.[12][13] 한편, 공공부문에서 가치는 본질적 가치와 수단적 가치로 분류할 수 있는 바(Dahl & Lindbloom, 1953; Van Dyke, 1962), 이를 구분하여 모두 명시해야 한다. 구체적으로 본질적 가치란 그 자체가 최종목적이 되는 가치로서 정부의 행위를 통해 궁극적으로 달성하려는 가치인데, 이에는 공익(public interest), 정의(justice), 형평성(equity), 자유, 평등, 복지 등이 포함된다(이정철·이정욱, 2015). 반면, 수단적 가치는 궁극적 목적을 실현하는 것을 가능하게 하는 가치로서 행정의 수단적 가치는 합리성과 효율성, 효과성, 민주성, 책임성, 합법성, 투명성 등을 제시할 수 있다(이종수·윤영진 외, 2010). 가치를 미션에 함유함으로써 대내적인 관점에서 개인의 정서적 반응과 행동뿐 아니라(Locke, 1976; Meglino & Ravlin, 1998), 조직문화를 구성하는 축으로써 조직구성원들의 의사결정과 행동양식에 영향을 미친다(O'Reilly & Chatman, 1996). 뿐만 아니라 가치는 조직 운영과정과 성과를 판단하는 기준으로 작용하여 조직의 평판(reputation)과 이미지

계자에 초점을 두었다는 점에서 차이가 존재한다.

11) 이와 같은 정의는 Campbell이 제시한 목적의 개념과 정책학의 구성요소로써 목표의 개념을 고려하여 제시하였다. 정책학에서는 공공조직의 목표를 사회문제로 해결하거나 공익을 증진시키는 것(정정길, 2003) 또는 결국 실현시켜야 할 최종적인 상태(유훈, 2009)로 규정한다.

12) 공공조직에 있어서 가치가 중요하다는 것은 다수의 학자들을 통해서 이미 논의되어 왔다. Rainey(2014)는 공공조직의 목표는 민간조직의 목표에 비해 가치 지향적(value-laden)임을 지적하였고, Jørgensen & Bozeman(2007)은 공공행정에서 가장 중요한 주제가 가치임을 강조하면서 공공조직은 외부 환경 간 상호작용을 통해 공공가치(public values)를 도출한다고 설명한다. 더불어 Moore(1995, 2000)는 정부가 추진하는 모든 공공서비스는 명확한 가치를 제시할 수 있어야 할 뿐 아니라 비영리 또는 정부조직의 미션을 해당 조직이 창출(product)하고, 달성하고자 하는 가치로 정의할 수 있다고 강조하였다.

13) 이는 민간부문 미션 선언문의 구성요소 중 '철학(philosophy)'과 '조직이 추구하는 이미지(desired public image)'와 밀접한 연관이 있는 구성요소이다.

(image)에 영향을 미친다.

6 나가며: 어떤 미션 선언문이 필요한가? 미션 선언문 완결성

이상에서 살펴본 바와 같이 미션은 조직을 관리하는 수단이자, 관리의 대상이다. 즉, 조직이 미션을 설정하고 이를 기술하는 행위, 그 자체가 미션의 기능을 담보하는 것이 아니라 이를 어떻게 기술하고, 관리하는가가 미션의 효과를 좌우한다. 이는 조직이 어떠한 미션을 가지고 있는지 보다 미션 기능성의 제고를 위해 미션 선언문을 구현·관리하는 것이 중요함을 의미한다. 이러한 견지에서 조직성과를 높이기 위해서 어떤 미션 선언문이 필요한가에 대한 논의가 필요하며, 본 장에서는 이와 관련하여 '미션 선언문 완결성(mission statement completeness)'을 미션 선언문의 관리방안으로 제시한다.

미션 선언문 완결성을 논의하기에 앞서서 미션 선언문이 지니는 특징과 기능에 대해서 간략히 살펴보면 다음과 같다. 미션은 조직의 리더가 제시하는 조직목표로서 리더는 미션 선언문을 작성하여 조직 내외에 표명하는 행위를 통해 조직 존재의 이유를 정당화하고, 조직구성원들의 동기부여를 촉진하려는 의도를 가지고 있다. 반면, 중간관리자와 하위수준에서 목표는 의사결정과 조직활동을 위한 보다 구체적인 행동지침으로서 협의의 목표나 전략으로 전환된다(Scott, 1992). 더불어 조직의 미션은 단일하지만, 미션을 수행하기 위한 목표나 전략은 다양할 뿐만 아니라 환경변화에 따라 수정·변경이 용이해야 하므로 이를 수행하는 일선 관리자에게 재량의 여지를 둘 필요성이 존재한다. 즉, 미션 선언문은 그 기능과 특성으로 인해 하위차원의 목표에 비해 명확하고, 구체적으로 표명되어야 한다. 왜냐하면, 조직은 자신의 조직의 존재이유를 명확하게 표명함으로써 대외적으로 정당성과 정치적 지지기반을 확보하고, 대내적으로는 구성원들은 한 방향으로 결집함으로써 조직의 목적을 달성해야 하기 때문이다.

이상의 논의를 바탕으로 '미션 선언문 완결성'을 효과적인 미션 선언문을 관리하기 위한 방안으로 제시할 수 있다. 미션 선언문이 완결성을 지닌다는 것은 미션을 구성하는 모든 요소들이 명확하고 구체적으로 표현되어 있음을 의미하며, 이는 다음의 두 가지 이론 및 개념에 근거하고 있다.

먼저, 이러한 논의는 의사소통이론(communication theory)의 송신자−발신자 모델(sender−receiver model, the macro−model of the communication process 또는 SMCRE)에 기반하고 있다. 이를 구체적으로 살펴보면 의사소통(communication)은 정보를 전달하는 송신자(sender)가 본인의 생각을 전달하기 위해 고안한 내용을 기호화(encoding)한 메시지(message)를 전달수단(channel)을 통해 수신자(receiver)에게 전달하고, 수신자는 해당 메시지에 의미를 부여하고 해석함(decoding)으로써 이루어진다(Shannon & Weaver, 1949)). 따라서 효과적인 의사소통은 송신자가 자신의 생각을 명확하고, 구체적으로 기호화하고, 수신자가 이를 의도대로 해석하는 것에 달려있다.[14] 이를 미션 선언문 작성 및 전달 과정에 적용하면, 조직이 지닌 미션을 명확하고, 구체적으로 표현한 미션 선언문을 공표할 때 이를 대내외 이해관계자들이 정확하게 이해하여 조직이 의도한 효과를 도출할 수 있다. 즉, 구체적이고 명확하게 기술된 미션 선언문을 통해 효과적인 의사소통이 가능하게 됨으로써 궁극적으로 조직에 긍정적인 효과를 가져온다는 것이다.

다음으로 미션 선언문 완결성(mission statement completeness)은 미션 선언문을 구성하는 각 요소들이 단일하게 존재하는 것이 아니라 종합적으로 결합된 결과라는 신제도주의 이론의 관점을 바탕으로 한다. 신제도주의 관점에서는 제도를 단일체(monolithic entity)가 아니라 복합체로 인식하여 제도를 여러 가지 요소들로 구성되어 있다고 간주한다. 특히, 인과관계를 설명함에 있어서 복잡 다양한 요인의 결합으로 인한 결과에 주목하면서 맥락(context)의 중요성을 강조하였다(하연섭, 2002). 따라서 사회현상에 대한 제도의 영향력을 고찰함에 있어서도 개별적인 효과보다는 제도의 통합적 영향력(joint influence) 차원으로 접근할 필요성을 제기하였다(하연섭, 2006; Amable, 2002; Hall, 1999). 이러한 관점에서 완결성(completeness)이라는 개념은 단순히 미션 선언문에 각 구성요소들을 모두 포함하고 있는가를 의미하는 포괄성(comprehensiveness) 개념과 구별된다. 완결성은 구성요인들의 복합체(complexes)로 인식하고, 구성요인 간의 상호작용을 통해 영향을 미친다는 것

---

14) 물론, 의사소통 과정의 효율성에 영향을 미치는 대내외 방해요인(noise)이 존재하는 경우, 의사소통의 문제가 발생할 수 있으나 해당 논의에서는 기본적인 커뮤니케이션의 과정을 상정하고 있다.

을 반영한 것이다.

　종합하면 미션 선언문 또한 이를 구성하는 요소들의 복합체로서 단순히 개별 구성요소의 존부가 아니라 각 요소들이 통합적 영향력(joint influence)을 가진다. 즉, 미션 선언문이 전체적으로 단일의 강력한 아이디어(a single powerful idea)를 가질 때 정서적 동기부여(emotional voltage)를 유발할 수 있다(Goosell, 2011). 본 장이 제시한 완결성(completeness) 개념은 미션 선언문 작성에 있어 각별한 주의를 기울일 필요가 있음을 시사한다.

참고문헌

유은지. (2020). "공공조직 미션과 성과에 관한 연구: 한국 중앙행정기관의 미션 선언문을 중심으로". 연세대학교 행정학과 박사학위논문.

이정철·이정욱. (2015). "경찰조직이 추구하는 가치에 관한 실증연구". 한국경찰학회보, 17(6): 287−315.

이종수·윤영진·이채원·곽채기. (2010). 「새 행정학」, 서울: 대영문화사.

전영한. (2004). "공공조직의 목표모호성: 개념, 측정 그리고 타당화". 한국행정학보, 38(5): 49−65.

하연섭. (2002). "신제도주의의 최근 경향: 이론적 자기 혁신과 수렴". 한국행정학보, 35(4): 339−359.

Alegre, L., Berbegal−Mirabent, J., Guerrero, A. & Mas−Machuca, M. (2018). "The Real Mission of the Mission Statement: A Systematic Review of the Literature. *Journal of Management & Organization*, 24(4): 1−18.

Altiok, P. (2011). "Applicable Vision, Mission and the Effects of Strategic Management on Crisis Resolve". *Social and Behavioral Sciences*, 24: 61−71.

Amble, B. (2002). *The Diversity of Modern Capitalism*. New York: Oxford University Press.

Analoui, F. & Karami, A. (2002). CEOs and Development of a Meaningful Mission Statement. *Corporate Governance*, 2: 13−20.

Aryee, S., Luk, V., and Stone, R. (1998). Family−Responsive Variables and Retention−Relevant Outcomes Among Employed Parents. *Human Relations*, 51: 73-87.

Ashforth, B. E. & Gibbs, B. W. (1990). The Double−Edge of Organizational Legitimation. *Organization Science*, 1(2): 177−194.

Atrill, P., Omran, M. & Pointon, J. (2005). "Company Mission Statements and Financial Performance". Corporate Ownership and Control, 2(3). 28−35.

Babnik, K., Breznik, K. & Dermol, V. and Širca, S. T. (2014). The Mission Statement: Organizational Culture Perspective. *Industrial Management & Data Ssystems*, 114(4): 612−627.

Basler, D. & McClusky, J. (2005). Managing Stakeholder Relationships and Non

Profit Organization Effectiveness. *Non Profit Management and Leadership*, 15(8): 296−328.

Bart, C. K. (1996a). The Impact of Mission on Firm Innovativeness. *International Journal of Technology Management*, 11: 479−93.

_____. (1996b). High−tech Firms: Does Mission Matter. *Journal of High Technology Management Research*, 7(2): 209−226.

_____. (1997a). Sex, Lies, and Mission statements. Industrial Horizons.

_____. (1997b). Industrial Firms and the Power of Mission. *Industrial Marketing Management*, 25: 1−13.

_____. (1998). A Comparison of Mission Statements and Their rationales in Innovative and Non−Innovative Firms. International Journal of Technology Management, 16(1/2/3): 64−77.

_____. (1999). Mission Statement Content and hospital Performance in the Canadian Not−for−Profit Health Care Sector. *Health Care Management Review*, 24(3): 18−29.

Baetz, M. C & Bart, C. K. (1996). Developing Mission Statements which work. *Long Range Planning*, 29: 526−533.

_____. (1998). The Relationship between Mission Statement and Firm Performance: an Exploratory Study, 29: 526−533.

Bart, C. K., Bontis, N. & Tagger, S. (2001). A Model of the Impact of Mission Statement on Firm Peformance. Management Decision, 39(1): 19−35.

Bartkus, B., Glassman, M. & McAfee, R. B. (2000). Mission Statement: Are They Smoke and Mirrors?. *Business Horizon*, 43(6): 23−28.

_____. (2006). Mission Statement Quality and Financial Performance. *European Management Journal*, 24(1): 86−94.

Bartkus, B. & Glassman, M. (2008). Do Firm Practice what they Preach? The Relationship between Mission Statements and Stakeholder Management. *Journal of Business Ethics*, 83: 207−216.

Blalack, R. O. & Davis, H. J. (1975). Role Ambiguity, job−related Tension and Job Satisfaction. *Journal of Management*, 1: 31−37.

Braun, S., Wesche, J. S., Frey, D., Weisweller, S., & Paus, C. (2012). Effectiveness of Mission Statements in Organizations− A Review. *Journal of Management & Organization*, 18: 430−444.

Brown, W. A. & Yoshika C. F. (2003). Mission Attachment and Satisfaction as

Factors in Employee Retention. Nonprofit Management and Leadership, 14(1): 5－18.

Bryson, J. M. (2004). Strategic Planning for Public and Nonprofit Organization, 3rd ed. Jossey－Bass: San Francisco.

Campbell, A. (1989). Does Your Organization Need a Mission?. *Leadership & Organization Development Journal*, 10(3): 3－9.

_____. (1993). The Power of Mission: Aligning Strategy and Culture. *Planning Review*, 20: 10－13.

Campbell, A. & Nash, L. L. (1990). A Sense of Mission: Defining Direction for the Large Corporation. Mass: Addison－Wesley.

Campbell, A. & Yeung, S. (1991). Creating a Sense of Mission. *Long Range Planning*, 24(4): 10－20.

Chun, Y. H. & Rainey, H. G. (2005). Goal Ambiguity in U.S. Federal Agencies. *Journal of Public Administration Research and Theory*, 15(1): 1－30.

Cochran, D. S., David, F. R. & Gibson, C. K. (2008). A Framework for Developing and Effective Mission Statement. *Journal of Business Strategies*, 25(2): 27－39.

Collins, D. J. & Rukstad, M. G. (2008). Can You Say What Your Strategy is?. *Harvard Business Review*, 86: 82－88.

Daft, R. (2004). Organization Theory and Design(8th ed). Ohio: Thomson/South－Western.

Dahl, R. A. & Lindbloom, C. E, (1953). Politics, Economics and Welfare: Planning and Politico－economic System, Resolved into Basic Processes. New York: Harper & Brothers.

David, B. (2018). Understanding Nonprofit Missions as Dynamic and Interpretative Conceptions. *Nonprofit Management and Leadership*, 28: 413－422.

David, F. R. (1989). How Companies Define Their Mission. Long Range Planning, 22: 90－97.

David, F. R. & David, F. R. (2003). It's Time to Redraft your Mission Statement. *Journal of Business Strategy*. 24(1): 11－14.

David, M. E., David, F. R. & David, F. R. (2014). Mission Statement Theory and Practice: A Content Analysis and New Direction. *International Journal of Business, Marketing, and Decision Sciences*, 7(1): 95－110.

Davies, S. W. & Glaister, J. W. (1997). Business School Mission Statement - The Bland Leading the Bland?. *Long Range Planning*, 30: 594-604.

Drohan. W. (1999). Writing a Mission Statement: How to Write a Statement That Becomes a Unifying Force. *Association Managemet*, 51(1): 117.

Drucker. P. F. (1974). Management: Tasks, Responsibilities, Practices. New York: Harper & Row.

_____. (1993). *Management: Tasks, Resposibilities, Practices*. New York: Harper&Roe.

Dunton, J. E. & Dukerich, J. M. (1991). Keeping an Eye on the Mirror: Image and Identity in Organizational Adaptation. *Academy of Management Journal*, 34(3): 517-554.

Dwyer, L., Teal, G., & Kemp, S. (2000). Organisational Culture and Strategy in a Resort Hotel. Tourism, *Culture and Communication*, 2(1): 1-11.

Dwyer, L., Teal, G., Kemp, S., & Wah, C. Y. (2000). The Role of Strategic Management ina Resort Hotel. *Asia Pacific Journal fo Tourism Research*, 3(1): 27-36.

Gellerman, S. (1989). Managing Ethics from the Top Down. *Sloan Management Review*, 30(2): 77.

Glynn, M. A. & Abzug, R. (2002). Institutionalizing Identity: Symbolic Isomorphism and Organizational Name. *Academy of Management Journal*, 45(1): 267-280.

Goodsell, C. T. (2011). Mission Mystique: Belied Systems in Public Agencies. Washington D.C.: CQ Press.

Green, Jr., K. W. & Medlin, B. (2003). The strategic planning process: The link between mission statement and organizational performance. *Academy of Strategic Management Journal*, 2: 23-32.

Gunning, R. and Kallar, R. A. (1994). How to Take the Fog Out of Business Writing. Chicago, IL: Dartnell.

Hall, P. A. (1999). The Political Economy of Europe in an Era of Interdependence. in Continuity and Change in Contemporary Capitalism. 135-163. Herbert Kitschelt, Peter Lange, Gary Mark, and John D. Stephens. New York: Cambridge University Press.

Hayes, M. S. & Stazyk, E. C. (2019). Mission Congruence: To Agree or Not to Agress, and Its Implications for Public Employee Turnover. *Public*

Personnel Management. 48(4): 513−534.

Hirota, S., Kubo, K., Miyajima, H. & Hong, P. C. (2010). Corporate Mission, Corporate Policies and Business Outcomes: Evidence from Japan. *Management Decision,* 48(7): 1134−1153.

Johnson, G. & Scholes, K. (1997). Exploring Cooporate Strategy. London: Prentice Hall.

Kemp, S. & Dwyer, L. (2000). An Examination of Oraganisational culture− The Regent Hotel, Sydney. *International Journal of Hospitality Management,* 20(1): 77−93.

_____. (2003). Mission Statements of International Airlines: a Content Analysis. *Tourism Management,* 24: 635−653.

Khalifa, A. S. (2011). Thress Fs for the Mission Statement: What's Next?. *Journal of Strategy and Management,* 4(1): 5−43.

Kim, S. E. & Lee, J. W. (2007). Is Mission Attachment an Effecrive Management Tool for Employee Retention?. *Review of Public Personnel Administration,* 27(3): 227−248.

Kirk, G & Nolan, S. B. (2010). Nonprofit Mission Statement Focus and Financial Performance. *Nonprofit Management & Leadership,* 20(4): 473−490.

Lasswell, H. D. (1936). Politics: Who Gets, What, When, How. New York: Whittlesey House.

Latham, G. P. & Locke, E. A. (1979). Goal Setting− a Motivational Technique that Works. *Organizational Dynamics,* 8(2): 68−80.

Light, P. C.(2003). The Health of the Human Services Workforce. Research Report. March. Washington D.C.: Brookings.

Locke, E. A.(1976)."The Nature and Consequences of Job Satisfaction," in M. D. Dunnette (Eds.). Handbook of Industrial and Organizational Psychology, Chicago: Rand McNally, 1297−1349.

Meglino, B. O. & E. C. Ravlin(1998)."Individual Value in Organizations: Concept, Controversies, and Research". *Journal of Management,* 24: 351−389.

Mitchell, T. R.., Holtom, B. C. Lee, T. W., Sablynski, C. J. & Erez, M. (2001). Why People Stay: Using Job Embeddedness to Predict Voluntary Turnover. *Academy of Management Journal,* 44: 1102−1121.

Moore, M. H. 1995. Creating Public Values: Strategic Management in

Government. Harvard University Press.

           . (2000). Managing for Value: Organizational Strategy in For Profit, Nonprofit, and Governmental Organizations. *Nonprofit and Voluntary Sector Quarterly*, 29: 183−204.

Mullane, J. V. (2002). The Mission Statement is a Strategic Tool: When Used Properly. *Management Decision*, 40(5): 448−455.

Nutt, P. C. & Backoff, R. W. (1992). Strategic Management of Public and Third Sector Organizations: A Handbook for Leaders. San Francisco: Jossey−Bass Publishers.

O'Gorman, C. & Doran, R. (1999). Mission Statements in Small and Medium−sized Business. *Journal of Small Business Management*, 37: 59−66.

O'Reilly, C. A. Ⅲ. & J. Chatman(1986). "Organizational Commitment and Psychological Attachment: The Effects of Compliance, Identification and Internalization on Pro−social Behavior". *Journal of Applied Psychology*, 71: 492−499.

Pandey, S., Kim, M, & Pandey, S. K. (2017). Do Mission Statements Matter for Nonprofit Performance? Insight from a Study of US Performing Arts Organizations. *Nonprofit Management & Leadership*, 27(3): 389−410.

Pearce, J. A. Ⅱ. (1982). The Company Mission as a Strategic Tool. *Sloan Management Review*, 23(3): 15−25.

Pearce, J. A. & David, F. (1987). Corporate Mission Statement: the Bottom Line. *Academy of Management Executive*, 1(2): 109−116.

Peyrefitte, J. (2012). The Relationship Between Stakeholder Communication in Mission Statements and Shareholder Value. Journal of Leadership, *Accountability and Ethics*, 9(3): 28−40.

Pfeffer, J. (1992). Managing with Power: Politics and Influence in Organizations. Boston, Mass: Harvard Business School Press.

Pfeffer, J., & Salancik, G. (1978). The external control of organizations: A re−source−dependence perspective. New York: Harper & Row.

Powers, E. L. (2012). Organizational Mission Statement Guidelines Revisited. *International Journal of Management & Information Systems*, 16: 281−290.

Rainey, H. G. (2014). Understanding and Managing Public Organizations. CA:

Jossey—Bass.

Rainey, H. G. & Steinbauer, P. (1999). Galloping Elephants: Development Elements of a Theory of Effective Government Organizations. *Journal of Public Administration Research And Theory*, 9(1): 1－32.

Rekate. H. L. (2002). A Mission and Vision Statement for the American Society of Pediatric Neurosurgeons. *Pediatr Neurosurg*, Vol. 37: 1－7.

Rycraft, J. R.(1994). The Party Isn't Over: The Agency Role in the Retention of Public Child Welfare Caseworkers. *Social Work*, 39(1), pp.75－80.

Samantrai, K. (1992). Factors in the Decision to Leave: Retaining Social Workers with MSWs in Public Child Welfare. *Social Work*, 37: 454-458.

Scott, W. R. (1992). Organizations: Rational, Natural, and Open System. Englewood Cliffs, NJ: Pretice—Hall.

Selznick, P. (1949). TVA and Grass Roots: A Study of Politics and Organization. Berkeley: University of California Press.

Shannon, C. E. & Weaver, W. (1949). The Mathematical Theory of Communication, Urbana: University of Illinois Press.

Simon, H. A. (1964). On the Concept of Organizational Goal. *Administrative Science Quarterly*, 9(1): 1－22.

Spector, P. E. (1997). *Job Satisfaction*. Thousand Oaks, Calif.: Sage.

Stazyk, E. C. & Goerdel, H. T. (2011). The Benefits of Bureaucracy: Public Manager's Perceptions of Political Support, Goal Ambiguity, And Organizational Effectiveness. *Journal of Public Administrative Research and Theory*, 20(2): 645－672.

Stone, R. (1996). Mission Statement Revisited. *SAM Advanced Management Journal*, 61(1): 31－37.

Van Dyke, V. (1962). The Study of Values in Political Science. *Journal of Politics*, 43(3): 2－34.

Vroom, V. H. (1964). Work and Motivation. New York, NY: John Wiley.

Wang, Yazhou. & Lin, Jian. (2011). Empirical Research on Influence of Mission Statements on the Performance of Nonprofit Organization. *Procedia Environmental Sciences*, 11: 328－333.

Weiss, J. A. (1996). Psychology. In the State of Public Management, edited by Donald F. Kettl and H. Brinton Milward, Baltimore: Johns Hopkins University Press.

Wickham, P. (1997). Developing a Mission for an Entrepreneurial Venture. *Management Decision*, 35(5): 371−381.

Wilson, J. Q. (1989). *Bureaucracy*. New York: Basic Book.

Wright, B. E. (2007). Public Service and Motivation: Does Mission Matter?. *Public Administration Review*, 67: 54−64.

Wright, B. E. & Pandey, S. K. (2011). Public Organizations and Mission Valence: When Does Mission Matter?. *Administration & Society*. 43(1): 22−44.

네트워크와 네트워킹
(Networks & Networking)

노은주

- 공공서비스를 제공할 때 정부가 어떻게 타(他)정부 기관, 민간기업, 비영리 단체 등의
  외부 조직과 협력하는지 예를 들어 논의해 보자.
- 네트워크와 관련한 연구의 주요 흐름에 대해 비교해 보고, 구조로서의 네트워크에 대한
  연구와 관리자들의 조직 행태에 초점을 맞춘 네트워킹에 대한 연구에 대해 정리해 보자.
- 복잡하고 다양한 네트워크 환경 안에서 공공관리자들의 관리적 네트워킹이 왜 필요하
  며, 어떠한 요소들이 관리적 네트워킹에 영향을 주는지 논의해 보자.
- 관리적 네트워킹이 갖는 긍정적인 효과와 부정적인 효과에 관해 논의해 보자.
- 네트워크 구조와 관리적 네트워킹과 관련하여, 효과적인 조직 관리와 조직 성과 향상을
  위한 관리자들의 역할의 중요성에 대해 논의해 보자.

네트워크와 네트워킹
(Networks & Networking)

1 들어가며

　공공 영역과 민간 영역의 구분없이 관리자들은 날마다 다양하고 복잡한 문제에 직면한다. 관리자들은 일상적인 업무 과정에서 비롯된 문제뿐 아니라, 부족한 자원의 효율적 분배, 인적자원 관리, 변화하는 기술 환경에 대한 대처 방안 마련 등의 조직적 차원에서의 과제들을 해결하기 위해 끊임없이 노력을 기울이고 있다. 특히 당면한 문제가 자신의 특화된 전문 영역을 넘어서는 일이거나, 여러 측면에서의 방안을 수립해야 하는 경우, 개인의 권한과 영역에서 이를 해결하는 것은 쉬운 일이 아니다. 따라서 관리자들은 여러 조직 간의 협력을 바탕으로 문제를 해결하기도 하고, 다양한 계층의 조직구성원 및 외부의 이해관계자와 원활한 커뮤니케이션을 통해 해결방안을 모색하기도 한다.

　특히 공공관리자(public managers)의 역할은 정부 조직구조 및 체계와 밀접한 관련이 있다. 미국 정부의 경우에는 연방제에 의거한 정책 집행 과정을 통해 연방

정부, 주정부, 지방정부가 긴밀하게 연계되어 정부 서비스를 제공한다. 한국 정부 또한 중앙정부의 정책이 시·도 자치단체와의 긴밀한 관계 가운데 집행되고 있으며, 유럽연합(EU)의 경우에는 더욱 복잡한 층계구조 안에서의 거버넌스 운영을 구현하고 있다. 그 뿐만이 아니다. 민영화(privatization), 민관합작투자사업(public-private partnership), 외부위탁(contracting) 등을 통해 민간기업과 비영리단체도 공공서비스를 제공하는 데 적극적으로 참여하고 있다. 따라서 현대 행정서비스는 다양한 행위자들과 조직들의 네트워크를 통해 제공되고 있다고 봐도 과언이 아니다(O'Toole, 2010).

이러한 현상에 대한 관심은 공공관리 분야의 많은 학자들에 의해 구조로서의 네트워크(networks) 혹은 외부 네트워크를 관리하는 공공관리자들의 네트워킹 행태(networking behavior)에 초점을 맞춰 연구가 이루어졌다. 특히 조직 간 네트워크를 통해 공공서비스를 제공하는 가운데, 공공관리자의 역할은 하나의 조직 단위를 관리하는 것을 넘어, 네트워크에 참여하는 조직 전체에 대한 폭넓은 이해를 바탕으로 상호의존 관계를 조정하고 관리하는 역할에 이르기까지 확대되었다. 즉, 공공관리자들은 네트워킹 행태를 통해 조직 내·외부의 다양한 이해관계자들과 협력관계를 구축하고, 외부 환경으로부터 조직을 보호하고, 외부의 변화를 받아들이는 완충제 역할도 하며, 조직에 도움이 되는 기회를 포착하여 조직 목표달성에 기여하기도 하는 등의 기능을 수행한다(O'Toole, 2015).

본 장에서는 조직 간 관계에 대한 구조적인 측면의 네트워크에 대한 이해보다는, 정부 간 관계, 조직 간 관계 속에서 공공관리자의 네트워킹 행태에 초점을 맞춰 네트워크 안에서의 공공관리자의 역할에 대해 중점적으로 살펴보고자 한다. 이를 위해 우선 네트워크와 관련된 연구의 흐름을 사회학, 정치학, 공공관리론을 바탕으로 정리한다. 또한 절을 달리하여 공공관리자의 네트워킹 행태에 초점을 맞춰, 그 정의 및 유형, 네트워킹 행태를 결정하는 요인 및 네트워킹과 조직성과에 관한 연구에 대해 중점적으로 살펴보고자 한다.

2 네트워크 관련 연구의 흐름

Berry et al.(2004)은 네트워크와 관련된 연구의 동향에 관해 세 가지의 주요 흐름을 제시한다. 사회학에 기반을 둔 사회 네트워크 분석(social network analysis), 정치학에 기반을 둔 정책 변화와 정책 효과에 영향을 주는 요인으로써 네트워크 연구(policy change and the impact of networks on policy outcomes), 그리고 공공관리론에서의 네트워크 연구(public management networks)가 이에 해당한다.

1) 사회학에서의 네트워크 연구

Freeman(2004)은 사회 네트워크 분석 연구의 발전과정에 대한 고찰을 통해, 사회 네트워크 분석의 네 가지 특성을 제시하였다. 네트워크 분석은 첫째, 사회적 행위자(social actors)들의 관계에 대한 고찰을 담고 있으며, 둘째, 행위자들 간의 관계에 대한 데이터의 수집과 분석을 기반으로 한다. 셋째, 그래픽 이미지를 사용하여 해당 관계의 패턴을 보여주며, 넷째, 이러한 패턴을 설명하기 위한 수학적 모델을 활용한다.

이러한 기준에 의거할 때, 사회학에 기반을 둔 네트워크 연구의 뿌리는 1930년대 계량사회학(sociometry)의 선구자인 Jacob L. Moreno의 연구에서 찾을 수 있다(Freeman, 2011). Moreno는 학급 안에서 학생들이 어떻게 친구를 만들고 관계를 형성하는지에 대한 자료를 바탕으로 관계 연결의 패턴을 점과 선의 그래픽 패턴으로 도식화한 소시오그램(sociogram)을 개발하였다. 1930년대 후반에서 1970년대에 이르기까지 다양한 나라와 다양한 분야에서 사회 네트워크 연구가 이루어져 왔으나, 사회과학 연구에 있어서 사회 네트워크 분석이 하나의 인정받는 패러다임으로까지 성장하는 데는 한계가 있었다(Freeman, 2011).

1970년대 초, 하버드의 사회학자 Harrison C. White와 그의 제자들로 구성된 하버드 구조주의자들(Harvard structuralists)이 사회 네트워크 분석 연구의 비약적 발전을 가져왔다. 당시의 컴퓨터 기술 발전은 대규모 사회 네트워크에 대한 분석을 가능하게 하였고, 구조주의자들의 접근방법은 사회 네트워크 분석을 이론적 발전과 사례연구 중심에 초점을 맞춰오던 기존의 연구의 틀에서부터 일반화가 가능한 방법론(generalizable methods)으로 격상시키는 데 큰 공헌을 하였다(Berry et al.,

2004; Freeman, 2011). White의 제자 중 한 명인 Mark Granovetter(1973)는 네트워크를 통한 정보와 커뮤니케이션 확산에 관한 이론을 통해 사회 네트워크 분석의 이론 발전에 크게 기여했다.

1990년대 이후 사회 네트워크 분석에 대한 관심이 전에 없이 증가되면서 다양한 학제 간의 연구가 이루어지기 시작하였다. 특히 Albert-Lásló Barabási(2002)와 같은 물리학자들이 양자물리학을 이해하는데 사회 네트워크 분석을 활용하면서 이에 대한 관심이 폭발적으로 확장되었다.

이와 같은 사회학 전통의 사회 네트워크 분석의 핵심은 네트워크 구조(network structure)에 있다. 대부분의 연구들은 서로 다른 네트워크 구조가 개인의 행동이나 태도, 혹은 성과와 관련하여 어떠한 영향을 미치는지, 혹은 어떠한 개인적 차원 혹은 조직적 차원의 요인들이 네트워크 구조를 결정하는지에 초점을 맞춰 이뤄져 왔다.

2) 정치학에서의 네트워크 연구

Berry et al.(2004)은 정치학에서의 네트워크에 대한 연구를 크게 세 가지의 흐름으로 정리한다. 첫째는 정책 혁신 및 확산(policy innovation and diffusion)에서 네트워크의 역할이다. Walker(1969)는 정책 혁신이 국지적 혹은 전국적인 네트워크를 통해 어떻게 확산되어 나가는지에 대한 연구를 진행하였다. 이러한 연구는 1990년대에 Berry & Berry의 정책 확산 연구를 기점으로 더욱 활발하게 진행되게 된다. 특히 Berry & Berry(1990)는 사건사분석방법(event history analysis)을 사용하여 기존의 정책 채택(policy adoption)의 요인으로 내재적 요인들(internal determinants)에만 초점을 맞추던 연구와 지역 확산(regional diffusion)에만 초점을 맞추던 연구의 흐름을 통합한 정책 확산 모델을 제시하였다.

Mintrom & Vergari(1998)는 혁신의 확산 과정에서의 정책네트워크(policy networks)의 역할에 초점을 맞춰서, 어떻게 정책 참여자들(policy actors)이 직·간접적인 네트워크를 통해서 혁신적인 아이디어와 정책들에 관한 정보를 교환하고, 커뮤니케이션을 통해 상호보완적인 협력관계를 이루어 가는지 설명하였다. 이 과정에서 정책기업가(policy entrepreneur)는 혁신을 추진하고, 혁신적인 아이디어와 정책 방안을 정치인들과 의사결정권자들에게 설명하며, 그들이 혁신을 채택하도록 설득하는 중요한 역할을 맡는다. 이들은 1987년 미네소타주에서 처음 도입된 학교선택법(school choice law)이 1992년 말까지 전미 37개 주에 확산되는 과정에서, 정책기업가들이 외부 정책네트워크(external policy networks)[1]를 이용하여 의제설정(agenda setting)과정을 촉진시키고, 내부 정책네트워크(internal policy networks)를 사용하여 의제설정과정뿐 아니라 정책 혁신을 승인하도록 기여하는 것을 실증 연구를 통해 밝혀냈다.

두번째 흐름은 정책 변화(policy change)와 의제설정 과정에의 이슈 네트워크(issue networks)의 역할이다. Heclo(1978)는 이슈 네트워크라는 개념을 통해 미국의 정책형성 및 입안 과정에 참여하는 복잡하고 다양한 정책행위자들의 역할과 그들의 상호작용 과정을 강조하였다. Berry et al.(2004)은 의제설정과 관련된 다양한 이론들과 연구들에서 다루어진 네트워크는 주로 이익집단, 정책 전문가 집단, 의원들과 입법 관련 전문가들 사이에서의 커뮤니케이션 네트워크(communication networks)를 의미한다고 보았다.

정치학에서의 네트워크에 대한 세 번째 연구는 신제도주의 경제학(neo-institutional economics)에서 찾아볼 수 있다. 이제 네트워크에 대한 논의는 정책 채택에 영향을 미치는 수준에서 벗어나 정책네트워크 안에서 드러나는 집단행동의 딜레마(collective action dilemma)를 보완, 극복할 수 있는 대안에 이르기까지 확장된다. 네트워크는 행위자들 간의 정보교환을 용이하게 하며, 밀접한 관계 설정을 통해 상호 협력적 관계를 구축하도록 만든다. 따라서 광범위한 의미에서의 네트워크 행위자는 상호 교환적 관계를 갖고 있거나 공동의 이익을 추구하는 관계자들, 혹은 비슷한 가치체계와 전문적 지식을 공유하는 행위자들을 포함한다. 이들은 정책에 대한 방향성을 공유하고 협력적 관계를 구축함으로써 집단행동의 문제점을 보완한다(Berry et al., 2004).

---

1) 정책네트워크는 하나의 정책분야 안에서 공통의 관심사를 가지고 직·간접적으로 연결되어 있는 행위자들의 그룹을 일컫는다(Minstrom & Vergari, 1998, p. 128). Minstrom & Vergari (1998)의 연구에서는 미국에서 각 주(state) 간에 정책 확산이 일어나는 과정을 살펴보았기 때문에 외부와 내부 정책네트워크의 경계 또한 각 주를 기준으로 나누었다. 즉, 본 연구에서의 내부 정책네트워크(internal or intrastate policy networks)는 주 안에서 활동하면서 주정부 및 지방정부의 정책결정 커뮤니티와 밀접한 관련을 가진 행위자들과의 관계를 의미하는 반면, 외부 정책네트워크(external or interstate policy networks)는 주변의 타 주의 정책행위자들과의 관계를 의미한다.

정치학에서의 다루는 정책네트워크와 관련한 주요 연구질문들은 어떻게 정책 행위자들의 행태와 관계설정이 정책을 수립하고 채택하는 데 영향을 주는지, 그리고 행위자들의 역할과 네트워크 구조가 어떠한 정책 결과를 수반하는지에 주로 초점이 맞춰져 있다.

3) 공공관리론에서의 네트워크 연구

공공관리론에서 다루고 있는 네트워크(networks) 혹은 네트워크 관리 행동(network management behavior or managerial networking)과 관련된 연구는 사회학이나 정치학에서 다루고 있는 네트워크 관련 연구에 비해 비교적 최근에 이르러 주목을 받기 시작했다(Berry et al., 2004). 공공영역에서의 네트워크에 대한 관심은 정부간관계(intergovernmental relations)의 연구로부터 비롯된다. 1980년대까지는 정부간관계론을 중심으로 여러 계층의 정부, 즉 미국의 경우 연방정부와 주정부, 그리고 지방정부가 어떻게 협력하여 정책을 집행하는지에 대한 연구가 주를 이루었다(Agranoff, 1986). 하지만 정부서비스 전달체계가 다양해지면서 정부와 타(他)정부 기관, 민간기업, 비영리 단체 등 외부 조직과의 협력관계가 중요해졌고, 공공관리자들은 기존에 하나의 조직을 운영하는 방식으로는 개별 조직의 범위를 넘어서는 복잡하고 다양한 문제들을 해결하기 어렵다는 것을 깨닫게 되었다(O'Toole, 1997; Provan & Lemaire, 2012). 이러한 흐름 속에서 행정학과 공공관리 분야의 학자들은 다양한 방면에서 네트워크와 관련된 연구를 활발히 진행해오고 있다.

1997년 *Public Administration Review*에 개제된 Laurence J. O'Toole, Jr. 의 "Treating networks seriously: Practical and research−based agendas in public administration"와 2001년 *Journal of Public Administration Research and Theory*에 게재된 Robert Agranoff와 Michael McGuire의 "Big questions in public network management research"는 행정학 분야에서 네트워크 연구의 중요성을 피력한 가장 영향력 있는 연구논문으로 꼽힌다. 우선, O'Toole(1997: 44)은 네트워크를 "다양한 조직들이 관련된 상호적인 구조"로 정의하며, 따라서 네트워크에서의 하나의 단위는 더 큰 계층 구조(hierarchical arrangement)에서 다른 단위의 공식적 하위단위라고 볼 수 없다고 설명한다. 그가 제시한 네트워크 연구 방향은 첫째, 서로 다른 형태의 네트워크를 형성하게 하는 요인들에 대한 연구, 둘

째, 네트워크의 생성과 발전에 대한 역사적 관점에서의 연구, 그리고 셋째, 비교학적 관점에서의 네트워크에 대한 연구를 포함한다.

한편, Agranoff & McGuire(2001)는 네트워크를 "단일 조직으로는 달성할 수 없거나 쉽게 달성하기 어려운 문제를 해결하기 위해 구성된 다조직적 구조(multiorganizational arrangement)"라고 정의하면서, 이와 관련한 일곱 가지의 연구질문을 제시하였다. 즉, 1) 네트워크 관리 작업(network management tasks)의 특성, 2) 네트워크 안에서의 그룹의 형성 과정과 협력, 상호작용 과정, 3) 네트워크의 유동성(flexibility), 4) 네트워크 안에서 상호 책임성(responsibility)과 공공 기관의 책무성(accountability)을 확보하는 방안, 5) 네트워크 안에서의 응집 요소(cohesive factor), 6) 네트워크 안에서의 권력(power)이 그룹 문제 해결에 미치는 영향, 및 7) 네트워크 관리의 결과에 대한 연구가 이에 포함된다.

네트워크와 관련된 많은 연구들이 이뤄지면서, 네트워크 연구의 흐름과 중요한 개념, 연구 어젠다를 정리하려는 노력 또한 공공관리 분야에서 활발히 이뤄져왔다. 대표적으로 Berry et al.(2004)에 따르면, 기존 연구들은 1) 과연 네트워크가 존재하는지, 그렇다면 어떠한 작용을 하는지, 2) 네트워크 안에서의 공공관리자들은 계층적 구조 안에서의 관리자들과 비교해서 어떻게 다르게 조직을 관리하고 운영하는지, 그리고 3) 네트워크가 과연 조직의 의사결정, 정책 효과 및 거버넌스를 통한 가치 증진에 어떠한 영향을 주는지에 대한 연구들에 초점을 맞춰 이뤄져왔다고 설명한다.

Provan & Lemaire(2012)는 조직 간 네트워크에 대한 연구를 정리하면서, 그 분석틀로써 몇 가지의 중요한 질문을 제시한다. 첫째는 네트워크 자체가 무엇으로 구성되어 있는가에 대한 질문이다. 네트워크에 대한 연구는 개별 조직 중심의 미시적 접근방법(egocentric micro approach)에서 벗어나 여러 조직들 사이의 관계를 총괄하는 거시적인 관점에서의 다층적 전체 네트워크(multilateral whole network)에 대한 연구로 확대되어 왔다. 이러한 거시적 관점의 네트워크 연구는 조직 간 협력(collaboration), 협력적 거버넌스(collaborative governance), 외부위탁(contracting) 등의 연구와 함께 논의되어 왔다. 둘째는 어떠한 상황에서 네트워크의 형태가 기존의 전통적 의미의 계층적 조직구조보다 더 적합한가에 관한 질문이다. 일반적으로 문제가 복잡하고, 예측할 수 없거나, 일상적인 범위 내에서 해결이 불가능하며,

개별 조직의 역량으로는 해결할 수 없는, 소위 '난제(wicked problems)'에 직면할 때 네트워크 구조가 더 적합하다고 본다. 셋째, 네트워크를 형성하고, 유지·관리하는 데 있어서의 정부의 역할을 무엇인가? 이 질문은 네트워크의 형성이 정부주도로 이뤄졌는지 아니면 자생적인 필요에 의해 발전되었는지에 대한 질문을 내포하며, 네트워크를 유지, 발전시키는 데 어려움은 무엇인가에 대한 질문까지 확장시킬 수 있다. 네번째 연구 질문은 어떻게 네트워크를 통해 네트워크 전체의 목표를 효과적으로 달성할 수 있는가에 관한 것이다. 특히 선행연구를 바탕으로 Provan과 Lemaire는 네트워크 효과성에 영향을 미치는 요소로서 다양한 계층에서의 네트워크 참여, 네트워크 디자인(network design), 적정 수준의 거버넌스(appropriate governance) 시스템, 정당성(legitimacy)을 확보하고 유지하는 것, 네트워크 중심은 비교적 안정적으로 유지(core stability)하되 주변에서는 유연성을 확보하는 것 등을 꼽았다.

O'Toole(2015)[2]은 네트워크와 관련된 기존 연구들을 정리하기에 앞서, 구조로서의 네트워크와 공공관리자들의 네트워킹 행태에 대해 명확히 구분한다. 그리고 공공관리분야에서 네트워크와 네트워킹 행태에 대한 연구들에 대해 개념적이고 기술적인(conceptual and descriptive) 분야와, 실증적(empirical), 규범적(normative), 실무적(practical) 연구분야로 나눠 분석하였다. 특히, 실증 연구와 관련해서 크게 네트워크를 종속변수로 보는 연구(networks as dependent variable)와 네트워크를 독립변수로 보는 연구(networks as independent variable)로 나누어서 정리하였다. 첫째, 종속변수로서의 네트워크 연구로는 네트워크 구조의 형성, 사이즈, 특성 등에 대한 연구와 네트워킹 행태에 영향을 주는 내·외부의 조직환경(organizational environment) 요소 등에 대한 연구들을 포함한다. 둘째, 독립변수로서의 네트워크 연구로는 네트워크 구조가 공공서비스의 프로세스와 결과에 어떠한 영향을 주는지, 그리고 네트워크 안에서의 협력관계가 공공분야의 다양한 문제 해결 및 갈등관리에 어떠한 영향을 주는지에 대한 연구를 비롯하여, 어떻게 네트워킹 행태가

---

2) 2015년 미국행정학회(American Society for Public Administration)에서 발간하는 *Public Administration Review*에서는 75주년을 기념해서 행정학 분야에 공헌한 연구논문들을 기념, 재조명하였다. 그 중 하나가 1997년에 발간한 O'Toole의 "Treating network seriously" 논문에서 다룬 네트워크의 중요성에 대해 다시금 점검하고, 그간의 연구들이 어떻게 이뤄져 왔는지 돌아보는 본 논문이다.

조직성과에 영향을 주는지에 대한 연구 등이 활발하게 이뤄져 왔다.

지금까지 사회학, 정치학, 공공관리 분야에서 진행되어온 네트워크와 관련된 연구의 흐름에 대해 간략히 살펴보았다. 다음 절에서는 공공관리 분야의 네트워크 연구 가운데 특히 네트워킹 행태에 초점을 맞춰서, 관리적 네트워킹의 정의, 네트워킹을 결정짓는 요소 및 결과에 대해 개관해 보고자 한다.

3 관리적 네트워킹(Managerial Networking) 이해하기

1) 관리적 네트워킹이란?

구조로서 네트워크를 바라보는 시각과는 달리 행태적 관점(behavioral approach)에서 바라보는 네트워킹 행태는 공공서비스를 제공하고 정책을 집행하는 공공관리자들의 조직행동양식에 초점이 맞춰져 있다. 전통적인 계층 구조 안에서의 공공관리자의 역할과 비교할 때, 다변화된 공공서비스 전달체계와 복잡하게 얽힌 네트워크 환경 안에서의 공공관리자는 한 조직의 범위를 넘어 외부의 다양한 조직 및 행위자들과의 적극적이고 협력적인 연계를 맺는 데까지 그 역할의 범주가 확대된다. 그 결과 이들이 조직 외부의 이해관계자들과 맺는 사회적 관계는 공공 프로그램을 실행하기 위한 지원을 얻고, 외부 환경의 다양한 이해관계자들과 유리한 협상 고지를 점령하며, 조직 간 관계를 원활하게 관리하는 데 유용하다. 또한, 다양한 기회들을 확보하며, 조직 내 핵심 조직을 외부의 불확실한 위험과 도전으로부터 보호함으로써, 궁극적으로 조직 목표를 달성하는 데 기여한다(O'Toole, 2015; Rho & Han, 2021). 따라서 정부 간 관계와 조직 간의 구조적인 연결에 기반을 둔 구조적 네트워크 연구와 구분하여, 조직의 성과를 높이고 효과적 관리를 위한 관리자들의 행태에 초점을 맞춘다는 의미에서 네트워킹 행태는 관리적 네트워킹 (managerial networking)을 일컫는다(O'Toole & Meier, 2004).

O'Toole & Meier(1999)의 공공관리−성과 모형3)에서는 조직성과에 영향을

---

3) O'Toole & Meier(1999)는 다양한 공공관리의 요소와 조직성과의 관계에 관한 일반화 모형을 제시하면서, 가장 중요한 개념으로 계층제, 안정성, 네트워킹 및 내부 관리를 강조하였다. 이후 O'Toole, Meier를 비롯한 다양한 학자들이 본 모형의 타당성을 검증하기 위해 많은 실증 연구

주는 관리요인으로 크게 조직 내부에 대한 관리와 외부환경에 대한 관리를 포함한다. 이 모형에 대한 실증 연구를 담은 O'Toole, Meier 및 여러 학자들의 후속 연구에서는 외부 환경에 대한 관리와 관리적 네트워킹을 개념적으로 구분하지 않고 사용하고 있다. 대신 네트워킹 연구의 초점은 명확하게 최고관리자들(top managers)이 조직관리를 위한 노력의 일환으로써 조직 외부의 행위자들과 관계를 맺는 행동양식에 맞춰져 있다(O'Toole, 2011).

같은 직무와 직책을 가진 관리자라고 하더라고 그들의 네트워킹 행태는 그 범위와 빈도수, 그리고 방향성 측면에서 다양하게 나타난다. 물론, 관리자들의 네트워킹 행태만으로 전체 네트워크의 구조를 파악하는 데는 많은 한계점을 지닌다. 그럼에도 불구하고 네트워킹 행태에 대한 이해 없이는 관리자들이 실질적으로 상호의존적 조직환경 가운데 어떻게 일하는지에 대해 설명하는 것 또한 어렵다(O'Toole, 2011). 그러므로 관리자들의 조직관리전략의 하나로서 외부지향적 네트워킹이 갖는 의미 또한 폄하할 수 없다.

Ibarra와 Hunter(2007)는 성공적인 리더를 결정짓는 가장 중요한 요인이 바로 네트워킹이라고 강조하면서, 특히 관리자에서 리더십 역할로 옮겨갈수록 외부지향적 네트워킹이 더욱 중요해진다고 피력하였다. 특히 최고관리자들의 네트워킹은 네트워크 속에서 다양한 사회적 자원을 얻거나 외부의 위험으로부터 조직을 방어하기 위한 전략적인 선택의 일환이다(Rho & Lee, 2018). 따라서 그들이 맺는 인간관계, 회의에 참석하는 것, 회의 이후에 연락을 취하며 관계를 이어가는 등의 네트워킹 관계가 조직이 경쟁관계에서 우위를 점하고 조직에 필요한 정보나 기회를 얻는 데 도움이 된다면, 그들의 네트워킹 행태는 전략적 선택에 의한 조직관리 방법의 하나로 이해해야 할 것이다(Luo, 2003).

2) 관리적 네트워킹의 유형

(1) Ibarra와 Hunter의 업무적, 개인적, 전략적 네트워킹

Ibarra와 Hunter(2007)는 네트워킹의 목적에 따라 업무적(operational), 개인적(personal), 전략적(strategic) 네트워킹으로 나누어 네트워킹 행태에 대해서 설명한다. 첫째, 업무적 네트워킹은 당면 과제를 수행하기 위해서 필요한 사람들과의 협

를 수행하였다.

조, 협력관계를 강화하기 위한 목적으로 이뤄진다. 업무상 주어진 목적을 달성하기 위한 네트워킹이기 때문에, 비교적 그 목적이 분명하고, 참여하는 사람들의 기여 정도 또한 분명한 편이다. 물론 주어진 목적을 달성한다는 측면에서 업무적 네트워킹은 새로운 비전을 제시하거나 조직 목표를 설정하는 등의 거시적인 목표를 가지고 움직이지는 않는다. 따라서 업무적 네트워킹의 대상자는 주로 조직 내부의 관련자들과의 관계에 머물거나, 크게는 일상적이고 단기적인 목표달성을 위한 관계에 국한되어 있다. 대부분 오랫동안 함께 업무를 진행해온 사람들과의 관계로 이뤄져 있어서 구성원 간의 신뢰가 높다는 장점을 지닌다.

두 번째 유형의 네트워킹은 개인적 네트워킹이다. 조직 내부에만 초점을 맞춘 네트워킹의 한계를 자각하면서부터 관리자들은 점차적으로 네트워킹의 범위를 외부로 확대하기 시작한다. 예를 들어, 관리자들은 전문가 협회나 클럽, 동문회나 동호회 등의 다양한 모임을 통해서 사람들을 소개받기도 하고, 중요한 정보를 교환하기도 하며, 코칭이나 멘토링과 같은 개인의 역량강화를 위한 도움을 받는 등의 개인적 네트워킹의 이점을 활용할 수 있다.

마지막으로 관리자에서 리더로 성장하면서 각 조직의 리더들은 전략적인 과제에 대한 폭넓은 이해를 요구 받게 된다. 그들의 업무 성격과 범위도 기능적인 업무에서 벗어나 조직 전체를 총괄하는 전략을 수립하는 데까지 이르게 되면서, 관리자들은 점차 조직 내·외의 다양한 이해관계자들과 협력적인 관계를 바탕으로 조직 목표설정과 미래지향적 전략수립에 도움이 되는 전략적 네트워킹을 활용하게 된다. 전략적 네트워킹의 핵심은 지렛대 역할에 있다. 즉, 네트워크를 이루는 하나의 축에서부터 필요한 자원과 정보를 얻어 다른 쪽 네트워크에 필요한 결과를 창출하는 일, 혹은 여러 통로를 통해 간접적인 영향력을 발휘하여 조직의 목표를 달성하는 것과 같이 조직 내·외부의 연결고리를 창출하는 것이 전략적 네트워킹의 핵심이다. 이와 같은 관리자들의 외부지향적 네트워킹 행태와 노력은 조직 내부의 필요와 조직 외부의 자원 및 정보를 연결하는 '고리'(hook)로써의 역할을 담당하게 된다. Ibarra & Hunter(2007)는 이와 같은 세 가지의 네트워킹 행동 유형을 다음의 표와 같이 정리하였다.

표 10.1 네트워킹 행태의 세 가지 유형

	업무적 네트워킹	개인적 네트워킹	전략적 네트워킹
목적	일을 효율적으로 완수하는 것. 그룹에 필요한 역량이나 기능을 유지하는 것	개인 역량 및 전문성 향상. 유용한 정보나 인력을 소개받을 수 있는 창구	미래의 우선 순위와 과제에 대한 파악. 이해관계자들의 지원 확보
위치 및 방향성	내부지향적 네트워크. 현재의 요구사항에 초점	외부지향적 네트워크. 현재의 관심사 및 미래의 잠재적 관심사에 초점	내·외부지향적 네트워크 미래 지향적
주요 행위자	상대적으로 비재량적(non-discretionary) 구성. 주로 업무와 조직구조에 맞춰서 형성되므로 네트워킹의 주요 행위자 범위가 명확한 편임	대부분 재량적(discretionary) 구성. 네트워킹 행위자에 대한 명확한 틀이 없음	전략적인 맥락과 조직환경에 따라 구성되나, 특정 네트워킹 행위자는 재량으로 구성됨. 행위자의 범위가 항상 명확하지는 않음
네트워킹의 특성	깊이(depth): 강력한 업무상의 관계	넓이(breath): 추천 가능한 사람들에게까지 확장 가능	지렛대(leverage): 내·외부의 연결고리

출처: Ibarra & Hunter(2007).

(2) 상향식, 하향식, 외부지향적 관리

Moore(1995, 2000)는 조직의 성공을 위해서는 공공 조직이 창출하고자 하는 가치(value), '승인 환경'(authorizing environment)으로부터 얻은 정당성과 지원(support), 그리고 충분한 노하우와 설정한 목표를 달성하기 위한 업무 능력(operational capacity)의 전략적 삼각관계(strategic triangle)가 원활하게 작동해야 한다고 보았다. 이와 같은 전략적 조직 관리는 관리자들의 세 가지 대표적 역할인 상향식 관리(managing upward), 하향식 관리(managing downward), 외부 관리(managing outward)를 통해 구체화된다.

Moore의 승인 환경이란 선출된 대표자들, 이익 집단, 미디어 등과 같은 정치적 행위자들을 포함한다. 정부의 책임성이 중요해짐에 따라 이들과 원활한 관계를 맺어가는 것 또한 공공관리자의 중요한 관리업무가 되었다. 특히 의회, 입법 기관 및 상위 기관과 관계는 조직의 활동을 위한 재정적인 지원과 직결되며, 공공 조직은 이들 기관에 성과를 보고함으로서 책무를 다해야 하는 의무를 가진다(Moore, 1995). 따라서 공공관리자는 공공 기관 조직 구조상 상위 기관이나 정책결정자, 혹은 의회구성원들과 원활한 관계를 구축하는 상향식 관리를 통해 조직의 목표를 달성하도록 해야 한다. O'Toole, Meier, & Nicholson—Crotty(2005)는 이러한 관계에서 관리자의 역할은 주인—대리인 관계(principal—agent relationship)에서의 대리인 역할에 해당하며, 정치적 행위자들은 주인의 역할을 담당한다고 보았다.

공공관리자들에게 있어서 상향식 관리만큼 중요한 것이 조직환경의 다양한 외부 이해관계자들 및 지역 사회 구성원들과 공공서비스 수혜자들과 같은 조직 외부에 대한 관리(managing outward)이다. 조직의 목표를 성공적으로 달성하고 조직의 정당성을 확보하기 위해서는 그 조직이 관계를 맺고 있는 다양한 외부행위자들과 원활한 관계를 맺는 것이 필수적이다. 따라서 관리자들은 조직의 목표가 커뮤니티의 목표와 일치하며 상호보완적임을 피력함으로써 조직의 정당성을 끊임없이 확보해야 한다. Moore의 외부 관리 개념은 Meier & O'Toole(2001)이 이야기하는 외부지향적 네트워킹 행태와 상통한다. 따라서 O'Toole, Meier, & Nicholson—Crotty(2005)에서는 주인—대리인 관계 혹은 계층 구조에 기반을 둔 관계를 제외한 외부 행위자들과의 네트워킹 행태를 조직의 외부 관리라고 정의하였다.

한편, 하향식 관리의 주된 목적은 조직 내부 관리에 있다. 관리자들이 조직 내부하직원들과 원만한 관계를 갖고 상호작용을 할 때 업무의 시너지와 효과는 증대된다. 관리자들에게는 조직 안에서 중간관리자들이나 실무자들이 갖는 전문성을 살리고 그들의 개별적 전문성이 조직 전체 목표에 부합하도록 관리하는 능력이 요구된다. 이러한 측면에서 Moore의 하향식 관리는 앞서 설명한 Ibarra & Hunter의 업무적 네트워킹과 상통한다. 또한 하향식 관리는 전통적 의미의 조직관리의 일환으로서 관료제적 상하관계 안에서 일선 관료 및 실무자를 관리하는 것을 비롯하여 하위 기관에 대한 관리까지도 포함한다(O'Toole, Meier, & Nicholson—Crotty, 2005).

(3) 외부지향적 네트워킹의 세부 유형

위에서는 Ibarra와 Hunter는 네트워킹의 목적에 따라 네트워킹 행태를 업무적, 개인적, 전략적 네트워킹으로 나누었으며, Moore의 개념에 기반을 둔 O'Toole, Meier, & Nicholson-Crotty(2005)의 연구에서는 네트워킹의 범위 및 방향성에 따라서 상향식, 하향식, 외부지향적 네트워킹으로 나누어 살펴보았다. 하지만 이와 같은 유형화는 관리적 네트워킹의 행위자의 범위를 조직 내·외부로 확장했기 때문에, 외부 관리 중심의 관리적 네트워킹(externally oriented managerial networking) 안에서의 세부 유형을 다룬 것이 아니라는 한계를 가진다. 따라서 본 절에서는 외부지향적 네트워킹의 세부 유형을 다룬 연구들을 소개하도록 한다.

네트워킹 행태는 네트워킹의 범위나 구성, 혹은 빈도수 등 여러 가지 속성으로 설명하고 측정할 수 있다. 그 중에 Meier와 O'Toole(2001)를 비롯한 많은 연구자들은 주로 관리자들이 얼마나 자주 주요 외부 행위자들을 만나는지에 대한 빈도수(frequency)와 범위(extensiveness)에 초점을 맞춰서 네트워킹 행태를 측정하였다(Rho & Lee, 2018). 관리자들이 외부 관리에 쏟는 시간은 사회적 자본을 배양하는데 매우 중요한 역할을 한다. 폭넓은 네트워킹은 중요한 정보를 얻을 수 있는 기회를 제공하며, 활발한 네트워킹은 정보 확보를 통해 관리자들의 전문성을 증대시킬 수 있는 이점을 지닌다. 물론 접촉 빈도수와 범위에만 초점을 맞춰서 네트워킹을 이해할 때는, 관계의 질적인 측면이나 그 목적과 내용과 같은 네트워킹의 양상을 포함하지 못하는 한계를 지닌다(Meier & O'Toole, 2001). 그럼에도 불구하고 네트워킹 빈도와 범위는 관리자가 얼마나 적극적으로 개인적, 조직적, 전문가적 네트워킹 관계를 통해 조직의 목표를 달성하고 외부환경의 요구에 대응하는가에 관한 척도로 충분한 의미를 지닌다(Luo, 2003; Rho & Lee, 2018).

하지만 관리자들이 관계를 맺는 외부환경의 행위자들이 모두 같은 종류의 자원이나 정보를 제공하는 것은 아니다. 관리자들의 필요와 조직의 목표에 따라서 맺고자 하는 행위자의 범위가 관리자들마다 다를 수 있음 또한 염두에 두어야 한다. 결국 제한된 시간을 사용해서 외부 관리를 하는 관리자들의 입장에서는 그 관계의 비용과 편익을 고려하여 네트워킹 대상자들을 전략적으로 선택하고 집중할 수밖에 없다(Torenvlied et al., 2013). 따라서 학자들은 네트워킹 대상에 대한 구분 없이 포괄적인 네트워킹 활동 정도를 나타내는 단일차원(unidimensional)의 측정지표가 갖는 한계에 대해 지적하고, 다양한 그룹의 행위자들과의 네트워킹 행태를 측정할 수 있는 다차원적(multidimensional) 지표에 대한 연구에 관심을 갖기 시작하였다(Rho, 2013; Torenvlied et al., 2013).

예를 들어, Meier와 O'Toole(2005)은 미국 텍사스 학구조직(Texas local school districts)을 분석대상으로 한 연구에서 각 학구의 최고관리자인 교육감(superintendent)의 네트워킹 관리대상을 지역정치 집단(local politics)과 전문가 집단(professional)의 두 가지 범주로 나눌 수 있음을 보여주었다. 지역정치 집단은 학구조직에 정치적 영향력을 발휘할 수 있는 학교위원회 구성원, 지역 비지니스 리더, 학부모 집단, 교사 협회와 주(州)입법가 등을 포함한다. 전문가 집단으로는 다른 학구의 교육감, 연방정부 교육부 공무원, 주정부 교육청 공무원 등이 있다. 이와 같은 두 가지의 분류법을 바탕으로 Rho(2013)는 지역정치 네트워킹과 전문가 중심 네트워킹에의 참여 정도를 결정하는 요인들에 대해 실증적으로 분석하였다.

Torenvlied et al.(2013)은 텍사스 학구조직를 대상으로 한 동일한 데이터를 가지고 정치적 지원(political support), 관료적 지원(bureaucratic coping), 공동생산(coproduction)의 세 가지 네트워킹 행태로 세분화하였다. 정치적 지원 네트워킹은 주로 주입법가와 지역 비지니스 리더와 같이 정책을 실행하고 공공서비스를 제공하는데 정치적으로 지원하는 대상을 포함한다. 관료적 지원 네트워킹은 규제 기관, 상위 공공 기관과 같은 정부 간 관계 안에서 이뤄지는 관계를 의미하며, 주교육청과 연방 교육부를 포함한다. 마지막으로 공동생산 네트워킹 대상으로는 학부모 집단과 교사 협회가 있다. 교육서비스는 학교만의 일방적인 서비스가 아닌 학부모와 교사와의 협력을 통해 이뤄지는 서비스로서, 공동생산 네트워킹은 공공서비스를 제공하기 위한 직접적 협력관계에 있는 기관 및 행위자들을 대상으로 한다.

Johansen과 LeRoux(2013)는 비영리조직에서 관리적 네트워킹이 조직성과에 어떠한 영향을 미치는가에 대한 실증 연구를 위해 네트워킹 행태를 정치적 네트워킹(political networking)과 커뮤니티 네트워킹(community networking)의 두 가지 측면에서 살펴보았다. 정치적 네트워킹은 비영리조직의 관리자들이 직접적인 정책 결정과 상관없이 평상시에 정치인들과 얼마나 밀접한 관계를 유지하는가를 의미하며, 커뮤니티 네트워킹은 지역의 타(他) 비영리 기관, 지역 비지니스, 지역 종교 단체와의 네트워킹 빈도를 바탕으로 측정되었다.

네덜란드 사회복지분야의 지방정부를 분석대상으로 한 Van der Heijden과

Schalk(2018)의 연구에서는 사회복지사업의 특성을 고려하여 관리적 네트워킹을 전문적 네트워킹(professional networking)과 클라이언트 중심 네트워킹(client-interest networking)의 두 가지로 분류하고 있다. 전문적 네트워킹은 사회복지서비스를 제공하는 각 계층의 정부 기관과 비영리기관을 포함하는 한편, 클라이언트 중심 네트워킹은 다양한 서비스 수혜자들의 이익을 대변하는 집단들을 포함한다.

선행연구에서 살펴본 것과 같이 외부지향적 네트워킹 관리에 대한 유형 분류는 연구분석대상과 밀접하게 관련이 있다. 공공관리자들이 처한 외부환경이 각 서비스분야와 조직에 따라 다르다는 점을 고려한다면, 외부환경에 위치한 네트워킹 대상자들의 범위와 종류도 다른 것은 당연한 것이다. 따라서 이론중심으로 네트워킹 행태를 분류하고 일관적으로 적용하는 것보다는 각 연구 맥락에 맞춰서 특화된 네트워킹 행위자들을 분석하고 분류하는 노력이 더 현실적이라고 볼 수 있다.

3) 네트워킹 행태를 결정하는 요인들

공공관리 분야에서 관리적 네트워킹에 관한 연구는 주로 네트워킹이 조직성과에 어떠한 영향을 미치는가에 대한 관심에 초점이 맞춰져 있다. 하지만 관리적 네트워킹을 결정하는 요인에 대한 연구는 상대적으로 활발히 이뤄지지 않았다 (Andrews et al., 2011; Rho, 2013). 실제 어떤 관리자들은 네트워킹을 활발히 이용하는 한편, 네트워킹에 활발히 참여하지 않는 관리자들 또한 많다. 그리고 어떤 관리자들은 특정 유형의 네트워킹 관계는 적극적으로 임하는 반면, 다른 유형의 네트워킹 관계에서는 소극적인 태도를 보이는 경우 또한 빈번하게 관찰된다. 그렇다면 이러한 네트워킹 참여 혹은 네트워킹 행태의 범주와 정도의 차이는 어떻게 설명할 수 있는 것인가? 네트워킹 행태를 결정하는 요인에 대한 연구는 1) 조직환경 차원의 결정요인, 2) 조직적 차원의 결정요인, 3) 개인적 차원의 결정요인으로 나누어 살펴본다.

(1) 조직환경 차원의 결정요인

외부지향적 네트워킹은 중심 조직과 외부환경에 위치한 행위자들 간의 상호관계를 통해 나타난다. 따라서 개념적으로 외부지향적 네트워킹은 조직 외부환경의 성격과 밀접한 관계를 가질 수밖에 없다. 특히 네트워킹 행태의 주된 이점이 외부로부터의 자원을 획득하고 필요한 정보를 얻음으로써 불확실성에 대비하고 조직을 위한 기회를 포착하게 한다는 점을 고려한다면, 외부 환경 중에서도 불확실성(uncertainty)이나 다변성(turbulence)과 같은 요인들이 네트워킹과 관련이 있음은 자명하다.

Andrews et al.(2011)은 상황이론(contingency theory)을 바탕으로 어떻게 조직환경의 불확실성이 외부지향적 네트워킹을 결정하는지에 대한 연구를 수행하였다. 그들은 불확실성이 관리자들로 하여금 더욱 명확한 정보를 얻고자 외부의 다양한 행위자들과의 관계를 증가시키는 촉매제가 된다고 주장한다. 조직환경의 불확실성은 동태성(dynamism), 복잡성(complexity), 주요 자원의 풍부성(munificence)으로 측정할 수 있다(Dess & Beard, 1984). Andrews et al.은 조직이 필요로 하는 주요 자원이 적을수록 환경은 예측하기 어려워지고 불확실해지며, 따라서 관리자들은 필요한 자원을 확보하기 위해 외부지향적 네트워킹을 증가시킨다고 보았다. 복잡한 조직환경이란 여러 가지 측면으로 이해할 수 있다. 예를 들어, 조직의 이해관계자들의 관계가 복잡하게 얽혀 있거나 서비스 수혜자가 과도하게 분화되어 있는 것 모두 조직환경의 복잡성에 해당된다. 이러한 복잡성은 불확실성으로 연결되며, 관리자들은 복잡한 환경의 이해관계를 충족시키고 불확실성을 줄이고자 하는 방안으로써 외부 네트워킹을 증가시키게 된다. 환경의 동태성이란 조직환경이 얼마나 급변하는가를 의미한다. 즉, 급변하는 주변 관계나 갑작스런 자원의 부족과 같이 예측 불가능한 상황은 조직환경을 불확실하게 만들며, 따라서 관리자의 네트워킹을 증가시키는 요인이 된다. Andrews et al.은 영국의 지방정부 관리자들을 대상으로 한 연구를 통해 이와 같은 이론을 검증하고자 하였다. 하지만, 분석결과 다양한 이해관계자들의 요구로 대변되는 복잡성만이 관리적 네트워킹과 유의미한 관계가 있었고, 풍부성과 동태성에 대한 가설과 같은 방향의 유의미한 결과를 밝히지는 못했다.

Melton(2017)은 텍사스 학구조직을 분석 대상으로 한 연구에서 동태성이 네트워킹에 어떠한 영향을 미치는지 살펴보았다. 그는 동태성을 학생 구성원의 변화와 수익의 변화, 학생등록 수의 변화 등을 개별적으로 측정하였다. 연구 결과, 흑인과 라틴계 학생들, 저소득층 학생들 구성 비율의 변화는 오히려 네트워킹을 감소시켰으며, 학생등록수나 수익의 변화는 네트워킹 행태와 유의미한 관계가 없다고 밝혀졌다. 하지만, 같은 텍사스 학구조직을 대상으로 한 Rho(2013)의 연구에 따르면, 예기치 못하게 예산이 급감했을 때 전문가집단과의 특정 네트워킹이 증가한 것으로 나타났다. 또한 환경의 풍부성과 관련해서는 전체 수익의 증가가 지역정치집단과 전문가집단과의 네트워킹을 강화하며, 특히 수익 가운데 주정부가 차지하는 비율이 줄어들 때는 오히려 전문가집단과의 네트워킹을 약화시키는 것으로 나타났다[4]. 네트워킹의 결정요인으로서 조직환경, 특히 과업환경(task environment)에 관한 기존의 연구들은 일관성 있는 결론을 보여주지 못하고 있다. 따라서 이에 대한 추가적인 연구가 필요하다.

(2) 조직적 차원의 결정요인

Andrews et al.(2011)은 조직환경과 더불어 조직적 차원에서는 전략적 입장(strategic stance) 차이가 네트워킹에 어떤 영향을 주는지 분석하였다. 이들은 Miles & Snow(1978)의 전략 유형과 관리자의 네트워킹 행태를 연계하여 개척자(prospector), 방어자(defender), 반응자(reactor)의 세 가지 전략 유형이 네트워킹에 어떠한 영향을 주는지 살펴보았다.[5] 개척자는 조직환경에서 주어지는 기회를 적극적으로 찾고 실험적인 시도를 통해 새로운 서비스 영역을 개척하거나 혁신을 이뤄내는 유형의 전략이다. 이러한 전략은 외부 환경의 기회를 적극적으로 찾는다는 측면에서 외부지향적 네트워킹과 밀접한 관계가 있다. 한편 방어자는 새로운 접근방법이나 프로세스에 대해 보수적인 입장을 취한다. 따라서 외부와의 적극적인 상호작용을 통해 새로운 활로를 개척하기보다는 기존의 프로세스와 서비스 영역에 초점을 맞춰서 안정성을 추구하는 것이 방어자적 전략이다. 따라서 방어자적 전략을 추구하는 조직에서는 관리자들의 네트워킹 행태가 줄어들 것이라고 예측

---

4) Melton(2017)의 연구는 2002년과 2005년에 수행한 서베이를 대상으로 하였으며, Rho(2013)의 연구는 2002, 2005, 2007, 2009, 2011년에 수행한 서베이를 대상으로 하였다는 차이가 있다.

5) 환경에 대한 조직적 관리의 측면에 초점을 맞춘 Miles & Snow의 전략 유형은 개척자, 분석자, 방어자, 반응자 등 네 가지로 분류된다. Andrews et al.(2011)은 전략 유형을 연속선상에서 이해한다면, 네 가지 유형 중 분석자는 개척자와 방어자의 특성을 일부 공유하는 중간 정도의 위치에 있다고 볼 수 있기 때문에, 서로 다른 유형의 전략과 네트워킹의 관계를 분석할 때 분석자에 대한 분석은 중복될 수 있다고 주장하였다. 따라서 분석자를 제외한 세 가지 유형에 초점을 맞추었다.

하였다. 마지막으로 반응자란 최고관리자들이 조직환경의 변화와 불확실성에 반응하되 뚜렷한 전략은 부재한 경우를 의미한다. 따라서, 일관성 있는 전략을 수립하고 적극적으로 행동하기보다는 조직환경의 변화에 대한 요구에 대해 수동적으로 반응하는 행태를 보이게 된다. 외부지향적 네트워킹을 관리자들의 적극적이고 전략적인 조직행동으로 이해한다면, 반응자 전략은 네트워킹과 부(−)의 관계가 있다고 볼 수 있다. Andrews et al.(2011)는 실증 연구를 통해 세 가지 전략 중 방어자와 반응자 전략이 네트워킹과 유의미한 부의 관계에 있음을 밝혔다. 하지만, 개척자와 네트워킹의 관계는 유의미한 결과를 도출하지 못했다.

전략 이외에도 Andrews et al.(2011)은 조직구조가 분권화되어 있을수록 관리자들의 재량권이 확보되며, 따라서 외부적 네트워킹을 할 수 있는 환경이 조성된다고 보았다. 같은 맥락에서 보면, 조직구조가 공식화되고 위계지향적일수록 개별 관리자들의 재량권이 제약되며, 따라서 독립적이고 혁신적으로 외부 네트워킹에 참여하기 어렵게 된다. 따라서 중앙집권적이며 공식화된 조직구조 안에서는 외부지향적 네트워킹이 활발히 일어나기 힘들게 된다. 반면, 특성화 된 조직에서는 관리자들의 업무가 중복되지 않기 때문에 각자의 역할에 대한 재량권과 기회가 늘어날 수밖에 없다. 따라서 특성화된 조직에서는 관리자들이 외부지향적 네트워킹을 통해 다양한 구성원들과의 교류를 증진하고 새로운 아이디어와 기회에 대한 노출을 증가시키려는 경향을 보이게 된다. 저자들은 이러한 조직구조의 특징 가운데서, 공식화 정도가 약할수록 그리고 특성화 정도가 강할수록 네트워킹이 활발하게 나타나는 것을 증명하였다.

Rho(2013)는 조직 내적인 요인으로서 과거의 조직성과를 네트워킹 결정요인 중 하나로 보았다. 네트워킹 관계의 참여자들은 그 관계의 결과물을 통해 지속적인 관계를 유지할지 아니면 관계를 중단해야 할지를 결정하게 된다. 따라서 현재 보여지는 네트워킹 관계는 과거의 관계가 파생한 결과물에 대한 판단을 기준으로 성립되었다고 보아야 한다. 많은 연구들이 네트워킹 행태가 독립변수로써 조직성과에 미치는 영향에 초점을 맞춰 수행되었지만, 과거의 조직성과가 오히려 독립변수로써 현재의 네트워킹 형태를 결정짓는 요인이 될 수 있다는 점에서 새로운 접근이 필요하다. 예를 들어, 조직의 성과가 낮은 경우에 관리자들을 성과향상을 위한 다양한 노력을 기울여야 하는 압박에 놓이게 된다. 특히, 정치적 상위 관계에 있는 기관이나 이해관계자들에게 끊임없이 조직의 정당성을 검증받아야 하는 공공 조직의 경우, 조직성과가 좋지 않을 때일수록 관리자들은 외부지향적 네트워킹을 통해 그들을 설득하고 관계를 강화함으로써 조직 정당성을 유지해야 하는 당면과제를 갖게 된다. 따라서 Rho(2013)는 성과가 낮은 조직의 관리자들이 외부적 네트워킹을 많이 한다는 가설을 실증 연구를 통해 검증하였고, 지역정치 중심 네트워킹과 전문가 중심 네트워킹의 유형과 상관없이 유의미한 결과를 도출하였다.

(3) 개인적 차원의 결정요인

지금까지 Meier와 O'Toole 및 많은 연구자들은 최고관리자(top manager)의 조직 행동은 개인적인 결정을 넘어서 조직적 차원의 결정으로 볼 수 있다는 전제를 바탕으로, 관리자의 네트워킹을 개인 수준의 분석 단위에 머물지 않고 조직 수준의 요인들과 관련이 있는 것으로 다뤄 왔다. 하지만, 네트워킹 행태, 특히 관리적 네트워킹은 외부 관리를 위한 네트워킹 관계를 맺고자 하는 관리자 개인의 의사결정과 결코 무관할 수 없다.

최고경영층 이론(upper echelons theory)은 최고경영자의 가치 체계나 인지능력과 같은 개인적인 특성들이 조직 행동과 전략 및 조직성과에 영향을 미친다고 보았다(Hambrick, 2007). 즉, 기관장과 같은 조직 최고관리자들은 직면한 상황에 대한 개인적인 분석과 해석에 따라 행동하게 되는데, 이러한 해석의 기반이 되는 것이 경험과 가치, 성격과 같은 개인적인 요소들이다. 네트워킹을 리더의 전략적이고 선택적인 행동 체계라고 본다면, 그들이 얼마나 많은 시간을 투자해서 외부 이해관계자와의 관계를 이어가고, 어떤 방향으로 이런 관계를 설정하는가는 결국 관리자 개인의 선택이나 의지에 의해 결정된다. 따라서 이는 근본적으로는 개인의 성별, 인종과 같은 인구통계적 요소, 사회경제적 요소, 직무관련 특성 등과 같은 요소들에 의해 영향을 받을 수밖에 없는 것이다.

인구통계적 요소의 예로서, 성별이 네트워킹 행태를 결정하는가에 관한 선행 연구는 일관성 있는 결론을 도출하지 못하고 있다. 여성 리더가 이끄는 공공 조직이 남성 리더가 이끄는 조직에 비해서 조직 간 협력관계에 더 적극적이라는 연구가 있는 한편(Esteve et al., 2013), 성별의 차이는 외부관리 네트워킹이나 상위조직에 대한 네트워킹에 유의미한 영향을 주지 않는다는 연구도 있다(Meier, O'Toole, & Goerdel, 2006). 여성 리더들이 더 적극적으로 네트워킹에 임한다고 주장하는 학자들은 여성이 남성에 비해서 덜 계층적인 반면, 더 참여적이고, 관계를 중시하며, 유연하고, 사회적인 측면이 있다는 점을 강조한다. 반면, 남성 관리자들이 더 적극적으로 네트워킹에 참여한다고 주장하는 학자들은 여성 관리자들이 성별에 의한 구조적 장벽과 차별, 일―가정 균형(work―family balance)에 대한 부담으로 인해 네트워킹에 시간을 할애하기가 상대적으로 어렵고, 네트워킹을 하더라도 전문적 네트워킹보다는 개인적 관계를 중심으로 한 네트워킹에 머무는 경우가 많다고 주장한다.

이러한 비일관적인 연구 결과를 보완하기 위해, Rho와 Lee(2018)는 성별과 조직환경과의 상호작용이 네트워킹 행태에 어떤 영향을 주는지 살펴보았다. 연구결과 여성 관리자들이 남성 관리자들에 비해서 일반적으로 네트워킹에 덜 참여하는 것으로 밝혀졌다. 특히 네트워킹 대상자를 구분해서 보면, 정치적 지원 네트워킹은 남성 관리자가 유의미하게 적극적으로 참여하는 반면, 관료적 지원 및 공동생산 네트워킹에 대한 참여는 남녀의 차이가 유의미하지 않은 것으로 밝혀졌다. 조직환경을 고려해보면, 남녀 관리자의 네트워킹 차이는 조직환경이 풍부하고 복잡할수록 더 극명한 차이를 보였다. 하지만, 조직환경이 급변하는 상황에서는 오히려 여성 관리자들이 조직환경에 민감하게 반응하면서 외부 관리에 적극적으로 참여하는 것이 드러났다. 이러한 분석을 통해 Rho와 Lee(2018)는 성별과 네트워킹을 단선적인 구조로 보는 연구에서 나아가 네트워킹 유형에 따른 분석 및 조직환경과의 상호작용을 고려함으로써 성별에 따른 네트워킹 연구에 기여하였다.

한편 사회경제적인 요인들은 자신감이나 자기 효능감과 같은 개인의 성품이나 태도에도 영향을 주지만, 정보에 대한 접근성이나 개인적 네트워킹의 인적자원구성에도 영향을 준다. 따라서 사회경제적 요인들은 네트워킹 행태와 정(+)의 관계가 있다고 본다. 그 밖에 개인적 특성으로 높은 자존감, 외향성, 조직정치에 대한 적극성이 외부 네트워킹에 영향을 주는 요소로 꼽힌다(Forret & Dougherty, 2001).

일부 학자들은 네트워킹의 정도를 결정하는 것은 개인적 요소의 차이가 아니라 직무 자체의 특성이나 직급과 더 직접적인 관련이 있다고 주장한다. 예를 들어, 직급이 높을수록 재량권의 범위가 넓고, 조직 내부의 기능적인 일을 처리하기

보다는 외부관계자와의 협력을 담당하는 경우가 많다. 또한 이들은 외부환경 변화에 적극적으로 대응하고 전략을 수립해야 하는 역할을 맡고 있어서 외부 네트워킹에 적극적으로 가담할 수밖에 없다(Michael & Yukl, 1993). 또한 회계나 생산 업무를 담당하는 관리자보다 마케팅이나 고객관리를 담당하는 관리자가 직무 성격 때문에 더 적극적으로 네트워킹에 가담한다고 본다. 한편 관리자가 새로 부임하는 경우 전임자와는 다른 방식의 접근방법이나 아이디어, 혁신에 대한 기대감이 증가하게 된다. 이에 부응하는 한편, 조직 내·외부의 이해관계자들과의 새로운 관계를 형성함으로써 필요한 정보를 획득하고 자원을 확보하기 위해 신임관리자들은 적극적으로 네트워킹에 임하는 경향이 있다. 이와는 반대로 관리자가 한 직급에 오래 머물러 있을수록 안정적인 네트워킹 관계를 유지하는 경향이 있기 때문에 적극적으로 외부 네트워킹에 가담하거나 확대하려는 노력을 상대적으로 덜 하게 된다(Rho, 2013; Rho & Lee, 2018).

4) 네트워킹 행태와 조직성과

관리적 네트워킹과 관련한 대부분의 연구는 네트워킹이 조직성과 향상에 어떠한 기여를 하는지에 초점을 맞춰서 이뤄져 왔다. 특히 O'Toole과 Meier의 공공관리-성과 모형에 기반을 두고 네트워킹의 효과에 대한 연구를 진행한 많은 학자들은 네트워킹이 선형적(linear) 관계뿐만 아니라, 자원과 비선형적(nonlinear) 관계를 통해서 조직성과 향상에 기여함을 밝혔다(Meier & O'Toole, 2001). 관리적 네트워킹이 성과에 미치는 효과는 관리자의 역량이 향상되었거나, 혹은 조직이 예상치 못한 상황에 처했을 때 더욱 증대된다(O'Toole, 2011).

하지만 관리적 네트워킹 혹은 외부 네트워크 관리가 항상 긍정적인 효과를 가져오는 것은 아니다. O'Toole과 Meier(2004)는 관리적 네트워킹이 일반적으로 교육 성과에 긍정적인 영향을 준 것으로 드러나지만, 이와 같은 효과가 상대적으로 소수인종이나 저소득층의 학생들의 교육성과에는 상대적으로 미미하다고 밝혔다. Jimenez(2017)은 미국의 지방정부를 대상으로 한 연구에서 관리자들의 과도한 네트워킹 행태가 오히려 지방정부의 재정건정성에 부정적인 영향을 준다고 보았다. 물론 여러 연구에서는 네트워킹이 성과에 주는 영향이 유의미하지 않은 것으로 밝혀지기도 했다(예: Meier et al. 2015).

네트워킹과 조직성과의 관계에 대한 연구는 다양한 방법으로 정교화되었다. 예를 들어, 네트워킹의 비선형 효과(curvilinear)를 살펴보기도 하고(Hicklin, O'Toole, & Meier, 2008; Jimenez, 2007), 혹은 조직환경의 급변성(Van den Bekerom, Torenvlied, & Akkerman, 2016)이나, 레드테이프(red tape)(Van den Bekerom, Torenvlied, & Akkerman, 2017), 혹은 재난상황(Ryu & Johansen, 2017) 등이 갖는 조절효과(moderating effect)에 대해 연구가 이뤄지기도 하였다. 한편으로는 네트워킹을 측정하는 데 있어서 네트워킹의 유형을 다양하게 구분하고, 각각 다른 유형이 조직성과에 어떠한 영향을 미치는가에 대해 연구를 진행해오기도 하였다(Meier & O'Toole, 2005; Torenvlied et al., 2013; Johansen & LeRoux, 2013).

이와 같이 많은 연구자들은 네트워킹이 조직성과에 미치는 영향에 대해 다양한 국가와 조직들을 대상으로 실증 연구를 진행해왔다. 미국 배경으로는 비단 텍사스 학구조직뿐만이 아니라, 지방정부(Jimenez, 2017), 지방경찰국(Nicholson-Crotty & O'Toole, 2004), 병원(Zhu, 2016), 및 비영리복지단체(Johansen & LeRoux, 2013) 등을 대상으로 네트워킹-성과 간의 연구가 진행되었다. 한편, 영국의 지방정부(Walker et al., 2011), 네덜란드 공공교육 기관(Meier et al., 2015), 네덜란드 사회복지 관련 지방정부(Van der Heijden & Schalk 2018), 네덜란드 기초교육학교(Van den Bekerom, Schalk, & Torenvlied 2017; Van den Bekerom, Torenvlied, & Akkerman 2016, 2017), 엘살바도르 지방정부(Avellaneda, 2016) 및 한국 대학조직(채선화·전영한, 2017)과 같이 다양한 나라와 조직을 대상으로 네트워킹에 대한 효과를 검증해왔음을 볼 수 있다.

5) 네트워킹 행태: 고정된 행동유형인가 변화하는 전략적 조직행동인가?

이상에서 살펴본 것과 같은 네트워킹에 대한 다양한 연구에도 불구하고, 기존의 연구는 관리적 네트워킹을 정적인 관점에서 접근했기 때문에, 시간에 따라 네트워킹 관계가 변할 수 있다는 점을 간과했다는 한계를 지닌다. 하지만 시간의 흐름에 따라 관계는 굳어지고, 강화되며, 또한 오랜 기간의 교류에 따른 신뢰관계가 확립되기 마련이다. 즉, 현재 드러나는 관계의 패턴은 과거에 맺어왔던 관계와 그 관계가 만들어온 결과물을 반영한 결과라고 볼 수 있다(Zaheer, Gulati, & Nohria, 2000). 따라서 네트워킹 관계에 대한 연구는 특정 시점에서의 스냅숏(snapshot)으로써 네트워킹 패턴을 보는 것에서 더 나아가, 과거로부터 지속되어 온 누적된 의미 혹은 경로의존적(path-dependent) 행위로써 변화가능한 조직 행태로 접근할 필요가 있다(Rho, 2013; Rho & Han, 2021).

네트워킹의 변화에 초점을 맞춰서 Rho(2013)는 조직 내·외의 요인들이 관리적 네트워킹에 참여하는 빈도수 변화에 어떠한 영향을 주는지 살펴보았다. 텍사스 학구조직을 대상으로 한 2002, 2005, 2007, 2009, 2011년의 서베이 데이터를 활용하여 관리적 네트워킹의 참여 수준의 변화를 바탕으로 네트워킹 역학(networking dynamics)을 측정하였고, 특히 네트워킹의 유형을 지역정치 네트워킹과 전문가 중심 네트워킹으로 나눠서 그 변화의 요인을 분석하였다. 그 결과, 지역정치 네트워킹의 변화에 대해서는 유의미한 결과를 밝히지 못했으나, 전문가 중심 네트워킹의 변화에는 제도적 환경과 과업환경, 과거의 조직성과 등이 영향을 주는 것으로 밝혀졌다.

더 나아가 Rho와 Han(2021)은 누적된 경험치로서 행태, 혹은 과거의 경험을 바탕으로 한 학습의 결과물로서의 네트워킹 행태에 대한 개념을 분석하기 위해서는 과거의 누적된 패턴과 현재의 패턴을 비교함으로써 '상대적'(relative) 수준의 네트워킹 참여를 보는 것이 바람직하다고 주장하였다. 특히 과거 시점의 네트워킹 또한 그 전 과거로부터의 누적된 행동 패턴의 결과물 임을 감안해야 한다. 따라서 네트워킹의 변화는 단순히 두 시점에서의 네트워킹 참여의 차이를 통해 측정하는 것이 아니라, 과거의 네트워킹의 누적이동평균(cumulative moving average)과 현재 네트워킹의 차이를 통해 측정된 상대적 네트워킹(relative networking)으로 이해하는 것이 더 정확할 것이다. Rho와 Han은 과거의 행동 패턴과 비교했을 때 네트워킹에 대한 참여를 급격하게 증가시킴으로써 외부의 자원과 기회를 적극적으로 얻을 수 있기 때문에, 상대적 네트워킹이 증가함에 따라 나타나는 조직성과에 대한 효과가 수확체증 형태의 비선형적 관계를 보일 것이라고 가정했고, 이같은 관계는 실증 연구를 통해 유의미하게 밝혀졌다. 한편, 조직이 처한 제도적 환경과 과업환경은 상대적 네트워킹과 조직성과 사이에서 유의미한 조절효과를 보였다. 즉, 조직이 제도적 요구사항을 잘 맞추고 있는 경우, 과업환경이 복잡하지 않고, 자원이 풍부하고, 변화가 많을 때 과거에 비해 네트워킹에 대한 참여도를 급격하게 늘리는 전략이 조직성과에 긍정적인 영향을 가져왔다고 증명하였다.

관리적 네트워킹 행태와 관련한 선행연구 가운데 이와 같은 동적인 관점에서 네트워킹을 바라보는 연구는 아직 드물다. 향후에 네트워킹의 변화와 가변성에 대한 연구가 지속적으로 이루어져서, 네트워킹의 변화가 전략적이고 선택적인 변화인지, 아니면 환경에 의한 결정된 변화인지, 혹은 네트워킹의 변화가 조직성과에 어떠한 영향을 주며, 조직 문화나 업무 프로세스와는 어떠한 상호작용을 통해 조직성과에 이바지하는지 등의 질문에 대한 답을 찾아가야 할 것이다.

4 나가며

지금까지 네트워크와 관련한 연구의 흐름에서 시작하여, 공공관리론에서 다뤄지는 관리적 네트워킹의 개념, 유형, 결정요인 등에 대해 살펴보고, 이를 통해 궁극적으로 관리적 네트워킹이 조직성과에 어떠한 영향을 주는지 살펴보았다. 사회학이나 정치학에서의 네트워크에 대한 개념 발전과 관련 연구의 역사에 비해, 공공관리론에서 네트워크가 연구의 대상으로 본격화 된 것은 1990년대 이후부터다. 공공관리 학자들이 수행해온 연구는 구조 중심의 전체 네트워크를 바라보는 연구의 흐름과 네트워크 환경 가운데 관리자의 역할에 초점을 맞추는 흐름으로 크게 나눠서 이해할 수 있다. 비록 본 장에서는 관리자의 역할에 초점을 맞춘 관리적 네트워킹에 대해 더 자세하게 다뤘지만, 네트워크 구조에 대한 연구 또한 행정학과 공공관리론에서 큰 비중을 차지하는 중요한 연구 흐름이라는 것을 간과해서는 안된다.

관리적 네트워킹과 관련된 연구를 정리하면서, 대부분의 경험적 연구가 네트워킹의 효과를 밝히는 데 집중되어 있는 것을 보았다. 많은 연구들이 다양한 조직과 맥락에서 관리자의 외부 네트워킹이 조직 성과에 미치는 긍정적 효과에 대해 증명해왔다. 하지만, 이러한 긍정적인 효과가 항상 보장되는 것이 아니다. 따라서 향후에도 네트워킹—성과의 관계에 관해, 조직의 성격과 공공서비스의 종류, 혹은 관리자 개인의 역량과 조직 환경의 특성 등 다양한 요소들을 고려한 연구들이 지속적으로 이뤄져야 할 것이다.

조직성과와 관련한 연구에 비해 관리적 네트워킹을 결정하는 요인을 밝히는 연구는 지극히 미미한 수준에 머물러 있다. 특히 경영학 분야에서 이뤄지는 전략적 네트워킹에 대한 연구들에 비해서 이론적 연구는 물론 경험적 연구도 많이 부족한 것을 본다. 공공서비스를 제공할 때 조직 간 협력은 물론이고, 다양한 외부 관계자와의 관계를 통해 서비스의 질과 양을 향상시켜야 한다는 것을 고려한다면, 공공관리자들의 네트워킹 행태를 촉진하는 요인은 무엇이고 방해하는 요인은 무엇인지 알아가는 과정이 반드시 필요할 것이다.

특히 관리적 네트워킹을 독립변수로써 혹은 종속변수로써 두고 경험적 연구를 설계할 때, 네트워킹을 어떻게 측정하는가에 대한 고민 또한 이루어져야 한다. 네트워킹의 유형을 구분하는 방법에 대한 이론적이고 실증적인 고민이 지속적으로 필요하며, 다양한 유형이 갖는 의미와 효과에 대해서도 더욱 자세한 연구가 필요하다.

마찬가지로 많은 학자들이 네트워크 구조 혹은 네트워킹 행태와 관련하여 가장 부족한 연구로 꼽는 것이 변화, 가변성에 관한 부분이다(O'Toole, 2015; Provan & Lemaire, 2012). 네트워킹 관계뿐만 아니라 네트워크 구조 또한 시간의 흐름에 따라 변하기 마련이다. 이러한 변화의 원동력은 무엇이며, 과연 변화가 조직 성과 혹은 네트워크 전체의 성과에 어떠한 영향을 주는지, 그리고 그 변화는 어떠한 과정을 통해 진행되는지에 대한 다양한 이론적이고 실증적인 연구들이 촉발되어야 할 것이다.

마지막으로, 본 장에서 네트워크와 네트워킹에 대한 연구를 정리하면서, 지금까지의 연구가 미국이나 유럽의 공공 조직을 대상으로 한 연구에 치중되어 있는 것을 보았다. 특히 본 장에서 국내에서 이뤄진 연구와 아시아 국가들을 대상으로 한 연구에 대해서는 자세히 다루지 못했다. 하지만 한국뿐 아니라 아시아 국가들의 다양한 정치, 경제, 문화와 제도권 하에서 네트워크나 공공관리자의 네트워킹 행태에 대한 연구에 대한 다양한 연구들이 이루어져서, 어떻게 서구권에서 행해졌던 연구의 결과와 다른지, 혹은 어떻게 비슷한지에 대해 살펴봄으로써 공공관리론에서 네트워크와 네트워킹에 대한 지식과 경험의 확장에 기여해야 할 것이다.

참고문헌

채선화·전영한. (2017). "외부 네트워크 관리 행위와 조직성과: 한국의 대학조직 실증분석". 한국조직학회보, *13*(4), 101-135.

Agranoff, R. (1986). *Intergovernmental Management: Human Service Problem Solving in Six Metropolitan Areas*. Albany: State University of New York Press

Andrews, R., Boyne, G. A., Meier, K. J., O'Toole, L. J., Jr., & Walker, R. M. (2011). Environmental and organizational determinants of external networking. *American Review of Public Administration, 41*(4), 355-374.

Avellaneda, C. N. (2016). Government performance and chief executives' intangible assets: Motives, networking, and/or capacity? *Public Management Review, 18*(6), 918-947.

Barabási, A. L. (2002) *Linked: How Everything Is Connected to Everything Else*. New York: Basic Books.

Berry, F. S., & Berry, W. D. (1990). State lottery adoptions as policy innovations: An event history analysis. *American Political Science Review, 84*, 395-415.

Berry, F. S., Brower, R. S., Choi, S. O., Goa, W. X., Jang, H., Kwon, M., & Word, J. (2004). Three traditions of network research: What the public management research agenda can learn from other research communities. *Public Administration Review, 64*(5), 539-552.

Dess, G. G., & Beard, D. W. (1984). Dimensions of organizational task environments. *Administrative Science Quarterly, 29*, 52-73.

Esteve, M., Boyne, G., Sierra, V., & Ysa, T. (2013). Organizational collaboration in the public sector: Do chief executives make a difference? *Journal of Public Administration Research and Theory, 23*(4), 927-952.

Freeman, L. C. (2004) *The Development of Social Network Analysis: A Study in the Sociology of Science*. Vancouver: Empirical Pres.

Freeman, L. C. (2011). The development of social network analysis-with an emphasis on recent events. *The SAGE Handbook of Social Network Analysis, 21*(3), 26-39.

Forret, M. L., & Dougherty, T. W. (2001). Correlates of networking behavior for managerial and professional employees. *Group & Organization Management, 26*(3), 283–311.

Granovetter, M. (1973). The strength of weak ties. *American Journal of Sociology, 78*(6), 1360–1380.

Hambrick, D. C. (2007). Upper echelons theory: An update. *The Academy of Management Review, 32*(2), 334–343.

Heclo, H. (1978). Issue networks and the executive establishment. In A. King (ed.), *The New American Political System* (pp. 87–124). Washington, DC: American Enterprise Institute.

Hicklin, A., O'Toole, L. J., Jr., & Meier, K. J. (2008). Serpents in the sand: Managerial networking and nonlinear influences on organizational performance. *Journal of Public Administration Research and Theory, 18*(2), 253–273.

Ibarra, H., & Hunter, M. (2007). How leaders create and use networks. *Harvard Business Review*, Jan. 40–47.

Jimenez, B. S. (2017). When ties bind: public managers' networking behavior and municipal fiscal health after the great recession. *Journal of Public Administration Research and Theory, 27*(3), 450–467

Johansen, M., & LeRoux, K. (2013). Managerial networking in nonprofit organ–izations: The impact of networking on organizational and advocacy effectiveness. *Public Administration Review, 73*(2), 355–63.

Luo , Y. (2003). Industrial dynamics and managerial networking in an emerging market: The case of China . *Strategic Management Journal, 24*(1), 1315–1327.

Meier, K. J., & O'Toole, L. J., Jr. (2001). Managerial strategies and behavior in networks: A model with evidence from US public education. *Journal of Public Administration Research and Theory, 11*(3), 271–294.

Meier, K. J., & O'Toole, L. J., Jr. (2005). Managerial networking: Issues of measurement and research design. *Administration & Society, 37*(5), 523–541.

Meier, K. J., O'Toole, L. J., Jr., & Goerdel, H. T. (2006). Management activity and program performance: Gender as management capital. *Public Administration Review, 66*(1), 24–36.

Meier, K., Andersen, S. C., O'Toole, L. J., Jr., Favero, N., & Winter, S. C. (2015). Taking managerial context seriously: Public management and performance in US and Denmark schools. *International Public Management Journal, 18*(1), 130-150.

Melton, E. K. (2017). Testing turbulence: Exploring the determinants of mana－gerial networking. *Public Organization Review, 17*(1), 19-37.

Michael, J., & Yukl, G. (1993). Managerial level and subunit function as deter－minants of networking behavior in organizations. *Group & Organization Management, 18*(3), 328-351.

Miles, R. E., & Snow, C. C. (1978). *Organizational Strategy, Structure, and Process*. New York: McGraw－Hill.

Mintrom, M., & Vergari, S. (1998). Policy networks and innovation diffusion: The case of state education reforms. *The Journal of Politics, 61*(1), 126-148.

Moore, M. (1995). *Creating Public Value: Strategic Management in Government*. Cambridge, MA: Harvard University Press.

Moore, M. (2000). Managing for value: Organizational strategy in for－profit, nonprofit, and governmental organizations. *Nonprofit and Voluntary Sector Quarterly, 29*(1), 183-208.

O'Toole, L. J., Jr. (1997). Treating networks seriously: Practical and re－search－based agendas in public administration. *Public Administration Review, 57*(1), 45-52.

O'Toole, L. J., Jr. (2010). The ties that bind? Networks, public administration, and political science. *PS: Political Science and Politics, 43*(1), 7-14.

O'Toole, L. J., Jr. (2011). *Public Management: Organizations, Governance, and Performance*. New York: Cambridge University Press.

O'Toole, L. J., Jr. (2015). Networks and networking: The public administrative agendas. *Public Administration Review, 75*(3), 361-371.

O'Toole, L. J., Jr., & Meier, K. J. (1999). Modeling the impact of public man－agement: Implications of structural context. *Journal of Public Administration Research and Theory, 9*(4), 505-526.

O'Toole, L. J., Jr. & Meier, K. J. (2004). Desperately seeking Selznick: Cooptation and the dark side of public management in networks. *Public Administration Review, 64*(6), 681-693.

O'Toole, L. J., Jr., & Meier, K. J. (2004). Public management in inter—governmental networks: Matching structural networks and managerial networking. *Journal of Public Administration Research and Theory*, *14*(4), 469-494.

O'Toole, L. J., Jr., Meier, K. J., & Nicholson—Crotty, S. (2005). Managing up—ward, downward and outward: Networks, hierarchical relationships and performance. *Public Management Review*, *7*(1), 45-68.

Provan, K. G., & Lemaire, R. H. (2012). Core concepts and key ideas for un—derstanding public sector organizational networks: Using research to in—form scholarship and practice. *Public Administration Review*, *72*(5), 638-648.

Rho, E. (2013). *Network Dynamics in Local Governments: Exogenous and Endogenous Determinants of Changes in Managerial Networking*. PhD diss., University of Georgia.

Rho, E., & Han, S. (2021). Relative Managerial Networking and Performance: The Moderating Role of Environmental Context. *Public Administration Review*, *81*(2), 205-219.

Rho, E., & Lee, K. (2018). Gendered Networking: Gender, Environment, and Managerial Networking. *Public Administration Review*, *78*(3), 409-421.

Ryu, S., & Johansen, M. S. (2017). Collaborative networking, environmental shocks, and organizational performance: Evidence From Hurricane Rita. *International Public Management Journal*, *20*(2), 206-225.

Torenvlied, R., Akkerman, A., Meier, K. J., & O'Toole, L. J., Jr. (2013). The multiple dimensions of managerial networking. *The American Review of Public Administration*, *43*(3), 251-272.

Van den Bekerom, P., Torenvlied, R., & Akkerman, A. (2016). Managing all quarters of the compass? How internally oriented managerial networking moderates the impact of environmental turbulence on organizational performance. *The American Review of Public Administration*, *46*(6), 639-659.

Van den Bekerom, P., Torenvlied, R., & Akkerman, A. (2017). Constrained by red tape: How managerial networking moderates the effects of red tape on public service performance. *The American Review of Public*

Administration, 47(3), 300-322.

Van der Heijden, M., & Schalk, J. (2018). Making good use of partners: Differential effects of managerial networking in the social care domain. *International Public Management Journal, 21*(5), 729-759.

Walker, J. L. (1969). The diffusion of innovations among the American states. *American Political Science Review, 63*(3), 880-899.

Zaheer, A., Gulati, R., & Nohria, N. (2000). Strategic networks. *Strategic Management Journal, 21*(3), 203-215.

Zhu, L. (2017). Voices from the frontline: Network participation and local sup-port for national policy reforms. *Journal of Public Administration Research and Theory, 27*(2), 284-300.

제11장

미래 공공조직의 권력

조경호

- 세계적 스포츠 대회 유치를 위해 우리나라 정부가 미리 준비해야 할 사항들은 무엇이라고 생각하는가?
- 취업을 앞두고 있는 여러분에게 기업이나 공공기관 중 하나를 선택할 수 있는 권한이 주어진다면 어떻게 하겠는가? 왜 그러한 결정을 내릴 것인가?
- 여러분이 속한 조직(학교, 직장)에서 권력을 얻기 위해 어떤 활동과 능력이 필요한가?

미래 공공조직의 권력

1 들어가며

1) 코로나와 권력의 이동

권력은 인간이 추구하는 기본적 욕구이자 실재적 성과물이다. 조직도 마찬가지다. 법으로 통제되고 사회가 책임을 물을 수 있는 합법적 권력이 아마도 가장 공식적이고 정당화된 권력의 단면이라 할 수 있다. 하지만 조직 현상 모두가 권력이란 관점에서 보면 조직은 권력을 차지하기 위해 서로 다른 이익과 가치가 경합, 협상, 연합하는 행위를 통해 나타난 모든 결과물이라고 봐도 무방하다(Morgan, 1986).

전대미문의 감염병 위기는 우리에게 기존 삶의 방식의 대전환과 지구촌에 대한 재인식을 요구하고 있다. 또한 4차 산업혁명시대가 다가오면서 새로운 기술과 역량의 개발의 필요성이 드높아지고 있다. 전 세계적 '일시 멈춤'으로 쾌적한 교외에서 에코로지라이프를 추구하게 되었으며, 국가경쟁력 평가의 기준도 재정의되고 있다. 서구 우위의 국가경쟁력 서열에 균열이 생기면서 당분간은 다극체제로 국가 간 경쟁과 협력이 반복될 가능성도 높아지고 있다.

국가, 조직 그리고 개인 사이의 권력 축도 이동하고 있다. 전통적으로 코로나와 같은 팬데믹 상황이 닥칠 경우 개인에게는 사회적 불안과 공포의 증가에 대한 기술 무장이, 국가와 조직에게는 인프라(마스크 제조 역량 등)와 기술력(감염병 대응력, 백신개발 수준 등)이 믿을 만한 권력의 원천으로 여겨졌으나(Crevate, 2020), 개인의 네트워킹 자원과 국가의 포용적 사회제도에 대한 수용성, 개인정보보호 및 활용에 관한 사회적 합의와 신뢰 등이 권력의 새로운 축으로 자리매김하고 있다(유종일, 2020; 하이먼스·팀스, 2020). 여기서 전자를 하드파워(hard power)로, 후자를 소프트파워(soft power)로 일단 이해하기로 하자.

코로나는 4차 산업혁명시대의 도래도 앞당기고 있다. 코로나로 인하여 비대면 사회적 관계가 일상화되면서 4차 산업혁명의 주요 기술인 인공지능, 빅데이터, 블록체인, AR·VR 등의 기술이 급격하게 확산되었고 예상치 못했던 다양한 기술이 융합된 서비스가 확대되고 있다. 코로나로 인한 역세계화와 다극체제로 글로벌 힘의 관계가 변화하고 있으며, 개인은 각자의 기술역량보다 인플루언서 같은 네트워킹 공감 역량을 갖추기 위해 노력하기 시작하였다.

코로나 팬데믹과 4차 산업혁명의 대전환기에 우리는 권력을 어떻게 이해해야 할까? 권력을 가지기 위해 앞으로 어떤 노력을 해야 할까? 뉴파워로 불리고 있는 새로운 권력은 어디서 만들어지고 어디로 흘러가고 있을까? 11장은 이와 같은 새로운 물음들에 대한 최소한의 답변들을 정리한 것이다.

2) 권력의 일반 개념

권력은 정치학이나 사회학을 공부하는 사람들 간에 가장 중요한 개념 중 하나로 인식되고 있음에도 불구하고 체계적으로 개념적 정립이 이루어지지 못하고 있다. 이는 권력을 얘기하는 사람만큼이나 권력을 이해하는 관점들이 다양하다는 의미이기도 하다. 일반적으로 권력은 상대방의 반대에도 불구하고 자신의 의지와 요구를 관철시킬 수 있는 힘으로 이해된다. 가령, Dahl(1957: 202-203)은 사회적 관계에 있는 A가 B로 하여금 어떤 것을 하도록 만들 수 있을 때 두 사람 사이에서 권력 관계가 형성된다고 한다(물론 이 경우 B로 하여금 어떤 것을 하도록 만들 수 있는 다른 주체가 없을 경우에 한정한다). Kanter(1977: 166)에 따르면 "권력은 특정 개인이나 조직이 그들의 목적을 달성하기 위해 확보되어야 할 자원을 자율적으로 동원할 수 있는 능력"이라 한다. 언뜻 권력이란 개념을 편하게 이해할 수 있는 것처럼 보인다. 하지만 이 둘의 노력에도 불구하고 권력의 개념 정의가 너무 다양해서 이해하기 어렵다(Bachrach & Baratz, 1963: 632). 개념적 다양성(conceptual variety) 외에도 권력적 현상을 이해하기 어렵게 만드는 또 다른 이유는 권력의 상대성(conceptual relativity) 때문이다.

권력 행사의 주체가 변하지 않아도 상황에 따라 그 권력이 효과적일 수도 있고 그렇지 못할 수도 있다. 예컨대 한 조직의 예산 담당 부서는 최고관리자를 잘 설득하여 새로운 예산관리 시스템을 도입케 할 수 있는 권력은 가졌어도, 예산을 직접 사용하는 계선 부서에게 새로운 예산 관리 시스템의 사용을 강요할 권력은 갖지 못 한다(Heffron, 1989: 193).

따라서 우리는 여러 학자들이 주장하는 권력의 개념과 그 접근 방식을 이해할 필요가 있으면서도 권력의 개념을 확장하여 종합적으로 이해할 수 있는 틀의 필요성을 더 크게 느끼는 것이다. 권력의 개념을 살펴보기 전에 조직론에서 권력은 어떤 관점에서 이해되고 있는가를 정리해 보는 것이 좋다. 이것은 권력의 개념을 종합적으로 이해하는 데 도움이 되기 때문이다. 권력은 그것을 행사했을 때 나타나는 의존 관계와 지배 관계를 관찰함으로써 알 수 있으며, 또한 그것을 행사하고자 하는 잠재적인 능력을 미루어 짐작해 봄으로써도 파악할 수 있다. 물론 후자 (권력을 행사하고자 하는 잠재적인 능력)의 실체를 파악하기란 쉽지 않은 것이 사실이다. 아울러 조직생활에서 권력이 어느 정도로 영향력이 있는가에 관해서도 의견이 분분하다(Moorhead & Griffin, 1992: 287). 어떤 학자는 조직생활의 모든 부분에서 권력이 중요한 역할을 한다고 주장하는가 하면, 쟁점별로 상황에 따라 중요하게 부각되기도 하는 상대적인 현상으로 이해하는 이도 있다. 실제로 권력의 행사가 조직에 기여하기도 하지만 권력의 행사가 조직에 부정적인 영향을 미치기도 하기 때문에, 권력에 대한 서로 다른 관점들은 통일된 권력에 대한 정의 작업을 더욱 어렵게 할지도 모른다.

2 권력의 과정과 관점들

1) 권력의 과정

조직에서 권력은 리더십의 근원이자 개인 활동에서 가장 중요한 과정의 하나이다. 그럼에도 불구하고 권력에 대한 학자들의 관심은 그리 높지 않았다(조경호외, 2014). 권력은 관찰할 수 있고 실재하는 개념이기 때문에 '채찍과 당근'의 전략으로 기대했던 결과를 얻기도 한다. 다른 한편으로 권력은 비가시적이고 관찰하기 힘든 개념이다. 즉, 권력은 상대방이 자신이 세운 목표에 매력을 느끼도록 하여 자신이 원하는 방향에 동조하도록 한다. 민주주의, 인권보호, 조직이 풍기는 긍정적인 기질과 분위기 등이 국가와 조직의 정책이나 개인의 마음을 움직이는 경우를 우리는 자주 목격할 수 있다. 예를 들어, 부시 미 대통령은 9.11 희생자 추모 기념일에 이슬람 성직자들을 백악관에 초청하여 미국이 이슬람에 반대하는 것이 아니라 무고한 사람들을 희생시키는 테러에 반대한다는 메시지를 보여주었다. 소프트파워의 정석을 보여준 사례이다(Nye, 2003: 47).

4차 산업혁명의 초연결 시대에 대중의 힘이 미치는 영향력을 설명하고 있는 하이먼스와 팀스(2020)는 '뉴파워'의 상징성을 강조한다. 이전의 권력은 관리, 통제, 폐쇄 등의 단어로 정의된다(Kalleberg 등, 1996). 소수인 기득권층이 권력을 쥐고 그것을 절대 놓치지 않으려 한다. 반면 새롭게 형성된 권력은 참여와 협력, 공유의 형태를 띠며 투명성을 중요시한다. 개방적이고 분산되며 수평적이다. 즉, 권력은 일방이 쥐고 행사하는 것이 아니라, 일정한 방향으로 영향력이 흐르도록 하여 사람들을 연결시키고 같은 생각을 가진 사람들을 결집시키는 과정에서 발생한다. TED, 유튜브, 페이스북, 미투 운동 등은 저비용의 자유로운 참여의 과정을 통해 권력이 만들어짐을 보여준다. 공공조직의 권력의 축도 이동해야 하는 시점에서 있다. 공공의 정책들이 힘을 가지고 추진되기 위해서는 시민들의 공공 정책과정에 대한 자유로운 참여가 가능해야 한다. 이 또한 전형적인 소프트파워의 과정을 보여준다.

하드파워든 소프트파워든 권력은 세 가지 공통적인 과정을 거친다. 첫째, 권력의 원천이 되는 자원을 가지고 영향력을 행사하여, 둘째, 의도적으로 상대방으로 하여금 어떤 것을 하도록 통제할 수 있게 되고, 셋째, 기대했던 결과로서 상대방이 순응하게 될 때 우리는 권력이 형성되어 행사되었다고 본다. 학자에 따라 권력의 원천이 되는 자원이나 서비스를 제공할 수 있는 잠재력을 권력으로 보는 경우도 있고, 그러한 잠재력이 행사되어 실제로 효과가 발휘될 때를 권력으로 보는 경우가 있다. 따라서 이 두 가지 관점에서의 권력에 대한 정의를 통합적으로 이해하는 것이 옳다. 즉, 권력은 개인이나 조직이 가지고 있는 중요한 자원이나 권위적 지위를 사용하여 그 개인과 조직의 목적을 달성하게 되는 행위로 이해하면 된다.

2) 권력의 관점들

권력 현상을 이해할 수 있는 관점은 크게 세 가지로 정리된다. 첫째, 교환이론이 있다. 교환이론에 따르면, 두 사람 사이의 교환 관계에서 상대방이 원하는 상품이나 서비스를 제공하는 사람이 권력을 갖게 된다는 것이다. 이 논리는 그럴싸하게 보이지만, 권력을 분석하는 데 그 교환 관계를 둘러싸고 있는 외적 요인을 거의 고려하지 않고 있다는 지적을 받을 수 있다. 교환이론을 확장한 연결망 분석이론이 있다. 연결망 분석이론은 많은 사람들이 어울려 관계하는 네트워크에서 사람들의 전략적인 위치에 관심을 두고 권력 현상을 설명한다. 즉, 중요한 정보나 자원의 유통을 마음먹은 대로 통솔할 수 있는 지위에 있는 사람이 권력을 갖게 된다는 것이다.

둘째, Weber의 이상적 권력모형이 있다. Weber의 이상적 권력모형은 일방이 상대방의 의사와는 상관없이 그의 의지를 관철시킬 수 있는 지위를 확보할 때 발생한다는 점을 강조한다.

셋째, 권력은 사회나 조직에서 이미 구축된 사전적 규범이나 지배구조(계급)에 따라 주어지는 개념으로 이해되기도 한다.

(1) 교환이론과 네트워크 관점

교환이론은 두 사람 간의 1 대 1 교환 관계(dyadic exchange relationship)에서 다른 외부적 조건을 고려하지 않은 채 상대방이 원하는 자원이나 서비스를 제공할 수 있는 사람이 권력을 갖게 되는 과정을 설명한다. 교환이론에 따르면, 어느 한쪽에서 계속적으로 균등한 교환 관계를 성립시키지 못하면 권력의 격차가 벌어지게 되며, 쌍방 간 교환 관계가 계속적으로 유지되기 위해서는 관계하는 쌍방 간에 보상과 보상의 연결고리가 계속되어야 한다. 예컨대, 조직에서 상관과 부하 간에는 권력의 불균형적 배분이 이루어질 수밖에 없는데, 이는 상관은 부하들이 원하는 자원이나 서비스를 제공해 줄 수 있는 위치를 차지하고 있기 때문이다(Blau, 1971).

아울러 쌍방 간 권력 관계는 A가 B에 의존하는 관계(B가 A보다 권력을 더 많이 가지고 있는 경우)는 B에 의해 설정되고 조정되는 목표에 A가 심리적으로 투자할 수밖에 없는 상태를 이끌어 내는 동시에, A가 A-B 관계 바깥에 있는 다른 목적을 추구할 기회를 가지지 못하게 될 때에도 발생한다(Emerson, 1981). 즉, B에 의해 제공되는 자원이나 서비스가 A에 절실하면 할수록, 그리고 A-B 관계 바깥으로부터 A가 필요로 하는 자원이나 서비스를 얻지 못할 경우 A는 B에 더욱 의존하게 된다는 논리이다.

교환이론에서 한 가지 과제는 쌍방의 교환 관계에서 서로 교환되는 자원이나 서비스의 가치를 각기 주관적으로 판단하여 생기는 권력 거리의 주관성 문제이다. Homans(1974: 73)는 일방이 받은 자원과 서비스의 가치를 과대평가하는 경우보다 과소평가할 경우 상대방에 대한 보상에 그리 적극적이지 않게 된다고 하였다. 개인 간의 교환 관계에서 균등한 교환에 대한 판단 기준은 배분적 정의의 규칙에 따른다. 사람은 주로 자신이 준 만큼의 공평한 보상을 받기를 기대하며 그 기대가 무너질 경우 쌍방 간의 균등한 교환 관계가 파괴되어 권력 거리가 나타나는 것처럼 보인다. 공평한 교환이나 배분적 정의는 대체로 개인의 인식 문제이기 때문에 객관적이지 못하다. 이 경우에 권력 거리는 객관적이지 못하며, 이러한 이유들로 해서 개인 간 관계에서 권력을 가진 자를 객관적으로 식별할 수 없는 경우가 많이 생기게 된다.

네트워크분석을 통해서도 교환이론의 권력 관계를 이해할 수 있다. 네트워크분석에서 권력 거리는 상대방에 대한 의존도에 따라 결정된다. 교환이론과 네트워크분석의 차이는 참여하는 행위주체가 두 개가 아닌 두 개 이상이 된다는 점이다. 교환이론에서 관계망은 쌍방적 모양을 취하고 있으며, 쌍방은 직접적으로 연결되어 서로 영향을 미친다. 네트워크분석에서는 두 개 이상의 행위주체가 서로 복잡하게 연결되어 권력의 배분이 이루어진다. 예컨대 <그림 11.1>에서와 같이, (A, B, D-C)라는 연결망에서 A, B, D는 주변적 지위(peripheral position)에 있으며,

C는 중심적 지위(central position)를 점하고 있다. A, B, D는 서로 자율적으로 관계하지 못하며 반드시 C라는 중심 행위주체를 통해 간접적으로만 다른 주변적 지위에 있는 행위주체에 영향을 미치는 경우를 말한다.

그림 11.1 네트워크분석에서 권력 관계

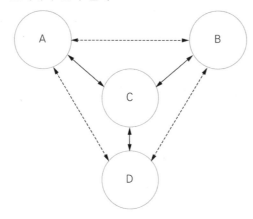

이러한 지위 차이와 위치적 제한 때문에 A, B, D의 관계를 조정하고 통제하는 C의 권력은 증가되는 반면에, 주변적 행위주체의 권력은 상대적으로 C의 역할에 의존하게 되어 약화된다.

Marsden(1982: 207)은 2개 이상의 행위주체가 작동하는 네트워크 관계를 브로커(brokerage)의 개념을 기초로 설명하고 있다. 브로커는 쌍방적 관계에 있는 두 개의 행위주체들이 서로 접근하기 곤란하거나 신뢰하기 어려운 관계에 있는 경우에 개입하여 거래와 관계를 조장하고 강화시키는 역할을 한다. 여기서 실제 관계하는 행위주체 간의 접근성(accessability)과 신뢰성(trustfulness)의 정도는 브로커의 권력 수준을 결정하는 중요한 조건이 된다. 결국 특정 연결망 속에서 행위주체의 권력 수준은 그 행위주체가 직접적으로 관계하는 네트워크의 수와 비례하며, 행위주체 간의 접근성과 신뢰성에 따라 결정된다는 것이 지배적이다.

Burt(1980)에 따르면, 행위주체의 권력 수준은 그 행위주체의 '구조적 자율성(structural autonomy)'의 정도에 달려 있다고 한다. 여기서 구조적 자율성은 특정 행위주체가 다른 행위주체(개인, 집단, 조직)의 제약을 받지 않고 자신의 목적과 이익을 추구할 수 있는 능력을 의미한다. 구조적 자율성의 수준은 크게 두 가지 기준에 의해 결정된다. 첫째, 필요 자원을 투입하는 행위주체와 산출자원을 소비하는 행위주체의 집중도(centrality)가 높으면 높을수록 해당 조직의 자율성은 낮아진다. 즉, 자원의 입력이나 산출 역할을 하는 대체물이 적으면 적을수록 해당 조직의 자율성은 낮아지게 되어 있다. 둘째, 특정 조직이 규범적으로 다른 어떤 조직을 준거집단으로 설정할 때 준거집단의 수가 많으면 많을수록 그 조직의 자율성은 낮아진다. 구조적 자율성을 향상시키기 위해 조직 간 연합(coalition)을 형성한다거나, 의존의 근본적인 원인을 제거하여 다른 행위주체에 대한 의존 욕구를 억제하는 등의 전략을 추구하게 된다. Pfeffer와 Salancik(1978)은 행위주체가 필요로 하는 자원에 대한 통제 능력이 구조적 자율성을 결정짓는다고 하면서 조직이 필요로 하는 중요 자원(critical resource)을 조직 내부로 통합하는 것(예: 흡수, 합병)도 때에 따라서는 효과적인 전략이 될 수 있다고 한다.

(2) Weber의 권위 권력론

권위(authority)는 권력의 일종으로 다루어지는 경우가 많지만, Weber는 이들을 구분한다. Weber의 관점에서 권력은 "일방이 상대방의 저항에도 불구하고 상대방의 의사와는 관계없이 그의 의지를 관철시킬 수 있는 지위를 확보할 수 있는 확률"이라 정의된다(Weber, 1947: 321).

이와 대조적으로 권위는 합법적인 경로 때문에 일방의 지시나 명령에 따라 상대방이 복종할 확률이라 정의된다. 즉, 권력은 상대방의 의사나 복종의 확률과는 상관없이 일방의 의지나 목적이 실현되게 하는 능력을 말하는 반면에, 권위는 참여하는 모든 행위주체들과의 협상과 타협을 통하여 행사되는 지시적 능력을 의미한다.

Weber는 어떤 방식으로 일방이 상대방에게 권력을 행사하게 되는가에 대한 설명보다는, 사람들이 권력을 행사하는 목적을 경제적인 이유, 심리적 이유, 그리고 사회적 근거에서 설명하고 있다. 즉, 사람들은 경제적인 혜택이나 사회적 명예, 그리고 법적 우위성(advantages)을 얻기 위해 권력을 추구하며, 권력을 얻게 되면 이러한 혜택들이 돌아오게 된다는 점을 믿게 된다. 권력 행사의 대상은 순응(compliance)이다. 순응의 목적은 권력 추구의 목적과 유사하다. 권력에 대한 순응은 크게 두 가지 이유 때문에 일어난다(Weber, 1947: 326). 하나는 순응을 통해 어떤 혜택이 돌아올 것이라는 기대감 때문이고, 다른 하나는 순응 이외에는 다른 대안이 없을 경우이다. 권력과 달리, 권위에 대한 순응에는 일종의 가치판단적 의지와 책임이 개입된다. 즉, 권위에 대한 순응은 순응의 행위가 적절한가에 대한 신념과 가치를 동반하게 된다. 신념은 사실에 대한 믿음을 의미하며, 가치는 개인의 선호에 바탕을 두고 선택된 규범적 기준이다. 신념과 가치는 어우러져 태도를 형성하는데, 권위에 대한 의무적 태도는 순응의 결정요인이 된다. 정리하면, 권력에 대한 순응은 비자발적인 특성을 지니는 반면, 권위에 대한 순응은 명령이 합법적이라는 등의 신념을 동반한 최소한의 자발성이 요구된다.

Weber(1947: 130)에 따르면, 권위의 정당성은 다음의 네 가지 방법으로 확보된다고 한다.

① 전통: 예전의 관행이나 규범에 대한 신념
② 정의적 태도: 대상에 대한 감정, 즉 그것에 대한 좋고 나쁜 감정
③ 합리적 신념: 비용과 편익을 비교하고 분석하여 나온 사실에 대한 믿음
④ 합법성: 사회적으로 제정된 합법적인 규범

주어진 명령이나 지시가 사람들에게 정당하게 보일 때 순응을 동반한다. 하지만 사람에 따라 그 명령이나 지시가 정당하게 보일 수도 그렇게 보이지 않을 수도 있다는 점에서 정당성에 기초한 권위와 순응을 분석하는 데 혼란을 일으킨다. 어떤 사람은 정당하지 않다고 생각하면서도 주위 동료의 반대나 사회적으로 제정된 규범적 강요 때문에 결국 순응할 수밖에 없는 경우도 있다는 것이다. 이 경우 순응은 집단이나 사회의 압박 때문에 나타나는 현상이지, 개인이 그 명령이나 지시를 정당하다고 생각하는 신념과는 아무런 관계가 없게 된다. 앞서 얘기했던 교환이론이나 자원의존이론에서 주장하는 "중요하고 절실한 자원이나 서비스"는 Weber 관점에서 본다면 그리 중요한 권력의 결정 요인이 되지 못한다. Weber에 의하면, 아무리 중요하고 절실한 자원이라 할지라도 그것들이 합법적이고 경제적 자원으로서의 정당성을 잃게 되면 그것은 이미 권력적 작용을 하지 못한다고 한다. 이러한 점에서 Weber는 기존의 교환이론이나 자원의존이론에서 설명하지 못

했던 사회적·법적 경제적 질서에 따른 권력의 형성을 효과적으로 설명하고 있다.

(3) 클레그의 계급이론

Clegg와 Dunkerley(1980: 453-460)에 따르면, 사회적 행동의 특수한 유형으로서의 개인이나 집단의 권력은 사회의 경제구조에 내재된 지배구조에 의해 형성된다고 한다. 따라서 개인이나 집단이 권력을 행사하기 위해서는 '사전적 규범(priori rules)이나 지배구조(domination structure)'가 필요하다는 것이다. Clegg의 이 같은 주장은 앞서 본 권력 이론들과는 사뭇 차별되는 것으로 이론적 급진성을 내포하고 있다. 교환 관점에서 권력은 중요한 자원이나 정보를 필요로 하는 개인이나 조직에 그들을 제공할 수 있는 입장에 있는 자에게 주어지는 개념이며, 이 같은 교환이 계속적으로 이루어지지 못할 경우 기존의 권력 관계는 다른 형태로 대체되거나 파괴된다. 교환 관점은 교환에 참여하는 행위주체들이 공정한 교환(fair exchange) 게임을 할 수 있어야 된다는 중요한 전제를 간과하고 있다. 즉, 교환에 참여하는 행위주체들 각자가 주고받는 자원과 정보의 질과 비용에 대해 초연하게 평가할 수 있는 능력을 가져야 하나 실제로 그런 경우는 매우 드물기 때문에 공정한 교환 전제는 대체로 충족되지 못한다.

계급론에 입각한 권력 관점은 Karl Marx의 자본론과 정치경제론에 대한 비판에서 정당화된다. Karl Marx는 자본주의 사회에서 기업주의 자본과 근로자들의 노동이 공정한 교환의 규칙에 따라 교환된다면 이미 모든 기업주들은 파산해 버렸을 것이라면서, 기업주 측면에서 '이윤(profit)'이라는 중간 매개물이 존재하는 한 근로자와 기업주 간의 공정한 교환 규칙은 이미 없는 것이나 다름없다고 주장한다. 여기서 기업주가 가진 '자본(capital)' 세력과 그 힘은 권력 관계 형성에 중요한 '사전적 능력(priori capacity) 또는 상황(structure)'이 된다(Clegg & Dunkerley, 1980: 457). 즉, 권력은 이미 형성되어 있는 '사전적 능력'이란 계급에 따라 배열되며, 계급구조에 잠재하고 있는 권력만이 진정한 권력이라고 여기서 주장된다.

계급적 권력 관점은 앞서의 교환이론이나 자원의존이론에 입각한 권력 관점을 정면으로 반박한다. 즉, 권력이란 권력의 원천을 가진 자가 권력 의존 관계에서 대체로 자유로운 상태에서 실제로 행사하고자 하는 의도를 가지고 행사되었을 때 판별할 수 있는 개념이라기보다는, 권력을 가진 자나 집단, 또는 국가를 발견하여 그 개인, 집단, 국가가 가지고 있는 권력의 원천이나 권력 의존관계를 살펴봄으로써 파악되는 개념이라는 것이다. 이 때 권력을 가진 주체는 이미 권력을 보유할 수 있는 자연적이고 구조적인 계급적 지위에 있는 경우가 많다. 하지만 계급적 관점에서 본 권력관계가 언제 어디서나 정당성을 가지는 것으로 믿는 것은 무리일 것이다. Clegg가 이야기하는 '사전적 능력'을 획득하기 위해 많은 사람들은 노력하며, 그 노력의 대가로서 주어지는 것이 바로 '사전적 능력'이 되며, 이것은 그 사람이 사회에서 권력을 얻을 수 있는 기회를 보장해 주기 때문에 실제 공정한 교환 관계는 존재한다는 반론이다. 계급적 관점에서 권력을 보면 노력을 통해 보상받으려는 사회적 규범은 아무 쓸모가 없게 된다는 한계를 지닌다.

3 하드파워 vs 소프트파워의 원천

권력의 행사가 가능하도록 만드는 원천은 어디에서 오는 것일까? 실제로 관찰 가능한 원천도 있겠지만 잠재적으로 존재하는 원천도 있을 것이다. French & Raven(1959), Meier(1987) 등은 두 가지 관점에서의 권력 원천을 설명한다. 하나는 조직 내부로부터 나오는 권력의 원천이며, 다른 하나는 조직 외부로부터 발생되는 권력의 원천에 관한 것이다. 하드파워와 소프트파워로 구분하여 권력의 원천을 설명하기도 한다(Nye, 2004). 즉, 조직과 개인이 소유하고 있는 물리적인 힘도 권력의 원천이 되기도 하지만 각자가 갖고 있는 보이지 않는 가치를 중심으로도 권력이 드러나기도 한다는 것이다. 국제정치 분야에서 처음 사용되기 시작했지만 소프트파워 개념은 상당히 다양한 분야로 확장되고 있다(예: Lee & Chappelet, 2012 의 국제대회 개최지 결정 분야, Brand Finance, 2021의 글로벌 소프트파워 지수, 정태일 외, 2021의 한류 문화 분야 등).

정주신(2021), 정태일 등(2021)은 소프트파워 관점에서 방탄소년단(BTS)의 활동을 분석하였다. 정주신(2021)은 빅히트의 방탄소년단의 성공전략을, 정태일 등(2021)은 방탄소년단의 소프트파워의 원천을 분석하였는데, 우선, 방탄소년단은 한국 문화유산을 인류의 보편적 가치로 승화시켰으며, 한국의 정체성인 한글을 곡에 적용하여 한글의 세계화에 기여하였으며, UN의 유니세프활동과 원폭 티셔츠, 나치문양의 모자, 한국전쟁에 대한 소견 등으로 인류의 보편적 가치를 확산시켰다고 보고 있다. 즉, 방탄소년단의 소프트파워 원천은 한류를 통해 평화의 귀중한 가치를 인류의 보편적 그리고 미래지향적 가치로 승화한 창의성에 기인하고 있다.

1) 하드파워

(1) 지식 자원

행위주체가 소유하면서 활용할 수 있는 정보의 질과 양은 권력의 결정적인 원천이 된다. 정보는 곧 지식이며, 중요하고 획득하기 어려운 지식을 소유하고 있으면서 직접 그것을 활용할 수 있을 때 막강한 힘을 발휘하는 것이 보통이다. 국방부, 청와대, 국세청, 국가정보원 등은 국가의 안보와 관련된 중요한 정보를 축적하여 관리하고 있다. 이들 기관들을 세칭 '권부(權府)'라 부르는 이유도 바로 이 때문이다.

지식과 관련이 깊은 것은 전문성이다. 중앙정부에서 수행하던 쓰레기 처리와 환경오염 방지 기능들이 갑작스럽게 지방자치단체에 위임되거나 완전히 민영화되기 시작하면서 일부 지방자치단체들은 그 처리와 기능 수행에 어려움을 겪고 있다 한다. 환경이나 국제무역 등 차원 높은 전문성을 요구하는 정책의 문제는 기술적으로 고도의 전문성을 소유한 전문가의 도움 없이 해결되기 힘들 것이다. 광역시도마다 'ㅇㅇㅇ연구원'이나 'ㅇㅇㅇ개발연구원'을 세워 전문 인력을 영입하고 지역의 문제를 효과적으로 해결할 수 있는 방안을 수립하여 정책에 입안하는 경우는 바로 지방정부의 권력 향상을 위한 전략과 무관하지 않다.

(2) 공식적 지위

조직 내 지위는 당연히 특정 행위주체의 권력 수준을 결정하는 중요한 요인이 된다. 지위 그 자체가 권력이 될 수 있으며, 조직 내에서 중요한 결정을 수행할 수 있으며, 중요하고 절박한 자원을 동원할 수 있는 자는 그 조직에서 막강한 권력을 행사한다. 위기에 처한 중소기업에서 '마당발' 자금 담당 이사는 그 회사 사장에 못지않은 권력을 행사할 수 있다. 기업에서 인사팀이나 기획팀은 그 기업 직원들의 현재 신상과 조직의 장래와 관련된 중요한 결정을 내릴 수 있는 권한을 가지고 있기 때문에 상대적으로 많은 권력을 가지고 있다. 권력을 가질 수 있는 조직구조상 공식적 지위는 반드시 조직의 상층부에 위치한다고 볼 수는 없으며, 상황적 맥락의 변화에 따라 다르게 이해되어야 한다.

(3) 경력

한 조직의 '터줏대감'은 보이지 않는 권력을 가지고 있다. 다른 모든 조건 이 똑같다면 한 조직에서 오래 근무한 사람이 그 조직의 중요한 정보에 대한 접근도 가 높을 것이다. 5급 공채로 공직에 투신한 공무원은 한 조직에서 20년 이상 뼈 가 굵은 고참 주무관(6급)에게 일정 기간 크게 의존하기 마련이다. 경력직 공무원 이 특수경력직 공무원에 비해 조직을 장악할 수 있는 힘을 더 갖게 되는 것도 같 은 맥락에서 설명된다. 물론 조직 내에서 개인의 경력이 항상 권력의 결정 요인으 로 중요한 것은 아니지만 경륜과 연공을 중시하는 우리나라와 같은 동양권 문화 에서 경력은 권력의 중요한 결정 요인이 된다.

(4) 조직의 크기

조직의 규모(직원 수, 매출액 등)는 말할 나위 없이 대표적인 하드파워의 원천 이다. 조직의 경쟁력이 규모의 경제(생산설비를 확대해 생산량을 늘림에 따라 평균비 용이 하락하는 현상)에 따라 결정되는 것이 우려되기도 하지만(예: 대기업 중심의 불 균형 성장론),[1) 조직의 크기는 조직의 권력의 원천으로 매우 중요한 역할을 한다.

(5) 고객집단의 규모와 범위

조직의 고객집단의 수와 범위는 그 조직의 권력을 결정하는 중요한 요인이 된 다. 미국의 환경보호청(Environmental Protection Agency: EPA)은 미국야생동물연합 회(National Wildlife Federation: NEF)나 Siena Club(시에나 클럽) 등 환경이익단체는 물론, EPA의 규정을 따르고 평가받아야 하는 기업들, 그리고 환경 학자들을 고객 집단으로 거느리고 있다. EPA와 같이 수많은 고객집단들을 거느리고 있는 기관은 대의회 관계와 다른 행정기관과의 관계에서 상대적으로 강한 영향력을 행사할 수

---

1) 불균형 성장론은 일부 주요 산업에 대기업을 만들어서 그 뒤를 이어 여러 산업에 걸쳐 많은 중소기업이 저절로 일어날 수 있도록 하자는 이론인데, 대기업이 분배를 소홀히 할 경우도 있 기 때문에 늘 주의가 요구되는 이론이다.

있으며, 고객집단의 지지를 이끌어 낼 수 있는 정책적 대안이 제기되었을 경우 정부 내에서 예산이나 인사상 우호적인 대우를 받을 수 있게 된다(Meier, 1987: 58). 고객집단의 규모는 관계 기관의 정치적 입지나 생존 필요성을 높여 역할을 한다.

2) 소프트파워

(1) 응집력

Meier(1987: 67-70)는 정부부처의 권력 수준을 결정하는 중요한 원천 중 하나로 조직응집력을 꼽고 있다. 응집력은 고용조직의 목표와 가치에 직원들이 몰입할 때 만들어지는 힘이라 정의된다. 만약 A조직의 구성원들이 강한 응집력을 가지고 있다면 그 조직의 성과는 그렇지 못한 조직에 비해 상대적으로 높을 것임에 틀림없다. 이러한 조직에서는 이직(離職)으로 인한 신입사원 재훈련과 업무 추진 지연 등의 비용은 발생하지 않는다. 1960년대 미국의 평화봉사단(Peace Corps)이나 연방무역위원회(Federal Trade Commission)는 조직구성원의 높은 응집력 때문에 유능한 미국 젊은이들을 많이 유인할 수 있었다. 유능한 인력이 유인되면 그 조직의 생산성과 사회적 인정감(social recognition)은 당연히 올라갈 것이다.

(2) 리더십

조직의 권력을 결정짓는 중요한 요소로 리더십이 있다. 조직의 리더는 목표를 효과적으로 달성하기 위해 조직을 통합하고 고객 만족을 이끌어 내며, 조직의 사회적 위신을 높이는 데 주력한다. 효과적인 리더는 부하와의 우호적 관계를 만들어 지속할 수 있도록 노력한다. 성공하는 리더는 부하들로부터 끈끈한 유대와 신뢰를 이끌어내어 설정한 목표를 효과적으로 달성하는 권력을 갖는다(Park, 2013: 201). 조직의 내부에서 오든 외부에서 오든 신뢰는 리더가 소프트파워를 획득하는 데 매우 강력한 원천으로 자리매김하고 있다.

(3) 준거

준거에 기초한 권력은 권력 대상자가 권력을 가진 자에 대해 동일화하기 때문에 발생한다. 권력대상자가 권력자에 대해 호감을 가지고 있으면 전자는 후자와 돈독한 관계를 유지하기 위해 노력한다. 권력을 가진 자가 주장하는 가치규범이나 목적 등이 다른 사람들에게 동일하게 수용되어 결국 내재화되면 권력 행사에 대해 정당성이 부여되고, 권력 행사의 효과성은 높아지게 된다.

(4) 근본원칙에 근거한 의사결정

조직을 지배하는 근본 원칙에 근거를 둔 의사결정은 그러하지 못한 경우보다 강한 설득력을 보인다. 명분이나 장기(long-term) 비전 등이 조직구성원들을 하나로 결집하는 강력한 원동력이 되는 것과 같다. 조직이 준수해야 하는 기본 규범으로서 인간의 존엄성 실현이나 인본경영은 조직의 소프트파워를 증진시켜 위기 상황에서 조직구성원 모두에게 여유로움을 선사한다. 윤리적 투명성도 마찬가지다 (이광훈, 김권식, 2014). 윤리적 투명성이 높은 조직은 그렇지 못한 조직보다 조직 내·외부 이해관계자들로부터 호감을 얻어 위기 상황에서도 의도했던 행보를 의연하게 이어갈 수 있다. 기업들도 앞으로 구성원의 일탈 행위, 정경유착 등이 기업경영을 위축시키는 일이 반복되지 않도록 ESG(Environment, Social, Governance: 친환경, 사회적 책임경영, 지배구조 개선)와 투명 윤리경영의 소프트파워 원천을 증대해야 하겠지만 공공기관이나 정부부처는 그러한 노력을 더욱 선도적으로 이행해야 할 것이다.

(5) 개인적 연계

이종범(1986: 120)은 한 개인이 가지고 있는 '개인적 연계(personal tie)'의 강도가 높으면 높을수록 상대방이 그 개인의 요구나 지시를 받아들일 확률이 더 높아진다고 하였다. 가령, 개인적 연계에 의한 반응은 전혀 모르는 사이에서보다 그 속도가 빨라지며 바라는 목적의 방향으로 문제를 효율적으로 해결할 수 있게 된다. 오세홍(1992)의 글을 보면, 일선 공무원은 고객을 자신의 권력 범위에 종속시키기 위해 어려운 용어를 사용한다던가, 위압적 분위기를 조성하고, 기다리게 하는 등의 행위를 한다. 만약 그 고객이 일선 공무원 중 한 명과 개인적 연계를 가지고 있다면 그는 아마도 그리 어렵지 않게 원하는 서비스를 즉각적으로 받을 수 있는 권력을 가지게 된다는 것이다.

4 권력의 분포

조직 내에서 누가 많은 권력을 가지고 있는가? 권력은 조직의 상층부에 있는가 아니면 하층부에 있는가? 등은 조직에서 권력의 분포를 실증적으로 살펴봐야 알 수 있는 질문들이다.

1) 수직적 분포

조직 내 권력 원천의 하나는 조직의 공식적인 구조인 계층제이다. 따라서 높은 지위에 있는 사람들이 더 많은 권력을 가질 것이라는 것이 일반적인 인식이다. 기업의 집단별 권력배분을 분석한 정홍익(1989)의 연구에 의하면, 최고경영진이 가장 권력을 많이 가지고 있기는 하지만 중간관리자들의 권력도 비슷한 수준에 있는 것으로 나타났다. 그러나 현장감독의 권력은 이보다 한 단계 낮은 수준에 있으며 일반 노동자의 권력은 여기에서 다시 한 단계 낮은 최저 수준에 머물고 있는 것으로 조사되었다.

조직 내 수직적 권력분포와 공식적 권위구조가 반드시 일치하는 것은 아니라는 지적도 또한 제기되고 있다. 이러한 불일치를 잘 설명하고 있는 학자는 Mechanic(1987: 335-345)이다. 그는 조직 내의 권력이 계층에 의해서 결정되는 측면도 있지만 정보나 사람 또는 시설이나 재화 등에 대한 접근을 얼마나 용이하게 하고 있는가에 따라서 결정된다고 보았다. 하위직에 있는 사람들이라도 오랫동안 같은 기관이나 일에 종사함으로써 전문성이 있거나, 비서와 같이 공식적 권한은 적지만 최고관리자에 가까운 전략적 위치에 있기 때문에 상급자보다 실제로 조직 내에서 큰 영향력을 행사할 수 있게 된다. 또한 공공조직의 많은 규칙들도 하위자들이 이용할 수 있는 권력의 수단이 된다. 규칙이라는 것은 상급자가 하급자를 통제하는 데 사용하는 장치이지만, 규칙에 정통한 하급자들은 필요한 때에 자신의 입장을 정당화시키는 데 이들 규칙을 이용한다는 것이다. 그리고 또 조직활동 중에는 상급자들이 될 수 있으면 개입하지 않고자 하는 영역이 있어서 하급자들이 대신 일을 떠맡게 되는데 이것도 하급자들이 영향력을 행사할 수 있는 기회가 된다는 것이다.

김태룡(1994)도 지방정부의 권한 분배구조에 대한 분석에서 계층별 권한 배분

구조가 획일적으로 집권화되어 있는 것은 아니라는 결과를 제시하고 있다. 즉, 기능이나 업무의 목적별로 계층 간 집중도가 다르다는 것이다. 기획과 인허가 업무 등 통제나 경제적 이권이 있는 업무는 상층부에 권한이 집중되어 있고, 하층부에는 단순 관리나 법규의 집행과 같은 업무에 권한이 집중되고 있다는 것이다.

이와 같이 수직적 계층 간 권력분포가 분야에 따라서 다르기도 하지만, 또 중요한 것은 상황에 따라서도 달라진다. 기업 사장들의 권력분포를 연구한 Allen 등(1982)에 의하면, 대주주들이 없고, 군소 주주들만이 있는 기업에서는 사장이 실제로 가장 큰 권력을 행사하고 있기 때문에 그렇지 않은 경우보다 훨씬 더 많은 보수를 받고 있었다. 반대로 대주주가 이사진에 있을 경우에는 그렇지 않은 기업에서보다 상대적으로 보수 수준이 현저하게 낮았다.

2) 수평적 분포

수직적 권력분포는 위계적 조직구조에서 당연한 것이며 정도의 차이는 있지만 공식적인 권위구조를 내포하고 있다. 그러나 수평적인 권력분포는 공식적으로는 대등한 지위에 있는 것으로 되어 있는 역할이나 부서 간에 있는 권력의 차등을 다루는 것이기 때문에 그만큼 더 흥미 있는 연구 대상이라고 하겠다. 수평적 권력 관계에 대한 연구는 원래 계선조직과 참모조직 간의 갈등에 대한 연구로부터 시작되었다. 계선조직과 참모조직은 역할이 다를 뿐만 아니라, 조직 내의 권력 기반도 대조적이고, 연령이나 교육 수준, 취미도 다른 사람들로 구성되어 있다. 따라서 기능적으로 상호보완적인 관계에 있으면서도 경쟁, 대립의 관계에 서게 되고, 이들 사이에 갈등은 쉽게 해결되지 않는다는 것이다.

조직에서의 분업은 그 조직의 하위단위 체제 간의 기능적 상호의존 관계를 제공하여 준다고 간주된다. 권력 관계가 형성되는 원인은 이러한 상호의존성에서의 불균형에 놓여 있다. 각 부분들 사이에서 상호의존 정도는 일정하지 않은데 어떤 부분은 다른 부분들보다 더 많이 혹은 적게 의존적이다. 최근 구조조정을 하면서 조직마다 구조조정을 총괄하는 본부를 두고 있으며, 정부기관들도 구조조정을 위해 혁신팀을 운영하고 있다. 권력 의존의 관점에서 본다면 혁신본부(팀)와 다른 부서 간에는 상호의존성 면에서 불균형관계가 형성된다. 그것은 모든 구성원 혹은 부문들이 지니고 있는 자율성의 한계이다. 왜냐하면 모든 것들은 다른 것들의 권력에 종속되어 있기 때문이다.

한 체제 내에서의 의존(또는 종속 관계)은 어떤 단위가 향유하는 기능적 자율성과 상호 호혜성의 정도, 즉 그 단위가 중심적인가 아니면 대체 가능한 것인가 하는 정도이다. 그러나 동시에 권력을 의존의 반대의 측면으로 생각할 때, 권력은 유사하게 기능적 자율성과 상호 호혜성의 함수인 것이다. 부서의 상대적인 권력은 조직이 직면하는 불확정 상황을 해소시키는 능력이 클수록, 그 기능의 대체성이 낮을수록, 조직 기능상 중심적인 위치에 있을수록 크다. 공공조직의 권력 축도 변화하고 있다. 공공조직에서 권력은 단순히 공식적 직위에 의해서 결정되는 것이 아니라 여러 가지 다른 상황 변수에 의해서 결정된다. 이것은 권력의 원천이 있다고 해서 자동적으로 권력이 생기는 것이 아니라 어떻게 이 원천을 활용하는가에 따라 달라진다는 것을 알 수 있다. 이러한 권력을 측정하고 확대하기 위한 전략을 다음에서 살펴보고자 한다.

5 나가며: 권력의 확보 전략을 중심으로

권력이란 결국 타인의 행동을 나 자신에게 이득이 되도록 제어하는 힘을 말한다. 뉴파워를 얘기했던 하이먼스와 팀스(2020)도 더 많은 사람을 내 편으로 만들수록 나에게 돌아오는 이득도 많아지기 때문에 더 사람을 많이 모을 수 있는 자가 향후 새로운 권력자가 될 것이라고 했다. 4차 산업혁명시대의 뉴파워를 가져 성공한 대표적인 예가 페이스북과 유튜브일 것이다. '좋아요'를 누르게 독촉하거나 페이스북의 네트워크 밀도를 높이는 활동은 타인의 제어 덕분에 자신이 보상과 이득을 얻을 수 있기에 계속 된다. 공공기관과 정부부처가 유튜브 마케팅에 열을 올리는 것도 조직 정책을 능률적으로 알리는 동시에 정책 대상자들의 정책수용성을 높이려는 목적에서 가열되고 있다.

요즘 조직에서 누가(또는 어떤 부서가) 권력을 쥐고 있으며, 그 권력을 유지하고 증강하기 위해 어떤 전략들이 동원될 수 있는가에 대한 관심이 높아지고 있다. 권력을 가지는 것이 조직에서의 성공적인 삶을 보장하는 지름길이기 때문이다. 조직의 기구표에 나타난 지위 서열만으로는 식별할 수 없는 것이 조직 속의 권력이기에 권력을 얻기 위한 공식을 구하긴 생각보다 쉽지 않다.

포스트 코로나 시대 조직의 권력 확보 전략도 바뀌고 있다. 글로벌 소프트 파워 1위였던 미국을 제치고 1위로 올라선 독일의 경우를 참조할 필요가 있다(Bland Finance, 2021). 많은 사람들이 아직도 서양 국가의 삶의 방식을 선호하고 있지만 안전과 인권 등에 대한 이슈가 글로벌 파워 서열을 결정짓는데 중요한 기준이 되고 있다는 것이다. 조직도 마찬가지다. 윤리적 투명성을 높여 모범을 보이거나 조직구성원의 자유로운 참여와 삶의 질이 보장되도록 노력하는 조직은 기대 이상의 권력을 확보하게 될 것이다. 여기서는 우선 조직 내 권력을 개발하고 그것을 행사하기 위해 필요한 일반적 원칙들을 소프트파워 관점에서 설명하고자 한다. 권력은 의사결정의 과정, 결정의 결과, 그리고 권력 그 자체를 정당화함으로써 촉진되며, 우호적인 세력을 증대시킬 때 나타난다는 점에서 연합형성, 조직구성원의 삶의 질, 조직의 윤리적 투명성, 세 가지 측면에서 권력 확보 전략을 설명하고자 한다.

1) 연합형성과 네트워킹

조직은 상호의존 체계이므로, 어떤 조직이든 상호의존 체계에서 독립하기를 고대한다. 조직 내 또는 조직과 조직 간 관계에서 일방의 조직이 상대방 조직으로부터 자원 획득과 생산 판매 활동에서 자율성을 구가하면 할수록 그 조직은 상대적으로 큰 권력을 확보할 수 있게 될 것이다. 자원의존관점에서 보면, 한 조직이 상호의존 체계하에서 구조적 자율성을 확보하기 위해 자원 획득과 생산 및 판매 활동에서 대체조직이나 시장을 확보하는 것이 매우 중요하다. 대체조직이나 시장을 확보하기 위해 상호의존성이 높은 조직끼리 연합을 형성하는 것은 그 조직의 구조적 자율성 확보에 지대한 영향을 미치는 전략이 된다.

구체적으로 첫째, 외부지지 집단을 형성하여 우호적인 연대 연결망을 확보하기도 한다. 상대적으로 약자의 위치에 있는 조직이나 개인이 취하는 전략에 해당한다. 이 전략이 성공하기 위해서는 조직 목표가 분명하고, 안정적인 외부 지지집단이 있어야 한다. 둘째, 조직 내부 집단 간 동맹 맺기 전략이 있다. 내부동맹은 조직 안에서 입장을 같이 하는 동료들 또는 집단 간 동맹을 통하여 공통의 이해

관계를 찾아내어 집약된 세력을 형성하는 것을 말한다. 조직 내 연합형성에서 긍정적인 측면은 보상이 종종 비영화적(non zero-sum)이라는 점이다. 조직 내부에서 대규모 연합과 합의를 이끌어 내기 위해 사용되는 전략 중 하나는 참여자들 모두를 승리할 수 있도록 하는 것이다. 즉, 결정을 통해 관련되는 모든 개인들이 혜택을 받을 수 있도록 할 수 있을 때 권력은 확보될 수 있다. 셋째, 흡수 (co-optation) 전략을 쓸 수 있다. 조직의 생존에 위협을 가하는 외부의 세력을 내부로 받아들이는 과정을 의미한다. 가령, 전기차 회사의 생존과 발전은 자동차 배터리 산업의 향방에 따라 지대한 영향을 받게 되므로, 전기차 생산을 마음먹은 회사로서는 친환경 배터리 산업의 불확실한 시장 상황을 회사 내부로 흡수하여 안정적인 경영을 추구하게 된다. 정부정책에 반대하는 집단의 대표자나 개인으로 하여금 정부정책 과정에 참여할 수 있도록 배려함으로써 정부정책에 대한 그들의 동조와 신뢰를 이끌어 내는 경우가 있다. 이 경우 그 정부정책은 사회적으로 정당한 것으로 인식될 가능성이 높아져서 그 정책이 성공적으로 집행될 가능성을 높여 준다. 조직이 관련하는 다양한 이익을 흡수하거나 결정의 정당성을 제고하기 위해 흔히 사용하는 전략은 위원회제도이다. 위원회는 독임형 의사결정이 가져올 수 있는 경솔함을 예방하고 신중한 결정을 내릴 수 있다는 장점이 있으나, 타협적인 결정에 내재하는 약점 때문에 소신을 가지고 전략적 결정을 내리지 못하는 경우가 많다는 한계가 있다.

2) 조직구성원의 삶의 질

2020년 11월 24일 고용노동부가 일·생활 균형 콘퍼런스를 개최했다. 겉으론 포스트 코로나 시대 일터의 문화 혁신을 얘기했지만 실제론 뉴노멀 시대 공공기관과 기업의 생산성은 구성원의 삶의 질 만족도 제고의 소프트웨어 혁신에 달려 있다는 사회적 분위기를 확산하는 자리였다. 전통적으로 정부부처의 권력은 예산권과 조직권 등으로부터 나온다. 코로나 위기를 겪으면서 워라벨이 더 중요해지고 있고 정부부처들도 앞다퉈 우수한 인력을 확보하고 이들의 근로생활의 질을 높이기 위해 고민하고 있는 것으로 알려져 있다. 조직구성원의 삶의 질 수준은 근로생활의 질(QWL: Quality of Working Life)에 따라 결정된다는 점도 간과해서는 안 될 것이다. 과중한 업무, 모호한 목표, 넓게 퍼져 있는 불신감, 억압적인 관료제적 조직분위기 등은 공공조직구성원의 근로생활의 질을 낙후시키는 주요한 요인으로 지적된다(WEF, 2016).

낙후된 근로생활의 질은 조직구성원 개인의 근로의욕을 떨어뜨려 서비스 질의 저하를 가져와 조직의 행동반경을 급격히 좁힌다. 행동반경의 축소를 경험한 조직은 원하는 권력 행사가 위축되는 악순환에 빠진다. 좀 과장되긴 하지만 조직이 여유를 가지고 자기 정책을 수립하고 영향력을 발휘하기 위해서는 조직구성원들의 근로생활의 질을 높여 서비스의 질을 높일 수 있도록 하는 창의적 대안을 모색하는 데 힘을 써야 한다.

3) 조직의 윤리적 투명성

윤리적 투명성은 윤리적 측면에서 한 조직의 소프트파워를 나타낸다. 공공조직의 윤리적 투명성 수준은 다양한 대리지표를 통해 평가되고 있다. 국민권익위원회가 주관하고 있는 공공기관 부패방지시책평가가 대표적인데, 이는 각급 공공기관이 자율적으로 추진한 반부패 노력을 평가하여 공공부문의 청렴 수준을 높이기 위해 시행되고 있는 제도이다. 기획재정부가 매년 실시하는 공공기관 경영평가도 윤리경영이나 사회적 책무 수준을 포함한다. UN글로벌콤팩트(UNGC)는 매년 반부패 우수기업과 공공기관을 선정하여 발표한다. 이들 평가는 모두 공공조직의 윤리적 투명성 수준을 널리 알려 조직의 대외 경쟁력을 높이기 위한 목적으로 시행되고 있다. 윤리적 투명성이 높은 조직은 그렇지 못한 조직에 비하여 상대적으로 자원 확보에 유리한 지위를 점하게 될 것이고, 나아가 외부의 웬만한 사회적, 경제적, 정치적 충격에도 잘 견딜 수 있는 권력을 얻게 된다. 특히, 포스트 코로나와 4차 산업혁명 시대엔 신뢰경영과 투명경영이 무엇보다 중요한 조직의 지배 가치가 될 것이므로 이에 대비한 준비가 무엇보다 시급하다고 할 것이다(조경호, 2020).

참고문헌

김태룡. (1994). "한국지방정부의 권한배분 구조". 한국행정학보, 28(1): 238 – 250.

김현정. (2021). "취향공동체의 사회적 역할에 관한 논의". 한국과 국제사회, 5(1): 77 – 102.

오세홍. (1992). "일선공무원의 행정통제에 관한 분석". 이문영 편. 작은 정부를 위한 관료제. 법문사.

유종일. (2020). 포스트 코로나 세계, 네 개의 키워드를 주목하라. 프레시안(2020.4.20.)

이광훈·김권식. (2014). "글로벌 거버넌스에 미치는 소프트파워의 영향력 탐색". 정부학연구, 20(1): 265 – 299.

이종범. (1986). 「국민과 정부관료제」. 고려대출판부.

정주신. (2021). "Big Hit의 방탄소년단(BTS) 성공전략과 팬덤(ARMY) 분석". 한국과 국제사회, 5(1): 5 – 50.

정태일 외. (2021). "방탄소년단의 소프트 파워 효과". 한국과 국제사회, 5(1): 51 – 76.

정홍익. (1989). "한국과 일본기업의 권력구조". 행정논총, 27(2): 2170 – 2173.

조경호 외. (2014). 「공공조직행태론」. 대영문화사.

조경호. (2020). 지능정보사회의 공무원 윤리·복무체계 개선방안. 국회입법조사처.

제러미 하이먼스, 헨리 팀스. (2020). 「뉴파워, 새로운 권력의 탄생」. 비즈니스북스.

Allen, R. F. and C. Kraft. (1982). *The Organizational Unconscious.* Englewood Cliffs, NJ: Prentice – Hall.

Bachrach, P. and Baratz, M. S. (1963). Decisions and Nondecisions: An Analytical Framework. *American Political Science Review*, 57: 631 – 651.

Blau, P. M. (1971). Justice in Social Exchange. *Sociological Inquiry*, 34: 193 – 208.

Burt, R. (1977). Power in a Social Topology. *Social Science Research*, 6: 1 – 83.

Burt, R. (1980). Autonomy in a Social Topology. *American Journal of Sociology*, 85(4): 892 – 925.

Clegg, S. and D. Dunkerley. (1980). *Organizations, class and control.* London: Routlege & Kagan Paul.

Dahl, R. A. (1957). The Concept of Power. *Behavioral Science*, 2: 201 – 215.

Emerson, R. (1981). Social Exchange Theory, in Morris Rosenburg & Ralph H.

Turner (eds.), *Social Psychology*. New York: Basic Books.

French, J. and Raven, B. (1959). The Bases of Social Power, in Dorwin Cartwright (ed.), *Studies in Social Power*. Ann Arbor, MI: Research Center for Group Dynamics, Institute for Social Researches, Univ. of Michigan Press.

Heffron, F. (1989). *Organizational Theory and Public Organizations*. Oxford Univ. Press.

Homans, G. C. (1974). *Social Behavior: Its Elementary Forms*. New York: Harcout, Brace, Jovanovich.

Kalleberg, A. L., D. Knoke, P. V. Marsden and J. L. Spaeth. (1996). *Organizations in America*. Thousands Oaks, CA: Sage.

Kanter, R. M. (1977). *Men and Women of the Corporations*. New York: Basic Books.

Lee, K. H. and J－L Chappelet. (2012). Faster, Higher, Softly Stronger: The im－pact of softpower on the choice of Olympic host cities. *The Korean Journal of Policy Studies*, 27(3): 47－71.

Marsden, P. V. (1982). Brokerage Behavior in Restricted Exchange Networks, in P. Marsden and N. Lin(eds.), *Social Structure and Network Analysis*. Beverly Hills, CA: Sage.

Mechanic, D. (1987). Sources of Power of Lower Participants in Complex Organizations, in Jay M. Shafritz & J. Steven Ott(eds.), *Classics of Organization Theory*, 335－345, Chicago, IL: Dorsey.

Meier, K. J. (1987). *Politics and Bureaucracy*. Monterey, CA: Brooke/Cole.

Moorhead, G. and R. Griffin. (1992). *Organizational Behavior. 3rd ed*. Boston: Houghton Mifflin.

Morgan, G. (1986). *Images of Organization*. Beverly Hills, CA: Sage.

Nye, J. (2003). The Power of Persuasion: Dual Components of US Leadership. *Harvard International Review*, Winter: 46－48.

Nye, J. (2004). Softpower: Means to success in world politics. *Public Affairs*.

Nye, J. (2019). China not trying to destroy American system. (http://www.globaltimes.cn/content/1168892.shtml)

Park, S. M. (2013). *Public Management: A Research Handbook*. 대영문화사.

Pfeffer, J. and Salancik, G. R. (1978). *The External Control of Organizations: A Resource Dependence Perspective*. New York: Harper & Row.

Weber, M. (1947). "The Fundamental Concepts of Sociology" and "The Types of Authority and Imperative Co−ordination," in A. Henderson & T. Parsons (trans.), *Max Weber: The Theory of Social and Economic Organization*. New York: Free Press.

WEF. (2016). The Future of Jobs.

Brand Finance. (2021). brandfinance.com.

https://crevate.com/article/post−covid19/

4부

조직 외부환경

행정조직의 변화와 혁신:
ICT의 도입

우하린

- 정보통신기술의 도입이 조직에 가져온 변화는 무엇인가?
- 정부 및 공공기관에서는 정보통신기술을 어떻게 활용하고 있는가?
- 우리나라 데이터 기반 행정의 추진 배경과 목적은 무엇인가?
- 데이터 기반 행정을 조성하기 위해 정부기관에서 고려해야 할 사항은 무엇인가?

제12장

행정조직의 변화와 혁신: ICT의 도입

1 들어가며

　정부는 대국민 공공서비스 제공의 효율성·효과성 향상과 대응성 강화를 위해서 다양한 방법으로 노력하고 있다. 정보통신기술(Information and Communications Technology, ICT)의 채택과 정보화의 추진 또한 이러한 노력의 일환으로서, 국민들이 필요한 서비스가 무엇인지를 파악하고, 수요자에게 정확하게 제공하기 위한 수단으로서 ICT를 활용하고 있다. 특히 오늘날과 같은 데이터 경제 하에서 정부는 단순히 ICT의 도입을 넘어 데이터를 기반으로 객관적이고 과학적인 정책결정과 예산 낭비 없이 공공서비스를 제공하려는 노력을 기울이고 있다. 이러한 일련의 노력은 정부가 국민에 대한 책무성을 확보하고 정책과정의 투명성을 확보하고자 함이다.

　ICT의 발전은 조직변화에 직접적인 영향을 미치는 요인이다. 조직변화는 단순히 조직구조나 조직에서 채택하는 기술, 전문화·공식화·분권화의 수준, 정책의 변동을 의미할 뿐 아니라 조직구성원들의 행동변화까지도 포함한다. 조직수준에서 이루어지는 새로운 ICT의 채택은 조직구성원의 적응을 요구하고, 근무방식의 변화를 가져오며, 조직 내 구성원 간 의사소통, 의사결정 및 집행 방식의 변화, 조직과 외부 환경과의 상호작용 방식에도 변화를 가져온다. 새로운 ICT의 적응과정에서 행동의 변화뿐 아니라 조직구성원들의 가치관, 조직몰입, 직무만족도 등도 함께 변화하게 된다. 다시 말해, ICT의 발전은 조직의 거시적인 변화뿐 아니라 조직구성원들의 내면과 행동에도 영향을 미친다.

ICT로 인한 조직변화는 사기업뿐 아니라 정부기관과 공공조직에서도 일반적으로 나타나고 있는 현상이다. 우리나라는 세무 관리를 위해 1970년대부터 행정의 전산화를 추진해왔으며, 2000년대 들어서는 전자정부 구축, 행정 정보화, 데이터 개방에 힘쓰고 있다. 그 결과 우리나라는 2018년 국제연합의 전자정부 평가부문에서 3위를 기록하였으며, 2019년 OECD 국가를 대상으로 데이터 가용성, 접근성, 데이터 활용을 위한 정부 지원 부문 등을 종합적으로 평가하는 열린 정부 데이터 지수(Open, Useful, Reusable Government Data Index, OURdata)에서 3회 연속(2015, 2017, 2019년) 1위를 차지하였다. 또한 2019년 OECD가 처음 실시한 OECD 디지털정부평가(The OECD 2019 Digital Government Index)는 29개 회원국과 4개 비회원국 등 총 33개국을 대상으로 각 국가의 디지털전환 수준과 디지털정부 성숙도를 측정하는 평가이다. 평가 세부항목은 크게 여섯 가지인데, 디지털 우선 정부, 플랫폼 정부, 열린 정부, 데이터 기반 정부, 국민 주도형 정부, 선제적 정부 등을 측정했다. 평가 결과 한국은 OECD 평균(0.501점)을 훨씬 상회하는 0.742점(1점 만점)으로 종합 1위를 기록했다. 이상에서 살펴볼 수 있듯이 우리나라 정부는 이제 ICT를 활용하여 업무의 효율성을 추구하는 수준을 넘어 데이터에 기반한 과학적 행정 추구, 데이터 개방을 통한 민간과의 협력, AI·자율주행·스마트시티·헬스케어·금융정보 등 신산업 육성을 위해 ICT를 적극적으로 활용하고 있다.

본 장에서는 ICT의 발전과 활용이 정부 기관에 어떠한 변화를 가져왔는지를 살펴본다. 조직변화를 조직구조와 조직구성원의 업무방식 차원으로 나누어 알아본다. 특히 정부 기관에서 나타나고 있는 조직변화에는 무엇이 있으며, 공공서비스 제공의 효율성과 효과성 향상을 위해 정부 기관이 취할 수 있는 변화전략에는 무엇이 있는지를 알아본다.

정보통신기술과 행정조직의 특징

1) 정보기술과 정보통신기술

오늘날 일반적으로 떠올리는 정보기술(Information Technology, IT)은 컴퓨터, 스마트폰, 인터넷 등을 기본으로 상상하기 쉽다. 그러나 정보기술의 본래 의미는 정보를 기록하거나 전달, 저장 및 가공하기 위해 사용되는 기술을 뜻한다. 이러한 의미에서 볼 때 기원전 3,000년 메소포타미아 지역의 수메르인(Sumerians)들이 점 토판에 새긴 쐐기문자 또한 고대 문화에 대한 정보를 후대에까지 전달하기 위한 기능을 하는 정보기술로 볼 수 있다. 이후 인류는 문자를 발명하고 도구를 사용하면서 정보 저장 기술이 급속도로 발전하게 되었고 이는 정보기술의 진화를 촉진하였다.

1950년대에 개발된 컴퓨터는 통신기술과 결합하면서 단순 정보전달을 위한 수단을 넘어 정보처리와 저장까지 가능하게 되었다. 1970년대 개발된 인터넷과 1990년대 이루어진 상용인터넷의 보급은 정보기술에서 ICT로의 전환을 가져왔을 뿐 아니라 ICT 발전의 전 세계적 확대를 이끌었다. 우리나라에서는 정보통신기술(Information and Communications Technology, ICT)과 정보기술(Information Technology, IT)을 명확하게 구분하여 사용하고 있지 않다. 일반적으로 ICT는 정보기술보다 더 넓은 범위의 기술과 네트워크를 포함하는 개념으로만 이해되고 있다. 정보기술은 데이터의 수집, 검색, 가공, 저장, 송신, 수신 등 정보처리의 모든 과정에 사용되는 기술 및 수단을 지칭한다. 또한 일반적으로 정보통신은 기술의 수준이나 특정 기술개발, 서비스를 제공하는 데 있어 활용되는 하드웨어를 지칭한다. 그에 반해 ICT는 "전기통신설비 또는 컴퓨터 등을 이용하거나 활용한 정보의 수집·가공·저장·처리·검색·송신·수신 및 서비스 제공 등과 관련되는 기술" 그리고 정보통신을 위한 소프트웨어, 스토리지, 네트워크를 일컫는다(「정보통신 진흥 및 융합 활성화 등에 관한 특별법」 제2조 제1항 제1호). 그러므로 ICT는 단순히 수단적 개념인 정보통신과는 달리, 서비스나 재화 생산 과정에서 필요한 효과적인 의사소통의 방식으로서 정보통신을 선택 및 개발하는 목적지향적 특성을 반영한다.

2) 관료제에서의 ICT의 활용

Max Weber는 저서 *Economy and Society*에서 19세기 중반부터 서구 사회에서 관찰되었던 새로운 조직형태에 대해 기술하면서 이를 관료제(bureaucracy)라고 명명하였다. 관료제는 개인적 특성(charismatic authority) 혹은 전통적 권한(traditional authority)을 바탕으로 한 전통적 조직과는 달리 법적·합리적 권한(legal rational authority)에 기초를 둔다. 관료제에 속한 개인은 임의적인 판단에 따라 의사결정을 하지 않고 합의된 공식적 규칙과 절차에 따라야 한다. Weber는 관료제의 특징으로서 법규로 명확하게 제한되는 지휘권, 계서제적 구조, 과업의 엄격한 구분, 문서화, 전문성을 지닌 관료, 규칙과 절차에 근거한 균형적이고 안정적인 과업의 처리, 업무수행의 탈개인화(impersonality) 등을 제시하였다. 즉, 관료제는 공식적 법규에 의해 운영되며 조직구성원은 전문성을 지닌 관료로서 업무수행 시 엄격한 규칙에 따라 절차적 합리성을 지키며 업무를 처리해야 한다. 권한의 계층이 명확하게 적용되는 계서제 구조에 따라 과업의 범위, 명령 및 지휘와 보고의 계층이 정해지며, 조직구성원 개인이 갖는 권한과 책임은 개인에게 부여된 직위에 따라 다르게 정해진다. 또한 관료는 조직의 목표를 달성하는 데 있어서 사익추구나 규칙의 예외적 적용 없이 업무를 처리할 것을 요구받는다.

이러한 특성을 갖고 있는 관료제는 업무의 전문성, 효율성, 공정성이라는 측면에서 볼 때 전근대적인 조직에 비해 유용한 조직구조로 평가되나 여러 가지 병폐가 지적되어 왔다(Olsen, 2006). 관료제의 가장 심각한 병폐는 엄격한 규칙의 적용과 권위적인 계서제적 구조로 인해 조직구성원의 창의성과 조직의 융통성이 저해된다는 것이다. 개인에게 부여된 업무상의 재량과 전문적 분업, 계약관계를 강조하기 때문에 조직구성원의 발전을 지향하기보다는 훈련된 무능 또는 경직된 관료가 양성되기 쉽다. 무엇보다도 오늘날 대부분의 조직에서 공통적으로 발견되는 병폐는 경직된 구조, 엄격한 절차, 그리고 문서화에 의해 발생하는 레드 테이프(red tape) 현상이다. 레드 테이프는 합리적인 관료제가 문서화된 규칙에 따라 조직의 목표달성 과정을 기록 및 관리할 때 형식에 지나치게 예속됨으로서 발생하는 비능률성과 비합리적인 업무처리 현상을 뜻한다. 레드 테이프의 만연은 조직구성원이 목표를 달성하는데 노력하기 보다는 주어진 과업에만 몰두함으로써 과잉동조와 목표와 수단의 대치 현상을 발생시키기도 한다.

공공기관은 관료제를 조직운영방식으로 채택하고 있는 대표적인 조직이다. 특히 정부조직은 채용, 관리, 업무평가, 집행 등 여러 방면에서 사기업과는 매우 다른 특징을 지닌다. 이러한 차이점의 근본적인 원인은 바로 '공공성(publicness)'에 근거한다. 정부는 시민들에 대한 공공서비스 제공의 의무를 지고 있고, 끊임없이 발생하는 사회문제를 절차적 합리성을 추구하는 한편 제한된 자원을 활용하여 해결해야 한다. 그에 반해 대부분 사기업의 경우 사회문제 해결이나 공익 증진과 같은 목표보다는 이윤추구의 목적 아래 기업 활동을 하고, 사익의 극대화(profit maximization)를 달성하기 위해 경제성에 기반한 의사결정을 한다.

정보의 처리 방식에 있어서 공공부문 기관은 민간부문과 비교했을 때 다음과 같은 몇 가지 차이점이 있다(Fountain, 2007). 첫째, 공공부문은 민간부문에 비해 공식화 및 위계질서를 강조하는 관료주의적인 행태와 위험회피적인 성향이 더 강하다. 예를 들어, 민간부문의 최고정보책임관리자(CIO)의 경우 정보기술시스템 구축, 기기 구매 등을 위한 예산 확보 및 집행, 전문 인력 고용 등 조직 내 정보기술 활용에 관해 전적으로 의사결정권한이 주어지는 반면, 공공기관 정보화책임관의 업무 권한과 범위는 법령에 의해 제약을 받는다. 이는 빠르게 발전하는 최신 정보기술 및 기기를 조직 차원에서 도입하고 활용하는데 가장 큰 걸림돌이 된다. 둘째, 불필요한 규칙이나 절차에 의해 발생하는 레드 테이프(red tape)가 많다. 일반적으로 민간부문에 비해 공공부문 조직은 절차상 상호의존성과 책무성(accountability)이 더 높기 때문에 정보 처리 및 일반 행정 집행에 있어서 레드 테이프가 더 많이 나타난다(Bretschneider, 1990). 또한 정부기관의 특성상 각 기관별로 필요한 정보화 정책을 부처 단독으로 수립 및 집행하기는 사실상 불가능하고 국가정보화 정책에 맞추어 조정해야 한다. 셋째, 고용 및 해고에 있어 관료의 자율성이 제한되고 법적 절차에 근거해야 하기 때문에 직위에 적합한 인재를 발굴하는데 어려움이 있다. 새로운 인재 채용 시 예산을 확보하는데 긴 시간이 걸리며, 국가공무원법 등과 같은 법에 근거한 절차를 거쳐야 하기 때문에 공공부문은 민간부문의 기업에 비해 최대 2배의 기간이 걸리는 것으로 나타났다(Bretschneider, 1990). 이와 같은 공공부문의 특성은 정보관리의 방식과 접근에 있어 민간부문과는 다른 방식과 가치를 적용해야 함을 시사한다.

3) 정보통신기술의 발전과 관료제 변화

1990년대-2000년대 초 많은 학자들은 빠른 문서처리가 가능한 ICT가 조직구조와 조직 관리방식에 혁신을 가져올 것이라 예상했다. Weber가 주장했던 공식적 규칙에 근거한 위계질서는 점점 더 단순해지고, 레드 테이프로 대표되던 정부기관의 형식주의와 그로 인한 비효율이 줄어들 것으로 예상했다(Fountain, 2001). 특히 최신 ICT에 기반한 정보화의 추구는 1980년대부터 전 세계적으로 유행한 신공공관리(New Public Management)에서 강조하는 가치인 행정업무의 효율화 추구, 신속한 공공서비스의 제공, 예산낭비 방지, 투명성 및 책무성 강화의 실현이 가능할 것으로 예상되었다(문정욱, 2018). 미국의 문서감축법(Paperwork Reduction Act)[1]은 문서작성과 처리과정에서 소요되는 시간과 비용을 감소시킴으로써 행정의 효율성을 제고하며, 정부에 의한 정보관리의 필요성을 강조하기 위해 제정되었다. 동법은 정부문서업무의 감축과 민원인의 서류제출에 대한 부담을 감소하는 것을 주요 목적으로 정의하고 있는데, 불필요한 형식주의를 타파함으로써 이에 소요되는 비용을 국민을 위한 공공서비스 혜택으로 반환될 수 있도록 한 것이다(이윤식·강인성, 2009). 이후 이 법은 수정 제1조(First Amendment), 정보자유법(Freedom of Information Act), 저작권법(Copyright Act)과 함께 미국 정부의 정보화 정책과 전자정부 도입의 초석이 되었다. 미국 정부는 이에 그치지 않고 정부문서제거법(Government Paperwork Elimination Act) 제정을 통해 정부기관을 이용하는 개인과 기관이 전자적으로 정보를 제출할 수 있는 전자문서와 전자서명을 사용할 때 연방정부를 비롯한 정부기관이 이를 거부하지 않도록 법제화하였다.

그러나 문서감축법의 실제 긍정적 효과는 거의 없는 것으로 나타났다. 문서감축법에 따라 관리예산처(Office of Management and Budget) 내 규제정보국(Office of Information and Regulatory Affairs)은 매년 미국 국민에게 부과된 행정 부담을 시간으로 계량화하여 의회에 보고하도록 되어 있다. <그림 12.1>에서 보듯 ICT의 빠른 발전과 활용도가 점점 더 늘어나고 있음에도 불구하고 매년 미국 국민이 경험하는 행정 부담은 증가하고 있으며, 이로 인한 시간과 비용도 가중되고 있다.

---

1) 이 법의 근간은 1979년에 제정된 문서 및 레드 테이프 감축법(Paperwork and Redtape Reduction Act)이다. 법령 제목에서 알 수 있듯이 이 법은 불필요한 정부문서의 감축이 곧 레드 테이프의 감소와 동일함을 의미하고 있다.

이는 ICT의 도입이 지나친 레드 테이프 현상 감소에 긍정적인 변화를 가져올 것이라는 예측이 빗나갔음을 의미한다. 이러한 현상은 정부로 하여금 ICT를 기반으로 한 더 효과적인 행정업무 처리와 정책결정 방식에 대한 고민을 하도록 유도한다.

그림 12.1 문서감축법 시행에 따른 문서 감축 변화(FY1997-FY2017)

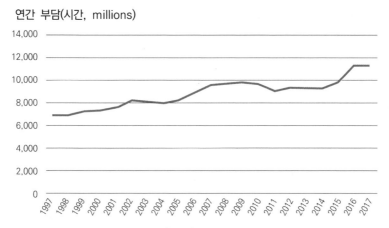

출처: Office of Management and Budget(OMB). Office of Information and Regulatory Affairs. (2018).

3 현재의 조직변화

인터넷이 상용화되기 전인 1970년대와 1980년대만 하더라도 오늘날과 같이 ICT가 행정조직에 가져올 변화를 예측한 연구는 거의 없었다. 1977년 영국 정부는 보건부의 전산화 프로젝트에 1,800만 파운드를 투자하였으나 전산시스템을 관리할 인력의 부족과 조직차원의 정보관리 기획의 부재로 인해 실패하였다(Keefe & Crowther, 2015). 정보화 추진 초기의 실패를 바탕으로 학자들과 실무진은 ICT 활용에 초점을 맞춘 관리기법의 개발과 범정부 차원의 기획력이 정보화의 성공요인이라고 제안하였다.

Kraemer와 King(1986, p. 488)은 공공기관 내 ICT의 활용이 행정에 가져올 변화를 다음과 같이 분류하였다: 1) 조직구조, 2) 인력 충원 방식, 3) 업무수행 방식, 4) 의사결정, 5) 조직 내 정치, 그리고 6) ICT의 관리. 본 절에서는 정부기관에서 ICT의 채택과 활용이 조직구조, 인력 충원, 공무원 업무수행 방식과 의사결정에 어떠한 영향을 미쳤는지를 중점적으로 논의한다.

1) 조직구조 변화

조직구조는 계층화와 전문화로 구성된 복잡성, 공식화, 그리고 집권화의 차원에서 결정되는데, 학자들은 1970년대부터 이루어진 ICT의 급속한 발전이 조직구조의 변화를 가져올 것으로 예측하였다. 먼저 전문화가 높아질 것으로 예상되었다. ICT를 조직에 도입하게 되면 이를 관리할 부서나 직위의 신설이 뒤따르게 된다. 이에 따라 정보를 전문적으로 처리하는 직위가 증가하고, ICT에 대한 숙련을 갖춘 사람들로 조직이 재구성된다. 조직 내 정보를 다루는 구성원의 수가 증가하고 전통적 숙련기술을 지니고 있던 사람들은 새로운 기술을 습득해야 할 필요성을 느끼게 된다. 특정계층의 확대는 전문성에 따라 부서를 재조정하고 분화하는 과정을 수반한다.

다음으로는 계층제가 완화될 것으로 예상되었다. ICT의 채택은 통제체계의 변화를 동반하므로 조직 내 중간관리층과 일선 행정계층의 감소가 일어나 계층이 축소된다. 이러한 수평적 분화를 반영하여 많은 조직이 전통적인 사업구조와 기능구조에서 벗어나 업무통제가 좀 더 통합적이고 유연하며 조직구성원들의 참여가더 활발하게 이루어지는 네트워크조직이나 팀조직, 가상조직과 같은 형태로 변화할 것으로 기대되었다(김상묵, 2002). 실제 사기업에서는 전통적인 위계질서, 명령과 보고 체계 등을 벗어난 팀제나 네트워크조직과 같이 분권화된 형태의 조직구조를 채택한 경우가 증가하였다. 특히 혁신이 중요시되는 정보기술업종, 서비스업종과 같은 업계에서는 구성원들의 창의성과 생산성, 서비스의 향상, 시장에 대한신속한 대응을 위해 팀조직을 활용하는 경우가 많다.

전문화와 계층화의 변화를 바탕으로 집권화의 변화가 일어날 것으로 예상되었다. 컴퓨터 및 자동화 시설에 의해 조직구성원의 업무 중 일부 혹은 전체가 대체되어 생산부문과 일반지원·사무부문의 인력이 줄어들 것으로 예상하였다. 즉, 일상적이고 반복적인 의사결정은 컴퓨터에 의해 수행되고 조직의 장기적인 계획이나 전략과 같은 중요한 결정은 최고결정권자에게 집중될 것으로 보았다. 따라서 중요한 정보는 조직의 상층부로 집중되고, 최고결정권자는 조직 내 정보화와 관련된 주요 의사결정을 적절한 시기에 하도록 요구받는다.

Heintze & Bretschneider(2000)는 공공기관이 어떤 ICT를 채택하느냐에 따라 조직구조와 성과에서 변화가 일어난다고 주장한다. 관리자가 조직지원을 통해 발전된 ICT를 채택하고 조직 내 ICT 활용과 확산을 장려하면, 조직구성원의 업무 효율성이 높아지는 결과를 가져오게 되고, 이는 결국 조직 전반의 성과 향상을 가져온다. 일반적으로 ICT가 조직을 변화시킬 것이라 예상하지만, 실제로는 어떤 ICT를 채택하고, 어떻게 활용하느냐에 따라 조직구성원의 업무수행 방식에 변화를 가져오기도 하고 성과에도 기여할 수 있다는 것이다. 다시 말해, 관리자의 ICT에 대한 관심과 이해도 수준에 따라서 조직구성원의 기술에 대한 태도, 활용 정도, 혁신에 대한 조직 전체의 문화가 결정된다고 할 수 있다.

ICT의 채택과 활용이 조직변화를 이끌어낸다는 관점은 인공지능, 빅데이터, 클라우드 서비스 등으로 대변되는 지능정보기술의 등장과 더불어 가시적인 조직변화로 입증되었다. 1970년대부터 시작된 행정정보화, 2000년대 추진되었던 전자정부, 스마트 거버넌스(smart governance), 증거기반 정책결정(evidence-based policymaking)과 같은 거버넌스의 변화는 모두 ICT를 바탕으로 한 것이다. ICT로 인해 통제중심의 전통적·계층제적 관료제는 탈관료제화가 진행되고 있으며, 거버넌스의 등장과 재구성으로 인해 조직 중심부로 집중되었던 정보와 의사결정권은 네트워크 형태의 분화된 형태로 변화하고 있다.

2) 새로운 직위의 신설과 인력 충원 방식 변화

Synnott & Gruber(1981)는 1970년대 미국 내 증가하는 컴퓨터 도입으로 인한 정보관리 전략의 필요성과 IT 투자 계획의 중요성에 주목하며, 조직 내 정보 정책, 기준, 관리, 통제 등을 담당하는 관리자인 "최고정보책임관리자" 혹은 "정보담당 최고 임원"(Chief Information Officer, CIO)의 개념을 소개하였다. Synnott가 주목한 기업 내 최고정보책임관리자의 역할은 정보기술을 적절히 활용하여 기업의 생존과 관련 있는 고객 및 재무 정보가 조직 내에서 원활하게 교류되고, 정보를 바탕으로 조직원들이 조직목표를 달성할 수 있도록 정보 시스템을 관리하는 것이었다. Synnott와 Gruber에 의해 CIO의 역할 및 업무가 소개된 이후 민간부문의 기업을 중심으로 CIO 직위의 신설이 증가하였으며, IT 및 기기 발달에 따라 CIO의 역할이 단순 데이터 및 정보 관리자에서 IT 채택 및 정보화 전략을 수립하는 보다 더 적극적이고 조직 내 중심적인 역할로 진화하였다. Synnott는 CIO는 "기업가의 역할, 다음으로는 매니저의 역할, 그 다음으로는 최신 과학 기술 분야 전문가의 역할이 섞여 있는 중요한 정보 관리자"라고 정의하였다(1987, p. 24).

1990년대 들어서 공공부문에도 CIO 직위가 도입되었다. 미국에서는 1996년에 정보기술관리개혁법(Information Technology Management Reform Act of 1996, ITMRA, 일명 'Clinger-Cohen Act'라고도 알려져 있음)을 제정하였고, 국가 중요 부처 및 주정부 등 지방정부 기관에 CIO를 임명하도록 법으로 정하였다. 우리나라는 1995년 「정보화촉진기본법」을 제정하고, 2001년 개정절차를 거쳐 대통령훈령 제73호로 "행정기관의 정보화책임관 지정·운영에 관한 지침"에 근거하여 효율적인 국가정보화 사업 달성을 위해 정보화책임관을 신설하였다. 민간부문에서 사용되는 CIO 대신 우리나라 공공부문에서는 "정보화책임관"이라는 명칭을 사용하고 있다. 훈령에 의거한 정보화책임관은 "정보화사업과 정보자원을 한 행정기관의 전체적인 목표 및 발전전략, 행정혁신과 연계하여 종합적으로 기획·조정·관리하는 책임자로서 최고의사결정과정에 참여하며 기관장에게 직접 조언할 수 있는 지위에 있는 고위관리자"를 지칭한다. 공공부문 정보화책임관의 역할 및 업무는 민간부문과는 다른 성격을 갖는데 이는 경제적 효율성을 우선시 하기보다는 공익증대, 명확한 규칙과 공정한 절차 추구라는 행정의 특성을 반영한 것이다.

기술과 경제적인 측면에서 볼 때 우리 사회는 IT를 생산하고 소비하는 디지털 경제를 넘어서 데이터의 활용이 새로운 제품과 서비스의 등장을 촉진하는 데이터 경제로 접어들었다. 데이터 경제에서는 데이터가 모든 사업 성장의 촉매 역할을 하고 국가경쟁력 및 혁신과 직결되고 있는 만큼 정보보안 및 관리에 대한 체계적인 대응책 마련이 필요하다. 전 세계적으로 국가안보, 경제안정, 공공안전을 위협하는 사이버 테러 및 해킹 문제가 꾸준하게 증가하고 있고, 우리나라 또한 예외가 아니어서 국민의 경제·금융 정보 유출 및 국가 시설에 관한 기밀 유출 사건이 계속해서 발생하고 있다.

사이버안보에 대한 중요성과 공공부문의 데이터 전문성 강화의 필요성이 점차 증가함에 따라 2019년 행정안전부는 중앙행정기관 내 "공공데이터 제공 책임관" 직위를 신설하고 채용하였다. 공공데이터 제공 책임관은 정부기관 내 데이터 표준화 및 품질관리체계 관리, 공공데이터 이용 활성화, 민관협력, 국제교류 등의 의무가 있다. 또한 각 기관마다 개별적으로 운영 및 관리되고 있는 데이터베이스를 표준화하고 공공데이터의 표준화와 품질관리를 통해 공공데이터 융합이 이루어질 수 있도록 해야 한다. 실제로 공공데이터 제공 책임관의 도입 이후 민간부문에서 활용도가 높은 건축인허가 정보나 주차장 정보 등과 같은 데이터에 대해 전 정부기관이 동일한 기준으로 데이터를 기록 및 관리하도록 표준을 작성하고 데이터 개방을 촉진하였다. 2020년 발발한 코로나19 감염병의 확산에 맞서 정부는 코로나19 발생 및 완치 현황 데이터 등을 개방함으로써 국민의 알권리 충족과 데이터 활용을 통한 과학적 정책결정을 하고자 했다. 뿐만 아니라 선별 진료소 및 안심 데이터, 공적마스크 판매 데이터 등의 개방을 통해 국민 건강 향상에 기여하고 있다.

이처럼 ICT의 발전은 사회 전반적인 변화를 가져온다. 공공부문은 이러한 혁신을 촉진하고 국민에게 제공되는 재화나 서비스의 생산 및 제공방식의 효율성과 효과성 향상을 위해 새로운 직위를 신설하고 법령을 제정한다.

3) 조직구성원의 업무수행 방식 변화

조직구성원이 업무를 수행하는 데 있어 ICT는 직접적으로 영향을 미친다. 컴퓨터, 애플리케이션, 정형 및 비정형의 빅데이터, 인공지능, 클라우드 서비스 등 다양한 ICT의 사용은 업무처리의 시간과 공간의 제약을 최소화하고, 업무수행 과정의 간소화, 공식화, 표준화를 가능하게 했으며, 비약적인 성과향상을 가져왔다. 컴퓨터와 스마트폰의 높은 보급률과 안정적인 인터넷 환경 덕분에 특정 공간에서만 업무수행이 가능한 것이 아니라 인터넷 연결만 가능하다면 어디서든지 행정업무를 처리할 수 있게 되었다.

스마트워크(smart work)란 ICT를 이용하여 유연하게 업무를 수행하는 것을 의미하는데, 이는 단순히 시간과 공간상의 제약을 극복하는 것 뿐 아니라 ICT의 적극적인 활용을 통해 업무의 효율성을 향상시키는 것을 뜻한다. 이러한 정의에 따라 스마트워크의 근무방식은 업무수행 시간의 다양성 확보와 업무수행 장소의 유연화를 반영하며, 그 유형에는 재택근무, 모바일오피스, 스마트오피스, 스마트워크센터 근무 등이 있다. 스마트워크가 제공하는 장점으로는 시간과 공간의 제약 극복을 통한 업무 단절을 최소화하고, 즉각적이고 동시적인 의사결정이 가능하며, 현장 중심의 업무 추진이 가능하다는 것이다.

한국행정연구원이 46개 중앙부처와 17개 광역자치단체 소속 일반직 공무원 4,111명을 대상으로 수행한 '2020년 공직생활 실태조사'에 따르면, 2020년 발생한 신종 코로나바이러스 감염증(COVID−19)으로 인해 공무원의 재택근무와 유연근무, 영상회의의 활용이 크게 증가한 것으로 나타났다. 지난 1년간 재택근무를 이용한 경험이 있는 응답자 비율은 59.9%로 2019년 1.4%에 비해 약 42.78% 증가하였다. 유연근무제를 활용한 경험이 있는 응답자는 2019년 54.0%에서 2020년 73.7%로 증가하였으며, 비대면 영상회의를 경험한 응답자는 2019년 26.1%에서 2020년 46.7%로 나타났다.

업무수행 방식의 변화에 따라 조직구성원에게 요구되는 근무태도나 역량에도 변화가 따르게 되었다. 스마트워크의 확대는 조직구성원에게 편의성을 제공하지만 실제 대면 소통이 이루어지는 경우가 적다보니 갈등발생이나 잘못된 의사전달의 가능성이 높다. 따라서 분산된 업무환경 하에서 명확하게 업무를 지시 및 보고하고, 유관부처 및 이해관계자와 협업하는 조직문화를 형성하기 위해서는 효과적인 의사소통에 대한 교육과 홍보가 요구된다. 실제 2020년 7월 국가인재원이 공무원 8,598명을 대상으로 시행한 설문조사에서 전체 응답자의 69.2%가 디지털 매체를 통한 의사소통의 중요성이 점차 커지고 있다고 인식하고 있는 것으로 나타났다. 이처럼 ICT의 확산은 조직구성원들의 업무수행 방식뿐 아니라 의사소통 방식과 조직문화에도 직·간접적인 영향을 끼친다.

4) 의사결정 방식

ICT는 공공기관이 공공서비스나 정보를 국민에게 제공할 때 디지털화(digitalization)된 의사결정 방식으로의 변화를 가져왔다. 정책결정자는 모바일 전자결재, 영상회의 등과 같은 ICT를 활용하여 의사결정의 적정성을 확보할 수 있다. 예를 들어, 최근 심각하게 유행하고 있는 코로나바이러스 감염증과 관련한 정부의 정책결정 또한 발달된 ICT를 활용하여 수집된 데이터와 정보를 기반으로 한다. 코로나19

백신 접종이 시작되면서 시민들에게 백신 관련 정보를 제공하고, 공중보건 기관과 시설에 효율적인 백신 관리와 접종이 진행될 수 있는 정보 관리 시스템의 필요성이 부각되었다. 이는 2015년 중동에서 유입된 메르스 바이러스(Middle East Respiratory Syndrome, MERS, 중동호흡기증후군)가 유행했을 당시의 정책실패의 경험을 바탕으로 한 것이다. 당시 주요 이슈는 메르스 바이러스 대응에 대한 정부의 역할과 정보공개의 범위 및 책임에 관한 것이었다. 국민들은 메르스 감염자 수, 감염자 발생 병원 등과 같은 정보공개를 요구하였으나 보건당국의 뒤늦은 정보공개 결정 때문에 초기 문제해결에 실패하였다. 이러한 정책실패 경험에 근거하여 정부는 코로나19 유행 초기부터 국민 개인의 건강정보 수집의 필요성과 과학적 분석의 중요성을 강조하였다. 코로나19 유행 예상 시기를 예측하거나, 확진자의 동선을 공개함으로써 추가적으로 발생할 수 있는 감염을 막고자 하였다.

최근 춘천시에서 인공지능 통합돌봄 서비스가 취약계층 노인의 생명을 구한 사례는 ICT를 활용한 정책집행 방식의 변화를 보여준다[2]. 인공지능 스피커 '아리아'는 간단한 음성 명령어로 작동되는 24시간 비대면 돌봄 서비스를 제공한다. '아리아'는 사용자의 음성 명령을 인식하여 비상상황이 발생했을 때 통신사, 지역 돌봄센터 케어 매니저, 119, 보안업체 등과 복지서비스 관련 기관에 실시간으로 명령어를 전달한다. 과거에는 서비스를 필요로 하는 고객이 직접 관계 기관에 서비스를 요청해야 했다. 긴급상황이나 재난의 경우, 서비스 요청 과정에서 예상치 못했던 지연의 발생, 기관 간 연계체계의 미구축, 각종 신고전화 난립으로 인한 신고자 혼란 등으로 인해 긴급사고에 대한 대응력이 낮아 문제해결이 되지 않는 경우가 있었다. 그러나 ICT의 활용은 신고접수 시간의 단축, 네트워크를 통한 기관 간 협력, 사건이 발생한 정확한 위치 추적 등을 가능하게 하고, 그 결과 신속 정확하고 고객맞춤형 서비스 제공이 가능하게 한다. 이 사례는 ICT 및 데이터가 정책과정에 투영되어 정책집행의 효율성을 증진하고, 행정 데이터와 국민 개개인의 데이터의 연계가 공공서비스 제공 비용 감소를 가져올 수 있음을 보여준다.

이상을 종합하여 볼 때 ICT의 도입이 조직변화에 미치는 영향은 크게 두 가지로 볼 수 있다. 첫째, 예전에는 조직이 생산성 혹은 성과 향상을 위해서 신기술을 채택하였다면, 최근 나타나는 새로운 변화는 ICT의 도입이 조직구조 변화, 새로운

---

2) 연합뉴스. 2021년 2월 3일자. "아리아 살려줘" 한마디에 춘천 독거노인 구한 AI 스피커.

직위 신설, 일하는 방식 변화와 같은 조직변화를 이끈다는 것이다. 둘째, 과거에는 조직이 성과향상을 위한 기술을 중심으로 채택하였다면, 현재는 조직이 전문화 및 세분화를 추구하면서 분업화된 각 하위조직 간 효율적인 연결을 위한 조정도구로서 ICT를 활용한다는 점이다. 행정조직 내 ICT의 도입이 가져온 의사결정 방식의 변화는 다음 절에서 자세하게 다루기로 한다.

4 데이터 기반 행정(Data-driven Public Administration)

1) 데이터 기반 행정과 행정과정의 변화

정부 기관 내 ICT의 활용이라 함은 단순히 발전된 기술의 채택이나 하드웨어의 사용만을 의미하지 않는다. 많은 국가에서 데이터에 기반한 객관적이고 과학적인 행정을 추진함으로써 합리적 정책결정과 국민들의 다양한 요구에 맞춤형 공공서비스를 제공하고자 노력하고 있다. 데이터 기반 행정은 사회문제 해결을 위해 데이터에 기반하여 보다 나은 분석결과를 바탕으로 행정을 수행하거나 정책을 결정 및 집행하는 것을 의미한다(한국행정연구원, 2019). 2013년 미국 오바마 행정부는 증거기반정책 어젠다(Next Steps in the Evidence and Innovation Agenda)를 발표하였다. 이 기획은 더 지능적, 혁신적, 책무를 다하는 정부로 이행하기 위한 수단으로서 증거기반의 평가 활동 수행을 채택하고, 연방 평가활동을 위해 예산과정의 변화, 학습과 혁신을 촉진하는 정부 기관 간 협력을 구체적인 집행방안으로 설정하였다. 2014년 증거기반 정책위원회법(Evidence-Based Policymaking Commission Act)을 제정하였는데, 이 법에서는 정책과정에서의 적실성, 과학성, 신뢰성, 투명성, 방법론의 엄밀성을 추구하기 위해 경제학, 통계학, 정책평가, 데이터보안, 관리 등의 분야에서 전문가 15인으로 구성된 위원회를 설치할 것을 명령하였다. 위원회는 정확한 정보와 과학적 분석에 근거한 토론을 통해 이루어지는 증거기반 정책이 민주적 정책결정의 질을 높일 수 있는 방안임을 천명하였다(Commission on Evidence-Based Policymaking, 2017, p. 106). 2018년 증거기반 정책수립 기초법(Foundations for Evidence-Based Policymaking Act of 2018) 제정을 통해 각 부처별 증거기반 행정계획을 수립 및 평가할 것을 명령하였다. 이를 위해 법률에서는 각 정부 기관이 통계전문가로 구성된 데이터자문위원회를 설치하고, 데이터책임관 신설, 비밀정보 보호 방안, 증거를 위한 데이터 접근 확대, 통계 데이터 효율 등에 관한 계획을 구체적으로 명시하도록 했다.

우리나라는 과학적 정책결정을 위한 통계활용을 오래전부터 강조해왔다. 2007년 노무현 정부는 과학적 정책결정을 위한 통계와의 연계 강화를 강조하며 "사회통계 발전을 위한 국가통계혁신계획"을 수립하였다. 이후 2012년 개정된 「통계법」에서는 새로운 정책이나 제도를 도입하거나 기존 법령 혹은 제도의 중요 사항을 변경하려면 관련 정책 및 제도의 집행·평가에 적합한 통계의 구비 여부 등에 대한 평가(통계기반정책평가)를 통계청장에게 요청하도록 명령하고 있다. 이러한 일련의 제도적 정비와 노력은 정부정책의 정당성 확보와 책임성을 구현하고자 하는 정부의 목적을 나타낸다. 통계 자료와 증거에 기반한 정책결정은 예산낭비나 불필요한 집단 간 갈등과 같은 비효율성을 개선하고, 과거 정책의 경험으로부터 축적된 정보를 바탕으로 정책결정의 합리성을 제고할 수 있다.

우리나라는 공공부문이 보유한 공공데이터의 적극적 활용과 정부의 증거기반 정책을 추진하기 위해 2020년 6월 9일 「데이터기반행정 활성화에 관한 법률」을 제정하고, 2020년 12월 10일부터 시행하였다. 본 법률은 공공기관 간 데이터의 연계와 활용이 활발히 이루어질 수 있도록 데이터 요청 시 제공을 법적으로 의무화했을 뿐 아니라 공동 활용이 가능한 데이터의 관리를 위해 데이터 통합관리 플랫폼 구축과 정부 통합 데이터 분석센터 설치를 명시하고 있다.

데이터 기반 행정의 핵심은 보다 나은 분석결과를 도출하기 위해 활용하는 '데이터'에 있다. 데이터 기반 행정에서의 '데이터'란 공공기관이 직접 수집·저장·가공·분석한 데이터, 공공부문과 관련된 데이터, 혹은 다른 기관에서 생성했지만 공공기관이 정책과정에 활용하기 위해 취득한 데이터를 의미한다. 이러한 데이터를 수집하는 방법에는 과학적 방법인 무작위 실험법, 준실험법, 시뮬레이션 모형, 프로그램 성과평가, 행정정보 분석, 질적연구 등이 활용된다. 이러한 방법을 거쳐 수집 및 가공된 데이터는 행정기관의 정책 수립 및 의사결정 시 활용되고, 정책의 결과가 곧 과학적 증거가 되며, 이는 향후 정책수립 시 객관적이고 과학적으로 의사결정을 하도록 돕는다.

그림 12.2　데이터 기반 행정

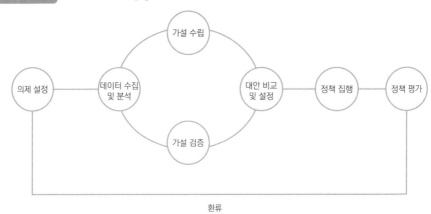

　　미국 Pew Charitable Trusts는 주정부 공무원과의 인터뷰를 통해 데이터 활용의 주요 목적과 그들이 직면했던 데이터 활용의 장애요인을 파악하였다. 정부기관이 행정서비스를 제공할 때 데이터를 활용하는 주된 목적은 다음과 같다. 먼저 정부기관이 다량의 객관적인 데이터를 활용하게 되면 복잡한 사회문제를 해결하는데 있어 다양한 정책대안의 탐색과 개발, 비교가 가능하다. 이는 정부의 정책대응기능 향상과 더불어 기존에 보유하고 있던 자원과 확보해야 할 자원 등의 파악과 같은 자원관리 방식에 있어서도 효율성을 증진할 수 있다. 데이터 활용은 국민의 행정만족도 제고를 가져오는데, 정부가 축적된 데이터를 바탕으로 향후 추진할 정책과 프로그램의 효과를 미리 분석해볼 수 있을 뿐 아니라 이미 집행했던 정책평가결과를 데이터로 처리시켜 환류할 수 있기 때문이다. 환류된 정보를 이용하여 제공되는 행정서비스는 품질이 기존 정책이나 프로그램에 비해 개선될 가능성이 높고 따라서 국민의 행정만족도 또한 증가할 수 있다.

　　한편 정부 기관에서 데이터를 활용하는 데 있어 필연적으로 발생하는 장애요인에 대해서는 적극적으로 극복방안을 마련해야 한다. 대표적인 데이터 활용의 장애요인은 부처 이기주의에 기반한 과도한 경쟁, 데이터 공유 및 개방에의 저항, 데이터 융합을 위한 기술적 수준의 미비, 데이터 공유를 위한 인프라 미확보 및 재정의 압박 등을 들 수 있다. 따라서 정부는 범정부 차원에서 데이터 활용의 저해요인을 극복하는 한편 데이터 융합과 활용, 공유, 분석이 이루어질 수 있도록 제도적·기술적 지원을 제공해야 한다. 정부기관 내 데이터 활용이 활발하게 이루어질 수 있도록 유인을 제공하고, 데이터를 정책목적에 맞게 효과적으로 사용할 수 있도록 공무원 및 이해관계자의 역량 구축을 위한 교육을 제공해야 한다. 무엇보다도 데이터가 단순히 축적되는데 그치지 않고 의미 있는 정책수립에 기여할 수 있도록 데이터 이용에 관한 목표와 방법에 대해 전 구성원의 이해를 이끌어내야 한다.

2) 데이터 기반 행정 수행을 위한 선행 조건[3]

(1) 개인정보보호의 필요성

앞서 살펴본 바와 같이 객관적이고 과학적인 행정을 펼치기 위해서는 데이터의 수집·저장·가공이 중요하다. 이때 행정기관에서 사용하는 데이터란 국민의 개인정보를 말하는데, 만약 개인정보를 확보하지 못해 데이터를 제공하지 못하면 공공데이터 융합은 불가능하다. 한편 융합된 공공데이터를 기반으로 한 행정은 예산을 효과적으로 배분하고 정책결정이 객관적·합리적으로 이루어질 수 있도록 하지만, 데이터를 수집·융합하는 과정에서 개인정보 침해의 가능성이 매우 높다. 특히 데이터 경제 하에서 개인정보는 경제적 가치를 지닌 자원으로 여겨지기 때문에 이를 이용하여 금전적 이득을 취하려는 조직에 의해 침해되는 사례가 적지 않다. 특히 주민등록번호와 같은 데이터는 개인의 행태가 모두 포함되어 있어 이를 처리하는 과정 혹은 여러 데이터를 결합할 경우 개인의 사생활이 침해될 가능성이 매우 높다. 따라서 증거기반 행정을 위한 통계작성, 기초 연구나 기술 개발과 같은 과학적 연구, 공익적 기록보존을 하는 경우 개인정보를 안전하게 활용할 수 있도록 하는 개인정보 보호방안을 최우선적으로 마련해야 한다.

개인정보 보호방안에 대한 명확한 법령의 제정은 행정 서비스를 제공하는 공무원의 책무성을 향상시킬 뿐 아니라 정책을 결정하고 집행하는 정부기관에 대한 국민들의 신뢰를 증진할 수 있는 가장 기초적인 방법이다. 우리나라 「개인정보보호법」에서는 개인정보에 대한 정의를 제공하고 있다. 동법에 따르면 개인정보는 살아있는 개인에 관한 정보로 정의하고, 성명이나 주민등록번호, 영상 등을 통해 개인을 특정할 수 있는 정보뿐 아니라 다른 정보와 쉽게 결합하여 알아볼 수 있

3) 본 절의 작성에 도움을 주신 개인정보보호위원회 윤종인 위원장님께 심심한 감사를 드립니다.

는 정보, 가명처리함으로써 원래의 상태로 복원하기 위한 추가 정보의 사용·결합 없이는 특정 개인을 알아볼 수 없는 정보(가명정보)까지도 포함한다(개인정보보호법, 제2조제1항). 또한 2013년 제정된 「공공데이터의 제공 및 이용활성화에 관한 법률」은 공공부문에서 수집 및 축적되어 있는 공공데이터를 민간부문에서도 활용하여 데이터 경제를 발전시킬 것을 목적으로 제정되었다. 이 법은 정부기관에서 공공데이터를 활용한 정책 수립을 지향하도록 하고, 공공데이터의 제공 절차에 대한 규정을 마련하며, 공공데이터 개방에 대한 근본적인 방향성을 제공하고 있다. 하지만 데이터 융합 시 개인정보를 보호할 수 있는 기술이 확보되지 않거나, 데이터 융합 과정에서 지켜야 할 규칙과 절차에 관한 논의가 이루어지지 않는다면 환금성이 쉬운 개인정보는 비윤리적으로 활용될 가능성이 매우 높다. 따라서 정부는 데이터 관리에 있어 기술적·윤리적 보완장치를 마련하고 보안성, 신뢰성, 투명성, 민주성에 따라 데이터를 운용해야 한다.

최근 심각해지고 있는 코로나19 확산에 효과적으로 대응하기 위해서는 개인 건강 데이터 수집 및 처리를 통한 증거기반의 의료대응 체계 마련이 필요하다. 예를 들어, 코로나19 백신 접종 데이터를 생체인식 정보와 연동하거나 결합할 경우 정부 당국의 입장에서는 국민의 백신 접종 여부와 부작용 여부, 건강상태 등과 관련한 정보를 추적하기 용이하다는 장점이 있다. 그러나 일부 시민단체와 전문가집단은 정부가 대량 감시 시스템을 설정하거나 민간 의료기관 및 기업에서 생체인식 데이터를 활용하여 사용자 프로파일링을 추진하는 경우 등 데이터 가공과정상 투명성이 저해될 가능성에 대해 정부가 개인정보보호 정책 및 개인정보 활용 가이드라인을 사전에 마련해야 한다고 주장한다. 또한 유출된 개인 건강정보를 바탕으로 고용·인사상 불이익이나 복지서비스 제공 시 차별을 가하지 않도록 사후 처리방안에 대해서도 고민해야 한다.

실제로 개인정보의 익명성이 침해되거나 오남용되는 사례가 전 세계적으로 다수 보고되고 있다. 2020년 영국 웨일즈 지역의 공공의료 플랫폼에 데이터를 입력하는 과정에서 코로나19 양성 반응을 보인 주민 18,105명의 개인정보가 유출되었다. 뉴질랜드에서도 확진 환자의 동선과 지역, 이름 및 생년월일 등 세부적인 개인정보가 유출된 사례가 보고되었다. 개인정보 침해 사례와 관련하여 유럽데이터보호위원회(European Data Protection Board, EDPB)는 각 국가의 개인정보보호 감독기구가 건강정보와 같은 민감한 데이터 보호를 위해 일반 국민에게 개인정보 수집 사실을 알리는 한편 개인정보보호 동의에 관해 자세하게 안내할 것을 권장하였다. 또한 데이터 처리 및 사용과정에서의 투명성과 최소수집의 원칙을 제시하고, 향후 코로나19 위기상황이 종식되는 즉시 개인 건강정보를 안전한 방식으로 폐기할 것을 권고하였다.

(2) 개인정보보호위원회

우리나라는 2011년 「개인정보보호법」 시행에 따라 개인정보보호위원회를 공식적으로 출범하였다. 한편 이 시기를 전후로 우리나라 정부기관 및 일반 기업에서 보유하고 있는 정보를 침해하고자 하는 국내외의 공격이 증가하고, 이에 따른 심각한 금전적·경제적·기술적 피해가 누적됨에 따라 2015년 「개인정보보호법」의 개정이 이루어졌다. 법 개정을 통해 개인정보보호위원회의 정책·제도 개선권고권 및 이행점검권, 자료제출요구권, 개인정보 분쟁조정위원 위촉권 부여 등과 같은 개인정보보호를 위한 위원회의 기능이 강화되었다. 2016년 개인정보보호위원회는 개인정보 침해요인 평가 기능을 신설하고 개인정보 분쟁조정 기능 이관을 위해 조직 개편을 단행하고 정원을 확대하였다. 한편, 개인정보보호위원회의 기능과 그 필요성에 대한 인식은 널리 받아들여지고 있었지만, 그 기능이 여러 정부 산하 기관으로 분산되어 있어 유사하거나 중복된 규제가 이루어지고 있었다. 행정안전부는 공공부문과 민간부문의 개인정보보호와 관련된 사항을 총괄하고, 방송통신위원회는 온라인 분야에서 발생하는 개인정보 침해사항에 대한 점검과 대응을 맡고 있었다. 이와 더불어 상거래기업의 개인신용정보 조사 및 처분과 관련된 사항은 금융위원회에서 담당하고 있었다. 이러한 분권된 기능과 형태는 각 부처별 전문성을 바탕으로 개인정보보호와 관련된 사항을 평가 및 집행할 수 있다는 장점이 있다. 그러나 개인정보보호 체계가 여러 기관마다 중복되어 있어 불필요한 규제에 대한 우려가 존재하였다. 또한 개인정보보호 관련 정책 결정·집행 시 체계적인 추진에 대한 필요성과 감독기관으로서의 독립성에 대한 요구가 증가함에 따라 위원회의 법적 지위 변화에 대한 논의가 적극적으로 이루어졌다. 2020년 2월 「개인정보보호법」 개정을 통해 개인정보보호위원회는 국무총리 소속의 중앙행정기관으로 개편되었다. 이에 따라 개인정보보호위원회는 소관 사무를 독립적으로 집행할 수 있게 되었으며, 위원회 운영과 관련된 인사·예산 권한을 지니게 되었다. 개인정보보호위원회는 개인정보보호와 관련된 정책·제도·법령을 결정하고, 개인정보 침해요인 평가와 공공기관 관리수준 진단을 실시하고 있으며, 전 국민 및 기관을 대상으로 개인정보보호의 중요성에 대해 홍보 및 교육을 제공하고 있다.

(3) 공공부문 내 데이터를 중시하는 조직문화 구축

2012년 개정된 통계법에 따라 중앙행정기관의 장은 새로운 정책이나 제도를 도입하거나 기존의 정책 및 제도를 변경할 때 해당 정책이나 제도의 집행 및 평가에 적합한 통계 구비 여부 등에 대한 평가를 통계청장에게 요청해야 한다. 통계기반정책평가는 예비평가와 실질평가의 두 단계로 시행되는데, 예비평가는 제출된 정책안이 법령상 통계기반정책평가가 필요한 정책인지 여부를 심사하고, 실질평가는 실제 정책의 집행·평가에 필요한 통계지표를 구비하고 있는지 여부를 집중적으로 평가한다. 지난 2008년 통계기반정책평가제도의 도입에 따라 2017년까지 심사된 평가건수는 총 11,421건이었다. <그림 12.3>에서 보듯이 매년 통계기반정책평가 대상이 되는 정책의 수는 증가하고 있으나, 실질적으로 이 중 예비평가를 통과하고 실질평가까지 완료된 정책은 총 3,270건으로서 전체 평가건수 대비 28.6%에 그친다. 실질평가가 완료된 정책 중 412건에 대해서는 통계지표를 개발하거나 개선할 것이 권고되었으며, 나머지 2,858건은 통계지표를 적극적으로 활용할 것이 권장되었다. 이 사례는 조직 내 데이터를 중시하고 활용하는 조직문화의 정착이 필요함을 보여준다.

공공부문 내 데이터를 중시하는 조직문화를 구축하기 위해서 가장 필요한 것은 기관장의 리더십이다. 리더십은 조직 내·외부의 변화를 조직구성원보다 앞서 인지하며, 이러한 변화를 이용해 조직이 발전할 수 있도록 기회를 창출하는 능력을 의미하기 때문이다. 또한 리더는 조직구성원과 일상적으로 밀접하게 의사소통을 하는 존재이므로 ICT 도입과 데이터 수집 및 활용에 대한 리더의 태도가 조직구성원의 업무태도에 직접적인 영향을 미친다. 따라서 데이터 기반문화를 도입하고 정착시키기 위해서는 리더가 데이터의 중요성에 대해 인지하고 데이터 관련 전문지식을 갖추어야 한다. 뿐만 아니라 리더는 조직 내 데이터 활용을 적극적으로 권장하고 조직구성원의 데이터 활용 역량을 증진하기 위해 교육훈련의 기회를 제공해야 한다. 범정부 차원에서 데이터 활용을 위한 인프라를 구축하는 한편, 데이터 지도자 교육훈련, 데이터 기반 행정을 위한 전문 프로그램 개발, 공공부문 내 데이터 전문가 정보공유 등과 같은 노력을 해야 한다. 또한 각 기관 내에서만 수집·가공·이용되는 데이터는 그 활용도 면에서 한계가 명확하므로 데이터 융합과 개방을 위해 정부기관 간 협력이 필요하다. 기관 간 협력을 통해 공공데이터 융합을 이루고 필요한 데이터에 대한 접근성이 확대되면, 데이터 기반 행정이 목표로 하는 예산 절감과 과학적 정책결정이 가능해질 것이다.

그림 12.3 통계기반정책평가 건수 변화 추이

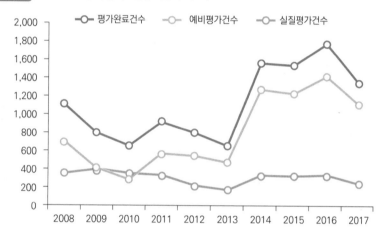

출처: 통계청 통계교육원. (2018). 증거를 통하여 정책을 세워라. 「통계의 창」 겨울호.

5 나가며

Max Weber가 제안했던 관료제의 개념과 형태는 ICT의 발전으로 인해 새롭게 정의되고 적용될 수 있다. 전통적 관료제에서 정보기술이란 효율성을 추구하기 위한 수단으로서 집권화, 공식화, 전문화를 증진시키는 데 그 초점이 맞추어져 있었다. 그러나 ICT의 발전이 심화되면서 행정기관은 정보 그 자체가 갖는 속성과

정보 활용의 측면에 관심을 갖게 되었으며, 정부 기관 내·외부에서 그 변화가 관찰되고 있다. 이와 더불어 관료제의 병폐로 지적되었던 레드 테이프, 목표대치, 조직구성원의 자율성과 창의력 상실, 훈련된 무능 등과 같은 병리적 현상은 ICT의 적극적 활용을 통해 어느 정도 극복할 수 있을 것이다.

정부는 국민에게 고품질의 공공서비스를 제공하고 행정업무의 효율성을 향상하기 위해 다양한 ICT를 채택하고 있다. 컴퓨터와 인터넷망의 높은 보급률, 인공지능, 빅데이터, 클라우드 서비스와 같은 기술은 정부 기관의 조직구조와 공무원들의 업무수행 방식의 변화를 가져왔다. 스마트워크의 확산과 팀제 및 네트워크와 같은 유연한 조직구조의 도입은 정부의 생산성 향상에 직접적인 도움을 주고 있으며, 대국민 공공서비스의 만족도, 신속성, 대응성, 투명성, 책무성과 같은 공공가치 또한 향상될 것으로 예상된다.

오늘날의 행정은 다양한 가치 달성을 목표로 하고 있다. 빅데이터와 인공지능 기술을 활용한 데이터 기반 행정은 기존 행정에서 중요하게 여겨졌던 효율성과 전문화뿐 아니라 객관성과 과학성을 강화하기 위한 새로운 대안으로서 제시되고 있다. 정부 기관은 데이터 수집 및 활용의 극대화를 위해 조직구성원들의 데이터 활용 역량을 증진하고, 단순 데이터에서 의미 있는 정보 창출을 위한 데이터 분석의 활용을 확대하며, 기관 간 협력을 통한 정책 오류 감소와 예산 낭비 방지를 이루고자 노력해야 한다. 무엇보다도 국민에 대한 책무성을 다하기 위해 데이터 활용을 통한 객관적이고 분석적인 행정이 이루어지도록 노력해야 한다.

참고문헌

김상묵. (2002). "정부조직의 바람직한 조직모형 검토". 오철호 (편). 정보통신 기술과 행정. pp.109-143. 서울: 대영문화사.

문정욱. (2018). "정보화가 행정적 거버넌스에 미치는 영향: 다국가 비교 분석". 한국지역정보화학회지, 21(3): 45-77.

연합뉴스. (2021년 2월 3일자). "아리아 살려줘" 한마디에 춘천 독거노인 구한 AI 스피커. https://www.yna.co.kr/view/AKR20210203051600062

이윤식·강인성. (2009). "민원서류 발급수요 감축방안에 관한 탐색적 연구: 민원인 현장인터뷰 자료분석을 기초로". 지방행정연구, 23(4): 181-207.

통계청 통계교육원. (2018). "증거를 통하여 정책을 세워라".「통계의 창」겨울호.

한국행정연구원. (2019). "데이터기반행정 강화 방안 연구: 공공데이터 융합을 중심으로". KIPA 연구보고서 2019-03.

Bretschneider, S. (1990). Management Information Systems in Public and Private Organizations: An Empirical Test. *Public Administration Review, 50*(5): 536-545.

Commission on Evidence-Based Policymaking. (2017). *The Promise of Evidence-Based Policymaking: Report of the Commission on Evidence-Based Policymaking.* Washington, D.C.

Fountain, Jane E. (2001). *Building the Virtual State: Information Technology and Institutional Change.* Brookings Institution Press, Washington, D.C.

Fountain, Jane E. (2007). Challenges to Organizational Change: Multi-Level Integrated Information Structures (MIIS). In Viktor Mayer-Schönberger & Lazer, David (Eds.). *Governance and Information Technology: From Electronic Government to Information Government.* pp.63-93. Cambridge, MA: The MIT Press.

Heintze, T. & Bretschneider, S. (2000). Information Technology and Restructuting in Public Organizations: Does Adoption of Information Technology Affect Organizational Structures, Communications and Decision Making? *Journal of Public Administration Research and Theory, 10*(4): 801-830.

Keefe, T., & Crowther, P. (2015). Information and Communications Technology in Government, an Historical Perspective. In 15th European Conference on eGovernment (ECEG) 2015, University of Portsmouth, UK, June 18−19, 2015. http://shura.shu.ac.uk/9840/

Kraemer, K.L,, & King, J.L. (1986). Computing and Public Organizations. *Public Administration Review, 46:* 488−496.

Office of Management and Budget. Office of Information and Regulatory Affairs. (2018). *Information Collection Budget of the United States Government.*

Olsen, John P. (2006). Maybe It Is Time to Rediscover Bureaucracy. *Journal of Public Administration Research and Theory, 16*(1): 1−24.

Pew Charitable Trusts. (2018). How States Use Data Inform Decisions: A National Review of the Use of Administrative Data to Improve State Decision−making.

Synnott, W.R. (1987). *The Information Weapon: Winning Customers and Markets With Technology.* New York: Wiley.

Synnott, W.R. & Gruber, W.H. (1981). *Information Resource Management: Opportunities and Strategies for the 1980s.* John Wiley & Sons, Inc.

제13장

적극행정: 공직윤리와 갈등관리

김정인

생각해보기

- 소극행정과 적극행정의 차이는 무엇인가?
- 공직윤리 강화방안은 무엇인가?
- 갈등관리 방안에는 어떤 것이 있는가?
- 향후 적극행정에 있어 공직윤리와 갈등관리가 중요한 이유는 무엇인가?

제13장

적극행정: 공직윤리와 갈등관리

1 들어가며

공직자의 적극행정을 유도하기 위한 다양한 방안들이 아주 오래전부터 모색되어 왔다. 해야 할 일, 할 수 있는 일을 열심히 하는 것은 너무나도 당연한 일인데, 적극적으로 일하도록 방안까지 마련하는 수고를 계속하고 있는 상황이 참으로 아이러니하다. 특히 국민에 대한 봉사, 양질의 서비스 제공을 최우선으로 하는 공직자에게 있어 적극행정을 강조해야 하는 현실이 낯설게 느껴질 때도 있다. 정부조직, 나아가 공공조직을 보다 효과적으로 운영하기 위해서는 조직의 구성원인 공직자의 적극행정이 필수적이다. 이는 과거에도 현재에도, 그리고 미래에도 마찬가지이다. 그렇다면 공직자에게 적극행정을 요구하게 된 이유는 무엇일까?

박희정(2016)은 적극행정의 필요성, 개념, 개선방안 등을 마련하기 위해 무엇보다도 복지부동, 무사안일과 같은 소극행정과의 관계를 이해할 필요가 있다고 주장한다. 이종수(2016)의 경우 적극행정 개념을 명확하게 정립할 필요성에 대해 강조한다. 나아가 최무현(2020)은 적극행정의 다양한 개념을 바탕으로 발전방향을 모색해야 한다고 주장한다. 이처럼 적극행정을 활성화하기 위한 방안을 모색하기에 앞서 다양한 학자들이 적극행정의 요구 배경이 되는 소극행정에 대한 이해와 적극행정 개념정립의 필요성에 대해 언급을 하고 있는 것이다.

코로나19 사태로 인한 사회 전반의 변화 속도는 더욱 빨라지고 있다. 이러한 변화에 효과적으로 대응하기 위해서는 적극행정이 절실한 상황이다. 하지만 우리 사회 곳곳에서는 여전히 변화를 거부하며, 수동적이고 소극적으로 대응하는 모습들이 나타나고 있다. 이러한 소극행정이 때로는 해야 할 일을 제대로 하지 않는 부작위 형태로 나타나 공직기강마저 헤치게 된다. 다시 말해, 적극행정은 공직윤리와도 긴밀하게 관련된다는 뜻이다. 공직윤리는 공무원이 지켜야 할 직업윤리(professional ethics), 혹은 공무원이 준수해야 할 행동규범이나 윤리규범으로 일컬어진다(김중양, 2008; 이종수·윤영진 외, 2011; 임성근·이건, 2015; Bowman, 1990). 이러한 관점에서 적극행정은 공직자의 직업윤리, 행동규범 일부로도 인식될 수 있는 것이다.

뿐만 아니라 적극행정은 조직의 갈등관리에 있어서도 중요한 영향을 미친다. 최근 사회의 다양화 등으로 인해 사회 곳곳에서 갈등이 증폭되고 있다. 박준·정동재(2018)의 '사회갈등지수와 갈등비용 추정' 연구에 따르면 2015년 기준 우리나라는 사회갈등지수가 37개국 중 32위 수준이라고 한다. 사회갈등, 특히 공공갈등을 관리하는 데에는 공직자의 역량이 매우 중요하다. 공공갈등을 예방하고, 갈등을 처리하고, 사후관리함에 있어서 공직자의 적극행정이 요구되는 것이다.

따라서 13장에서는 정부조직, 공공조직에서 강조되고 있는 적극행정에 대해 살펴보고, 적극행정과 긴밀하게 연계되어 있는 공직윤리, 그리고 갈등관리에 대해 살펴보도록 한다. 각각의 개념과 주요 내용, 저해요인, 그리고 개선 방안 등을 살펴봄으로써 미래에 더욱 중요하게 고려될 적극행정의 발전방안과 적극행정에서 고려되어야 할 다양한 조직관리 방안들도 함께 논의하게 될 것이다.

2 적극행정

1) 소극행정이란?

적극행정이 주목을 받는 이유는 공직자가 자신에게 부여된 본연의 책무 혹은 책임을 다하지 못하는 소극행정에 대한 비판이 거셌기 때문이다. 따라서 적극행정의 개념에 대해 소개하기에 앞서 소극행정에 대해 설명을 제시할 필요가 있다. 박희정(2016: 28)은 인사혁신처(2015)에서 소개하는 소극행정의 개념 정의를 다음과 같이 정리하고 있다. 소극행정은 "해야 할 일을 하지 않거나 할 수 있는 일을 하지 않아 국민 생활과 기업활동에 불편을 주거나 권익을 침해하고 예산상 손실이 발생하게 하는 업무행태"이며, "해야 할 일을 하지 않는 '부작위'와 할 수 있는 일을 하지 않는 '복지부동'으로 구분"할 수 있다는 것이다. 2019년 8월에 대통령령[1]으로 제정된 「적극행정 운영규정」에 따르면 소극행정은 "공무원이 부작위 또는 직무태만 등 소극적 업무행태로 국민의 권익을 침해하거나 국가 재정상 손실을 발생하게 하는 행위"로 정의하고 있다(김윤권, 2020: 77). 인사혁신처(2021)에서는 소극행정의 유형을 아래와 같이 분류하고 있다.

표 13.1 소극행정 유형

	세부유형
적당편의	문제해결을 위해 노력하지 않고, 적당히 형식만 갖추어 부실하게 처리하는 행태
업무해태	합리적인 이유 없이 주어진 업무를 게을리하거나 불이행하는 행태
탁상행정	법령이나 지침 등의 변화에도 불구하고 과거 규정에 따라 업무를 처리하거나, 기존의 불합리한 업무관행을 그대로 답습하는 행태
기타 관중심 행정	직무권한을 이용하여 부당하게 업무를 처리하거나, 국민 편익을 위해서가 아닌 자신의 조직이나 이익만을 중시하여 자의적으로 처리하는 행태

출처: 인사혁신처(2021).

---

1) 대통령령 「적극행정 운영규정」은 인사혁신처와 행정안전부에서 각각 제정하였으며, 인사혁신처에서 제정한 「적극행정 운영규정」은 대통령령 제30016호, 행정안전부에서 제정한 「적극행정 운영규정」은 대통령령 제30018호이다. 이들 각각의 내용은 거의 유사하며 적용 대상이 차이가 있다(인사혁신처 제정 「적극행정 운영규정」은 국가공무원을 대상으로 하며, 행정안전부 제정 「적극행정 운영규정」은 지방공무원을 대상으로 함).

특히 소극행정은 관료제의 병폐, 혹은 공직자들의 부정적 특징으로도 소개되는 '무사안일 행태(passive behavior)'와 깊은 관련성이 있다(김윤권, 2020). 김윤권 (2020: 90)은 무사안일을 "공직자가 바람직하지 못한 복무태도로 공직의무(책무)를 수행(작위, 부작위)함으로써 (불)특정인에게 물질적·정신적 손실을 끼치는 일련의 행태"로 정의한다. 무사안일의 유형은 다양하게 구분될 수 있다. 김신복(1994)은 무사안일의 원인에 따라 유형을 분류하고 있으며, 방어적 행동(defensive behavior), 묵종적 행동(acquiescent behavior), 무행동(quiescent behavior) 등으로 구분한다(박희정, 2016: 28). 무사안일에 있어서 방어적 행동은 업무를 수행한 결과 자신에게 돌아올 책임이나 비난이 두려워 소극적으로 업무를 수행하게 되는 유형을 일컫는다. 묵종적 행동은 자발적으로 열심히 업무를 수행하기보다는 상관의 지시에만 무조건 따르는 유형을 일컫는다. 무행동은 할 수 있는 일조차 하지 않는 유형을 일컫는다.

김윤권(2020: 90)은 무사안일의 유형을 보신적 무사안일, 형식적 무사안일, 권위적 무사안일, 자익적 무사안일 등으로 구분하고 각각의 무사안일 유형별로 세부 유형을 제시하고 있다. 각각의 유형에 따른 세부 무사안일 유형은 <표 13.2>와 같다.

표 13.2 무사안일의 세부 유형

	세부유형
보신적 무사안일	적당처리
	업무태만
	책임전가
	변화저항
형식적 무사안일	선례답습
	법규빙자
	탁상행정
권위적 무사안일	무책임성
	고압적 처리
	수동적 처리
자익적 무사안일	업무전가
	할거주의
	관료이익

출처: 김윤권(2020: 90).

2) 소극행정(적극행정 저해) 원인

소극행정이 발생하는 원인은 다양하게 논의될 수 있다. 소극행정의 발생원인, 즉 적극행정의 저해 원인을 명확하게 파악할 때 적극행정의 실현도 보다 원활해질 수 있을 것이다. 소극행정이 발생하는 원인은 개인요인, 조직 및 제도요인, 환경요인으로 살펴볼 수 있다. 첫째, 개인요인으로 소극행정은 관료 전문성과 역량 측면에서 업무처리 권한 및 주도권 부족, 구체적 업무 지침 또는 선례 부족으로 인한 자신감 부족, 업무 과중, 개인의 전문성 부족, 잠재적 민원 및 특혜시비 우려, 감사 우려, 업무 부담증가 우려 등에 의해서 발생한다(김난영, 2019: 108). 특히 관료의 위험회피와 비난회피 성향은 적극행정의 제약원인이 된다(이종수, 2016). 관료는 높은 성과를 달성하려 하기보다 과정과 절차에 문제가 발생하지 않는 것을 선호하며, 긍정적인 결과보다 부정적인 결과에 더 높은 관심을 보여 비난회피(blame avoidance) 행동을 취하는 경향이 있다는 것이다(Hood, 2007).

둘째, 조직 및 제도요인으로 불명확한 규정, 여건 변화가 허락되지 않는 비현실적 규정, 공급자 중심의 행정편의주의, 타규제와의 상충, 중복 및 복잡한 규제, 집행조직 기관 내 부서 간 협조 미흡, 관료의 적극적 업무처리에 상응하는 인센티브 부족 등이 소극행정의 주요 원인이 된다(김난영, 2019: 108). 이러한 요인들은 모두 조직문화가 근본적으로 변화하지 않은 상태에서 조직구성원들의 행동을 적극적으로 유도하는 리더십이 부재하기 때문에 발생된다(김호균, 2019). 특히 레드테이프와 같은 규정과 절차를 우선시 하는 관료 조직문화에 배태된 관료들은 적극적으로 업무수행을 하지 않는 경향이 있다는 것이다.

셋째, 불확실한 행정환경도 소극행정의 주요 원인이 된다. 예기치 않은 환경변화에도 과거의 규정과 제도에 익숙해져 있는 관료들의 행동은 관습화되어 변화하지 않는다는 것이다. 또한 새로운 환경변화가 발생하더라도 이에 적합한 의사결정 및 집행을 하기 위한 관료들의 학습비용이 증가될 수 있기 때문에 관료들은 적극행동에 나서기보다는 지연행동을 선택할 가능성이 높다는 것이다(이종수, 2016).

표 13.3 소극행정(적극행정 저해) 원인

영역	세부 원인
개인적 요인	− 관료의 위험회피 및 비난회피 성향(감사에 대한 두려움) − 업무처리 권한 및 주도권 부족, 구체적 업무 지침 또는 선례 부족으로 인한 자신감 부족, 업무 과중, 관료 개인의 전문성 부족 − 잠재적 민원 및 특혜시비 우려, 감사 우려, 업무 부담증가 우려
조직 및 제도적 요인	− 기관장의 관심부족, 소극행정에 대한 통제 미흡 − 불명확한 규정, 비현실적 규정, 공급자 중심의 행정편의주의, 타 규제와의 상충, 적극행정 시 인센티브 부족 − 관료적 절차 및 규정, 중복 및 복잡한 규제 − 현실에 안주하는 조직문화, 집행조직 기관 내 부서 간 협조 미흡
환경적 요인	− 예기치 않은 급속한 환경변화로 인해 발생하는 높은 학습비용

출처: 김난영(2019) 등을 참조하여 저자 구성.

3) 적극행정 개선 방안[2]

공직자의 소극행정 원인이 개인적, 조직·제도적, 환경적 차원 등에 의해 다양하게 발생하는 만큼 적극행정 추진방안 역시 다차원적으로 논의할 수 있다. 적극행정은 국민을 위해 봉사해야 하는 공직자의 임무이자 의무이기 때문에 모든 정권에서 적극행정을 중요 달성 과제로 고려해 왔다. 예를 들어, 문재인 정부에서는 적극행정을 실현하기 위해 2019년을 적극행정 제도화 원년으로 삼았으며, 2020년에는 국민이 체감하는 적극행정 성과창출을 강조하였다. 또한 2021년에는 적극행정 확산을 통해 적극행정 공직문화가 보편적으로 자리매김 할 수 있도록 하였다.[3]

---

2) 적극행정 개선방안은 인사혁신처 적극행정 온on 홈페이지 내용과 선행연구들을 참조하여 작성하였다.
3) 해당 내용은 적극행정 온on 홈페이지를 참조하였다. 보다 구체적으로 2019년 3월 14일에 관계기관 합동 적극행정 추진방안이 발표되었으며, 2019년 5월 31일에 적극행정 가이드라인인 적극행정 운영지침이 마련되었다. 2019년 8월 6일 우리나라 최초의 적극행정 제도화 법령인 「적극행정 운영규정」이 제정되었으며, 2019년 11월 45개 중앙행정기관에서 적극행정위원회 설치가 완료되었다. 2020년 1월에 적극행정 첫 종합평가 결과가 발표되었으며, 2020년 4월에는 관계기관 합동 2020 적극행정 추진방안이 발표되었다. 또한 2020년 5월에는 개선된 적극행정

그림 13.1 적극행정 추진체계

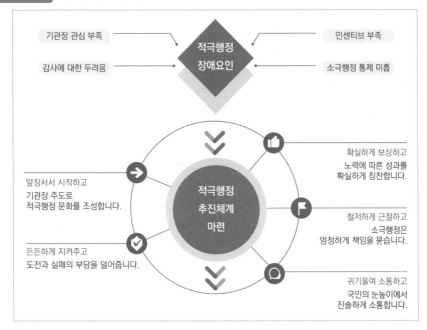

출처: 적극행정 온on 홈페이지 참조.

적극행정을 달성하기 위한 구체적인 방안은 다음과 같이 제시될 수 있다. 첫째, 공직자가 적극행정을 달성할 수 있는 제도적 기반이 구축 및 정착되어야 한다. 제도적 장치는 적극행정 의사결정과 적극행정 집행에 따른 보호·지원 차원에서 제시될 수 있다. 우선 공직자가 적극행정을 위한 의사결정을 할 수 있도록 제도(사전컨설팅 제도, 적극행정 법제지원, 적극행정위원회 운영 등)가 정착되어야 한다.[4] [5] 보다 구체적으로 감사원의 사전컨설팅 제도를 적극 활용할 수 있을 것이

운영지침이 발표되었다.

4) 적극행정 법제지원은 법령의 입안, 정비 등 법제행정을 통해 적극행정을 실천할 수 있도록 지원하는 것이다. 보다 구체적으로 「적극행정 운영규정」 제9조(적극행정 법제)에 의하면 ① 중앙행정기관의 장은 정책이나 제도를 시행하기 위해 입법조치가 필요한 경우로서 그 내용이 법률로 정하지 않아도 될 사항인 경우에는 대통령령, 총리령 및 부령을 제정 또는 개정해야 한다. ② 중앙행정기관의 장은 소관 법령이 적극행정에 해당하는 경우에 이를 적극 검토하여 신속하게 정비를 추진해야 한다. ③ 중앙행정기관의 장은 정책을 집행하는 과정에서 법령을 해석할 때에는 법령의 범위에서 적극적으로 공공의 이익을 실현할 수 있도록 해야 하며, 법령의 취지를 벗어나 국민의 권리를 제한하거나 새로운 의무를 부과해서는 안 된다.
5) 적극행정위원회는 국민편익의 증진을 위해 적극행정이 필요한 현안을 심의하거나, 다양한 해결

다. 공직자들은 제도 규정이 불분명하거나 선례가 없는 경우 적극행정을 시행하는 데 어려움을 겪고 있다. 최고 감사기관(감사원)이 공직자들의 적극행정을 위해 관련 사안을 사전에 컨설팅 해주고 공직자들이 이에 따를 때 책임을 면제해 주는 사전컨설팅 제도가 원활하게 시행되면 공직자들은 자신들에게 주어지는 위험부담을 덜 수 있다. 이와 같이 효과적으로 사전컨설팅 제도를 운영하기 위해서는 최고 감사기관인 감사원의 역할이 매우 중요하다(김난영, 2019). 중앙행정기관뿐만 아니라, 공공기관, 그리고 지방자치단체 등의 적극적인 사전컨설팅 제도 운영을 위해서는 감사원의 지원이 필수적이라는 것이다.

다음으로 적극행정 보호·지원 제도(적극행정 감사면책, 징계면책, 소송지원 등)를 정착·확산할 필요가 있다. 특히 공직자가 적극행정을 수행할 때 감사 및 징계를 면책해 주는 제도를 정착시켜야 한다. 감사원의 적극행정 감사면책은 감사소명 제도의 일부로서 공직자가 공익을 위하여 업무를 적극적으로 이행한 경우, 고의나 중대과실이 없는 경우 한해 책임을 면책해 주는 제도이다. 실제 감사원은 2009년 부터 2019년 12월까지 총 191건을 적극행정 사유로 면책하였으며, 이 중에서 136건은 감사원 직권으로, 55건은 감사를 받는 공직자 등으로부터 적극행정 면책 신청을 받아 검토 후 면책하였다(감사원, 2020). 또한 인사혁신처의 적극행정 징계 면책은 국가이익이나 국민생활에 큰 피해가 예견되는 경우 이를 예방하기 위하여 정책을 적극적으로 수립하고 집행하는 공직자의 적극행정에 대해 징계를 면제해 주는 제도이다.[6] 이러한 제도의 정착·확산이 필요하다는 것이다. 또한 공직자가 적극행정을 달성하였을 경우 특별승진, 승급, 포상 등 인센티브를 보장해 주고, 소극행정 시 법령규정에 따라 엄격하게 처벌하는 신상필벌(信賞必罰)의 원칙을 준수할 필요가 있다.

둘째, 조직 내 적극행정 문화를 양성할 필요가 있다. 우선 기관장을 중심으로 적극행정문화를 배양하여 조직구성원들이 이를 공유함으로써 적극행정을 추구할 수 있도록 하여야 한다. 이를 위해서는 기관장의 리더십 개선이 필요하다. 김호균(2019)에 따르면 변혁적 리더십(transformational leadership), 서번트 리더십(servant

---

방안을 신속하게 제시하기 위해 구성되며, 각 기관별로 위원(위원장 1명 포함 9명 이상 45명 이하 인원 구성) 절반 이상을 민간위원으로 구성하여 국민의 눈높이에서 바라보고, 의사결정 과정의 투명성과 전문성 등을 제고하는 것이다.

6) 그 외에도 적극행정 소송지원제도가 있다.

leadership), 적응적 리더십(adaptive leadership) 등이 적극행정 조직문화 형성에 기여할 수 있다고 한다. 이러한 리더십을 통해 공직자들의 창의적이고 유기적인 대응능력이 향상될 수 있으며, 이를 바탕으로 적극행정이 달성될 수 있다는 것이다. 리더십의 개선뿐만 아니라 직무 및 업무처리와 관련한 조직문화도 개선될 필요가 있다. 공직자의 업무 전문성을 증진시키고, 업무지침을 명확하게 제시하여 불명확성을 줄일 필요가 있다. 또한 공직자의 업무부담도 완화될 필요가 있다. 집행조직기관 내 부서 간 협조를 증진시키는 등 업무관련 조직문화도 적극행정 문화로 개선될 때 적극행정의 실현은 더욱 가시화될 수 있을 것이다.

셋째, 무엇보다도 적극행정을 위한 공직자의 인식개선이 우선되어야 할 것이다. 적극행정을 위한 제도적 기반과 조직문화가 갖추어진다고 하더라도 공직자의 인식개선이 이루어지지 않는다면 적극행정은 결코 성공을 거둘 수 없을 것이다. 국민에게 더 좋은 행정서비스를 제공하고 국민에게 봉사하려는 공직자의 인식변화가 없이 적극행정은 달성되기 어렵다. 적극행정이 모든 정권에서의 일회성 이벤트가 되지 않기 위해서는 공직자의 인식개선이 우선되어야 한다. 공직자가 단순히 보상만 바라고, 혹은 처벌을 피할 목적으로 적극행정을 실시한다면 적극행정은 성공을 거둘 수 없을 것이다. 공직자의 인식개선을 위해서는 국민과 끊임없이 소통하면서 국민의 참여를 장려하는 방향으로 적극행정을 시행할 필요가 있을 것이다.

3 공직윤리

1) 공직윤리란?

공직윤리 또는 행정윤리가 행정학 분야에서 독립적인 연구 분야로 자리매김한 시기는 1970년대 이후이다(Cooper, 2004). 공직윤리는 "유일하게 합법적으로 공권력을 행사하는 공직자에게 요구되는 직업윤리(professional ethics)이며, 국민 전체에 대한 봉사자로서 공무원이 행정업무를 수행할 때 공적 목적을 달성하기 위해 준수해야 할 행동규범, 윤리규범"으로 정의된다(임성근·이건, 2015: 3). 공직윤리는

"공직자가 대외적으로 이행하는 책임이 아닌 개인의 양심 및 의무감을 통하여 내재적이고 주관적으로 책임성을 증진시키는 것"이다(박흥식, 2016: 342). 이처럼 공직윤리는 공직자의 직업윤리에서부터 공직문화까지 포함하는 포괄적 의미를 지닌다(임성근·이건, 2015).

공직윤리는 행정윤리, 행정책임(통제), 공직(관료)부패 개념과 관련성이 높다. 행정윤리는 "행정행위 및 주체에 관한 윤리적 규범과 윤리적 판단"을 의미하며(김호섭, 2019: 25), 행정책임(통제)은 "일정 행위를 행위자에게 연계하고 일련의 가치판단을 행위 및 행위자에게 동시에 적용하는 상호적 개념"으로서 객관적(합리적) 책임과 주관적(도덕적) 책임으로 분류된다(김호섭, 2019: 119; 박흥식, 2016).[7] 또한 공직(관료)부패는 "사회적 여망이나 공식화된 규범에서 일탈하여 금전 등의 사적 이익을 위해 공적 책무를 악용하는 일체의 비윤리적·불법적 행위"를 의미한다(김호섭, 2019: 209). 이와 같이 공직윤리는 행정윤리, 행정책임(통제), 공직(관료)부패 의미와 유사성이 높지만 차별성도 지닌다. 즉, 공직윤리는 외면적·강제적 접근과 구별될 수 있는 내면적·규범적 가치를 연구하는 윤리학의 응용학문적 특징을 지니는 것이다(박흥식, 2016: 342). 따라서 공직윤리는 공직자가 지켜야 할 행정윤리

표 13.4 공직윤리 관련 용어 개념

분야	개념
공직윤리	유일하게 합법적으로 공권력을 행사하는 공직자에게 요구되는 직업윤리(professional ethics)이며, 국민 전체에 대한 봉사자로서 공무원이 행정 업무를 수행할 때 공적 목적을 달성하기 위해 준수해야 할 행동규범, 윤리규범
행정윤리	행정행위 및 주체에 관한 윤리적 규범과 윤리적 판단
행정책임(통제)	일정 행위를 행위자에게 연계하고 일련의 가치판단을 행위 및 행위자에게 동시에 적용하는 상호적 개념
공직(관료)부패	사회적 여망이나 공식화된 규범에서 일탈하여 금전 등의 사적 이익을 위해 공적 책무를 악용하는 일체의 비윤리적·불법적 행위

출처: 박흥식(2016), 김호섭(2019) 내용을 기반으로 구성.

---

7) 객관적(합리적) 책임성은 소극적·강제적·법적 특성이 강하며, 주관적(도덕적) 책임성은 적극적·자율적·윤리적 특성이 강하다(박흥식, 2016).

이자 규범이며, 객관적(합리적) 책임보다 주관적(도덕적) 책임과 연관성이 높다고 할 수 있다. 이러한 공직윤리를 위반할 때 적극행정이 저해되고 공직(관료) 부패가 발생한다고 할 수 있다.

공직윤리는 공직자 개인에 대한 적극적이며, 자율적이고, 윤리적인 접근을 토대로 이루어진다(박흥식, 2016). 공직윤리는 객관적 책임성보다는 주관적 책임성과 관련성이 높다. 법이나 계층적 상급자에 대한 엄격한 책임성을 의미하는 객관적(합리적) 책임성보다 개인이 도덕적 책임의 주체가 되는 주관적(도덕적) 책임성이 공직윤리 실현의 주요 기반이 된다는 것이다.[8] 이러한 주관적(도덕적) 책임성은 관료 스스로의 내면화 동기, 직업윤리, 전문지식과 양심, 재량적 판단을 우선하는 내적 책임성(통제)과 같은 맥락이라고 할 수 있다(Friedrich, 1940). 특히 관료의 주관적(도덕적) 책임성은 관료들의 사회발전에 대한 능동적인 참여를 기반으로 이루어지고, 관료 스스로의 욕구, 자존심, 의도에 의해서 자발적으로 이루어진다(Stewart, 1984). 이처럼 주관적(도덕적) 책임성을 기반으로 한 공직윤리에 의하면 공직자 스스로가 공익을 실현시키는 능동적인 존재이며, 공직자는 국민의 의견에 기계적이고 수동적으로 반응하는 존재가 아니라 적극적이고 능동적으로 대응하는 존재이며, 독립적인 의사결정자라고 할 수 있는 것이다. 이러한 공직윤리의 특징을 고려할 때 공직윤리는 공직자가 적극행정을 달성하기 위해 반드시 갖추어야 할 전제 조건이라고도 할 수 있다. 그렇다면 공직윤리를 저해하는 원인은 무엇일까?

2) 공직윤리 저해 원인

앞에서 살펴보았듯이 공직윤리는 공직자가 공적업무 달성을 위해 준수해야 할 직업윤리, 행동규범, 윤리규범이라고 정의할 수 있지만 현실에서는 공직윤리를 철저히 준수하기가 쉽지 않다. 이처럼 공직윤리의 정착이 어려운 이유는 공직윤리가 지니는 근본적인 특성 때문일 것이다(이하 김홍회, 2020: 69; Cooper, 2004). 공직사회에서 공직윤리가 성공적으로 정착되지 못하는 이유는 공직윤리 자체의 모호함과 복잡성에 기인하며, 공직윤리의 지성과 역량이 부족한 탓도 있다. 또한 관료의

---

[8] 이러한 의미에서 객관적(합리적) 책임성은 책임의 주된 근원을 법과 계층 내 상급자 등 행위자의 '밖'에서 존재하는 것으로 인식하며, 이에 따라 관료들은 자신들의 행위에 대한 책임과 비난을 타인으로 전가하는 특징을 지닌다(김호섭, 2019: 126).

효율적인 통제를 위해 내적통제보다는 외적통제만을 강조해왔으며, 개인의 자율적 책임보다는 구조와 체제의 논리를 우선시한 경향이 있다.[9] 뿐만 아니라 규칙 중심의 계층제는 개인의 자율성을 보장하기 어려우며, 효율성을 강조한 관료제는 행정의 윤리성을 약화시키는 측면이 있다.

　　보다 구체적으로 공직윤리 자체의 모호성, 복잡성, 관료제의 특징 등으로 인해 공직윤리 실현이 어려울 뿐만 아니라, 개인적 요인·조직적 요인·문화적 요인 등의 관점에서 공직자의 직업윤리가 저해될 수 있다. Wittmer(2005)의 윤리적 의사결정 모형을 재구성한 김호섭(2019)에 의하면 공직자의 비윤리적 행위가 발생하는 원인은 다음과 같다(이하 김호섭, 2019: 214). 첫째, 개인적 측면에서 공직자들은 도덕적으로 문제가 있는 사고(태도)를 지니며, 윤리적 이슈에 무감각하고, 특별히 잘못된 것이 없거나 잘못된 것으로 규정되지 않는 한 문제가 없다고 인식하는 경향이 있다. 또한 자신의 행위가 공직자인 본인과 조직에 이익이 된다고 인식하며, 자신의 행위가 결코 밝혀지지 않을 것이라는 신념을 지니고, 자신의 비행이 조직을 위한 것이기 때문에 조직은 자신의 비윤리적 행위를 묵인해줄 것이라고 인식하는 경향이 있다. 이로 인해 공직자의 비윤리적 행위가 발생하는 것이다. 둘째, 조직·문화적 측면에서 공직윤리를 저해하는 원인은 조직목표를 달성하기 위하여 개별 구성원들의 윤리기준을 포기하도록 강요하는 조직문화, 관료주의 타성으로 비윤리적 행위 재발방지에 노력하지 않는 조직문화, 관료조직의 능률성에 대한 지나친 강조, 개인의 조직에 대한 지나친 충성, 전체보다는 부분을 강조하는 관료제의 분업구조, 규칙 자체가 국민을 위한 봉사보다는 조직 내 특정집단 또는 조직 자체를 위해 구성된 점 등이다. 또한 비리를 합리화하는 문화(합법적 비리가 편재)가 존재할 때, 조직 및 구성원들의 비리에 대해 언행이 일치하지 않는 문화(예: 상관의 지시와 행동이 일치하지 않거나, 조직의 대외적 발표와 조직 내부 실체가 일치하지 않을 때)가 형성될 때 공직윤리가 저해될 가능성이 높다.

---

9) 특히 Thompson(1985)의 '구조 윤리(the ethic of structure)'에 의하면 정부정책의 책임은 개인보다 구조에 기인하기 때문에 이에 대한 책임 역시 개인이 아니라 조직으로 전가되어 개인의 책임의식은 더욱 낮아질 수밖에 없다.

표 13.5 공직윤리의 저해원인

		비윤리적 행위 발생 상황
개인적 측면	− 비규범적 인식/지식 − 비윤리적 태도	− 도덕적으로 문제가 있는 사고(태도) − 윤리적 이슈에 무감각 − 특별히 잘못된 것이 없거나 잘못된 것으로 규정되지 않는 한 문제가 없다고 인식 − 자신의 행위가 공직자 본인과 조직에 이익이 된다는 인식 − 비윤리적 행위가 결코 밝혀지지 않을 것이라는 신념 − 조직은 자신의 비윤리적 행위를 묵인해줄 것이라고 인식
조직·문화적 측면	윤리에 반하는 관료주의 조직·문화 존재	− 조직목표를 위해 개인의 윤리기준을 포기하도록 강요하는 조직문화 − 비윤리적 행위 재발방지에 노력하지 않는 조직문화 − 관료조직의 능률성 강조 − 조직에 대한 지나친 충성 − 전체보다는 부분을 강조하는 관료제의 분업구조 − 국민보다 조직 내 특정집단(조직자체)을 위해 규칙운영 − 비리를 합리화하는 문화 − 조직 및 구성원들이 비리에 대해 언행이 일치하지 않는 문화

출처: 김호섭(2019), Wittmer(2005) 내용을 기반으로 구성.

3) 공직윤리 개선 방안

공직윤리는 공직자의 직업윤리, 윤리규범, 행동규범으로서 공직자 스스로의 자율적인 규제가 우선되어야 하지만 공직자 개인만의 노력으로 달성될 수 있는 것은 아니다. 공직윤리를 달성하기 위해서는 <표 13.6>과 같이 공직윤리와 관련된 법체제 마련과 함께 효과적인 윤리프로그램 운영 및 공직자에 대한 윤리교육이 이루어질 필요가 있다. 특히 최근 한국에서 공직자의 비리나 스캔들의 주요 핵심이 되는 이익충돌(conflict of interest)에 대한 보다 엄격한 통제방안이 마련되어야 한다.[10] 이러한 공직윤리가 전제되지 않고는 국민들에게 신뢰받는 공직사회가

---

10) 이익충돌은 "공직자가 자신의 공적 의무와 책임을 수행하는 데 부당하게 영향을 미칠 수 있는 사익을 소유하여 공적 의무와 사익 간의 충돌이 발생하는 상황"이라고 정의할 수 있다(김호섭, 2019: 238).

달성될 수 없을 것이고, 국민의 신뢰가 바탕이 되지 않을 때 공직사회의 적극행정은 불가능해질 것이다.[11][12][13]

표 13.6 공직윤리 증진방안

		구체적 방안
직접적 방안	법제도화	– 행동(윤리)강령 제도화: 「공무원 행동강령」, 「공직자윤리법」, 「부패방지 및 국민권익위원회의 설치 및 운영에 관한 법률」, 「국가공무원법」, 「부정청탁 및 금품 등 수수의 금지에 관한 법률」 * 이익충돌 규제, 내부고발, 퇴직 후 취업제한, 재산공개 등에 관한 개혁적 윤리방안 마련 필요
	윤리프로그램 운영	– 윤리지침 개발, 윤리교육 실시, 윤리상담 제공, 비리보고(신고) 통로(절차) 마련, 비윤리적 행위에 대한 상벌체계 확립
간접적 방안	공직자 행동	– 능동적 방안: 윤리적 행위를 장려, 윤리가 지닌 정신적 측면 강조, 사고의 변화가 주된 목표 – 수동적 방안: 비윤리적 행위 통제, 행위 자체의 통제

출처: 김호섭(2019) 내용 재구성.

---

11) 우선 법제도적 장치로 「공무원 행동강령」은 공무원의 윤리강령으로서 이는 「부패방지 및 국민권익위원회의 설치와 운영에 관한 법률」 제8조에 따라 공무원이 준수하여야 할 행동기준을 규정하는 것을 목적으로 설립되었다. 구체적인 공무원 행동강령으로 제2장 공정한 직무수행에서는 ① 공정한 직무수행을 해치는 지시에 대한 처리, ② 사적 이해관계의 신고 등, ③ 고위공직자의 민간 분야 업무활동 내역 제출, ④ 직무 관련 영리행위 등 금지, ⑤ 가족 채용 제한, ⑥ 수의계약 체결 제한, ⑦ 퇴직자 사적 접촉의 신고, ⑧ 특혜의 배제, ⑨ 예산의 목적 외 사용 금지, ⑩ 정치인 등의 부당한 요구에 대한 처리, ⑪ 인사 청탁 등의 금지 등이 있다. 또한 제3장 부당이득의 수수 금지 등에서는 ① 이권 개입 등의 금지, ② 직위의 사적 이용 금지, ③ 알선·청탁 등의 금지, ④ 직무 관련 정보를 이용한 거래 등의 제한, ⑤ 공용물의 사적 사용·수익의 금지, ⑥ 사적 노무 요구 금지, ⑦ 직무권한 등을 행사한 부당 행위의 금지, ⑧ 금품등의 수수 금지, ⑨ 감독기관의 부당한 요구 금지를 포함한다. 제4장 건전한 공직풍토의 조성에서는 ① 외부강의등의 사례금 수수 제한, ② 직무관련자 거래 신고, ③ 경조사의 통지 제한 등이 있다.
12) 「공직자윤리법」의 목적은 "공직자 및 공직후보자의 재산등록, 등록재산 공개 및 재산형성과정 소명과 공직을 이용한 재산취득의 규제, 공직자의 선물신고 및 주식백지신탁, 퇴직공직자의 취업제한 및 행위제한 등을 규정함으로써 공직자의 부정한 재산 증식을 방지하고, 공무집행의 공정성을 확보하는 등 공익과 사익의 이해충돌을 방지하여 국민에 대한 봉사자로서 가져야 할 공직자의 윤리를 확립함"이다.
13) 「부정청탁 및 금품 등 수수의 금지에 관한 법률」의 목적은 "공직자 등에 대한 부정청탁 및 공직자 등의 금품 등의 수수(收受)를 금지함으로써 공직자 등의 공정한 직무수행을 보장하고 공공기관에 대한 국민의 신뢰를 확보하는 것"이다.

4 갈등관리

1) 갈등이란?

갈등(葛藤)은 '葛(칡)'과 '藤(등나무)'을 의미하는 한자의 합성어로서 칡덩굴과 등나무덩굴이 뒤엉킨 복잡한 상태를 나타내며, 영어의 'conflict' 역시 라틴어인 'con(together)'과 'fligere(strike, 충돌)'의 의미가 합해진 'confligere'의 의미를 지닌다(천대윤, 2005). 이처럼 갈등은 "한 개인이 그가 소중히 여기는 어떤 것에 대해 다른 사람이 부정적인 영향을 미쳤거나 미칠 것이라 인식할 때 시작되는 과정"이라 할 수 있다(Robbins & Judge, 2014: 530). 그러나 갈등은 개인 간에만 발생하는 것이 아니라 집단 또는 조직 차원에서도 발생할 수 있다. 따라서 갈등은 "행동 주체 간의 대립적 내지 적대적 상호작용으로서 A라는 행위 주체가 목표를 달성하고 자신의 이익을 증가시키려는 행위를 B라는 행위 주체가 방해를 함으로써 의도적으로 좌절시키려고 힘쓰는 과정"이라고 정의할 수 있다(김병섭 외, 2009: 275-276).

이러한 갈등은 경쟁(competition), 협력(cooperation), 분쟁(dispute), 딜레마(dilemma) 등의 용어와 유사하게 사용되기도 하지만 그 의미에는 차이가 있다(이하 김병섭 외, 2009: 277-279; Daft, 2016: 566). 경쟁은 공동의 목표를 두고 집단 간에 대항하는 것을 의미하지만, 갈등은 목표달성을 직접 차단하는 것이다. 즉, 경쟁은 두 주체 간 잠재적 입장이 양립될 수 없음을 의미하기에 경쟁이 갈등의 상위개념이라고 할 수 있다. 협력은 갈등과 반대되는 의미로 사용될 수 있으나 갈등이 없다고 해서 반드시 협력하는 것이 아니기에 갈등과 협력은 반드시 대립적인 의미를 나타내는 것이 아니며 병존할 수도 있다. 분쟁은 갈등이 표면적으로 나타나는 것으로서 표면적 갈등이라고 할 수 있다. 딜레마는 양립된 상황에서 다양한 선택들 중 반드시 선택해야 하는 상황을 의미하지만, 갈등은 선택을 전제로 하지 않으며 단지 서로 양립할 수 없는 목표나 가치가 존재하는 것을 의미한다.

갈등은 갈등의 주체 및 영역에 따라 개인갈등, 집단 및 조직갈등, 공공갈등으로 분류할 수 있다(이하 한국행정학회 행정학전자사전특별위원회, 2020: 8). 개인갈등은 개인의 의사결정 과정에서 발생하는 갈등이며, 조직(집단)갈등은 집단 및 조직이 겪는 갈등으로서 조직(집단) 내부적으로 겪는 조직(집단) 내 갈등과 조직(집단) 사이에 겪는 조직(집단) 간 갈등으로 분류할 수 있다. 특히 조직(집단) 간 갈등은 부서 간에 발생하는 수평적 갈등과 계층 간에 발생하는 수직적 갈등으로 구분할 수 있다(Daft, 2016: 566). 마지막으로 공공갈등은 「공공기관의 갈등 예방과 해결에 관한 규정」 제2조에 의하면 "공공정책(법령의 제정·개정, 각종 사업계획의 수립·추진을 포함)을 수립하거나 추진하는 과정에서 발생하는 이해관계의 충돌"을 의미한다(국가법령정보센터, 2021). 특히 공공갈등은 공공영역에서 발생하는 갈등의 정도로서, 권력 분권화, 빈곤, 경제 등 다양한 사회문제로 인하여 공공부문에서 발생하는 갈등이라고 할 수 있다(Lan, 1997).

갈등의 주체 및 영역에 따라 개인갈등, 조직(집단)갈등, 공공갈등으로 분류할 수 있지만 현실적으로는 갈등의 유형을 명확하게 구분하기는 어렵다. 정부부처가 주요 정책을 결정하고 집행할 때 조직구성원들 간 갈등이 발생할 수 있으며, 정부부처 내 하위 집단인 局과 課 단위 간 갈등이 발생할 수 있다. 또한 타 부처와의 갈등도 발생할 수 있다. 뿐만 아니라 정부부처가 정책을 수립하고 집행하는 과정에서 정책대상집단의 반대로 인한 공공갈등 또한 발생할 수 있다. 이와 같이 정부조직 내에 개인갈등, 조직(집단)갈등, 공공갈등 모두가 발생할 수 있는 것이다.[14]

2) 갈등발생 원인

일반적으로 갈등은 일방의 목표추구 시 상대방의 목표 달성을 위협하며, 당사자 간에 적대감이 존재하고, 상호 간 게임의 룰이나 규칙이 존재하지 않거나 명확하지 않은 경우에 발생한다. 즉, 갈등은 목표차원에서 서로 양립할 수 없는 두 가지 이상의 목표가 존재할 때 발생하며, 특히 하나의 목표추구가 다른 목표의 희생을 전제로 할 때 발생하게 된다(김병섭 외, 2009). 대부분의 경우 갈등이 발생하는 원인은 양립 불가능한 목표들 간 상충, 가치·인식·신념 등의 불일치, 희소자원의 상호경쟁, 이해관계의 충돌, 갈등관련 법·제도·절차의 미비, 시민사회 미성숙과 참여구조 미비 등이라 할 수 있다(임동진, 2011: 30).

보다 구체적으로 정부조직, 공공조직 내 갈등이 발생하는 원인은 앞에서 논의

---

14) 특히 조직 내 갈등은 갈등 발생의 원인과 관련하여 업무갈등(task conflict), 관계갈등(relat‐ionship conflict), 과정갈등(process conflict)으로도 분류할 수 있다(Robbins & Judge, 2014: 532). 업무갈등은 직무갈등이라 할 수 있으며 업무 내용과 목표에 관한 갈등이다. 관계갈등은 구성원들 간에 의견충돌이 발생하고 관계가 좋지 않은 경우에 발생하며, 과정갈등은 업무처리 과정에서 발생할 수 있는 갈등이다.

한 조직구성원 간 개인갈등, 조직(집단) 내부의 갈등과 조직(집단) 간 갈등, 공공정책 수행 시 발생하는 공공갈등과 관련이 있다. 조직구성원 간 개인갈등의 원인은 개인 내 갈등(intrapersonal conflict)과 개인 간 갈등(interpersonal conflict)으로 구분할 수 있다(이하 조경호 외, 2014: 225-226). 개인 내 갈등은 서로 양립할 수 없는 기대나 목표로 인해 발생하는 실제적 또는 인식적 압력이 존재할 때 구성원 개인의 내면에서 발생하는 갈등이다. 예를 들어, 두 가지 이상의 긍정적 대안들 중에서 선택해야 하는 의사결정 상황이든지, 두 가지 이상의 부정적 대안들 중에서 그나마 덜 부정적인 것을 선택해야 하는 의사결정 상황에서 주로 경험하게 된다. 반면에 개인 간 갈등은 서로 대립하는 개인들 간의 갈등을 의미하는 것으로서, 이는 실재적 또는 잠재적 갈등이라고 할 수 있다.

다음으로 조직(집단) 갈등은 다양한 원인에 의해서 발생한다. 예를 들어, 목표의 불일치성, 조직 내 분화, 자원의 제약, 업무 간 상호의존성 등에 의해서 조직(집단) 간 갈등이 발생할 수 있다(이하 Daft, 2016: 567-569). 첫째, 한 부서의 목표 달성이 다른 부서의 목표와 서로 충돌하는 경우 갈등이 발생할 수 있다. 이는 각 부서가 서로 다른 달성가치를 지닐 때 자주 발생한다. 정부부처의 경우 개발을 지향하는 국토교통부와 환경보존을 지향하는 환경부는 각 부처의 목표차이로 인하여 갈등을 겪을 수 있다. 둘째, 조직 내 분화로 인하여 각 부서나 부문별로 서로 상이한 가치관이 발생하고, 이와 관련하여 구성원들의 태도나 행동기준의 차이가 발생하며 구성원들 간 하위문화가 상이하게 형성되기 때문에 갈등이 발생할 수 있다. 셋째, 한 부서가 다른 부서의 자원 및 정보에 의존하는 업무의 상호의존성이 존재할 때 갈등이 발생할 수 있다. 특히 공동업무가 많은 정부부처 간 업무의 상호의존성은 중요한 갈등의 원인이 된다. 부서 간에 자원과 정보를 공유해야 하는 경우 부서 간 목표나 구성원들의 태도 차이로 인해 상호 간 조정이 불가피하여 합의 과정에서 갈등이 발생할 수 있는 것이다. 특히 업무의 상호의존성이 높은 경우 한 부서의 업무가 끝나고 다른 부서의 업무 마감을 기다려야 하는 상황에서 갈등은 더욱 고조된다. 넷째, 자원 제약 역시 조직 간 갈등의 중요 원인이 된다. 자원이 한정된 경우 각 부서들은 더 많은 자원 획득을 위해 심각한 경쟁을 하게 되고 이로 인해 갈등이 발생할 가능성이 높다. 특히 조직 내에서 예산과 인력 등의 자원 획득은 조직의 권력을 나타내는 중요한 지표가 되기 때문에 각 부서들은 더 많은 자원을 획득하는 과정에서 갈등을 겪게 된다.

공공갈등이 발생하는 원인은 정치적·경제적·사회적·구조적 요인에서 찾아볼 수 있다(이하 임동진, 2011: 32-33). 정치적 요인으로는 공공정책이 결정되는 과정에서 정치적 배경, 즉 정치적 상황 논리로 의사결정이 이루어지는 경우가 많아 공공갈등이 발생하게 된다. 대부분의 정치인들이 선거공약을 추진하는 과정에서 갈등이 발생한다. 경제적 요인도 중요한 공공갈등의 원인이 된다. 특히 경제제도나 경제적 상황이 공공갈등을 야기하기도 한다. 최근 코로나19에 따른 재난지원금 대상과 지원금액 선정에 대한 갈등상황도 이러한 측면에서 해석할 수 있다. 또한 사회적 요인으로 한국의 경우 1980년대 이후 급속한 민주화 운동의 확산으로 권위주의 정치체제가 완화되는 과정에서 사회구성원들의 적극적인 권익과 욕구 표출 과정에서 공공갈등이 발생하였다. 구조적 요인으로는 공공정책을 추진하는 과정에서 발생하는 이해관계의 불균형으로 인해 공공갈등이 발생하게 된다. 특히 공공정책 시행으로 다수가 편익을 공유하고 소수가 그에 대한 비용을 부담하는 구조로 인해 공공갈등이 더욱 심각해질 수 있다.

3) 갈등관리 방안

갈등은 발생 수준 및 관점에 따라 긍정적 기능과 부정적 기능을 동시에 가진다(이하 김병섭 외, 2009: 277; Robbins & Judge, 2014: 532). 갈등의 부정적 기능을 살펴보면 다음과 같다. 전통적인 견해에 따르면 조직 내 갈등이 존재할 때 개인과 조직의 성과는 감소될 수 있으며, 조직 내 구성원들의 만족도는 낮아진다. 특히 조직 내 심각한 갈등이 존재하면 조직은 협력 분위기와 팀워크를 상실하여 분열된 모습을 나타내기 쉽고 조직 내 갈등으로 인해 불필요한 에너지와 잠재적 능력을 소모하여 효율성이 감소될 수 있으며, 때로는 목표대치(goal displacement)가 발생하기도 한다. 또한 조직구성원들은 갈등으로 인한 스트레스로 조직생산성이 저하되며, 갈등으로 인한 편 가르기가 발생하여 구성원들 간 원활한 의사소통 달성이 어려워진다. 상호비방과 독재적 리더십이 등장할 가능성도 증가한다. 특히 갈등이 심화되면 구성원들 간 상호신뢰가 낮아져 개방성이 저해되고 폐쇄성이 증가할 가능성이 높아지며, 더 나아가 조직 내 비합리성, 폭력, 파괴 등 부정적 현상이 발생할 수 있다. 따라서 과도한 갈등은 <그림 13.2>와 같은 부정적인 조직

현상을 초래할 수 있다(Daft, 2016).

그림 13.2 과도한 갈등으로 인한 부정적 조직 현상

부정적 현상

의사소통 단절

성과와 생산성 저하

자원과 노력의 낭비

사기 저하

의지가 약화되고 나쁜 감정이 조직 내에 팽배

계획과 조정이 어려움

문제가 해결되지 않으며 프로세스 개선이 이루어지지 않음

고객과 이윤에 대한 초점 상실

분쟁과 부정적인 정치적 행동의 활용이 팽배해짐

직무 관련 스트레스와 긴장 증가

구성원들이 관리자들의 좋지 못한 행동을 보고 따라함

출처: Daft(2016: 572).

그러나 조직 내 갈등은 긍정적인 기능도 한다. 특히 사회가 급속도로 빠르게 변화하면서 다양한 이해관계자들의 의견을 상호 간에 적극적으로 수용하는 상호작용적 관점(interactional view of conflict)에 따를 때 갈등관리 방안에 따라 갈등은 조직에 부정적 요인보다는 긍정적 요인으로 작용할 수 있다는 것이다(Robbins & Judge, 2014). 보다 구체적으로 조직 내 갈등이 존재할 때 조직의 변화, 혁신, 창의적 행동을 유인할 수 있으며, 조직 내 변화가 발생하여 조직 내 균형과 견제가 이루어지면 민주적 리더십이 배양될 수 있다. 또한 갈등을 경험하면서 잠재적인 반대세력과 저항세력이 수면위로 드러남으로써 오히려 조직통합 달성에 도움이 될 수 있다(김병섭 외, 2009: 276). 특히 창의적이고 역동적인 조직변화를 이끌어 내기 위해서는 갈등이 필요하다. 정적이고 무기력한 조직보다 어느 정도의 갈등이 존재하는 조직에서 혁신과 발전이 이루어질 수 있다는 것이다(Robbins & Judge, 2014). 따라서 상호작용적 관점에서 갈등관리 방안을 제시할 수 있다.

우선 갈등관리(conflict management)는 "갈등이 수용한계를 벗어날 정도로 악화 내지는 확대되는 것을 막고 갈등이 유리한 결과를 실현하는 데 도움을 주는 구조 나 조건을 마련함으로써 갈등해소를 용이하게 해 주기 위한 과정"이라고 정의할 수 있다(한국행정학회 행정학전자사전특별위원회, 2020: 9 재인용). 즉 갈등관리는 "갈등을 예방하고 발생한 갈등을 해소시키거나 완화하는 등 갈등의 해결을 용이 하게 하며 갈등으로 부정적 효과를 최소화하고 갈등의 긍정적 효과를 최대화하려 는 일체의 활동"인 것이다(임동진, 2011: 25).

갈등의 원천에 따라 효과적인 갈등 해결방안을 제시할 수 있다.[15] 이와 관련 해 '합리적 모형(rational model)'과 '정치적 모형(political model)'을 제시할 수 있다 (이하 Daft, 2016: 570−571). 목표가 비교적 일치하며, 조직의 분화정도가 낮고, 부 서 간 업무 상호의존성이 낮아 독립적이며, 자원이 풍부한, 즉 갈등의 수준이 낮은 경우에는 합리적 모형을 적용하는 것이 적합하다. 반면 갈등의 수준이 높은 경우,

표 13.7 갈등의 원천과 합리적 모형/정치적 모형

집단 간 잠재적 갈등 원천		갈등이 낮은 수준일 경우: 합리적 모형		갈등이 높은 수준일 경우: 정치적 모형
‒ 목표의 불일치성 ‒ 조직의 분화 ‒ 업무의 상호의존성 ‒ 자원의 제약	→	전체적으로 일치	목표	불일치, 다원화
		집권화	권력과 통제	분권화, 세력집단 및 이익집단 유동적
		체계적, 논리적, 합리적	의사결정 과정	비체계적, 이해관계에 따라 교섭 및 절충
		효율성 규범	규칙과 규범	시장 상황에 따름: 갈등발생을 정당한 것으로 수용
		세부적, 체계적, 정확함	정보	정보가 모호하여 전략적으로 고려함

출처: Daft(2016: 571).

---

15) 효과적인 갈등관리 방안은 다양하게 제시될 수 있다. 예를 들어 간접적 방법과 직접적 방법이 있다(조경호 외, 2014: 227−228 재구성). 간접적 갈등관리 방안은 갈등 요인들을 자연스럽게 소멸시키는 것이다. 예를 들어 업무 상호의존성을 낮추는 방안이 제시될 수 있다. 이에 반해 직접적 갈등관리 방안은 상황에 따라 갈등방안을 직접적으로 관리하는 방안이다.

즉, 조직 간 목표, 이해관계, 가치의 차이가 크며, 조직의 분화수준이 높고, 업무의 상호의존성이 높으며, 자원이 충분하지 못하고 제약이 발생하는 경우에는 정치적 모형을 적용하는 것이 적합하다.

행정환경이 불확실해지고 복잡해지며 자원이 제약되는 현실에서는 난제 (wicked problem)가 증가하고 갈등의 수준은 높아질 것이다. 이러한 행정환경에서는 단일조직이 행정문제를 해결하기보다 다양한 조직들의 협력을 통해 행정문제를 해결하는 협력적 거버넌스(collaborative governance)가 필수적이다(Ansell & Gash, 2008). 이러한 행정현실을 고려할 때 현실적으로 합리적 모형보다는 정치적 모형 적용이 갈등해결에 더욱 적합해 보일 수 있다. 갈등을 최소화하고 협력을 증진시킬 수 있는 갈등관리 방안을 고려할 필요가 있다는 것이다. 특히 상호작용적 관점에 의하면 갈등은 항상 부정적 기능만 하는 것이 아니라 긍정적 기능도 하기 때문에 적절한 갈등관리가 필수적이다. 뿐만 아니라 현실적으로 대부분의 조직은 어느 정도의 갈등을 내포하기에 갈등을 완전히 제거하려는 방안을 모색하는 것은 적절하지 못하다. 따라서 <표 13.8>과 같은 갈등관리기법을 통해 갈등을 최소화하고 갈등을 통해 조직성과를 증진시킬 수 있는 방안을 마련할 필요가 있다. 특히 효과적인 공공갈등관리를 위해서는 국민들의 적극적인 참여를 활성화시키는 방안을 고려할 필요가 있다. 공공정책 결정 시 공론화 등 참여적 의사결정 방안을 적극 활용하여 대표성(민주성)과 합리성 모두를 증진시킬 때 효과적인 갈등관리가 가능할 수 있을 것이다.16)

---

16) 정부의 효과적인 사후적 갈등관리도 중요하지만 예방적·사전적 갈등관리 방안을 적극 활용할 필요가 있다. 특히 효과적인 갈등영향분석이 필수적으로 이루어져야 한다. 「공공기관의 갈등 예방과 해결에 관한 규정」 제10조1항에 의하면 중앙행정기관의 장은 공공정책을 수립·시행·변경함에 있어서 국민생활에 중대하고 광범위한 영향을 주거나 국민의 이해 상충으로 인하여 과도한 사회적 비용이 발생할 우려가 있다고 판단되는 경우에는 해당 공공정책을 결정하기 전에 갈등영향분석을 실시할 수 있다(국가법령정보센터, 2021).

표 13.8   갈등관리기법

	갈등 해소 기법	
문제해결	– 허심탄회한 토론을 통해 문제점을 발견하고 직접 만나서 그에 대해 회의를 함	
상위목표	– 상대방의 협조 없이는 달성이 불가능한 공동의 목표를 정하는 것	
자원의 증대	– 자원(돈, 승진, 기회, 사무실 공간 등)의 희소성으로 인해 갈등이 발생할 때, 자원의 증대는 원－원 상황을 가져올 수 있음	
회피	– 갈등을 피하거나 갈등을 억누르는 것	
완화	– 갈등 당사자 사이의 차이점은 축소시키고 공통 관심사를 강조하는 것	
절충	– 갈등의 각 당사자가 무엇인가를 포기하는 것	
권위적 명령	– 관리자는 공식적인 권위를 갈등 해결에 사용하고 자기가 원하는 것을 갈등 당사자에게 알려줌	
인적 변수의 변화	– 갈등을 일으키는 태도와 행동을 바꾸기 위해 대인관계 훈련 같은 행동변화 기법을 사용하는 것	
구조적 변수의 변화	– 공식적 조직구조와 갈등 당사자의 상호작용 패턴을 직무 재설계, 이동, 조정 직위의 신설 등을 통해 변화하는 것	
	갈등 자극 기법	
대화	– 갈등 수준을 높이기 위해 모호하고 위협적인 메시지를 사용하는 것	
외부인의 유입	– 배경, 가치관, 태도 혹은 관리 스타일이 기존의 구성원과 다른 직원을 그룹에 투입하는 것	
조직의 구조조정	– 현상에 혼란을 주기 위해 작업 그룹의 재배치, 규칙과 규정의 수정, 상호의존성의 증가, 그와 비슷한 구조적 변화를 주는 것	
의도적 반대자(devil's advocate) 지정	– 그룹 대다수의 입장에 대해 반대하는 의견을 낼 사람을 임의적으로 지정하는 것	

출처: Robbins & Judge(2014: 540).

5 나가며

13장에서는 정부조직, 나아가 공공조직 전반에서 강조되고 있는 적극행정을 달성하기 위해 공직자의 공직윤리와 효과적인 갈등관리 방안이 마련될 필요가 있음을 언급하였다. 적극행정은 국민을 위해 봉사하고 공익을 추구해야 하는 공직자의 의무이다. 그럼에도 불구하고 개인적, 조직·제도적, 환경적 차원에서의 다양한 원인에 의해 공직자의 적극행정 실현이 난항을 겪고 있다. 최근 민주화·다원화로 인해 국민의 국정참여가 증가하면서 공직자의 적극행정이 더욱 필요함에도 불구하고 공직자의 적극행정 달성은 어렵기만 하다. 적극행정을 실현시키기 위해서는 공직자를 위한 적극적인 보호·지원 제도가 마련될 필요가 있지만 지나친 공직자 보호·지원 제도는 자칫 잘못하면 공직자의 과잉행위를 유발시켜 오히려 국민들의 생활에 부정적인 영향을 미칠 가능성이 높다.

따라서 국민을 위한 적극행정이 이루어지기 위해서는 공직자의 윤리적 행위, 즉 공직윤리가 선행되어야 한다. 적극행정은 공직자의 직업윤리, 행동규범인 공직윤리 일부로도 인식될 수 있기 때문이다. 더 나아가 공직자의 공직윤리가 전제되지 않는다면 공직자의 행위는 공직자 개인의 사익을 위해 사용될 가능성이 있으며, 이는 오히려 심각한 갈등을 유발할 수 있다. 이처럼 미래 적극행정을 위해서는 공직윤리 준수와 갈등관리가 반드시 이루어질 필요가 있는 것이다.

참고문헌

감사원. (2020). 사전컨설팅 및 적극행정면책 사례집.

국가법령정보센터. (2021). 「공공기관의 갈등 예방과 해결에 관한 규정」.

김난영. (2019). "감사기구와 적극행정: 17개 시·도 사전컨설팅 제도 운영 성과와 위험요인 분석". 한국행정학보, 53(3): 103−136.

김병섭·박광국·조경호. (2009). 「휴먼조직론」. 서울: 대영문화사.

김신복. (1994). "무사안일한 공직자의 판별척도 구성 연구". 한국의 관료론. 서울: 서울대학교 기념논문간행회. 199−222.

김윤권, (2020). 「공직자들의 적극행정 리더십 연구」. 서울: 한국행정연구원.

김중양. (2008). 「한국인사행정론」. 서울: 법문사.

김호균. (2019) "적극행정과 공공가치(public values)의 실현: 조직문화와 리더십이론을 중심으로". 한국인사행정학회보, 18(4): 257−271.

김홍회. (2020). "공직윤리 왜 어렵고 힘든가". 한국부패학회보, 25(1): 55−75.

박준·정동재. (2018). 「사회갈등지수와 갈등비용 추정」. 서울: 한국행정연구원.

박흥식. (2016). "한국 행정책임 연구 60년: 행정통제, 공직윤리, 공직부패를 중심으로". 한국행정학보, 50(5): 339−366.

박희정. (2016). "적극행정을 위한 지방자치단체 감사의 개선과제". 지방행정연구, 30(4): 25−52.

이종수·윤영진 외. (2011). 「새 행정학」. 서울: 대영문화사.

이종수. (2016). "'적극행정'의 활성화를 위한 쟁점과 방안 고찰". 지방행정연구, 30(4): 3−24.

인사혁신처. (2015). 「적극적인 공무원, 행복한 국민」. 서울: 인사혁신처.

인사혁신처. (2021). 적극행정·소극행정 정의.

임동진. (2011). 「중앙정부의 공공갈등관리 실태분석 및 효과적인 갈등관리 방안 연구」. 서울: 한국행정연구원.

임성근·이건. (2015). "우리나라 공직윤리 및 공직윤리제도에 관한 공무원과 국민 인식 비교 연구". 한국인사행정학보, 14(4): 1−23.

조경호 외. (2014). 「공공조직행태론」. 서울: 대영문화사.

천대윤. (2005). 「갈등관리와 협상전략론」. 서울: 선학사.

최무현. (2020). "적극행정의 개념적 다양성에 기반한 발전방향에 관한 연구". 한국인사행정학보, 18(4): 325−337.

한국행정학회 행정학전자사전특별위원회. (2020). 「행정학 용어사전」. 서울: 박영사.

Ansell, C., & Gash, A. (2008). Collaborative Governance in Theory. *Journal of Public Administration Research and Theory*, 18(4): 543-571.

Bowman, J. S. (1990). Ethics in Government: A National Survey of Public Administrators. *Public Administration Review*, 50(3): 345−353.

Cooper, T. L. (2004). Big Questions in Administrative Ethics: A Need for Focused, Collaborative Effort. *Public Administration Review*, 64(4): 395−407.

Daft, R. L. (2016). *Organizational Theory & Design*(12th ed), MA: South-Western Cengage Learning.

Friedrich, C. J. (1940). Public Policy and the Nature of Administrative Responsibility. In W. L. Richter & F. Burke (Eds.) *Combating Corruption, Encouraging Ethics*, (pp. 35−37). New York, NY: Rowman and Littlefield Publishers, Inc.

Hood, C. (2007). What Happens When Transparency Meets Blame−Avoidance? *Public Management Review*, 9(2): 191−210.

Lan, Z. (1997). A Conflict Resolution Approach to Public Administration. *Public Administration Review*, 57(1): 27−35.

Robbins, S. P., & Judge T. A.(2014). *Organizational Behavior*(14th ed). UK: Pearson.

Stewart, D. W. (1984). Managing Competing Claims: An Ethical Framework for Human Resource Decision Making. *Public Administration Review*, 44(1): 1−23.

Thompson, D. F. (1985). The Possibility of Administrative Ethics. *Public Administration Review*, 45(5): 555−561.

Wittmer, D. P. (2005). Developing a Behavioral Model for Ethical Decision Making in Organization: Conceptual and Empirical Research. In H. G. Frederickson & R. K. Ghere (Eds.) *Ethics in Public Management*, (pp. 49−69). Armonk, NY: M. E.. Sharpe.

제14장

공공 조직의 다양성 관리

최성주

- 다양성과 대표관료제의 개념 정의에는 어떤 속성들이 들어있는가?
- 한국 사회내 다양성 요인과 현황은 어떠한가?
- 효과적인 조직 내 다양성 관리전략은 무엇인가?

공공 조직의 다양성 관리

1 들어가며

국가 간 인구이동의 가속화, 여성의 사회참여 증가, 그리고 사회적 약자에 대한 정의가 강조됨에 따라 사회와 조직 내 인적 다양성과 대표성, 그리고 사회적 형평성에 대한 논의가 활발해졌다. 특히 사회 내 다양한 집단들의 이해와 가치를 공공정책에 공평하게 반영하고 공익과 사회정의를 실현해야 할 정부 조직의 인적 구성의 다양성과 대표성 확보는 필수적이라 할 수 있다. 그럼에도 한국 정부의 인적 구성의 다양성과 대표성에 대한 논의의 역사는 길지 않다. 여성과 장애인, 지역인재, 이공계 전공자, 사회통합인재 등 공공조직 내 다양한 사회적 집단의 구성원들을 대표성 있게 확보하려는 정책적 노력이 시작되었다. 또 최근에는 탈북자, 결혼이주자 및 외국인 노동자 유입 증가와 그로 인한 인종적, 문화적 다양성에 대한 관심이 높아지고 있다. 이렇듯 한국 사회 내 다양성이 증가하면서 정부는 공공 조직 내 인적 구성의 다양성과 대표성을 확보하는 한편, 사회적 약자집단의 구성원들이 경험하는 불평등을 해소하고 다양성을 효과적으로 관리하여 종국적으로는 사회적 통합을 달성하기 위한 정책 수립과 집행에 노력을 기울이고 있다.

한국은 역사적으로 민족적, 문화적 단일성을 유지해 온 국가로서 조직 내 인적 다양성과 대표성을 높이고 효과적으로 관리하는 데 필요한 제도적, 법적, 문화적 장치가 미흡한 것이 사실이다. 반면, 다민족과 인종으로 구성된 미국은 사회와 조직 내 인구통계학적 다양성에 대한 논의의 역사가 길고, 사회집단 간 갈등을 해소하고 사회적 형평성 및 대표성을 확보하기 위한 다양한 제도적, 법적 장치를 마련하였다. 소수민족과 유색인종(people of color), 여성, 장애인, 성소수자 등 사회적 약자(social minorities)에 대한 차별을 철폐하려는 적극적 우대조치(affirmative action)와 평등한 고용기회를 보장하는 고용평등정책(equal opportunity employment) 등 법적, 제도적 보호조치와 함께, 1980년대 이후 조직의 성과에 기여하는 다양성의 순기능에 초점을 두는 신공공관리론적 관점에 대해 관심이 높아지고 있다(최성주 외, 2018; Tsui and Gutek, 1999; Wise and Tschirhart, 2000).

14장은 한국 공공조직 내 다양성과 대표성 현황을 분석하고 효과적인 인적 다양성 관리를 위한 정책 방향을 제시하는 것을 목적으로 한다. 한국 정부는 2000년대 초반 이후 「국가공무원법」 개정 및 균형인사지침을 마련하여 공공조직 내 인력의 대표성과 다양성을 제고하기 위한 정책적 노력을 경주해왔다. 현재는 균형인사정책의 효과성을 점검하고 급변하는 행정환경에 대비한 정책방향을 재조정하려는 노력이 중요한 시점이다. 먼저, 조직 내 다양성과 대표성에 대한 이론적 논의를 소개하고 최근 국내·외 관련 연구의 동향을 분석한다. 다음으로, 공공조직을 중심으로 조직 내 인적 구성의 다양성과 대표성의 현황 및 관련 정책을 분석하고 향후 한국의 다양성 정책의 방향 및 다양성 관리전략에 대해 논의한다.

2 이론적 배경

1) 다양성의 정의

공공관리에서 다양성을 조망하는 관점은 크게 두 가지가 있다(Choi, 2011). 관료조직의 민주적 대응성과 책임성을 강조하는 대표성 관점과 조직 내 인적 구성의 다양성이 가져오는 효과에 초점을 두는 다양성 관점이다. 공공관리에서 관료조직의 대표성에 대한 논의가 보다 활발하게 이루어졌으며, 다양성과 그 효과성에 대한 논의는 상대적으로 최근 주목을 받기 시작했다.

대표성은 정부 관료제의 국민 대표성, 즉 대표관료제와 관련하여 주로 논의되었다(최무현, 2001). 대표관료제는 Kingsley(1944)의 영국 관료제 연구에서 처음 소개된 개념으로 사회의 주요 인적 구성을 반영하게끔 관료조직을 구성하는 제도이다(강성철, 1996; Selden, 1997). 대표관료제는 관료들이 출신 집단의 가치와 이해를 공공정책에 반영할 것이라고 가정하고 관료조직 내 사회의 다양한 집단을 균형있게 대표함으로써 국민에 대한 민주적 대응성과 책임성 제고를 목적으로 한다. 관료조직의 인적 구성을 사회 전체의 인구 구성적 특성과 가치를 반영하도록 하는 것이 '소극적 대표성(passive representation)'이라면, 관료들이 출신 집단의 이익을 대변하기 위해 적극적으로 행동하는 것을 '적극적 대표성(active representation)'이라 한다(강성철, 1996; Mosher, 1982, p. 15). 소극적 대표성을 통해 적극적 대표성이 실현될 때 대표관료제의 목적이 달성된 것으로 본다.

사회과학적 관점에서 다양성은 개인 간 차이나 집단 구성원 사이의 차이, 즉 '사람 간 다름'에 초점을 둔다(최성주 외, 2018; 이근주, 이수영, 2012). 조직이론에서 정의하는 다양성은 인구학적 다양성(인종, 성별, 나이)이나 장애 여부, 또는 상이한 교육배경이나 경력, 전문성과 관련한 다양성을 의미한다(Mor Barak, 2000; Cox and Blake, 1991; Fernandez, 1991; Loden and Rosener, 1991; Thomas, 1991). 다양성은 각 집단 내 일원 간 서로 공유되고 외부의 집단과 구별되는 상이한 사회문화적 특성 및 정체성, 일련의 가치나 규범으로 정의할 수 있으며, 인종, 민족적 특성, 성별, 종교, 국적, 인지적 배경 등을 다양성의 주요 요인으로 볼 수 있다(Cox, 1993; Larkey, 1996; Loden and Rosener, 1991). 이러한 다양성은 상이한 집단에 속한 개인 간 외부세계를 인지하는 관점이나 행동의 차이를 유발하여 집단을 구분하는 기준으로 사용될 수 있다(Cox, 1993; Larkey, 1996).

대표성과 다양성은 개념적 유사성에도 불구하고 서로 다른 관점에서 논의되어 왔다. Blau(1977)는 대표성과 다양성을 상이한 개념으로 구분하였다. 다양성(heterogeneity)은 '수평적 상이성(horizontal differentiation)'으로 성별, 인종, 국적, 종교 등 외면적으로 드러나는 요인의 측면에서 다름을 의미하는 한편, 불평등

(Inequality)은 '수직적 상이성(vertical differentiation)'으로 부와 특권, 사회경제적 지위 등 계서적인 사회계층을 결정짓는 요인에 있어서의 상이성을 의미한다(Blau, 1977). 다양성은 사회나 조직 내 인구학적, 사회문화적 특성이 상이한 집단의 수가 많아지거나 규모가 비슷할 때 다양성의 수준이 높다고 본다. 한편, 불평등은 사회경제적 권위나 부가 사회나 조직 내 특정 개인이나 집단에 집중될수록 불평등이 심화된다고 본다(Blau, 1977). 대표성 또는 대표관료제는 사회경제적 특권이 사회 내 특정 집단에 집중되지 않도록 관료 조직 구성에 모든 집단을 공평하게 반영한다는 점에서 Blau(1977)의 블평등의 개념과 상통하며, 다양성은 인종과 민족, 성별, 국적 등 여러 가지 요인 면에서 상이한 조직 내 개인들의 관점과 행동의 차이점, 그리고 그러한 다양함이 조직에 가져오는 효과성에 관심을 둔다는 점에서 유사하다.

2) 다양성의 유형

다양성의 유형을 구분하는 가장 대표적인 기준은 가시성이다(이근주, 이수영, 2012; 최성주 외, 2018; Harrsion et al., 2002; Jackson, May, and Whitney, 1995; Pelled, Eisenhardt, and Xin, 1999). 다양성 요인은 가시성의 기준에 따라 외형적으로 구별이 가능한 외재적 다양성(visible diversity) 또는 표면적 다양성(surface level diversity)과 외형적으로 구별이 불가한 내재적 다양성(invisible diversity) 또는 심층적 다양성 (deep level diversity)으로 구분할 수 있다(Harrsion et al., 2002; Jackson, Joshi, and Erhardt, 2003). 예를 들어, 인종/민족적 특성, 성별, 나이 등 인구학적 특성은 외재적 다양성에 해당하고, 교육 및 전공, 경력, 종교, 가치, 사회경제적 배경, 인격 등은 내재적 다양성 요인으로 볼 수 있다(Mor Barak, 2000; Cummings, Zhou, and Oldham, 1993; Jackson, May, and Whitney, 1995; Jackson, Joshi, and Erhardt, 2003; Milliken and Martins, 1996; Thomas, 1991; Tsui, Egan, and O'Reilly, 1992). 그 밖에도 가변성의 기준에 따라 인종/민족적 특성, 성별, 나이 등 개인이 임의적으로 바꿀 수 없는 선천적인 다양성 요인들과 이와는 반대로 변화가 가능한 교육배경이나 경력, 사회경제적 지위 등의 후천적인 요인으로 구분하였다 (Blau, 1977; Loden and Rosener, 1991). 선천적 요인은 주로 개인이 속한 집단을 표시하고 후천적 요인은 개인의 사회적 지위 및 계층을 나타내는 경향이 있다(Blau

1977). 학자들은 서로 다른 유형의 다양성 요인들이 밀접하게 상관되어 있으며, 상호작용을 통해 보다 복잡다단한 차이를 만들어낸다고 주장하였다(최성주 외, 2018; Blau, 1977). 인종/민족, 성별, 나이 등 선천적 요인은 개인이 가진 사회경제적 지위나 계층 등 후천적 요인들과 상관성이 높은 것이 사실이며, 사회 내 집단 간 불평등을 초래하는 요인들로 인식되어 왔다.

한국은 역사적으로 민족적 단일성을 유지해왔기 때문에, 세계 각지에서 유입된 이민자들로 구성된 미국이나 상대적으로 국가 간 이동성이 높았던 유럽에 비해 인종적, 문화적 다양성의 수준이 낮다(최성주 외, 2018). 반면, 성별과 연령 등 인구학적 다양성과 혈연, 지연, 학연 등 한국 사회의 독특한 다양성 요인들이 존재한다. 한국의 다양성 논의는 주로 연고주의에 입각한 사회적 주류에서 소외된 집단과 여성 및 장애인 등 사회적 약자에 대한 형평성과 정의를 요구하려는 목적에서 출발하였다(김진숙, 이근주, 2014; 최성주 외, 2018). 따라서, 초기 다양성에 대한 논의는 사회적 주류집단의 차별로부터 여성과 장애인 등 사회적 약자들의 인권을 보호하고 사회정의를 실현하는 규범적 관점이 주를 이룬다(전영평, 2007; 최성주 외, 2018). 최근에는 외국인 노동자, 결혼이주자, 다문화 가정, 성소수자, 북한이탈자, 비정규직 노동자 등 논의 대상의 폭이 확대되었다. 한국 정부의 사회형평적 인재채용, 균형인사제도는 공직 내 이러한 사회적 소수집단(social minorities)의 대표성을 확보하기 위한 정책적, 제도적 노력이라 할 수 있다(최성주 외, 2018).

3) 다양성에 대한 관점

다양성에 대한 이론적 관점 중 대표적인 것이 Thomas와 Ely(1996)의 세 가지 다양성 관점—차별과 형평성의 관점(discrimination−and−fairness paradigm), 접근성과 합법성의 관점(access−and−legitimacy paradigm), 학습과 효과성의 관점(learning−and−effectiveness paradigm)—이다. 첫째, 차별과 형평성의 관점(discrimination−and−fairness paradigm)은 사회적 약자(social minorities)에 대한 차별을 막고 사회적 주류집단에 합류할 수 있도록 고용의 기회를 확대함으로써 사회적 형평성을 제고한다는 관점이다(Foldy, 2004). 예로서 미국의 적극적 차별철폐정책(Affirmative Action)과 평등고용정책(Equal Employment Opportunity)은 역사적으로 차별을 받아 온 인종적, 민족적 소수자(racial/ethnic minorities)와 여성을 포함한 사회적 약자들을 위한 고용 및 경력개발의 기회를 적극적으로 확대하는 정책적 조치이다. 둘째, 접근성과 합법성의 관점(access-and-legitimacy paradigm)은 조직을 구성하는 일원 간의 문화적 차이를 활용하여 사회 내 다양한 고객에 접근함으로써 조직의 합법성을 높인다는 관점이다(Ospina, 2001, 2003). 이러한 관점은 공공조직의 대표관료제가 가지는 제도적 의의와 상통한다. 정부 관료조직 내 다양한 사회집단의 인적 대표성을 확보함으로써, 국민의 정부에 대한 접근성을 높이고 공공조직의 민주적 합법성을 확보할 수 있다. 셋째, 학습과 효과성의 관점(learning-and-effectiveness paradigm)은 규범적 성격을 가진 앞의 두 관점과 비교하여 다양성의 효용성에 초점을 둔다는 점이 상이하다. 학습과 효과성의 관점은 다양성이 조직에 가져올 수 있는 긍정적인 효과, 즉 경제적 효율성과 효과성을 강조한다. 조직이 구성원 간 다양성을 전략적으로 관리하고 활용함으로써, 다양성이 가져올 수 있는 잠재적 긍정효과를 누릴 수 있다는 관점이다(Foldy, 2004; Thomas and Ely, 1996). 학습과 효과성의 관점은 경영학 분야에서 주로 관심을 받았으며, '다양성과 업무를 연결하는 새로이 조명받고 있는 관점'으로 다양성을 조직 관리의 관점에서 조망하고 있다(최성주 외, 2018; Thomas and Ely, 1996, 85).

이러한 세 가지 다양성에 대한 관점을 크게 차별 철폐 전략(non-discrimination strategy)과 다양성 통합전략(integrated inclusion)으로 나눌 수 있다(최성주 외, 2018; 이종구, 고영희, 2012). 전자의 관점이 사회적 약자 집단에 대한 부당한 차별을 금지하고 과거의 차별을 시정하기 위해 고용과 승진 등을 통한 조직 내 취약집단의 대표성 확보를 위한 수치적 목표 달성 전략에 해당하는 한편, 후자의 관점은 다양한 구성원들로 구성된 집단 내 효과적인 의사소통을 위한 커뮤니케이션 채널 활용, 다양성과 업무프로세스와의 결합, 구성원들 간 다양성에 대한 이해와 포용을 위한 지침 제시 등 조직의 효과성 제고를 목표로 하는 다양성 관리 전략에 해당한다.

한국 정부의 균형인사정책은 여성과 장애인 등 사회 취약계층에 대한 차별을 철폐하고 공직에 진출할 수 있는 기회를 확대함으로써 공직 구성의 다양성과 대표성을 확보하여 관료조직의 민주적 합법성과 공공정책의 형평성 제고를 목표로 한다(인사혁신처, 2018). 최근에는 결혼이주자와 다문화 가정, 외국인, 탈북민 등 새로운 형태의 소수자 집단에 대한 관심이 높아지고 있으며, 이들을 보호하고 한국 사회에 효과적으로 통합할 수 있도록 고용 및 복지 면에서 지원하는 소수자 정책 마련에 대한 요구가 높아지고 있다. 이러한 균형인사정책 및 소수자 정책은 Thomas and Ely(1996)의 세 가지 다양성 관점 중 차별과 형평성 관점, 접근성과 합법성 관점과 상통한다(최성주 외, 2018). 이와 달리, 경영 및 조직관리 분야에서 조직 내 인적 다양성을 보는 시각은 학습과 효과성의 관점에 가깝다(최성주 외, 2018). 사회취약계층에 대한 차별을 시정하는 규범적인 접근보다는 조직 내 다양성을 효과적으로 관리하여 다양성의 순기능을 극대화하고, 나아가 조직의 성과를 제고하는 것이 다양성 관리의 목적이다. 한국의 다양성 연구의 경우 인구구성의 다양성이 높지 않은 특성으로 인해 성별다양성, 연령다양성 등 외재적 다양성에 대한 논의는 제한적이었고, 전공, 학벌, 근속연수 등 업무와 관련한 내재적 다양성에 대한 논의가 주를 이루었다. 그럼에도 최근 이민자 및 외국인 노동자의 유입이 증가하고 다문화가정 자녀의 사회 진출 등으로 인해 조직 환경이 변화하고 조직 내 인종적, 민족적 다양성의 수준이 높아짐에 따라 서로 다른 다양성 유형 간 상호작용 등 다양성의 요인과 결과 간 관계가 보다 복잡다단해질 것으로 예상할 수 있다(최성주 외, 2018).

4) 다양성 연구

공공관리 분야 다양성 연구는 크게 대표관료제 연구와 다양성 연구로 구분할 수 있다. 행정학에서 보는 다양성은 관료조직의 인구 대표성과 민주적 책임성 확보가 주요 연구주제이며, 1980년 이후 신공공관리론의 영향으로 인해 대표성과 다양성이 조직 효과성에 미치는 효과 등으로 다양성의 효용성에 대한 논의로 점차 주제가 확대되었다(최성주 외, 2018).

대표관료제 연구 중 주요 이슈는 관료의 수동적 대표성이 실제로 능동적 대표성으로 연결되는지를 경험적으로 증명하는 것이다. Meier의 연구(1975)를 시작으로 많은 관련 연구들에서 관료조직의 인구 대표성이 그들의 정책 결정에 유의미한 영향을 미치는지 검증했다. 많은 연구 결과에서 특정 사회집단의 관료조직 내 대표성이 실질적으로 해당 집단에 긍정적인 영향을 가져다주는 정책 결정과 공공 서비스 제공으로 이어짐을 볼 수 있다(e.g., 김선희, 2012; 박천오, 2010; Bradbury and Kellough, 2011; Hong, 2016; Lim, 2006; Meier and Nicholson-Crotty, 2006;

Riccucci and Meyers, 2004; Wilkins and Keiser, 2006). 그러나, 수동적 대표성이 항상 능동적 대표성으로 연결되는 것은 아니다. Meier and Stewart(1992)는 수동적 대표성이 관련 사회집단의 이해와 가치를 보호하고 실현하는 능동적 대표성으로 실현되기 위해서는 관료가 정책 결정에 관여할 수 있어야 하며, 자신의 의지나 가치를 의사결정에 반영할 수 있는 재량권을 가지고 있어야 한다고 주장하였다. 관료조직이 전체 인구를 균형있게 대표할 때 공공조직의 성과가 개선되었고 국민의 보건, 복지, 교육 등 삶의 질이 향상되었음을 보여주는 연구도 있다(김두래, 2017; 왕태규, 2018).

최근에는 수동적 대표성 그 자체만으로 상징적인 의미가 있으며, 정부의 합법성과 만족도, 신뢰를 제고하는 순기능이 있다는 주장이 제기되었다(Riccucci, Van Ryzin, and Li, 2016). 수동적 대표성이 능동적 대표성이나 조직성과 등 구체적인 결과물을 창출하지 않더라도 시민들과 정부의 고객들에게 정부의 합법성과 형평성의 가치 등 상징적인 대표성을 전달할 수 있다는 것이다(Gade and Wilkins, 2013; Riccucci, Van Ryzin, and Lavena, 2014). 단지 능동적 대표성 실현을 위한 전제조건을 넘어서 각 사회집단의 정부에 대한 신뢰와 만족도를 제고하는 수동적 대표성의 긍정적 가치를 재조명할 필요가 있다(Childs and Lovenduski, 2013; Nunnally, 2012; Riccucci, Van Ryzin, and Li, 2016).

다양성 연구는 다양성이 조직에 가져올 수 있는 효과에 집중한다. 다양성은 순기능과 역기능을 동시에 가져올 수 있다. 학자들은 다양성을 '양날을 가진 칼'에 비유하거나, 다양성이 '창조의 광맥'인 동시에, '갈등의 늪'이 될 수 있다고 주장하였다(Chatman and Flynn, 2001; Ely, 2004; Foldy, 2004, 531; Jehn, Northcraft, and Neale, 1999; William and O'Reilly, 1998). 정보 및 의사결정론(information and decision-making theories)에 따르면, 다양한 인지적 배경을 가진 개인들이 조직의 창의성과 통찰력을 제고함으로써 문제해결력과 의사결정력을 향상시킬 수 있다고 설명한다(Cox, 1993; Cox and Blake, 1991; Ely, 2004). 반면, 사회적 유형화 및 정체성 이론(social categorization and social identity theories)은 개인 간 차이가 조직 내 인간관계에 부정적인 결과를 야기하거나 효과적인 의사소통을 방해할 소지가 있음을 주장하였다(Tajfel, 1981; Turner, 1987).

선행연구에 따르면, 다양성의 유형에 따라 조직에 가져오는 효과도 다를 수 있다(Jackson, Joshi, and Erhardt, 2003; Jehn, Northcraft, and Neale, 1999; Milliken and Martins, 1996). 개인이 가진 인지적 다양성, 즉 업무와 관련한 다양한 경력, 전공, 전문성과 기술 등 내재적 다양성은 조직에 폭넓은 정보와 아이디어, 통찰력을 제공함으로써 창의적이고 혁신적인 사고를 가능케 하고 종국적으로는 조직의 성과에 긍정적으로 기여할 수 있다(Cox, 1993; Cox and Blake, 1991; Ely, 2004; Hambrick and Mason, 1982; Wiersema and Bantel, 1992). 조직의 구성원들이 가진 다양한 문화적 배경이나 경험 등은 개인의 사고방식이나 가치, 접근방법, 관점의 차이를 낳고 이러한 차이점은 문제를 정의하고 해결방안을 고안하는 방법에 영향을 미치게 된다(Foldy, 2004). 따라서, 다양성이 높은 조직에서는 조직이 직면한 문제를 보는 시각이 다각적이며 정형화된 아이디어나 해결책보다는 창의적이고 혁신적인 대안을 찾을 가능성이 높다(McLeod and Lobel, 1992; Nemeth, 1992). 상이한 개인들이 가진 정보와 경험, 기술은 조직 내 의견교환을 활성화하고 양질의 대안을 도출하는 데 기여할 수 있다(Bunderson and Sutcliffe, 2002).

반대로, 인종과 나이, 성별 등 인구학적 특성과 같은 가시적인 외재적 다양성은 서로 다른 집단 간 보이지 않는 경계선을 형성함으로써 조직에 부정적인 결과를 가져올 수 있다. 유사성 유인이론(similarity-attraction theory)은 동질적 특성을 가진 개인들끼리 모이는 특성이 있음을 설명하였다(Byrne, 1971). 사회적 유형화이론(social categorization theory)에 따르면, 개인은 타인과 자신을 다양한 사회적 집단으로 구분하는 사회적 유형화 과정을 거쳐 같은 사회적 집단에 속한 이들에게 호의적인 태도를 보이지만 반면에 집단 외 사람들에게는 배타적이고 차별적인 태도를 보이는 경향이 있다(Tajfel, 1981; Turner, 1987). 서로 다른 사회적 집단에 속한 개인들 간 감정적인 충돌 및 갈등이 발생할 수 있다(Chatman and Flynn, 2001; Chatman et al., 1998; Foldy, 2004; Jehn, Northcraft, and Neale, 1999). 따라서, 조직 내 외재적 다양성의 수준이 높을수록 조직통합과 효과적인 의사소통이 어려울 가능성이 높다(Byrne, 1971; Tajfel, 1978; Turner, 1987). 조직 내 소수자는 다수 집단이 장악한 조직 내부의 정보네트워크나 중요 의사결정과정에서 소외될 경우 괴리감을 느끼거나 조직에 대한 불신 등 부정적 감정을 가질 수 있으므로 다양성을 효과적으로 관리하려는 노력이 필요하다(Gladstein, 1984; Jehn, 1995; Jehn, Northcraft, and Neale, 1999).

다양성이 조직에 가져오는 결과는 다양한 문맥적 요인에 의해 달라지기도 한다(Ely, 2004; Jackson and Joshi, 2004; Jackson, Joshi, and Erhardt, 2003; Milliken and Martins, 1996; Williams and O'Reilly, 1998). 예를 들어, 다양성 관리노력, 조직의 문화와 전략, 경력 및 시간, 업무의 특성, 팀워크와 협력, 리더십, 관리자의 특성 등 다양한 환경적 요인들이 다양성과 그 결과 간 관계에 영향을 미치는 것으로 나타났다(e.g., Ely, 2004; Ely and Thomas, 2001; Gladstein, 1984; Jackson and Joshi, 2004; Jackson, Joshi, and Erhardt, 2003; Jehn, Northcraft, and Neale, 1999; Pelled, Eisenhardt, and Xin, 1999). 최근에는 다양성을 효과적으로 관리하는 노력의 중요성이 강조되고 있다. 조직 내 다양성을 포용하고 다름을 존중함으로써 다양성이 가지는 순기능은 높이고 역기능은 완화하는 관리전략에 대한 관심이 높아지고 있다(e.g., Choi, 2009, 2011; Choi and Rainey, 2010; Thomas, 1990; Tsui and Gutek, 1999).

한국은 인종적, 문화적 동질성이 높은 국가이며, 조직 내 다양성의 유형은 제한적이다. 조직 내 다양한 형태의 다름이 가져오는 효과성을 분석한 연구는 상대적으로 적은 편이다. 공직 내 여성의 대표성이 가지는 의미와 그 효과에 대한 관심을 시작으로, 최근에는 경영학 분야를 중심으로 심층적 인지 다양성(전공 및 학력수준다양성, 정보다양성, 가치다양성 등)이 조직의 효과성에 미치는 영향을 분석한 연구들이 증가하였다(최성주 외, 2018). 최근에는 문화적 배경이 다른 외국인 노동자 및 결혼이주자, 다문화 가정의 증가 등으로 인해 한국 사회 내에도 인종적/민족적 다양성과 소수자에 대한 논의의 폭이 확대되었다.

3 한국의 다양성 정책과 현황

1) 균형인사제도

인사혁신처는 2005년 「국가공무원법」에 관련된 법적 근거를 마련하고 균형인사지침을 마련하여 여성, 장애인, 지방인재, 이공계 전공자, 저소득층 등 사회적 소수 또는 약자들의 공직 진출을 우대하는 정책을 추진하였다. 또한, 다양한 채용제도를 활용하여 관료조직 내 사회적 소수 집단의 대표성을 확보하는 데 주력하였다(인사혁신처, 2021). 2018년에 수립한 「제1차 균형인사기본계획(2018~2022)」은 정부의 적극적 균형인사정책에 대한 의지를 구체화한 계기가 되었으며, 정부 균형인사정책의 중장기 비전과 목표를 제시하고 정책대상별 체계적인 추진과제를 제시하였다. 2019년에는 「범정부 균형인사 추진계획」을 수립하여 중앙정부 부처뿐 아니라, 지방자치단체와 공공기관을 포함한 포괄적인 균형인사추진체계를 마련하는 등 균형인사정책 전파를 위해 노력하였다.

「제1차 균형인사기본계획(2018~2022)」의 주요 목표는 정부 균형인사정책이 가지는 한계점을 분석하고 이를 개선하기 위한 방안을 제시하는 것이다. 정부의 적극적인 고용우대정책으로 여성 및 사회적 소수자의 공직 진출 기회가 양적으로 확대된 것은 사실이다. 그러나, 여전히 주요 의사결정을 담당하는 고위직에는 여성 및 사회적 소수자의 대표성이 낮고 장애인에게 우호적이지 않은 근무환경과 다문화 가정 및 북한이탈자 등 새로운 소수자 집단의 출현 등으로 정부의 균형인사정책은 새로운 국면을 맞이하였다. 이에 정부는 제1차 균형인사기본계획을 통해 균형인사정책의 장기적 목표와 전략을 마련하고 범정부 차원의 균형인사정책 실행체계를 확립하여 지속가능한 균형인사 및 다양성 관리전략을 마련하였다.

제1차 균형인사기본계획의 주요 정책 대상은 여성, 장애인, 지방 및 지역인재, 이공계 전공자, 사회통합인재를 포함하며 각 집단별 개선되어야 할 이슈들은 다음과 같다(인사혁신처, 2018). 여성의 경우 전체 비율은 지속적으로 증가하였으나, 관리자급 여성 공무원의 비율[1]은 OECD 국가 평균인 32.5%(2015년 기준)에 비해 낮은 수준이다. 장애인의 경우 중앙정부 부처와 지방자치단체는 2018년 기준 3.2%인 의무고용률을 충족하였으나,[2] 공공기관은 이에 미달했다. 국가균형발전을 위한 지방 우수인재 채용을 위해 지방인재채용목표제[3]와 지역인재추천채용제,[4] 그리고 이전지역 지역인재 의무채용 목표제[5]를 실시하고 있다. 그러나, 지방인재

---

[1] 중앙부처의 경우 전체 여성의 비율은 50.2%를 차지하고 있으나, 여성 본부 과장급은 17.5%, 여성 실국장급 6.7%에 머물러 있다. 공공기관은 시장성이 큰 공기업의 여성비율이 상대적으로 낮은 편으로 나타났다(인사혁신처, 2018).

[2] 중앙정부 부처는 장애인 고용률 3.43%, 지방자치단체는 3.96%를 달성하였으나, 공공기관은 이에 다소 못 미치는 3.16%를 고용하였다.

[3] 5·7급 공채 등에서 지방(서울 제외)학교 출신합격자가 일정비율(5급 20%, 7급 30%)에 미달할 경우 일정 합격선 내에서 추가 합격시키는 제도이다(인사혁신처, 2018).

[4] 지역(서울 포함)별 학교장 추천(대학 7급, 고교 9급)을 거쳐 선발해 일정 기간 수습 근무 후 일반직 공무원으로 임용하는 제도이다(인사혁신처, 2018).

채용목표제 5급 공채 합격률(5년 평균 8.3%)이 목표치에 미달하고 이전지역 지역인재제도 역시 대상 범위가 이전된 공공기관 소재의 시와 도로 한정되어 특정 대학 또는 학과로 쏠림 현상이 발생하는 문제가 존재한다(인사혁신터, 2018). 사회통합형인재의 경우 중앙정부 부처 및 지방자치단체는 9급 공채 모집인원의 2% 이상을 저소득층 가구 출신의 지원자를 구분 모집하는 제도를 운영하고 있다. 그러나, 이러한 구분 모집제도는 공공기관에는 적용되지 않는 한계가 있다.

이러한 한계점들을 개선하기 위해 중앙정부 부처 내 전반적인 균형인사정책을 심의하고 추진상황을 점검 및 진단하는 「균형인사협의체」를 두고 있다. <표 14.1>은 중앙정부와 지방정부, 공공기관의 균형인사정책 이행관리체계를 비교한 것이다. 중앙정부 부처의 경우 각 기관별 균형인사 시행계획을 수립하고 정부혁신평가

표 14.1 공공조직별 균형인사 이행관리체계

구분	중앙부처	지방자치단체	공공기관

근거	• 국가공무원법
	• 공무원임용시험령
	• 균형인사지침
		• 지방공무원법
		• 지방공무원임용령
		• 지방공무원 균형인사
		  운영지침
			• 공기업·준정부기관의
			  경영에 관한 지침
			• 공공기관의 혁신에
			  관한 지침

추진기구	• 균형인사협의체	• 없음	• 없음

평가
대상
	• 정부혁신평가(여성,
	  장애인)
	• 인사혁신수준진단(여성,
	  장애인, 이공계, 지역인
	  재, 사회통합형 인재)
		• 지방자치단체 합동평가
		  (장애인, 여성관리자)
			• 경영평가
			  (장애인, 여성관리자,
			  청년, 지역인재, 고졸)

통계
관리
	• '균형인사 연차보고서'
	  - 관련 통계 통합관리·
	  공개
		• '여성공무원 통계'(여성),
		  '공무원 인사통계'(장애인,
		  이공계) 등에 분산 관리
			• ALIO를 통해 신규채용
			  중심으로 부분적(여성,
			  장애인, 지역인재) 관리

출처: 자료인사혁신처 (2018). 제1차 균형인사기본계획 (2018~2022)에서 발췌함.

---

5) 혁신도시(수도권 제외)로 이전한 공공기관의 직원 채용시 이전한 지역의 고교 또는 대학 졸업
   (예정)자를 일정 비율 이상 채용하는 제도이다(인사혁신처, 2018).

및 인사혁신수준진단을 통해 여성, 장애인, 지역인재, 사회통합형 인재 등 모든 정책대상에 대한 균형인사 이행정도를 관리하는 등으로 비교적 포괄적이고 체계적인 관리체계를 갖추고 있는 반면, 지방자치단체의 경우 일부 정책대상에 한정된 관리체계가 마련되었거나 공공기관의 경우 자체적인 균형인사 계획을 수립하지 않는 등 개선의 여지가 남아 있다(인사혁신처, 2018).

2) 다양성 현황

(1) 여성

<표 14.2>는 최근 5년간 직종별 국가 및 지방공무원 중 여성 공무원의 비율을 비교한 표이다. 국가공무원 중 일반직 여성 공무원의 비율은 지속적으로 증가하는 추세이며, 2019년 기준 여성 공무원은 전체 일반직 중 36.3%를 차지하고 있다. 지방공무원의 경우 일반직 내 여성 공무원의 비율이 46.8%로 국가공무원 중 일반직 여성 공무원의 비율보다 높고, 증가하는 속도 역시 국가공무원의 증가 속도보다 빠르다. 전반적으로, 지방공무원 중 경찰직의 경우를 제외한 모든 직종에서 국가 및 지방공무원 중 여성의 비율은 증가하는 추세이다. 이러한 변화는 공무

표 14.2 국가 및 지방공무원 직종별 여성 공무원 비율(%)

		국가공무원					지방공무원				
		2015	2016	2017	2018	2019	2015	2016	2017	2018	2019
일반직		33.7	34.6	35.4	36.3	36.6	40.4	41.8	43.6	45.1	46.8
특정직	외무	31.1	32.9	35.3	36.7	38.9	–	–	–	–	–
	경찰	9.7	10.3	10.7	11	11.9	20.8	20.8	21.7	16.3	15.2
	소방	3.6	3.1	3.9	5.1	5.1	6.9	7.1	7.5	8.3	9.6
	검사	27.8	28.8	29.4	30.4	31	–	–	–	–	–
	교육	70.1	70.5	71	71.4	71.9	41.1	41.6	42.7	45.7	47.8
정무직		7.1	5.1	14.2	14.3	17.1	3.5	3.5	3.6	3.4	4.3
별정직		31.7	31.9	33.8	38	37.3	17.7	18.5	19.8	18.9	20.9

출처: 인사혁신처 인사혁신통계연보(2016~2020)를 재구성함.

원 집단 내 여성이 차지하는 양적인 비율이 모든 직종에서 일관성있게 증가하고 있음을 방증한다.

제1차 균형인사기본계획의 주요 목표 중 하나는 여성 공무원의 양적인 증가에 그치지 않고 공직 내 실질적인 양성평등을 실현하는 것이다. 2002년부터 시행된 '여성관리자 임용 5개년 계획'[6]을 통해 4, 5급 이상 여성공무원의 비율을 상향하려는 노력이 있었고 2018년 계획안에는 실질적인 의사결정권한을 갖춘 고위공무원단과 본부과장급 여성 공무원의 비율을 높이는 것을 목표로 하고 있다. 2022년 기준 여성 고위공무원을 10% 수준으로 높이고 본부과장급(4급 이상) 여성 관리자는 22.5%, 지방자치단체 과장급(5급 이상) 여성 관리자는 20%로 확대하는 방안을 수립하였다. 여성관리자 후보군을 확대하기 위한 방안으로써, 중앙정부에서는 주요 부서 및 주요 직위 내 여성공무원을 비율을 높이는 방안과 지방정부에서는 지방자치단체 합동평가에 주요 직위 여성비율 신규지표를 포함하는 방안을 추진하였다. 채용에 있어 양성평등을 확보하는 양성평등채용목표제를 공공 부문 전체에서 지속적으로 추진하고 있다. 채용과 경력관리 영역뿐 아니라, 실질적으로 가정의 의무가 있는 여성 공무원이 계속 경력을 지속할 수 있도록 일-생활 양립을 위한 지원을 강화하였다.

<표 14.3>은 최근 5년간 국가 및 지방공무원 중 직급별 여성의 비율 변화를 보여준다. 국가공무원 중 고위공무원단에 속하는 여성공무원의 비율은 지속적으로 증가하여 지난 5년간 대략 49% 정도의 증가율을 보이고 있으나, 2019년 기준 5.5%로 여전히 OECD 국가 평균에 크게 못 미치는 수준이다. 국가공무원 중 3~5급 관리자급 여성 공무원의 비율 역시 매년 증가하는 추세이다. 국가공무원 중 3급 여성 공무원의 비율이 지난 5년간 73% 증가하였고, 4급 여성 공무원 비율은 50%, 5급 여성 공무원 비율은 26% 증가하였다. 지방공무원 중 최근 5년간 직급별 여성 공무원의 증가율은 1~2급의 경우 73%, 3급 여성공 무원은 78%, 4급 여성 공무원은 38%, 5급 여성 공무원은 59%로 국가공무원의 증가율보다 높았다.

6) 여성을 대상으로 한 균형인사제도로서 2002년 5급 이상 직급을 대상으로 한 '제1차 여성관리자 임용확대 계획'(2002~2006)이 시행되었고 제2차 계획안은 4급 이상 직급을 대상으로 하였다. 2018년부터는 임용목표제의 대상을 실질적인 의사결정권한을 갖는 고위공무원단 및 본부과장급으로 상향하여 2022년까지 고위공무원단 여성 비율 10%, 본부과장급 여성비율 25.0%를 목표로 하는 '여성관리자 임용확대 계획(2018~2022)'을 추진하고 있다(인사혁신처, 2021년 발췌 http://www.mpm.go.kr/mpm/info/infoJobs/jobsBalance/jobsBalance02/).

일반직 중 시간선택제(fixed term & part time) 공무원과 한시임기제(temporary) 공무원 중 여성의 비율이 월등히 높은 반면, 전문경력관이나 일반임기제 공무원 중 여성의 비율은 상대적으로 낮다. 이러한 차이는 직급뿐 아니라 직종에 있어서도 공직 내 여성고용의 질이 여전히 남성과 비교하여 낮은 수준임을 보여주는 예라 할 수 있다.

표 14.3 국가 및 지방 행정부 일반직 여성 공무원 비율(%)

	국가					지방				
	2015	2016	2017	2018	2019	2015	2016	2017	2018	2019
고위공무원단 /1~2급	3.7	4.9	5.2	5.5	5.5	2.6	4.7	1.3	2.4	4.5
3급	6.3	6.6	6.2	9.2	10.9	4.9	6.6	7.4	7.2	8.7
4급	12.4	14.1	15.5	16.9	18.6	8.2	9	9.5	10.4	11.3
5급	19.8	21.3	22.7	23.7	24.9	13.5	14.9	16.7	18.7	21.5
6~9급	38.6	39.4	40.4	41.4	42.2	42.8	44.1	46	47.5	49.2
시간선택제	80	79.2	79.3	81.7	82.8	72	71.7	72.9	73.4	73.2
일반임기제	41	37.5	37.2	37.9	39.6	42.1	41	41.5	41.5	42
한시임기제	77.8	78.7	76.6	81.4	82.8	100	–	–	–	–
전문경력관	31.6	34.3	35.3	37.2	38.9	11.3	12	11.6	12.1	11.9

출처: 인사혁신처 인사혁신통계연보(2016~2020)를 재구성함.

<표 14.4>에서 볼 수 있듯이 최근 5년간 공공기관 내 여성의 고용율 및 여성 관리자 비율은 개선의 폭이 중앙 및 지방자치단체와 비교할 때 상대적으로 작다. 제1차 균형인사기본계획에 따르면, 공공기관의 경우 여성 임원을 20%, 공공기관 여성 관리자를 28%로 확대하는 것을 목표로 하고 있다. 특히, 여성 임원의 임용실적이 낮은 기타 공공기관의 경우 해결방안으로써 주무부처의 정부업무평가에 이를 반영하는 방안을 추진하였다. 2019년 기준 공공기관의 여성 고용률은 41.5%이며 여성 관리자 비율은 19.2%이다. 공공기관의 규모가 클수록 상대적으로 여성 및 여성 관리자의 고용비율이 높게 나타났다. 공공기관과 달리, 지방공기

업의 경우 2019년 기준 여성 전체 고용율이 29%이고 여성 관리자 비율은 7.2%로 매우 낮게 나타났다.

표 14.4 공공기관 여성고용 및 여성관리자 비율(%)

		여성전체					여성 관리자				
		2015	2016	2017	2018	2019	2015	2016	2017	2018	2019
공공기관	1000인 이상	38.2	37.3	38.3	38.6	40.1	15.9	16.4	16.5	17.3	18.8
	1000인 미만	36.9	33.5	34.4	34.9	35	14.2	14.5	15.8	16.4	17.4
	합계	37.4	38.5	39.5	39.7	41.5	16.4	17	16.7	17.6	19.2
지방공기업	1000인 이상	–	–	–	26.1	27.6	–	–	–	8	6.8
	1000인 미만	–	–	–	19.6	20.4	–	–	–	4.5	4.8
	합계	–	–	–	27.3	29	–	–	–	8.7	7.2

출처: 한국여성정책연구원 통계DB, 여성근로자 및 여성관리자 비율 통계(원자료 출처: 고용노동부 고용백서)를 재구성함.

(2) 장애인

<표 14.5>는 지난 5년간 공공부문 장애인 고용률 변화 추이를 보여준다. 중앙행정기관 장애인 고용통계에 따르면, 장애인 고용률은 지난 10년간 꾸준히 증가하여 2019년 기준 3.4%인 의무고용률을 초과 달성하였다. 중앙정부 부처 간 차이가 존재하나, 2010년 이후 중앙정부 부처 내 평균 장애인 고용률은 의무고용률을 지속적으로 초과 달성한 것으로 보인다. 지방자치단체의 경우 2019년 3.99%의 장애인 고용률을 달성하였고 장애인 근로자 고용률은 8.43%에 달한다. 공기업과 준정부기관, 지방공기업의 경우 역시 장애인 법정의무고용률을 달성하였으나, 기타 공공기관의 경우 2019년 기준 2.51%로 개선이 필요하다.

장애인을 대상으로 한 주요 계획은 장애유형별 맞춤형 일자리를 적극 발굴하고 중증장애인의 채용을 확대하는 등 보다 실질적인 지원책을 추진하는 것이다.

또한, 장애인이 일하기 좋은 근무환경을 조성하기 위한 근무지원사업을 '장애인고용촉진지금'으로 일원화하여 효과성을 제고하려는 방안을 추진 중이다. 조직 문화 개선을 위해 장애인식개선 교육 등을 실시하고 있다.

표 14.5 공공부문 장애인 고용률(%)

	공무원					근로자				
	2015	2016	2017	2018	2019	2015	2016	2017	2018	2019
중앙행정기관	3.41	3.44	3.47	3.43	3.56	2.52	2.57	2.64	2.63	3.01
지방자치단체	4	4.08	4.08	3.95	3.99	6.81	7.17	8.25	7.18	8.43
공기업	–	–	–	–	–	3.11	3.11	3.07	3.32	3.45
준정부기관	–	–	–	–	–	3.43	3.42	3.4	3.6	3.84
기타공공기관	–	–	–	–	–	2.14	2.22	2.34	2.26	2.51
지방공기업	–	–	–	–	–	3.43	3.47	4.05	4.04	4.12

출처: KOSIS 국가통계포털에서 발췌하여 재구성함.

(3) 지방인재

지방 우수 지역인재의 공직 진출 기회 확대를 위해 2007년부터 5급 국가공무원 공채시험에 지방인재 채용목표제를 도입하였고 2015년에는 7급 국가공무원 공채에 확대 적용하였다(행정안전부, 2020).[7] 유사한 목적으로 지역인재 추천채용제를 시행하여 지역 4년제 대학 및 특성화–마이스터고 졸업(예정)자를 학교추천을 통해 선발한 후 수습근무를 거쳐 각 7급과 9급 국가공무원으로 임용하였다(행정안전부, 2020). <표 14.6>은 지난 5년간 지방인재 채용목표제와 지역인재 추천채용제를 통해 선발된 인원과 채용비율의 변화추이를 보여준다. 지방인재 채용목표제의 경우 5, 7급 국가공무원 채용비율이 지난 5년간 각 10% 미만과 20%대를

---

7) 지방인재 채용목표제는 5·7급 공채 및 외교관후보자 선발시험 중 선발예정인원이 10명 이상인 시험단위에서, 서울특별시를 제외한 지방소재 학교 출신 합격자가 일정비율(5급·외교관 20%, 7급 30%)에 미달할 경우 선발예정인원 외에 추가로 선발하는 제도로, 「국가균형발전특별법」 제12조와 「지방대학 및 지역균형인재 육성에 관한 법률」 제12조, 「공무원임용시험령」 제20조의2 및 「균형인사지침」에 근거한다(행정안전부, 2020, p.58). 해당 제도는 한시적 제도로서 5급 공무원 지방인재 채용목표제는 2021년까지, 7급은 2024년까지 적용이 연장되었다.

유지하고 있으며, 지역인재 추천채용제를 통한 채용인원수는 꾸준히 증가하였다.

공공기관의 경우 이전지역 지역인재 의무채용 목표비율을 단계적으로 확대하고, 특정학교 쏠림 방지, 지역 우수인재 후보 집단 확보를 위해 시도를 6개 권역으로 묶어서 지역인재 채용 권역 광역화를 추진하는 등 다양한 전략을 추진하고 있다(인사혁신처, 2018). 채용 부문뿐 아니라, 지역 내 전문가를 발굴하고 육성하여 적극 활용하는 한편, 국가인재데이터베이스를 활용한 지역전문가 정보를 각 기관의 수요에 따라 제공하는 방안을 추진하였다.

표 14.6 지방인재 채용목표제 및 지역인재 추천채용제 채용인원 및 비율

	지방인재 채용목표제(명 & %)					지역인재 추천채용제(명)				
	2015	2016	2017	2018	2019	2015	2016	2017	2018	2019
5급	23 (6.5)	25 (8.5)	20 (7.2)	27 (9.1)	17 (6.4)	–	–	–	–	–
7급	135 (18.7)	195 (23.2)	166 (22.1)	176 (23.7)	186 (25.1)	105	110	120	130	140
9급	–	–	–	–	–	150	159	170	180	210

출처: 2020년 균형인사연차보고서에서 발췌하여 재구성함.

(4) 이공계 공무원

제4차 산업혁명 등 과학기술분야의 중요성이 높아짐에 따라, 해당 분야의 전문성과 대표성을 확보할 목적으로 공직 내 이공계 공무원 임용 확대방안을 추진하였다(행정안전부, 2020). 5급 국가공무원 채용시 이공계 공무원을 40%까지 채용하는 목표를 설정하였고 일반직 공무원 중 30% 이상을 이공계 공무원[8]으로 임용할 것을 권고하였다(행정안전부, 2020).

<표 14.7>은 최근 5년간 중앙 및 지방정부 내 이공계 전공자 비율 변화를 보여준다. 고위공무원단 내 이공계 전공자 비율은 30%, 5급 국가공무원은 40%를 임용하는 것을 목표로 하였는데, 최근 5년간 이공계 고위공무원의 비율은 22%로

---

8) 이공계 공무원이란 ① 기술직군 공무원, ② 행정직군 중 이공계 분야 학위를 소지한 사람, ③ 행정직군 중 이공계 분야 자격증을 소지한 사람을 의미한다(행정안전부, 2020, p. 67).

큰 변화를 보이지 않았고 5급 국가공무원 중 이공계 전공자의 비율은 오히려 감소하였음을 알 수 있다. 반면, 지방자치단체의 경우 5급 이상 관리자 중 이공계 전공자의 비율은 2016년 이후 목표치인 40%를 넘었고 지속적으로 증가하는 추세이다.

표 14.7 중앙 및 지방정부 내 이공계 전공자 비율(%)

	중앙정부					지방정부				
	2015	2016	2017	2018	2019	2015	2016	2017	2018	2019
고위공무원	22.1	21	20.8	22.1	22.5	–	–	–	–	–
5급	37.3	35.6	33.2	32.3	32.7	–	–	–	–	–
5급 이상 관리자	–	–	–	–	–	39.5	40.2	41.2	43.8	45

출처: 2020년 균형인사연차보고서에서 발췌하여 재구성함.

(5) 사회통합인재

사회통합인재 대상은 저소득층[9]에서 최근에는 다문화 가정의 일원 및 외국인 −복수국적자 채용으로 확대되었다. 정부는 2009년 저소득층의 공직 진출기회를 확대하기 위해 9급 공채시험에 저소득층 구분모집제도를 도입하였다(인사혁신처, 2018). 구분모집비율을 점차적으로 상향하고 현행 9급 공채에서 7급으로 구분모집제도의 적용범위를 확대하는 방안을 추진하고 있다. <표 14.8>에서 볼 수 있듯이 중앙 및 지방정부 모두 저소득층 채용인원은 점진적으로 증가하고 있으며, 지방자치단체의 경우 선발예정비율을 꾸준히 높였다.

---

9) 정부는 2009년부터 국가직의 경우 「국가공무원법」 제26조, 「공무원임용시험령」 제2조 및 제20조의4, 「균형인사지침」 등, 지방직의 경우 「지방공무원법」 제25조, 「지방공무원 임용령」 제51조의4 및 「지방공무원 균형인사 운영지침」 등 법적 근거를 마련하여 9급 공채시험에 저소득층 구분모집제도를 시행하고 있다. 2012년에 저소득층 구분모집 대상자를 기존의 「국민기초생활보호법」에 따른 수급자 외에 「한부모 가족지원법」에 따른 지원대상자로 확대하였으며, 2015년에는 저소득층 구분모집 선발비율을 기존 1%에서 2%로 상향조정하였다. 9급 경력경쟁채용시험의 경우 부처별 연간 신규채용인원의 1% 이상을 저소득층으로 채용토록 함으로써 저소득층의 공직 진출을 지원하고 있다(행정안전부, 2020, p. 70).

표 14.8 저소득층 구분모집제 채용목표 및 선발인원(명)

		중앙정부					지방정부				
		2015	2016	2017	2018	2019	2015	2016	2017	2018	2019
9급	선발예정인원 (선발예정비율 %)	100 (2.7)	113 (2.7)	133 (2.7)	134 (2.7)	136 (2.7)	537 (2.7)	668 (2.8)	670 (3.5)	799 (3.7)	812 (3.6)
	선발인원	97	112	134	137	133	460	475	607	592	605

출처: 2020년 균형인사연차보고서에서 발췌하여 재구성함.

공직 내 외국인 임용[10])에 대한 법적 근거는 2002년 국가공무원법과 지방공무원법 개정을 통해 마련되었다. 2019년 기준으로 외국인 국가공무원은 총 167명으로 대부분 특정직인 교수인력(162명)이 이에 포함되고 외국인 지방공무원은 총 37명이며 임기제공무원으로 임용되었다(행정안전부, 2020). 다문화 가정 채용에 대한 정책적 논의 및 제도적 장치 마련은 초기 단계에 있다. 결혼이민자와 국적취득자로 이루어진 다문화 가정의 경우 2019년 기준 신규채용인원 5명이 있으며, 지방자치단체의 경우 외국인 신규채용인원은 8명이다(행정안전부, 2020). 최근 이민자 유입의 증가와 난민 문제 등 사회적 변화와 맞물려 다문화 가정 및 외국인 채용에 대한 제도적 기반 확충과 지원정책에 대한 보다 활발한 논의가 필요할 것이다. 인종적, 문화적 상이성을 가진 인재들을 공직에 유입함으로써 국제화 및 다양화되어 가는 사회를 통합하려는 노력과 미래 사회를 대비하는 보다 적극적인 균형인사제도 수립 및 정책 추진이 중요하다.

---

10) 「국가공무원법」 제26조의3 제1항 및 「지방공무원법」 제26조의3 제1항에 따라 외국인은 국가안보 및 보안·기밀 관련 직무를 제외한 모든 분야에 임용될 수 있다. 복수국적자는 「국가공무원법」 제26조의3 제2항 및 「지방공무원법」 제26조의3 제2항, 「공무원임용령」 제4조 및 「지방공무원 임용령」 제3조의6에 따라 국가안보와 관련된 분야, 보안·기밀분야, 외교, 국가 간 이해관계와 관련된 정책결정 및 집행 등 복수국적자의 임용이 부적합한 분야에의 임용이 제한될 수 있다(행정안전부, 2020, p. 73).

4 한국의 다양성 정책 발전 방향

1) 균형인사정책 대상 확대

최근 한국 사회의 다양성이 높아지고 있다. 이러한 변화를 반영하여 정부의 균형인사정책의 방향 역시 재조명할 필요가 있다. 국가 간 인구이동의 가속화는 전세계적인 추세이다. 선진 국가들의 인구가 감소하고 노령화로 인해 노동가능인구가 감소하는 반면, 후진국 또는 개발도상국의 높은 출산율과 인구의 폭발적 증가로 인한 인구포화 및 실업률 상승 등의 문제가 심화되고 있다. 이를 해결하기 위해 후진국이나 개발도상국의 풍부한 인력이 상대적으로 노동력이 부족한 선진국으로 취업 후 이동하는 경향이 뚜렷해졌다(Mor Barak, 2017; UN, 2011). 그 결과, 2013년도 기준 스웨덴(15.9%), 오스트리아(15.7%), 미국(14.3%), 영국(11.9%) 내 체류 외국인의 비율이 전체 인구의 10%를 초과하는 등 국가 내 인구의 다양성이 높아지고 있다(UN world population prospects, 2015). 한국도 예외가 아니다. 국토연구원의 '그랜드비전 2050' 보고서에 따르면, '인구감소', '초고령화', '다문화사회'를 한국의 미래를 전망하는 3대 메가트렌드로 소개하고 있다. 인구감소와 초고령화로 인해 노동인구가 감소하고, 이를 보완하기 위해 외국인 노동력의 유입이 가속화되고 있다. 체류 외국인 및 귀화자 증가, 결혼이주자와 다문화 가정 자녀들의 출생 등으로 인해 한국 내 인종적, 민족적 다양성이 높아질 전망이다.

<표 14.9>에서 볼 수 있듯이, 한국 내 체류 외국인의 비율은 꾸준히 증가하고 있으며, 결혼이민자 및 한국 국적 취득자, 다문화 가정 자녀 등 다양한 문화적, 인종적 배경을 가진 개인들이 증가하고 있다. 관광목적이 아닌 체류 외국인의 경우 2017년 말 기준 국내 체류 외국인 수는 총 1,861,084명으로 2016년 대비 5.5%가량 증가하였고, 최근 5년간 연평균 7.2% 증가율로 빠르게 증가하고 있다. 전체 인구 중 체류 외국인 비율은 2014년 3.1%에서 2019년 4.3%로 매년 증가하고 있으며, 국적·지역별로는 중국이 1,018,074명(46.7%)으로 가장 많은 수를 차지하고 있고, 베트남 169,738명(7.8%), 태국 153,259명(7.0%), 미국 143,568명(6.6%), 우즈베키스탄 62,870명(2.9%), 필리핀 58,480명(2.7%) 등의 순으로 나타났다(행정안전부, 2019). 아직, 관광 및 방문을 목적으로 한 단기 체류자격이 38.8%를 차지하고 있으나, 유학(D-2), 일반연수(D-4)자격, 단기취업(C-4), 교수 (E-1) 등 전

문 인력의 체류도 큰 폭으로 증가하고 있다(행정안전부, 2019). 지난 5년간(2014~2019) 체류 외국인의 평균 증가율은 6.8%이며, 이러한 추세로 계속 증가한다면 2032년에는 현재 한국 인구의 약 10%를 초과할 가능성이 있다. 또한, 최근 들어 다문화 가정의 자녀들이 빠른 속도로 증가하고 있는 점도 눈여겨볼 만하다. 2017년에는 처음으로 20만명을 넘어섰고 2018년에서 2019년 사이 11.1%(235,282 → 261,606명)의 빠른 증가율을 보이고 있다.

표 14.9 외국인, 귀화자 및 다문화가정 자녀 비율변화(2014~2019)

	2014	2015	2016	2017	2018	2019
체류외국인 (전체 인구대비 비율 %)	1,569,470 (3.1)	1,741,919 (3.4)	1,764,664 (3.4)	1,861,084 (3.6)	2,054,621 (4.0)	2,216,612 (4.3)
결혼이민자 및 귀화자	295,842	305,446	309,622	320,645	332,749	347,677
다문화가정 자녀(만 18세 이하 귀화 및 외국국적, 국내출생 포함)	204,204	207,693	199,161	220,950	235,282	261,606

출처: 행정안전부 지방자치단체 외국인주민현황조사 자료(2014~2019)를 바탕으로 재구성함.

한국 사회 내 외국인 유입 증가로 인한 인종적, 문화적 다양성 수준의 증가는 이미 피할 수 없는 행정환경의 변화추세라 할 수 있다. 인종적, 문화적 배경이 상이한 정책대상들의 특성을 파악하고 한국 사회 내 성공적으로 융합할 수 있도록 지원하는 정책적 노력이 중요하다. 그럼에도 외국인과 다문화 가정 출신 개인이 공직에 진출할 수 있도록 지원하는 제도는 타 균형인사정책의 대상에 비해 미비한 상태이다. 현재 한국 정부는 사회통합인재를 대상으로 한 균형인사제도를 중심으로 결혼이민자와 다문화 가정의 일원, 북한이탈자 등 다양한 사회적 소수집단의 일원을 지원하는 방안을 모색하고 있으며, 정책 대상의 특성을 반영하여 제도를 지속적으로 개선해나가는 전략이 효과적일 것이다.

2) 다양성 포용적 문화 조성

외국인 및 다문화 가정을 지원하는 제도적 기반 마련과 더불어 다양성에 대한 포용적 문화(diversity inclusive culture)를 조성하려는 노력 역시 중요하다(Mor Barak, 2017). 한국 사회 내 체류 외국인의 비율이 증가하였음에도 불구하고 한국인의 인식은 오히려 부정적으로 변화하고 있다(<표 14.10> 참고). 한국인의 인종적, 민족적 선입견은 국가별로 다르게 나타나는데, 미국인을 비롯한 백인에 대해 우호적인 태도를 보이는 반면, 백인 이외 유색인종에게는 폐쇄적이고 부정적인 태도를 보이는 것으로 나타났다(아산정책연구원, 2014). 외국인 이민자에 대한 부정적 인식은 '외국인 이민자가 범죄율을 높인다'(응답자 중 53% 긍정적 답변) 등 사회적 문제 측면에서 강하게 나타났고, '외국인 이민자가 한국인의 일자리를 빼앗아간다'(34%의 긍정적 답변) 등 경제적 측면에서는 아직 심각하게 나타나지는 않았다 (아산정책연구원, 2014). 그러나, 최근 미국의 사례에서 볼 수 있듯이, 한국 사회 및 조직 내 다양성이 높아질수록 경제적 측면의 부정적인 인식도 높아질 가능성이 농후하다.

표 14.10 시기별 다문화 가정 및 외국인 노동자에 대한 한국인의 인식

	다문화 가정 증가가 한국 사회에 미치는 영향(%)		외국인 노동자에 대한 한국인의 태도(%)	
	경쟁력 강화	사회통합저해	한국사회의 가치를 어지럽힌다	한국사회 적응 노력이 부족하다
2011	74.2	25.8	15.7	24.6
2012	70.1	29.9	19.8	23.5
2013	67.5	32.5	21.5	27.2

출처: 아산정책연구원 (2014). 닫힌 대한민국: 한국인의 다문화 인식과 정책.

이를 해결하기 위해서는 무엇보다 다양성을 바라보는 관점의 전환이 중요하다. Ospina and O'Sullivan(2003, 244)은 다양성을 "조직의 효과성을 높이기 위한 필수요건"이며 "형평성이나 사회적 정의를 위한 도덕적인 훈령이 아니라 경쟁적 우위를 선점하기 위한 필수요건"이라 설명하였다. 이렇듯 다양성이 사회 및 조직

에 가져올 수 있는 긍정적인 효과에 대한 구성원들의 이해도를 높이는 전략이 효과적일 것이다. 또한, 조직의 관리자는 다양성의 역기능을 완화하고 순기능은 높이는 사후 관리적 조치의 중요성을 인식할 필요가 있다(Choi and Rainey, 2010; Cox, 1993; Ely, 2004; Foldy, 2004). 다양성 관리의 목적이 과거의 차별을 보상하기 위한 윤리적, 도덕적 차원을 넘어, 다양한 조직구성원의 잠재능력을 적극적으로 활용함으로써 조직의 성과를 향상시키는 데 있다는 점을 강조하는 것이 중요하다 (Thomas, 1990).

조직 내 다양성이 높아지면 구성원들의 요구도 다양해진다. 이렇듯 다양한 인력의 필요를 충족하기 위해 제도적, 관리적 지원이 필요한데, 예를 들어, 유연근무제, 원격근무제, 시간선택제, 휴가제 등 가정친화적 제도(family-friendly policies)와 같은 제도적 기반 마련이 우선되어야 할 것이고, 사회 및 조직 내 차별을 철폐하고 다양성을 포용하는 조직 문화를 조성하는 관리적 노력이 동반되어야 할 것이다. 관리자가 구성원 간 이질성을 이해하고 다양성을 포용하는 리더십을 발휘할 때 비로소 다양성 제도의 효과성을 높일 수 있고, 특히 최고관리자가 가진 다양성에 대한 가치관과 미션이 다양성 포용적 조직 문화(diversity climate)를 조성하는 데 주요한 역할을 할 것이다.

5 나가며

제4차 산업혁명시대를 맞아 국가 간 경계선이 희미해지고 있다. ICT 기술의 발달과 함께 정치, 사회, 경제, 문화 다방면에서 국가 간 교류가 활발해지고 경계선이 모호해지면서 사회문화적 다양성을 접할 기회가 증가하고 있다. 국가 간 인구이동이 가속화됨에 따라 각 국가의 인구구성의 다양성 역시 높아지는 추세다. 따라서 다양성, 즉 '서로 다름'을 인정하고 존중함으로써, 갈등을 해소하고 포용적 통합을 이루어 나가는 것이 미래 주요 사회적 과제가 될 전망이다.

공공 및 민간조직을 막론하고 인력의 다양성을 효과적으로 관리하는 것이 인사관리의 주요 패러다임이 되었으며, 조직 경쟁력 제고를 위한 주요 경영 전략으로 강조되고 있다(Mor Barak, 2017). 다양한 조직 내 인사 관리자들에게 있어 조직 내 인력 다양성을 수용하고 조화시키는 관리역량의 중요성이 높아지고 있다.

한국 정부의 균형인사정책은 지난 10여 년간 여성과 장애인 등 사회적 약자를 대상으로 한 적극적 고용지원정책에 중점을 두었다. 그러나, 최근 행정환경이 급속히 변화함에 따라 한국 정부의 균형인사정책은 새로운 국면에 접어들었다고 볼 수 있다. 한국 사회 내 외국인 노동자, 북한이탈자, 결혼이주자, 다문화가정 등 인종적/민족적, 문화적 다양성의 증가와 공공 조직 내 양적인 다양성 증가에 치우친 정책의 한계(예: 불평등, 갈등) 등 기존의 균형인사정책의 수정과 보완을 요구하는 목소리가 높아졌다. 따라서 균형인사정책의 대상을 확대하는 등 행정환경의 변화를 반영한 정책을 수립하고, 조직 내 증가한 다양성을 효과적으로 관리하는 제도적 기반 마련과 관리적 노력을 경주하는 것이 중요할 것이다.

참고문헌

강성철, 김판석, 이종수, 진재구, 최근열. (2014). 「새인사행정론」. 대영문화사.

김두래. (2017). "정부의 대표성은 국민 삶의 질을 향상시키는가?: 공공서비스 정책 효과의 국가 비교 분석". 한국정책학회보, 26(2): 311−34.

김선희. (2012). "여성 공무원의 능동적 대표성에 대한 탐색적 분석". 행정논총, 50 (1): 91−116.

김진숙, 이근주. (2014). "여성채용목표제의 정책 효과성 평가: 공공부문과 민간부 문의 여성채용 비교를 중심으로". 한국인사행정학회보, 13(3): 151−78.

박천오. (2010). "한국 여성 공무원의 여성 대표적 역할 인식에 관한 탐색적 연구". 한국행정연구, 19(1): 177−200.

왕태규. (2018). "대표관료제가 조직성과에 미치는 영향에 관한 연구: 채용제도를 중심으로". 한국인사행정학회보, 17(1): 167−93.

이근주, 이수영. (2012). "다양성의 유형화를 위한 시론적 연구". 한국인사행정학회 보, 11(1): 175−197.

이종구, 고영희. (2012). "한국 기업의 다양성 수준, 전략 그리고 기업 성과". 전문 경영인연구, 15(3): 103−135.

인사혁신처. (2018). 제1차 균형인사기본계획(2018~2022). 인사혁신처.

임운택. (2013). "이주노동자의 인권보호를 위한 이론적 논의와 국제적 실천의 시 사점: 문화다양성과 인권의 관점에서". 산업노동연구, 19(2): 33−66.

전영평 (2007). "소수자의 정체성, 유형, 그리고 소수자 정책 연구 관점". 정부학 연구, 13(2): 107−31.

최무현. (2001). "대표관료제 이론과 그 적용에 관한 연구". 연세사회과학연구, 7: 143−66.

최성주, 이근주, 최유진. (2018). "다양성과 다양성 관리: 한국형 다양성 연구의 방 향 모색". 한국인사행정학보, 17(4): 1−28.

행정안전부. (2020). 지방자치단체 외국인주민현황조사 자료(2014~2019). 행정안전부.

Blau, Peter M. 1977. *Inequality and heterogeneity*. New York, NY: Free Press.

Bradbury, M., and J. Kellough. 2011. Representative bureaucracy: Assessing the evidence on active representation. 41 (2): 157−67.

Bunderson, S. J., and Sutcliffe, K. M. 2002. "Comparative Alternative Conceptualizations of Functional Diversity in Management Teams: Process and Performance Effects." *Academy of Management Journal*, 45 (5): 875－893.

Byrne, Donn. 1971. *The attraction paradigm.* New York, NY: Academic Press.

Chatman, Jennifer A., and Francis Flynn. 2001. The influence of demographic composition on the emergence and consequences of cooperative norms in groups. *Academy of Management Journal* 44 (5): 956－74.

Chatman, Jennifer A., Jeffrey Polzer, Sigal Barsade, and Margaret Neale. 1998. Being different yet feeling similar: The influence of demographic com－position and organizational culture on work processes and outcomes. *Administrative Science Quarterly* 43: 749－80.

Childs, S., and J. Lovenduski. 2013. Political representation. In Waylen, G., Celis, K., Kantola, J., and Weldon S. L. (Eds.), *The Oxford Handbook of Gender and Politcs* (pp. 489－513). Oxford: Oxford University Press.

Choi, S. 2009. Diversity in the US Federal Government: Diversity Management and Employment Turnover in Federal Agencies. *Journal of Public Administration Research and Theory*, 19 (3): 603－30.

Choi, S. 2011. Diversity and Representation in Federal Agencies: Analysis of the trends of Federal Employment. *Public Personnel Management*, 40 (1): 25－46.

Choi, S., and H. Rainey. 2010. Diversity, Diversity Management, and Organizational Performance in the U.S. Federal Government. *Public Administration Review*, 70 (1): 109－121.

Cox, Taylor H. 1993. *Cultural diversity in organizations: Theory, research, and practice.* San Francisco, CA: Berrett－Koehler.

Cox, Taylor H., and Stacy Blake. 1991. Managing cultural diversity: Implications for organizational competitiveness. *Academy of Management Executive* 5 (3): 45－56.

Cummings, Anne, Jing Zhou, and Greg R. Oldham. 1993. Demographic differ－ences and employee work outcome: Effects on multiple composition groups. Paper presented at the annual meeting of the Academy of Management, Atlanta, GA.

Ely, Robin J. 2004. A field study of group diversity, participation in diversity education programs, and performance. *Journal of Organizational Behavior* 25: 755－80.

Ely, Robin J., and David A. Thomas. 2001. Cultural diversity at work: The ef-fects of diversity perspectives on work group processes and outcomes. *Administrative Science Quarterly* 46: 229−73.

Fernandez, J. P. 1991. *Managing a Diverse Workforce*. MA: Lexington Books.

Foldy, Erica G. 2004. Learning from diversity: A theoretical exploration. *Public Administration Review* 64 (5): 529−38.

Gade, D., and V. Wilkins. 2013. Where did you serve? veteran identity, repre-sentative bureaucracy, and vocational rehabilitation. *Journal of Public Administration Research and Theory*, 23 (2): 267−88.

Gladstein, Deborah L. 1984. A model of task group effectiveness. *Administrative Science Quarterly* 29: 499−517.

Hambrick, Donald C., and Phyllis A. Mason. 1984. Upper echelons: The or-ganization as a reflection of its top managers. *Academy of Management Review* 9:193−206.

Hong, S. 2016. Representative bureaucracy, organizational integrity, and citizen coproduction: Does an increase in police ethic representativeness reduce crime? *Journal of Policy Analysis and Management*, 35 (1): 11−33.

Jackson, Susan E., and Aparna Joshi. 2004. Diversity in social context: A mul-ti−attribute, multilevel analysis of team diversity and sales performance. *Journal of Organizational Behavior* 25: 675−702.

Jackson, Susan E., Aparna Joshi, and Niclas L. Erhardt. 2003. Recent research on team and organizational diversity: SWOT analysis and implications. *Journal of Management* 29 (6): 801−30.

Jackson, Susan E., Karen E. May, and Kristina Whitney. 1995. Understanding the dynamics of diversity in decision making teams. In *Team effectiveness and decision making in organizations*, ed. R. A. Guzzo, and E. Salas. San Francisco, CA: Jossey−Bass.

Jehn, Karen A. 1995. A multimethod examination of the benefits and detriments of intragroup conflict. *Administrative Science Quarterly* 40: 256−82.

Jehn, Karen A., Gregory B. Northcraft, and Margaret A. Neale. 1999. Why dif-ference make a difference: A field study of diversity, conflict, and per-formance in workgroups. *Administrative Science Quarterly* 44: 741−63.

Larkey, L. K. 1996. "Toward a Theory of Communicative Interactions in Culturally Diverse Workgroups." *Academy of Management Review*, 21:

463－492.

Lim, H. 2006. Representative bureaucracy: Rethinking substantive effects and active representation. *Public Administration Review*, 66(2): 193－204.

Loden, M., and Rosener, J. B. 1991. *Workforce America: Managing Employee Diversity as a Vital Resource*. Homewood, IL: Business One Irwin.

McLeod, P. L., and Lobel, Stephen. 1992. "The Effects of Ethnic Diversity on Idea Generation in Small Groups." Paper presented at the Annual Meeting of the Academy of Management, Las Vegas, Nevada.

Meier, K., and J. Nicholson－Crotty. 2006. Gender, representative bureaucracy, and law enforcement: The case of sexual assault. *Public Administration Review*, 66 (6): 850－60.

Meier, K., and J. Stewart. 1992. The impact of representative bureaucracies: Educational systems and public policies. *American Review of Public Administration*, 22 (3): 157－71.

Milliken, Frances J., and Luis L. Martins. 1996. Searching for common threads: Understanding the multiple effects of diversity in organizational groups. *Academy of Management Review* 21: 402－33.

Mosher, F. 1982. *Democracy and the public service* (2nd edition). New York: Oxford University Press.

Mor Barak, M. 2000. The inclusive workplace: An ecosystems approach to di－versity management. *Social Work*, 45 (4): 339－53.

Nemeth, C. J. 1992. Minority dissent as a stimulant to group performance. In Worchel, S., Wood W., and Simpson, J. A. (Eds.), *Group Process and Productivity*. Newbury Park, CA: Sage Publications.

Ospina, S. 2001. Managing diversity in the civil service: A conceptual frame－work for public organizations. In UNDESA－IIAS (Eds.), *Managing Diversity in the Civil Service*. Amsterdam: IOS Press.

Pelled, Lisa H., Kathleen M. Eisenhardt, and Katherine R. Xin. 1999. Exploring the black box: An analysis of work group diversity, conflict, and performance. *Administrative Science Quarterly* 44: 1－28.

Riccucci, N., and M. Meyers. 2004. Linking passive and active representation: The case of frontline workers in welfare agencies. *Journal of Public Administration Research and Theory*, 14 (4): 585－97.

Riccucci, N., G. Van Ryzin, and C. Lavena. 2014. Representative bureaucracy in policing: Does it increase perceived legitimacy? *Journal of Public Administration Research and Theory*, 24 (3): 537−51.

Riccucci, N., G. Van Ryzin, and H. Li. 2016. Representative bureaucracy and the willingness to coproduce: An experimental study. *Public Administration Review*, 76 (1): 121−30.

Selden, S. C. 1997. *The Promise of Representative Bureaucracy: Diversity and Responsiveness in a Government Agency.* Armonk, NY: M.E. Sharpe.

Tajfel, Henri. 1978. *Differentiation between social groups: Studies in the social psychology of intergroup relations.* New York, NY: Academic Press.

Tajfel, Henri. 1981. *Human groups and social categories.* Cambridge: Cambridge University Press.

Thomas, R. R. 1991. *Beyond Race and Gender: Unleashing the Power of Your Total Work Force by Managing Diversity.* New York: Amacom.

Thomas, D. A., and Ely, R. J. 1996. Making differences matter: A new paradigm for managing diversity. *Harvard Business Review*, 74 (5): 79−90.

Tsui, Anne S., Terri D. Egan, and Charles A. O'Reilly. 1992. Being different: Relational demography and organizational attachment. *Administrative Science Quarterly* 37: 549−79.

Tsui, A., and B. Gutek. 1999. *Demographic differences in organizations: Current research and future directions.* New York, NY: Lexington Books.

Turner, John C. 1987. *Rediscovering the social group: A self−categorization theory.* Oxford: Blackwell.

Wiersema, Margarethe F., and Karen A. Bantel. 1992. Top management team demography and corporate strategic change. *Academy of Management Journal* 35 (1): 91−121.

Wise, L. R., and Tschirhart, M. 2000. "Examining Empirical Evidence on Diversity Effects: How Useful Is Diversity Research for Public−Sector Managers?" *Public Administration Review*, 60 (5): 386−394.

Wilkins, V., and L. Keiser. 2006. Linking passive and active representation for gender: The case of child support agencies. *Journal of Public Administration Research and Theory*, 16 (1): 87−102.

공공서비스 비정부 전달체계:
자원봉사 활용을 중심으로

강성철

생각해보기

- 정부가 공공서비스를 직접 제공하는 방식 외에 활용할 수 있는 전달체계에 대해서 논의해보자.
- 공공기관의 자원봉사자 활용 시 비용·편인은 어떠한 것이 있는지 논의해보자.
- 공공조직 차원에서 자원봉사자의 효과적인 활용 및 관리를 위해 중요한 요인은 무엇인지 논의해보자.
- 현재 우리나라의 공공영역 자원봉사 활용 현황이 어떤 양상인지와 구조적 주요 특성, 유형 등을 유추하고 토론해 보자.
- 우리나라의 공공조직 차원에서 드러나는 자원봉사자 활용의 문제점들과 개선방향에 대해서 논의해 보자.

공공서비스 비정부 전달체계

: 자원봉사 활용을 중심으로

1 들어가며

전 세계 많은 정부는 공공서비스를 직접 제공하는 방식 외에 타(他) 정부 기관, 민간기업, 비영리 단체 등 외부 조직과의 파트너십 및 협력 관계를 통해 서비스를 전달하고 있으며, 자원봉사자 또는 클라이언트(client)와 공동생산(co-production)을 통해서도 서비스를 전달하고 있다. 지난 1980년대부터 전 세계적으로 선진국에서 정부 운영의 개혁을 가져온 신공공관리(New Public Management) 패러다임은 서비스 전달방식을 다양화하였으며, 민영화 움직임이 이를 대변한다(Gruening 2001). 이러한 변화는 정부 역할을 축소하는 동시에 확대하는 양상을 가져왔다. 정부가 직접 서비스를 제공하는 방식에서 벗어나 타(他) 정부 기관, 민간기업, 비영리 단체 등 외부 조직과의 파트너십 및 협력 관계를 통하여 서비스를 전달한다는 면에서 정부의 역할을 축소하였다. 예를 들어, 미국 지방 정부 기관들은 전기, 가스, 수도, 교통, 폐기물 수거 및 처리, 공공보건, 보안 업무 등 기존의 많은 공공서비스를 민간조직에 위탁하여 제공하고 있다. 이외에도 사회복지, 고용 교육훈련, 자연자원 관리 등 인력이 많이 투입되는 공공업무에 대해서 자원봉사단체와 협력하거나 자원봉사자를 직접 활용하기도 한다. 이처럼 상당 부분의 공공서비스 전달 업무가 정부로부터 민간영역으로 전이됨으로써 정부의 역할이 축소됐다고 할 수 있다.

그러나 공공서비스의 물리적 "생산(production)"이 외부 제공자에게 상당 부분 이전되었더라도, 공공서비스의 생산 외에도 프로그램 고안 및 형성, 서비스 전달, 평가, 모니터링 등 정책 과정 전반에 걸쳐 정부의 역할이 중요하다. 특히, 외부제공자들이 서비스를 생산적이고 효과적으로 전달하기 위해 정부와의 지속적인 교류가 필요한데, 이러한 교류는 계약 성사, 협력, 교육훈련, 설득, 장려 지원 제도, 보조금, 규제설립 또는 완화, 정보에의 접근, 모니터링 및 회계·감사 등 서비스의 "생산" 이외의 전반적인 정책 과정 가운데 정부의 역할이 더욱 확대되었다고 할 수 있다.

외부 공공서비스 전달자는 주로 타(他) 정부기관, 민간기업 또는 비영리단체와 같은 조직 단위의 제공자, 그리고 자원봉사자 및 클라이언트와 같은 개인 단위의 제공자로 분류할 수 있다(Alford and O'Flynn, 2012). 본 연구는 서비스 전달 대안으로써 자원봉사 활용을 중심으로 살펴본다. 미국 공공서비스에의 자원봉사자 참여는 오래전부터 이어져 왔으며, 적용 영역 또한 매우 광범위하고 활발한 것으로 조사되었다(Brudney, 1990; Nesbit and Brudney, 2013). 자원봉사자 활용은 비용 절감 및 서비스 질 개선 등 다양한 혜택을 가져다주며, 최근 몇몇 실증 연구들은 이러한 주장을 입증하고 있다(Ivonchyk, 2019; Kang, 2021; Kang, Nesbit, and Brudney, 2020). 본 논문은 서비스 제공 과정의 전반적인 분석을 토대로 서비스 전달체계, 역할 분담, 그리고 조정체계에 관한 개요를 먼저 살펴본 후, 미국 공공영역에서의 자원봉사 활용에 관한 전반적인 개요, 활용 문제, 그리고 관리 방안 등을 살펴본다.

2 공공서비스의 비정부 전달 개요

1) 공공서비스 전달체계의 변천

정부에 의한 서비스 제공은 근대시대에 들어 생긴 관념이다. 미국에서는 1789년 정부가 처음 설립될 당시 정부의 기능을 매우 제한하였다. 정부의 역할은 주로 국가 방위, 외교, 우편사업, 그리고 조세 등에 한정되었고, 현재 국가의 주된 사업으로 여겨지는 공공안전, 교정(矯正), 기소, 수송 등 다양한 서비스 제공을 그 당시에는 민간영역 업무로 간주하였다(Kernell et al., 2019). 그러나 19세기 말 산업혁명을 통해 등장한 혁신주의 시대(Progressive Era) 때 공공행정의 개혁이 일어났고, 많은 사회·경제적 문제점을 해결하기 위한 정부의 개입이 요구되었다. 산업혁명으로 인해 많은 인구가 도시로 몰리자 정부가 빈곤, 굶주림, 노숙, 질병 등의 사회적 문제들을 해결해야 한다는 목소리가 커졌다. 또한, 대규모 노동자 계층의 등장은 정부가 교육, 공중보건, 주택공급, 고용 및 사회보장에 관한 노동환경을 개선하는 책임이 부과되었다. 이러한 움직임은 20세기 초 서서히 진행되다가 1930년대 대공황과 제2차 세계대전을 기반으로 다양한 공공서비스에 대한 정부의 개입이 급격히 증가하였다. 이후 1950년대부터 1970년대까지 약 20년 동안 미국의 경제적 호황이 정부예산의 흑자를 생성하였고, 린든 대통령의 빈곤전쟁(War on Poverty)과 같이 다양한 경제 영역뿐만이 아닌 사회, 인권, 그리고 환경적 문제를 해결하기 위하여 정부의 서비스 제공이 확대되었다. 그러나 1970년대 들어 큰 정부(big government)로 인한 국가 재정 악화, 과도한 세금 징수, 과잉규제 등에 대한 국민의 반감으로 닉슨(Nixon), 레이건(Reagan) 등과 같은 보수정권이 등장하게 되었다. 이와 동시에 공공서비스 제공에 차질을 빚지 않기 위해 정부의 직접 제공보다는 민간영역과 협력하거나 위탁하는 비정부 서비스 전달방식을 찾기 시작하였는데, 이는 1980년대 들어 전 세계적으로 빠르게 확산한 공공서비스 민영화(privatization) 움직임으로 대두되었다(Kettl, 2020; Salamon, 1981).

현재 민영화라는 개념은 처음 등장했던 시기에 비해 매우 광범위하고 다양한 정부 영역에서 적용되고 있으며, 넓은 의미에서의 민영화와 좁은 의미에서의 민영화를 들 수 있다(Seidenstat, 1996). 전자의 경우 타(他) 정부기관, 민간기업 또는 비영리단체와의 외부계약, 민간이 사회간접자본시설 공급에 참여하는 민관합작투자사업(public-private partnership), 공공서비스사업에 자원봉사자 또는 클라이언트에 의한 민간참여 등을 포괄한다. 좁은 의미로의 민영화는 주로 외부계약 등에 한정되어 쓰인다.

공공서비스의 외부 전달자는 주로 타(他) 정부기관, 민간기업 또는 비영리단체와 같은 조직 단위 형태를 띠는 것이 일반적이지만, 잘 다뤄지지 않는 자원봉사자와 클라이언트와 같은 개인 단위의 서비스 전달자도 존재한다. 한편, 공공영역의 자원봉사자 활용에 관한 연구는 미국 학계에서도 활성화되어 있지 않으며, 이는 자원봉사가 비영리 영역이라는 인식 때문이다. 자원봉사(volunteering)와 더불어 공동생산(co-production)의 클라이언트(client)와 같은 개인 단위의 서비스 제공 형태는 1980년대 행정학 선행연구에서 더러 연구되었지만(Brudney 1984), 조직을 통한 외부위탁(contracting)만큼 많은 연구가 진행되지 않았다. 그러나 최근 2000년대 중후반 이후 행정학에서 지원봉사 및 공동생산에 대한 학계의 재조명이 이뤄지고 있다. 다음 부문에서는 조직 단위의 서비스 제공자와 개인 단위의 서비스 제공자 체계를 각각 살펴본다.

(1) 조직 단위의 서비스 외부제공자

외부위탁은 민간위탁과 혼용되어 사용되지만, 외부위탁 기관이 민간조직만이 아닌 다른 공공단체도 포함하기 때문에 본문에서는 '외부위탁'이라는 용어를 사용한다. 외부위탁이란 민간기업, 비영리단체, 외부 정부기관 등에게 발주하여 서비스를 전달하는 형태이며, 주로 계약을 통해 관계가 성립되고 유지된다(Brown & Potoski 2006). 민간기업과의 계약은 거대기업에서부터 중소기업에 이르러 맺을 수 있고, 비영리 단체와의 계약은 거대 법인회사에서부터 지역 방범대와 같은 중소 비공식 조직도 포함된다. 타(他) 정부 기관의 경우 정부 간(intergovernmental) 협력을 통해 관계가 형성되는데, 예를 들어, 중앙정부가 지방자치 정부에게 서비스 전달을 요청하거나 지방정부가 중앙정부에게 재원 및 서비스를 요청할 수 있고, 지방자치정부가 타 자치치정부에 의뢰하여 서비스 공유를 요청할 수도 있다.

(2) 개인 단위의 서비스 외부제공자

조직 단위의 서비스 전달자 외에 개인 단위의 서비스 전달 개체로는 자원봉사자 및 클라이언트 두 종류가 있다(Alford and O'Flynn, 2012). 먼저, 자원봉사자의 경우 매우 다양한 공공서비스 분야에서 단순 보조업무 또는 주요 업무에 활용되고 있으며, 민간인 신분으로 공공기관에 일시적 또는 단기간으로 봉사하거나 준(準)고용 형태로 장기간으로도 참여할 수도 있다(Brudney and Kellough, 2010; Kang, Nesbit, and Brudney, 2020; Nesbit and Brudney, 2013). 후자의 경우 미국의 소방서 또는 경찰서에서 주로 운영하는 자율소방대 또는 예비/보조경찰(reserve/auxiliary officer)이 대표적인 예이며, 준(準)-고용 형태는 업무의 지속성과 전문성을 강화하기 위한 목적이다(Dobrin & Wolf 2016). 그러나 준-고용 형태라 하더라도 공무원 신분이 아닌 민간인 신분으로 일정 기간 교육훈련 후 급여 없이 공공업무에 참여하는 것이다. 한국의 자율방범대 또는 의용소방대가 이와 유사한 형태지만, 미국은 각 주(州)마다 자원봉사자를 다루는 법체계가 달라서 통일된 연방법이 존재하지 않는다. 한편, 자원봉사자가 공공기관이 아닌 비영리 단체에 속하여 공공기관-비영리 단체 간 계약 관계를 통해 공공서비스에 참여할 수 있지만, 이러한 형태는 외부위탁이라는 단계를 거친 후 봉사활동을 활용하는 하급 단계인 관계로 본문에서는 다루지 않는다.

다음으로, 클라이언트의 경우 공동생산 연구에서 다루고 있으며, 공공기관에 직접 참가하는 자원봉사자보다는 덜 공식적인 양상을 띤다. 공동생산이란 서비스의 직접적인 수혜자들이 수동적으로 서비스를 받는 것에 그치지 않고 능동적으로 서비스 생산에 참여하는 개념이다(Nabatchi 외, 2017). 예를 들어, 학부모가 자녀를 학교에 보냄으로써 수동적으로 교육을 받는 것에 그치지 않고, 학부모 회의를 통해 공식 교과과정을 개선하기 위한 개선책을 제안하거나 자녀들의 방과 후 교육과정 채택에 참여하는 등 정부와 더불어 교육을 공동으로 생산하는 개념이다. 다른 예로, 공공 직업교육 기관이 실업자들의 고용을 증가시키기 위해서는 적절한 정책 및 지원을 제공해야 함과 동시에 실업자들이 직업을 적극적으로 찾아보거나 직무교육에 성실히 임함으로써 고용을 공동으로 생산하는 것이다. 즉, 정부 서비스의 효과적인 전달을 위해 수혜자들의 적극적인 참여가 중요하다는 것이 공동생산의 원칙이다.

(3) 요약

미국의 공공서비스 전달을 위해 위탁 가능한 외부 정부기관, 민간조직, 그리고 개인 단위의 자원봉사자와 클라이언트에 관한 전달체계 및 서비스 사례를 다음 <표 15.1>에 소개하고 있다.

표 15.1 공공서비스 외부 전달체계 및 서비스 사례

외부 제공자		정부 단위		
		지방 정부	주(州) · 도(道) 정부	중앙정부
조직 단위 제공자	타(他) 지방 정부	다(多)지자체 폐기물 처리장	도로 보수 지원	고용 · 교육 프로그램
	타(他) 주(州) 정부	–	재난 복구 프로그램	마약 방지 프로그램
	타(他) 중앙정부 기관	–	–	원주민 · 토착민 지원 프로그램
	민간기업 (영리 목적)	폐기물 수거	시설물 건축 · 보수	방위 산업
	비영리 단체	노인요양 복지 사업	노인요양 복지 사업	고용 · 교육 프로그램
개인 단위 제공자	자원봉사자	저소득 노인 방문 식사제공 및 돌봄 서비스	국공립 서비스 업무보조	국공립 서비스 업무보조
	클라이언트	개인 · 가정 쓰레기 분리수거	학생 및 학부모	복지 수혜자

출처: Alford and O'Flynn (2012).

정부가 외부제공자와 서비스를 제공할 수 있는 방식은 여러 가지가 있다. 예를 들어, 중앙정부가 고용 정책을 설립하고, 지방 정부들에 실제 고용 · 교육 프로그램 시행을 맡길 수 있다. 폐기물 처리와 관련해서 정부 간 협력을 통해 지방 정부가 타(他) 지방 정부와 공동으로 폐기물 처리시설을 운영하고, 폐기물 수거는 민간업체에 위탁하며, 쓰레기 분리수거는 각 개인 또는 가정에서 담당한다. 저소득 노인 요양의 경우 정부가 시설을 직접 운영하거나 민간기관에 위탁할 수 있으며, 예산이 부족할 경우 자원봉사자들을 활용해서 방문 돌봄 요양 및 식사 등의

서비스를 제공할 수 있다. 이외에도 공공서비스 제공을 위한 여러 가지 복합적인 배열을 구성할 수 있는데, 서비스의 종류와 예산, 인력 및 인프라 등의 요인을 고려해서 가장 효과적인 방안을 찾는 것이 중요하다.

2) 서비스 제공 과정의 역할 분담

정부가 서비스를 제공하는 데 직접 생산·전달하는지 또는 앞서 살펴본 외부 전달체계를 통해 제공하는지는 여러 요인을 토대로 결정해야 한다. 어떤 서비스를 제공해야 하고 이를 누가 생산 또는 전달할지에 관한 결정, 그리고 서비스 제공을 위하여 가장 효과적인 예산편성 및 인적자원 배분에 관한 결정 등을 신중히 고려해야 한다. 이러한 의사결정에 있어 중요한 두 가지 역할을 다음과 같이 살펴본다.

- 의사결정: 정부는 의사결정자로써 어떤 서비스를 제공하는지, 누가 생산하는지, 그리고 서비스를 전달할 수 있는 자원이 충분한지를 판단한다. 본 역할은 정치학, 경제학, 또는 정책학에서 다루는 주인-대리인 이론에서 '주인'의 역할, 구매자-공급자 분리 모델에서 '구매자' 역할, 그리고 정책과정에서 정책집행이 아닌 '정책결정'과 유사한 역할이다(Weible & Sabatier, 2018). 의사결정자는 새로운 서비스 종류를 광범위하게 설정하거나 구체화할 수 있고, 기존 서비스를 생산·전달하는 방식을 조정할 수도 있다. 의사결정에 있어 재정 지원의 역할도 중요한데, 서비스 제공에 있어 재정은 반드시 의사결정자가 공급하지 않을 수도 있다. 일반적으로 정부예산을 배정하지만, 많은 경우에는 사용자들이 지불하는 비용, 예를 들어 대중교통 요금 또는 우체국 요금에 의해 운영이 된다. 다른 예로, 민관합작투자사업의 경우 자금의 일부를 민간재원이 투입이 되며, 이는 서비스 또는 프로젝트를 통해 향후 개발이익 보장의 기회를 확보하기 위한 것이다(Kang 외, 2019).

- 생산자 역할: 서비스에 관한 결정이 내려진 후 자원을 실제적 가치로 전환하는 역할이다. 이는 앞서 언급한 주인-대리인 이론에서 '대리인' 역할, 구매자-공급자 분리 모델에서 '공급자' 역할, 그리고 정책과정에서 '정책집행'

과 유사한 역할이다(Sabatier, 2018). 서비스에 관한 '생산'이라는 용어는 공장에서 물리적으로 생산되는 재화를 떠올릴 수 있지만, 생산의 넓은 의미는 가용자원을 유형(有形) 또는 무형(無形)의 가치로 전환하는 모든 활동을 의미한다. 생산은 공공시설물, 대중교통, 우편과 같은 유형서비스를 지칭할 수 있고, 교육열 증가, 범죄예방, 저소득 노인의 삶의 만족도 증가와 같은 무형서비스를 가리킬 수도 있다. 즉, 생산자는 다양한 조직 또는 개인으로써 결정된 서비스를 실제로 제공 또는 전달하는 역할을 담당한다.

앞선 두 역할을 정부가 모두 담당하거나 외부 기관 또는 개체가 담당할 수 있으며, 정부와 외부제공자 간 혼합 형식을 택할 수도 있다. 다음 <표 15.2>는 서비스 과정에서 결정 또는 생산 역할을 담당하는 정부와 외부제공자 간 여러 배열을 살펴볼 수 있다. 공공서비스 제공에 있어 정부와 외부제공자 모두의 참여가 중요하기 때문에 본문에서는 셀 1, 2, 5, 6에만 초점을 맞추고, 정부가 단독으로 생산하는 셀 4 또는 외부제공자가 단독으로 결정하는 셀 3은 논의에서 제외한다.

표 15.2 서비스 제공 과정의 역할 분담

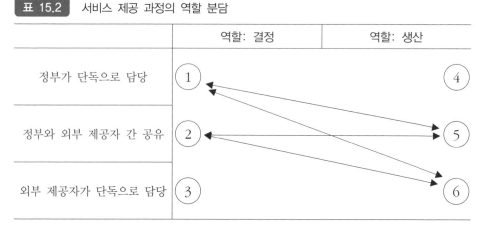

	역할: 결정	역할: 생산
정부가 단독으로 담당	1	4
정부와 외부 제공자 간 공유	2	5
외부 제공자가 단독으로 담당	3	6

출처: Alford and O'Flynn (2012).

- 제 1배열(셀 1과 5): 서비스에 관한 결정을 정부가 단독으로 내리고, 생산은 정부와 외부 제공자가 공유한다. 민관합작투자사업에서 주로 볼 수 있으며 정부가 정책결정을 내리지만 생산에 있어 공적자금과 민간재원이 모두 투입

이 된다.

- 제 2배열(셀 1과 6): 서비스에 관한 결정은 정부가 단독으로 내리지만, 생산은 외부 제공자가 단독으로 담당한다. 민간위탁 또는 아웃소싱에서 주로 볼수 있으며, 자원봉사자 활용도 이에 포함된다.

- 제 3배열(셀 2와 5): 서비스에 관한 결정은 정부와 외부 제공자가 공유하고, 생산을 정부와 외부 제공자 모두 공유한다. 정부기관과 외부제공자들이 서비스를 공유하고 공동으로 전달하는 협력적 파트너십, 몇몇 민관합작투자사업, 그리고 비영리단체, 타(他) 정부기관, 및 공동생산의 클라이언트와의 관계에서 살펴볼 수 있다.

- 제 4배열(셀 2와 6): 서비스에 관한 결정은 정부와 외부 제공자가 공유하지만, 생산은 외부 제공자가 담당한다. 상대적으로 다른 형태에 비해 드문 형식이지만, 비영리 의료단체와 협력하여 의료서비스 제공을 위한 파트너십에서 간혹 살펴볼 수 있다.

이와 같은 서비스 전달 배열들은 다양한 서비스 제공 형태를 포함하고 있지만, 세부 전략은 특정 배열에 국한되지 않고 여러 배열에서 나타날 수 있으며, 정부와 외부 제공자 간 관계가 거래적 또는 협력적인가에 따라 형태가 다를 수 있다. 예를 들어, 민관합자투자사업의 경우 기반시설 또는 공익사업은 정부가 단독으로 결정을 내린 후 외부에 위탁하여 민간기업이 단독으로 생산하는 경우는 거래적 관계이고, 보건의료의 경우 서비스에 관한 결정을 정부와 민간의료제공자가 공유하고 생산은 후자가 단독으로 담당할 경우 협력적 관계를 띤다(Kang et al., 2019).

3) 서비스 결정자와 생산자 간 조정체계

결정과 생산 역할을 담당하는 주체를 설정한 후, 성공적인 서비스 전달을 위해 생산자가 결정자의 의도대로 서비스를 제공하는지 감독하는 체계가 필요하다. 민영화 논의가 떠오르기 시작한 1980년대에는 정부의 감독체계가 주로 계약(contract)과 같은 공식적인 도구를 토대로 시장(market) 또는 계층(hierarchy)에 의존해야 하는 인식이 주를 이루었다(Savas, 1987). 그러나 2000년대에 들어 다양한 서비스 제공 형태가 부상하면서 계약 외에도 다양한 조정체계에 대한 논의가 이루어졌다. 다음 <표 15.3>에서 서비스 결정자와 생산자 간 관계 조정체계를 살펴볼 수 있다.

표 15.3 서비스 결정자와 생산자 간 관계 조정체계

강제 (Compulsion)	감독·감시 (Supervision)	계약 (Contracting)	협상 (Negotiation)	협력 (Collaboration)
◀──▶				
법	감사(監査)	인센티브·경쟁	상호 협의	신뢰, 목적 공유

출처: Alford and O'Flynn (2012).

위와 같이 결정자와 생산자 간 관계를 조정하는 도구로는 위반 시 강제적 법적 조치, 감독·감시, 그리고 계약과 같은 징계적 성격의 조정체계가 있으며, 협상 또는 협력과 같은 상호협의 및 신뢰에 의존하는 조정체계로 구분할 수 있다. 이러한 조정체계는 그러나 정확하게 구분되는 것이 아니며, 연속체(continuum)로 간주할 수 있다. 예를 들어, 계약의 경우 징계와 경쟁에 더 의존하는 거래적 계약, 협의와 신뢰에 더 의존하는 협력적 계약으로 세분화할 수 있다. 후자의 예로는 경쟁 입찰보다는 입찰자를 미리 지정한 후 협의를 통해 계약조건을 조정해나가는 경우를 들 수 있다. 협력에 의존하는 조정체계의 경우 주로 비공식적인 양상을 띠지만, 중앙집권적(centralized) 협력체계와 분산적(decentralized) 협력체계로도 나눌 수 있다(Himmelmann, 1996). 직접 감독·감시하는 체계의 경우 일반적으로는 조직 내에서 상사가 부하를 감독하는 서열상의 관계를 나타내지만, 정부와 외부제공자와의 관계에서도 정부가 주기적으로 계약을 맺은 민간기업에 감독관을 파견하여 서비스 생산 활동을 모니터링할 수 있다. 이러한 조정체계는 자원봉사자 또는 클라이언트와 같은 개인 단위의 서비스 제공자에도 적용이 되지만, 정부와 서비스 제공자 간 계약이 아닌 비공식적 양상을 띠기 때문에 징계 또는 통제 도구보다는 지역사회 참여와 같은 협력적인 가치에 의존하며, 복잡한 서비스보다는 상대적으로 숙련도가 낮은 서비스 분야에 많이 적용될 수밖에 없다.

마지막으로, 서비스 제공 과정의 조정체계마다 존속기간은 결정자와 생산자

간 맺어지는 관계가 계약 또는 협력, 단기 또는 장기적인 관계인가에 따라 상이할 수 있다. 계약 관계에서 정부조직이 행사 시 필요한 물품을 구매하는 단순거래 (single transaction)는 일시적인 활동이고, 지자체의 교통과가 민간 운송기업과 위탁 계약을 맺을 경우 장기적으로 존속할 수 있다. 민간위탁의 경우에도 단기 계약 또는 기반시설 건축·관리와 같은 장기 계약을 맺을 수 있다. 계약이 아닌 협력 관계에서 자원봉사자들이 주말 또는 휴가 때 참여하는 일시적인 활동, 미국의 자율 소방대 또는 예비/보조경찰의 경우 더 체계적인 프로그램으로 인하여 장기적인 활동이 존속할 수 있다.

한편, 조정체계의 존속기간은 이러한 관계가 반복되는지 여부도 중요하며, 이는 결정자와 생산자 간 관계를 맺는 참여자들의 기대치에 따라서도 다르다. 예를 들어, 장기적인 관계에 대해 기대가 높을 경우, 신뢰와 목적공유에 더 많은 시간과 노력을 서로 기울이게 되고, 단기적 관계의 경우 신뢰형성과 목적공유에 시간과 노력을 덜 투자하게 된다.

4) 요약

서비스 제공 과정의 전반적인 분석을 토대로 서비스 전달체계, 역할분담, 그리고 조정체계를 다음 <표 15.4>와 같이 정리할 수 있다. 이러한 분류체계는 <표 15.2>에서 살펴본 바와 같이 모든 서비스 제공체계를 포함하지 않으며, 결정 및 생산에 있어 정부와 비정부 개체가 동시에 또는 하나라도 참여하는 서비스 전달체계만 다룬다. 정부가 단독으로 서비스를 모두 결정 및 생산하는 체계는 제외하며, 비정부 기관이나 주체가 단독으로 서비스를 결정 및 생산하는 체계 또한 제외한다. 후자의 경우 정부의 개입이 없는 시장 활동은 자급자족 체계이기 때문에 공공서비스라고 보기 어렵다.

<표 15.4>에서 보는 바와 같이 서비스를 제공하는 개체로는 조직, 개인 또는 통합된 단위의 제공자가 있다. 전달체계로는 공공영역과 민간영역이 다양한 조합을 이루고 있다. 조직 단위의 서비스 전달체계로는 민간위탁, 프랜차이징 등과 같은 민영화·아웃소싱이 있고, 민관합작투자사업, 협력적 파트너십 및 정부 간 협정과 같은 파트너십의 형태가 있다. 다(多) 주체 네트워크의 경우 다양한 개체들이 혼합되어 결정과 생산에 참여한다. 조정체계로는 서비스의 종류 및 관계의 존

표 15.4　서비스 제공 역할 분담 및 조정체계 정리

개체 단위	전달체계	세부 방식	결정자	생산자	조정체계
조직	민영화·아웃소싱	민간위탁·계약	정부 기관	민간기업, 비영리조직, 타 정부기관	계약, 협의
		민관합작투자사업 (거래적)	정부 기관	민간기업	계약, 협의
	파트너십	민관합작투자사업 (협력적)	정부기관, 민간기업	정부기관, 민간기업	계약, 협력
		협력적 파트너십	정부기관, 비영리단체	정부기관, 비영리단체	협력
		정부 간 협정	정부기관, 타 정부기관	정부기관, 타 정부기관	협력
개인	자원봉사		정부기관	자원봉사자	준－고용
	공동생산		정부기관, 클라이언트	정부기관, 클라이언트	상호교환, 협조
통합	다(多) 주체 네트워크		정부기관, 다수의 민간기업, 비영리단체, 타 정부기관	정부기관, 다수의 민간기업, 비영리단체, 타 정부기관	목적에 따라 상이

• 정부 간 협정: Intergovernmental Agreement
• 협의: Negotiation
• 협력: Collaboration
• 협조: Cooperation

속기간과 통제 방식에 따라 계약, 협의, 협력, 준－고용 형태, 상호교환·협조 등의 형태를 나타낼 수 있다. 한편, 조직 단위의 전달체계와 달리 개인 단위의 자원봉사 및 공동생산 체계의 경우 조정체계가 비공식적인 양상을 띠지만, 공공서비스 생산에 참여하는 민간영역 개체이기 때문에 중요한 서비스 제공자로써 분류된다.

　　결론적으로 이러한 분류체계는 공공서비스의 전달에 있어 공공영역과 민간영역 간 명확한 구분을 내리기 어렵다는 행정학적 관점을 재차 확인하고 있지만, 동시에 서비스 제공을 위해 기존의 전달체계 및 방식에서 벗어나 가장 효과적인 체계를 찾을 수 있는 방안을 보여주고 있다(Rainey, 2014). 특히, 다(多) 주체 네트워크의 경우 다양한 개체들이 참여하고 조정체계 또한 매우 복잡하기 때문에 네트워크 관리의 중요성이 강조된다(O'Toole, 2015). 다음 장에서는 공공서비스 제공을 위한 자원봉사 전달체계에 관하여 살펴본다.

3 공공영역의 자원봉사 개요

1) 공공영역 자원봉사자 활용 현황

미국의 많은 지방자치단체 및 공공기관에서 자원봉사자를 직접 활용하는 사례가 많다. 그러나 행정학의 공공관리 영역에서 아직 활발하게 연구되고 있는 영역이 아니며, 이는 자원봉사가 비영리 영역에서 주로 활용된다는 일반적인 인식 때문이다. 많은 지방정부들에서 서비스 제공을 위해 자원봉사자들을 활용해 왔기 때문에 몇몇 학자들은 영역 간 자원봉사자 활용을 구별해야 한다고 주장해 왔다(Brudney 1990). 즉, 공공기관 자원봉사자 활용은 비영리 영역이 아닌 공공관리 시점에서 접근하고 연구되어야 한다는 것이다. 미국의 연방 노동청(Department of Labor) 노동통계청(Bureau of Labor Statistics)과 같은 공식 기관에서 발행하는 통계자료에 따르면 공공기관과 비영리기관 간 자원봉사자를 구분하지 않은 관계로 공공영역의 자원봉사자 현황은 정확히 알려진 바가 없지만, 지방자치단체별로 자원봉사자를 활용하는 서비스의 종류를 조사한 통계자료는 존재한다.

예를 들어, 1988년 발행된 국제도시카운티경영자협회(International City/County Management Association: ICMA) 통계자료를 분석한 Brudney(1990)에 따르면 그 당시 전 미국 지방정부가 서비스 제공을 위한 자원봉사자 활용이 민간위탁 다음으로 가장 많이 활용되는 서비스 제공 대안으로 나타났다. 약 20년 뒤 2007년에 동일 단체에서 발행한 통계자료 분석에 따르면 약 27%의 도시와 카운티 정부들이 한 개 이상의 서비스 분야에서 자원봉사를 활용하는 것으로 조사되었다(Nesbit and Brudney, 2013). 전국 데이터가 아닌 몇몇 주(州) 정부 통계자료에 따르면 약 74%의 시 정부와 97%의 카운티 정부가 자원봉사자를 활용한 것으로 조사되었다(Gazley and Brudney, 2005). 한편, 조직이 아닌 일반 시민을 대상으로 한 설문에 따르면 약 20 – 30%가 비영리 단체가 아닌 공공기관을 위해 봉사활동을 한 것으로 조사되었다(Brudney, Harris, and Sink, 2017). 이와 같이 공공기관 자원봉사자 활용은 미국에서 일어나는 모든 자원봉사활동의 약 4분의 1 정도를 차지하는 것으로 나타난다.

다음 <표 15.5>는 국제도시카운티경영자협회 2017년 통계자료를 통해 미국 각 시·카운티별 지방정부들이 서비스를 제공하는 주요 방식을 비교하고 있으며, 마지막 단은 자원봉사자가 활용되는 서비스 영역 및 비율을 보여주고 있다 (International City/County Management Association, 2019). 자원봉사자들은 다양한 공공서비스 영역에서 활용되지만 비영리 영역과 마찬가지로 공공사업, 지역사회 안전, 보건, 식품, 복지, 문화, 관광산업, 그리고 지역개발 등에 주로 투입되고 있다. 특히, 몇몇 주요 서비스에서 두드러지는 경향이 있는데, 소방·화재진압, 저소득 노인 식사 배달, 저소득 식사·요양 프로그램, 청소년 여가 프로그램, 노인 여가 프로그램, 문화·예술 프로그램, 박물관 운영·관리의 경우 10% 이상의 지방정부들이 자원봉사자를 활용하여 서비스를 제공하고 있다. 이와 같은 현상은 인적자원이 많이 요구되는 서비스 분야에 자원봉사자들이 많이 투입되고 있다는 것을 나타낸다.

표 15.5 2017년 미국 지방정부의 서비스 제공 방식 현황

서비스 영역	세부 업무	서비스 제공 방식				
		정부 직접 제공	타(他) 공공기관 위탁	민간위탁		자원 봉사자
				영리기업	비영리 단체	
공공사업·교통	폐기물 재활용	22.0%	12.2%	51.9%	3.0%	1.7%
	조경(造景)	44.6%	6.6%	34.7%	0.9%	2.5%
	공립 묘지 관리	57.9%	7.1%	19.5%	6.2%	5.7%
	공항 관리	37.9%	39.1%	13.6%	0.7%	2.6%
	위험 폐기물 처리	17.0%	42.5%	32.4%	2.7%	1.0%
공공안전	범죄 예방·방범활동	81.2%	15.1%	0.5%	0.6%	1.4%
	소방·화재진압	56.2%	23.5%	0.9%	4.2%	16.6%
	응급 의료	27.8%	29.5%	16.6%	8.4%	7.8%

	응급 구조사	33.1%	31.5%	22.2%	8.7%	6.5%
	주차 관리	80.0%	11.8%	4.1%	0.4%	0.7%
공중 보건·식품·복지	동물관리(animal control)	49.7%	31.9%	7.5%	7.1%	0.8%
	동물 보호소 관리	26.8%	40.4%	8.7%	23.5%	5.2%
	아동 복지	14.8%	67.7%	9.7%	15.6%	1.3%
	노인 요양	26.8%	41.0%	11.3%	26.1%	7.9%
	저소득 노인 식사 배달	14.9%	42.7%	10.0%	34.5%	10.1%
	저소득 식사·요양 프로그램	8.6%	44.7%	11.1%	39.6%	10.2%
	노인 집안 안전 돌봄 서비스	10.8%	45.9%	15.5%	33.3%	6.0%
	방문 의료·돌봄 서비스	10.9%	41.8%	34.7%	28.0%	1.7%
	병원 운영·관리	3.7%	34.6%	47.1%	30.2%	0.7%
	마약 중독 치료 프로그램	5.2%	55.3%	30.8%	37.2%	2.0%
	정신건강 프로그램	5.3%	56.6%	28.3%	36.4%	2.6%
	노숙인 지원·복지	1.8%	46.7%	15.4%	50.3%	6.3%
공원·여가·관광산업	휴양 시설 운영·관리	71.5%	12.3%	5.8%	5.9%	7.1%
	공원 조경·관리	70.7%	7.2%	15.2%	2.3%	4.4%
	컨벤션 센터·강당 운영·관리	47.6%	25.0%	19.5%	8.6%	1.5%
	방과 후 및 방학 교실	44.6%	25.0%	11.5%	21.3%	6.5%
	청소년 여가 프로그램	49.0%	17.2%	9.2%	19.7%	11.7%
	노인 여가 프로그램	45.0%	21.7%	9.4%	20.8%	10.7%
	문화·예술 프로그램	24.7%	19.1%	15.2%	41.0%	15.7%
	도서관 운영·관리	41.8%	43.3%	2.5%	10.4%	5.7%
	박물관 운영·관리	17.5%	25.2%	7.0%	47.6%	15.9%
지역개발	경제 개발	44.5%	27.7%	8.5%	18.6%	4.0%
	종합 토지 이용 계획	66.9%	13.7%	11.8%	1.3%	4.6%
	토지 이용 검토 및 허가	72.5%	10.3%	10.0%	1.0%	3.4%
	저소득 주택 공급	23.7%	48.1%	18.0%	26.5%	1.8%
	고용 인력 개발 및 교육	10.8%	60.1%	11.5%	30.4%	1.6%
	청년 취업	17.0%	53.5%	12.1%	30.3%	1.8%

출처: International City/County Management Association (2019).

2) 자원봉사 활용의 비용편익

공공영역 자원봉사자 활용의 비용·편익은 서비스 생산과정 및 품질 개선에 국한되지 않고 조직의 발전을 위한 전략적(strategic) 비용·편익, 그리고 관계적(relational) 비용·편익을 중심으로 살펴볼 수 있다.

(1) 서비스 차원의 비용편익

공공서비스 생산 및 제공 차원에서 조직에게 발생하는 비용·편익을 살펴보면, 우선 자원봉사자의 가장 큰 장점은 무(無)보수(報酬)로 노동력을 제공한다는 것이다. 조직이 급여를 제공하지 않음으로써 비용절감을 달성할 수 있다는 점은 많은 정부조직들이 자원봉사자 활용을 고려할 수 있는 중요한 요인이다. 그러나 실제적으로 비용을 줄이기 위해서는 급여를 받고 있는 정직원의 업무를 자원봉사자에게 위임할 수 있어야 하는데, 이는 현실적으로 많은 어려움을 수반한다. 먼저, 조직 차원에서 자원봉사자 프로그램 설립 및 관리에 예산이 투입되므로 자원봉사자 활용이 전적으로 무료로 활용되는 것은 아니다(Brudney, 1990). 예를 들어, 자원봉사자를 관리하기 위해 직원을 따로 배정하거나 새로 고용해야 하고, 자원봉사자들을 위한 별도의 사무공간, 관리비용, 보험, 그리고 기타 실비가 들어간다. 둘째, 자원봉사 활용에 대한 정직원의 태도를 고려해야 된다. 자원봉사자가 기존 직원을 보충하는 것이 아닌 대체한다는 인식이 들 경우 반발이 일어날 수 있으며, 특히 공무원노조의 영향이 강한 곳에서 반발이 더욱 클 수 있다. 이와 관련해서 자원봉사자들이 직원의 업무를 담당하는 것에 대한 회의 또는 불신이 생길 수 있다. 공공영역 업무는 주로 장기간의 교육·훈련 및 특별 자격요건을 요하는 경우가 많기 때문에 직원을 완전히 대체할 수 없다. 자원봉사자가 이러한 역량을 단기간에 획득하는 것은 어려우며, 설령 취득하였다 하더라도 많은 시간과 비용을 들여 얻은 기술을 자원봉사보다는 급여를 위해 사용하고, 계약직 또는 정직원으로 일할 경향이 더 많다. 앞서 살펴보았듯이, 자원봉사자들은 주로 인적자원이 많이 필요한 서비스 영역에 투입이 되며, 이는 직원을 대체하기보다는 부족한 인력을 보충하기 위한 전략으로 볼 수 있다.

이러한 단점을 토대로 자원봉사를 활용하는 근거는 비용효율성(cost-efficiency)보다 비용효과성(cost-effectiveness) 차원에서 고려되어야 한다(Brudney,

1990; Duncombe and Brudney, 1995). 즉, 자원봉사자 활용이 비용절감보다는, 설령 비용이 다소 들어가더라도, 서비스의 질과 양을 확대하고 제고하는 면에서 그 유용성을 고려하여야 한다는 것이다. 이런 측면에서 자원봉사자 활용이 공공기관의 비용효과성을 제고할 수 있는 방법은 다음과 같다. 첫째, 자원봉사자들 가운데, 흔하지 않지만 유사 직종에 근무하였던 은퇴자 또는 전문직에 근무하면서 유사 직종에 봉사하는 자의 경우 조직의 주요 업무에 기여할 수 있다. 예를 들어, 퇴직 경찰이 지역경찰서의 범죄예방 프로그램에 참여하거나 현직 변호사가 소외계층을 위해 무료(pro bono) 법률 자문을 제공할 수 있다. 그러나 이는 자원봉사자의 전문성이 뒷받침 될 때 가능한 일이며 자원봉사자의 전문성과 조직의 업무 간 적합성에 따라 서비스의 기여도가 좌우된다.

둘째, 조직의 비용효과성을 제고할 수 있는 다른 방안은 주요 업무가 아닌 보조 업무에 투입됨으로써 정직원의 효과성을 제고하는 것이다. 자원봉사자들이 전화응답, 기록관리, 복사, 물건운반, 번역업무, 복지 수혜자 연락 및 방문 등과 같은 보조 업무를 담당함으로써 정직원이 주요 업무에 더욱 매진할 수 있게 된다. 물론 자원봉사자가 정직원의 업무를 보완하는 과정에 대해서 적절한 감독이 수반되어야 한다. 이를 담당할 기존의 정직원을 관리자로 따로 배정하거나 새로 고용할 수 있지만, 비용절감을 위해 앞서 언급한 자원봉사자 가운데 퇴직자 또는 업무 유경험자의 경우 미숙련 자원봉사자들에 대한 감독을 위임할 수도 있다. 예를 들어, 저소득 노인 식사 배달 프로그램의 경우 배달하는 작업을 자원봉사자들이 맡을 수 있지만, 운전·운반 과정의 안전 및 숙련 그리고 업무가 제대로 이행되는지 감독이 필요하다. 또한, 각 수혜자마다 식사 수요가 다를 수 있기 때문에 결국 맞춤형 서비스를 제공하기 위한 자원봉사자들의 역량을 갖추고 효과적으로 업무에 매진할 수 있도록 관리감독이 필요하다. 이런 추가 노력과 비용이 들지만, 노인 요양 서비스 전체적으로 봤을 때 정부에서 요양시설을 짓고 직접 운영하거나 민간위탁을 통해 조직 단위로 서비스를 제공하는 것보다는 노인 식사 배달 또는 안전 돌봄 서비스와 같이 개인 단위의 자원봉사자들을 활용하여 비용도 절감하고 맞춤형 서비스를 제공함으로써 효과성을 제공할 수 있다.

마지막으로, 다소 무형(無形)적인 혜택이지만 비용효과성을 제고할 수 있는 이유 중에 하나는 자원봉사 개념 자체의 정의에서 도출할 수 있다. 즉, 자원봉사자들이 금전보다는 사회적 또는 이타적 동기를 가지고 공공서비스에 참여하기 때문에 해당 업무에 더 충실히 임할 수도 있다. 예를 들어, 자원봉사자들이 직원 또는 일반인에 비해 수혜자들에 대한 관심과 공감이 더 높을 수 있고, 수혜자들의 필요에 대한 지식과 이해도가 더 높을 수 있기 때문에 공공기관들은 이러한 장점을 활용하여 서비스의 품질을 개선할 수 있다.

(2) 전략적 비용편익

자원봉사자 활용은 조직에게 전략적인 차원에서도 비용편익이 발생한다. 편익 면에서 보면 자원봉사자들의 서비스에 대한 헌신이, 특히 자원봉사가 많이 활용되는 서비스 분야의 경우, 서비스를 시행하는 공공기관 그리고 더 나아가 해당 정부 또는 지자체에 대한 정치적 지지 및 지원의 증가를 기대할 수 있다. 이는 미국의 조지아 주(州)에서 시행된 자원봉사자 활용에 관한 공무원 설문조사에서 일부 확인되었다(Gazley and Brudney, 2005). 1990년 조지아 주 지방 관료들을 대상으로 시행된 첫 설문조사에서 자원봉사자 활용 후 공공서비스에 대해 지역주민들이 긍정적인 평가를 내린 것으로 확인되었고, 2003년 시행된 후속 설문조사에서 지역주민들의 지지가 꾸준히 증가한 것으로 나타났다.

한편, 자원봉사자 활용이 두 가지 전략적인 비용을 수반할 수 있는데, 이는 앞서 언급한 서비스에 대한 자원봉사자들의 헌신, 즉 도덕적 신념과 같은 내적 동기에 의해 서비스 제공 과정에 참여하는 것이 조직에게 일종의 위험요소가 될 수도 있다(Brudney, 1990). 첫째, 자원봉사자들이 조직개발 이론에서 다루는 임무경직(mission rigidity) 성향을 나타낼 수 있는데, 이는 조직변화에 부적정인 요인으로 작용할 수 있다(Gallos, 2006). 정부는 재정자원 축소, 정권교체 등 외부 환경변화에 대응하다 보면 때로는 서비스의 축소 또는 제공 방식의 변화 등을 고려하여야 하는데, 이러한 변화에 대해서 자원봉사자들의 긍정적 수용이 어려울 수도 있다. 서비스와 관련해서 자원봉사자들이 처음 참여했던 동기와 조직의 목적 간 목표갈등(goal conflict)이 발생할 수 있기 때문이다. 이러한 갈등은 자원봉사자 개인의 불만에서 그치지 않고 사회적 갈등으로까지 이어질 수도 있다. 미시적으로 보면 전반적인 서비스 제공 과정 가운데 자원봉사자들은 수혜자가 아닌 정부를 보조하는 전달 매개체이기 때문에 한편으로는 조직에서 자원봉사자의 입장을 수용할 필요가 없다고 여겨질 수 있다. 그러나 자원봉사자들은 동시에 지역주민이며 서비스 수혜자들과 밀접한 관계를 맺고 있기 때문에 거시적으로는 조직입장에서 수용하지 않을 수가 없으며, 목표갈등을 해결해야 하는 과제가 있다. 일례로, 자원봉사자들은 노인 요양, 노숙인 지원 등 저소득층을 위한 공공서비스에 많이 활용이 되는데, 자원봉사자들이 때로는 그들을 대변하는 역할을 하기 때문에 서비스에 대한 조직목표 또는 전달방식의 변화에 있어서 자원봉사자와의 갈등 해결에 노력을 기울여야 한다.

두 번째 전략적인 비용은 자원봉사자들이 급여를 받지 않고 업무에 투입되는 점에서 발생한다. 비용절감 면에서는 매우 큰 장점이지만, 이는 동시에 자원봉사자를 일반 직원처럼 통제하기 어렵다는 뜻이고, 더 나아가 서비스의 질 및 임무 달성에 대한 영향이 줄어든다는 뜻이다. 직원의 경우 해고, 감봉, 징계 등의 인사정책을 통해 임무 달성을 위한 규정 준수를 공식적으로 요구할 수 있지만, 자원봉사자는 인사정책의 영향을 받지 않기 때문에 서비스의 질에 부정적 영향을 끼칠 수 있다. 자원봉사자는 개인 또는 조직 단위로 노동력을 자유롭게 제공 또는 보류할 수 있으며, 자원봉사 인력에 크게 의존하는 조직의 경우 이는 매우 큰 위험요인으로 작용할 수 있다. 임무경직성과 더불어 무보수로 참여하는 특성은 조직변화에 장애물로 작용할 수 있기 때문에 공공관리자 입장에서는 직원과 마찬가지로 대화, 참여, 존중 등을 통해 자원봉사자들의 동기부여(motivation) 문제를 신중하게 감안해야 한다.

(3) 관계적 비용·편익

조직이 자원봉사자들과의 관계를 관리하고 조정하는 과정에서 비용·편익이 발생할 수 있다(Brudney, 1990). 먼저, 조직은 자원봉사자를 모집, 선발, 교육 및 관리하는 예산을 배분하여야 한다. 경기침체 시기에는 이러한 비용을 투자하는 것이 매우 부담이 될 수 있으며, 특히 자원봉사자에 많이 의존하는 여가 및 박물관 서비스의 경우 예산 배분이 더욱 어려울 수 있다. 그러나 경기번영 시기에는 자원봉사자에 대한 수요가 증가하기 때문에 시민들을 끌어들이기 위한 홍보 또는 모집에 투자해야 하며, 상대적으로 자원봉사자들의 공급이 많더라도 적격한 지원자들을 심사하고 선발하는 체계를 마련해야 한다. 예를 들어, 아동복지 서비스의 경우 자원봉사자의 결격사유 또는 범죄기록 여부를 확인하는 추가 절차 등이 필요하다. 자원봉사자 모집 절차는 직원모집 과정을 참고하여 선발, 지원, 인터뷰 및 신원조회 절차를 설립할 수 있다. 모집 절차는 형식성과 융통성의 조화를 이뤄야 하는데, 공식 절차가 부재하면 자원봉사 활용의 지속성을 유지하기 어렵고, 지나치게 형식적이거나 관료적일 경우 자원봉사자 참여가 어려울 수 있다(Brudney and Kellough, 2000). 자원봉사자를 선출하고 조직에 입회 후 규정과 방침 그리고 맡게 될 역할에 대한 교육을 제공해야 한다. 또한, 담당 업무의 난이도에 따라 기본 또는 심층 교육훈련을 제공해야 한다. 예를 들어, 미국의 자원봉사자 예비/보조경찰 프로그램의 경우 길게는 몇 주 또는 몇 개월에 걸쳐 정규 직원과 유사하고 다양한 경찰 교육훈련을 받은 후 임무에 투입된다(Dobrin and Wolf, 2016). 이러한 자원봉사자 모집, 선발, 교육하는 모든 활동은 상당한 비용을 수반할 수 있다.

자원봉사자 관계의 관리·조정 시 발생하는 또 다른 비용은 이들을 지속적으로 관리 감독하는 비용이다. 많은 정부기관들은 자원봉사 프로그램을 담당하는 관리자 또는 감독관을 새로 고용하거나 전담 직원을 배정함으로써 자원봉사자 교육훈련, 일정 관리, 현장 업무 지도 등의 임무를 전담해야 한다. 설령, 따로 직원을 전담하지 않고 기존 직원이 시간의 일부분을 할애하더라도 자원봉사자 관리에 상당한 시간과 예산이 들어갈 수밖에 없다. 만일, 정부기관이 자원봉사자들을 위해 인턴십과 유사한 전문성 신장 교육 기회, 의사결정 참여, 표창 활동과 같은 전략적 접근을 추구할 경우 이러한 비용은 더욱 증가한다.

자원봉사자 관계의 관리·조정에 있어 비용이 발생하는 이유는 많은 정부조직들이 자원봉사 활용에 오히려 예산을 투입하지 못하거나 충분하지 않기 때문이다. 이는 그러나 비용절감으로 이어지기보다는 자원봉사자의 불만 증가 및 이직률 상승을 초래할 수 있고, 결국 새로운 자원봉사자 모집, 선발, 및 교육에 예산이 계속 들어가야 하기 때문에 장기적으로는 비용이 더 발생할 수 있다(Bowman, 2009). 이직률 증가는 자원봉사자의 헌신도 및 숙련도를 감소시키기 때문에 결국 서비스의 품질 및 효과를 감소시킬 수 있다. 이와 반대로 지나치게 형식적이거나 관료적으로 관리하는 접근도 문제가 될 수 있는데, 자원봉사는 급여를 목적으로 업무에 참여하는 것이 아니기 때문에 지나친 관료성은 자원봉사자의 참여를 꺼릴 수 있다. 결국 자원봉사자의 직무만족, 내적동기, 그리고 근무 지속성을 보장하기 위해 자원봉사자 관리 시 형식성과 융통성의 조화를 이뤄야 한다.

한편, 자원봉사자 관계의 관리·조정 관련 편익은 계량화하기 어려운 면이 있다. 자원봉사자들이 다른 외부 서비스 전달체계와 달리 금전적 이익보다는 서비스의 목적 자체에 대한 내적 동기 또는 헌신으로 참여하기 때문에 조직 및 관료들에 대한 호의성 그리고 정치적 지지로 이어질 수 있다. 결국 자원봉사 활용을 통한 정부와 지역사회 간 연대성 증가, 즉 무형적 편익을 추구하는 것은 자원봉사자들이 조직의 임무와 운영관리에 대한 인식이 어떠한가에 달려있다. 다음 장에서는 자원봉사자를 모집, 교육훈련, 지도 및 관리하는 내용에 대해서 살펴본다.

3) 자원봉사자 관리(management)

(1) 참여 동기

자원봉사자와 공공조직 간 관계는 다소 독특하다. 한편으로는 급여를 토대로 고용되는 직원이 아니지만, 조직의 직원과 마찬가지로 직접적인 감독을 받아야 하기 때문에 조직의 일부분으로써 직무상으로는 준-공용적인 관계가 형성된다. 그러나 다른 한편으로는 조직으로부터 업무에 대한 보상을 받지 않기 때문에 결국 정식 고용 관계가 아니다. 즉, 업무와 관련해서 해고, 감봉, 징계와 같은 인사정책에 영향을 받지 않기 때문에 자원봉사자에 대한 통제관리가 약하다. 물론 업무 불이행 또는 수행능력 부족의 경우 해고할 수 있지만, 정규 직원을 통제하는 수단만큼의 영향력이 부족하다. 시민이 자원봉사에 자유롭게 시간을 투자하는 점은 그들의 생업을 뒷받침할 수 있는 월급, 연금 등의 기존 소득원이 존재한다는 것이다. 결국, 자원봉사자를 효과적으로 활용하기 위해서는 직원과 달리 급여와 같은 외재적 동기가 아닌 내적 동기 유발에 초점을 맞춰야 한다. 설문자료를 분석한 기존문헌에 따르면 시민들이 공공조직 또는 민간단체에 자원봉사자로 참여하는 이유는 대부분 내재적 동기 때문인 것으로 나타난다(Clary and Snyder, 1999). 이 가운데 특히 사회적으로 유익한 일을 하는 것, 타인을 도와주는 것, 어려운 이웃을 돕는 것, 사회에 이바지하는 것 등 규범적 가치와 도덕적 신념이 매우 중요한 동기인 것으로 나타났다. 다음으로는 봉사를 통해 가족 또는 가까운 지인이 혜택을 보는 것, 새로운 인간 관계를 맺는 것, 업무 경험을 쌓는 것 등의 소속감 관련 동기는 부차적이었다. Clary 외(1996, 1998) 학자들은 여섯 가지 내적 동기를 조사하였는

데, 인도주의적 또는 이타적인 가치, 심리적 안정 또는 자부심과 같은 동기, 지식과 기술을 터득할 수 있는 기회 추구, 자신에게 중요한 집단 및 공동체와 소속감을 느끼는 사회적 동기, 업무 경험을 쌓는 역량강화 등과 같은 개인적 동기 등을 분석하였다. 이러한 동기는 모든 자원봉사자들이 기본적으로 지니고 있지만, 공공 또는 민간 영역 그리고 서비스 분야에 따라 참여 동기가 다른 양상을 띠는 것으로 조사됐다. 공공영역과 민간영역을 구별하는 최근 자료가 부재한 관계로 다소 오래된 문헌을 토대로 보면, Sundeen(1990)은 비영리 단체에서 봉사하는 약 63%의 자원봉사자들이 '어려운 이웃을 도와주거나 타인에 유익한 활동을 하고 싶어서'라는 문항에 응답하였지만, 공공조직에서 봉사하는 자원봉사자의 경우 약 39%만이 이러한 이유로 참여한다고 응답하였다. 만일, 기존문헌에 따라 인도주의적 또는 이타적인 가치가 참여의 중요한 이유라면 이는 자원봉사자의 동기와 조직 또는 프로그램의 임무와 목적에 부합하는 임무정렬(mission alignment)이 조직으로 하여금 자원봉사자를 모집할 수 있는 매우 중요한 장치라는 것을 나타낸다.

한편, 기존연구와 현장 관찰 및 실무자 경험에 따르면 자원봉사자를 모집하는 것과 그들을 장기적으로 보유하는 것은 서로 다른 전략이 필요하다는 것을 논의한다(Brudney and Meijs, 2009). 시민이 자원봉사자로 모집된 이후 장기적으로 보유하기 위해서는 조직의 내부 환경 및 업무 과정 그리고 타인과의 관계가 더욱 중요하다. 결국 자원봉사자들은 참여를 위한 내적 동기 및 업무경험과 더불어 연대의식과 같은 인간관계 형성 및 상호작용에 더 많은 무게를 둔다는 것이다(Brudney 1990).

Sundeen(1990)에 따르면 이러한 동기변화는 민간영역보다 공공조직에서 더 나타나는 것으로 분석하였다. 비영리 단체에서 지속적으로 참여하는 자원봉사자의 경우 인도주의적 또는 이타적인 가치에 중점을 두지만, 공공 조직에서 지속적으로 참여하는 자원봉사자의 경우 인도주의적 또는 이타적인 동기는 다소 감소하고 연대의식 욕구가 더 증가한 것으로 나타났다. 이는 공공 조직에 봉사하는 동기가 '주는(giving)' 목적보다는 '소비(consume)'적 목적, 즉 참여를 통해 공공서비스로부터 혜택을 얻으려는 경향이 더 큰 것으로 짐작하였지만, 자원봉사자의 동기변화는 결국 조직이 얼마만큼 자원봉사자들과의 교류 및 관리를 잘하는지 여부를 나타내는 것으로 분석하였다. 한편, 실증연구에 따르면 자원봉사를 통해 서비스로부터 혜택을 얻으려는 경향은 공공조직에서 더 드러난다는 것이 확인되었다(Hustinx, 2010; Jamison, 2003). 예를 들어, 2008년 금융위기 이후 대규모 실직으로 인하여 자원봉사자 공급이 다소 증가하였지만, 많은 조직들은 오히려 자원봉사자의 일시적 참여 및 높은 이직률을 경험하였다. 자원봉사자들이 처음에는 인도주의적 또는 이타적인 동기로 참여하였더라도, 점점 그만두는 비율이 높아졌는데 앞서 언급한 관료주의적 환경, 조직 내 인간관계 어려움, 그리고 업무 흥미도 감소 등의 복합적 요인에 따른 것으로 나타났다(Hustinx, 2010). 결국, 자원봉사자를 장기적으로 보유함에 있어 업무의 흥미도 증가, 시간적 유연성, 경력에 따른 업무의 기여도 변화, 책임성 및 자율성 보장, 정책 과정에의 참여, 지식과 기술 교육 기회 제공, 그리고 참여적 가치 제고 등과 같은 요인이 중요하다는 것을 보여준다(Rochester et al., 2002). 비록 초기에는 참여를 유도하는 임무정렬이 금전적 보상의 대안이 될 수 있지만, 장기적으로 보유하기 위해서는 앞서 언급한 조직과의 관계와 관련된 다른 요인들을 고려해야 한다.

(2) 자원봉사자 장기적 활용을 위한 조직 전략

임무정렬은 자원봉사자 모집을 위해 조직이 고려해야 할 매우 중요 요인이다. 시민들은 강한 신념을 가지는 목적에 대해 조직의 프로그램 또는 서비스가 이를 대변한다고 느낄 경우 자원봉사자로 참여하게 된다. 이를 위해 조직은 매체를 통해 긍정적인 홍보, 유명인의 호평, 기념행사, 어려울 시 시민들의 참여 요청, 그리고 긍정적인 입소문을 통해 조직의 임무에 대한 가치 및 중요성을 잠재적 자원봉사자들에게 전하고 의식을 형성해야 한다. 한편, 조직은 잠재적 자원봉사자들이 시간과 노력을 기울여도 될 만큼 가치 있는 임무를 내세워야 한다. 자원봉사자들이 많이 참여하는 기관의 경우 조직의 임무가 시민들을 끌어들이기에 설득력이 있다는 뜻이며, 자원봉사자 오리엔테이션 과정 및 주기적인 교육훈련을 통해 강화될 수 있다.

한편, 조직이 임무를 변경하거나 서비스 관련 프로그램 또는 지원을 중지하거나 변경할 경우 문제가 될 수 있는데, 이는 자원봉사자들이 처음 지원하게 된 목적과 다르다는 인식이 형성되기 때문이다(Brudney, 1990). 예를 들어, 공공복지기관이 저소득 노인 지원 프로그램을 몇년 간 시행하다 경기침체로 인한 예산 부족으로 프로그램의 목적을 수정하고 수혜자를 노인들에서 실업자들로 전환할 경우 자원봉사자들과의 갈등을 야기할 수 있다. 비록 자원봉사자들이 조직의 본래 임무를 지지하더라도 변경 또는 중지된 세부 프로그램에 대해서는 불만을 가지게 됨으로써 봉사활동을 중단할 수 있다.

이러한 문제 당면 시 조직은 몇 가지 조치를 취할 수 있다. 먼저, 조직은 자원봉사자들로 하여금 임무 조정을 긍정적으로 받아들일 수 있도록 서면, 또는 대면으로 정보를 전달하고 교육함으로써 설득하는 것이다. 둘째, 자원봉사자들의 가치에 부합하고 수용할 수 있는 범위 내에서 프로그램 관련 임무 또는 목적을 조정하는 것이다. 이는 단순히 자원봉사자들의 선호대로 임무를 무조건 양보하라는 의미가 아니다. 조직과 자원봉사자 간 프로그램 목적에 대한 견해가 충돌할 경우 세부 사항 가운데 모호한 부분들을 부분적으로 조정하는 것이다. 더 생산적인 방법은 조직과 자원봉사자들이 대화를 통해 서비스에 관한 각자의 견해를 논의하고 서로의 필요를 이해할 수 있는 장을 마련함으로써 목적을 절충하는 것이다. 조직은 자원봉사자들이 생산자인 동시에 수혜자라는 인식을 가지고 열린 마음으로 협의에 임하는 자세를 취해야 한다. 마지막으로, 가장 쉬운 대안은 자원봉사자 모집 단계에서 조직의 임무와 정렬하는 지원자들을 식별하고 선발하는 것이다(Clary et al., 1992; Ellis, 1996). 정규 직원 고용과 마찬가지로 자원봉사자들로부터 이력서, 인터뷰, 신원조회 등을 통해 조직의 임무에 부합하는지 그리고 필요한 기술 및 지식을 지니고 있는지 여부를 확인하는 것이다.

임무정렬이 자원봉사자 모집 및 선발을 위한 근본적인 요소지만, 조직에 입문 후 장기적인 참여를 위해서는 다른 요인들도 고려돼야 한다. 앞서 언급하였듯이, 자원봉사자의 직무 만족도를 높이기 위한 내적 동기가 중요한 요인 가운데 하나이며, 이를 높이기 위해서는 직무설계(work design)도 매우 중요하다(Thoits and Hewitt, 2001). 선행연구에 따르면 업무가 단조롭고 지루할 경우 자원봉사자 이직률이 높다는 조사가 나타났는데, 이직률은 결국 조직이 얼마만큼 자원봉사자의 직무설계와 업무능력에 관심을 가지고 있는지 나타내는 척도가 된다(Gaskin, 2003). 자원봉사자들이 정식으로 고용된 직원만큼의 복잡한 업무를 담당해야 한다는 의미가 아니며, 다만 자원봉사자들의 관심과 역량에 맞는 업무를 설계하고 맡기는 것의 중요성을 나타낸다.

내적 동기 관련 중요한 또 다른 요인은 인정(recognition)과 피드백(feedback)이다. 많은 성공적인 자원봉사 프로그램들은 표창식을 통해 성과가 높은 자원봉사자들을 표창하고 공식적으로 인정하는 행사를 개최하기도 한다(Fisher and Cole, 1993). 이러한 행사는 단순히 그들의 노고를 인정하는 형식적인 관례가 아니라, 더 나아가 조직이 자원봉사자들의 성과를 평가하고 피드백을 준다는 뜻이다. 물론, 성과평가의 단점은 내적 동기를 감소시키고 외적 또는 물질적 동기에 치중하게 만들 수 있지만, 다른 한편으로는 여러 가지 동기를 같이 고려함으로써 자원봉사자의 능력개발에 기여할 수 있다.

교육훈련 및 개발은 중요한 내적 동기로 작용할 수 있다. 교육훈련은 자원봉사자의 기존 능력을 인정하는 것과 더불어 새로운 기술과 지식을 얻음으로써 개선할 수 있는 기회가 된다(Thoits and Hewitt, 2001). 자원봉사 업무가 일반적으로 단순 업무로 여겨지는 경우가 많지만, 실제로는 많은 기술을 요하는 업무도 많기 때문에 교육훈련 및 개발 기회를 통해 업무능력과 자신감을 신장하고 이직률을 줄이는 데 기여할 수 있다.

내적 동기와 관련해서 자원봉사자에게 부여되는 자율성(autonomy)도 매우 중요한 요인이다. 급여가 아닌 자원해서 봉사하는 것이기 때문에 자신이 기울인 시간과 노력만큼 결과를 기대하는 것, 그리고 기존에 지니고 있는 능력과 지식을 활용할 수 있는 기회가 있다는 것이 중요한 내적 동기가 될 수 있다. 이와 더불어 자율성은 자신의 경험, 공감 및 통찰력을 바탕으로 수혜자들의 필요와 상황에 맞게끔 서비스를 제공하기 더 수월하게 한다. 자율성을 적절히 보장하는 것은 서비스를 개선하고 자원봉사자 개인의 능력을 확인할 수 있게 해준다. 한편, 서비스 이행 단계에서만 자율성을 보장하는 것이 아니라 조직 또는 프로그램의 목적을 형성하는 단계에서부터 참여시키는 것이 자율성을 보장하는 방법 중 하나이다. 결국 임무정렬을 장려하기 위해 자문 또는 참여적 절차를 제공하는 것은 내적 동기 강화에 긍정적으로 작용할 수 있다.

자원봉사자의 장기적 참여에 있어 사회성(sociality)도 중요한 요인이다. 조직은 자원봉사자들이 다른 자원봉사자, 서비스 수혜자, 그리고 조직의 직원과 맺는 세 가지 주요 행위자와의 상호작용에 초점을 맞출 수 있다. 일반적으로는 사회적 교류 자체가 긍정적인 동기가 되기 때문에 자원봉사자가 고립되어 업무를 담당하지 않도록 업무가 설계되어야 한다. 이를 위해 다른 자원봉사자 또는 정규 직원과 교류할 수 있도록 단체 업무 중심으로 설계하거나 서비스 수혜자들과의 교류가 많을 수 있도록 업무를 설계하는 것이다.

마지막으로, 내적 동기 가운데 중요한 요인은 업무 환경 관련 위생요인(hygiene factor)이다(Gawel, 1996). 많은 조직들은 자원봉사자를 위한 사무 공간 및 용품을 제공하고 있으며, 휘발유, 전화, 근무복 구입을 위한 실비를 제공하며, 필요 시 법적으로 보장된 안전보험 또는 의료보험 등도 제공하고 있다. 위생요인 가운데 업무 스케줄의 유연성도 매우 중요한 요인이다. 전일제로 일하는 자원봉사자는 거의 없으며 대부분 시간제로 일하기 때문에 조직과 자원봉사자의 필요에 맞춰 자원봉사 프로그램을 설계하고 스케줄을 유연하게 조정하는 것이 필요하다(Brudney and Meijs, 2009; Hustinx, 2010).

비록 자원봉사자들은 급여를 받는 직원이 아니지만, 그들의 생산적이고 효과적인 업무를 끌어내기 위해 조직 차원에서 정규 직원만큼의 동기유발 노력이 필요하다. 이러한 투자에 어느 정도 비용이 소요되지만, 자원봉사 활용으로부터 얻는 손해보다 혜택이 더 크기 위해서는 조직 입장에서 자원봉사자의 긍정적 동기유발에 노력을 기울여야 한다.

4) 자원봉사자에 대한 정규 직원의 태도

자원봉사 활용 시 가장 끊임없이 발생하는 문제는 자원봉사자들에 대한 정규 직원들의 태도이다(Brudney, 1990). 직원들이 때로는 자원봉사 활용에 대해 지원하고 격려하는 태도를 취할 수 있지만, 다른 한편으로는 부정적이고 적대적일 수도 있다. 이러한 이유로는 먼저, 자원봉사자들이 기존 직원의 업무를 대신함으로써 일자리를 뺏는다는 의심이 들 수 있다. 노동조합이 활발한 조직에서는 이러한 인식이 더욱 강할 수 있으며, 자원봉사자들에게 부적합한 일을 맡기고 직원과 자원봉사자 간 관계가 나쁠 수 있다. 직원을 자원봉사자로 대체하려는 조직에서는 직장을 잃었거나 남은 직원들 가운데 자원봉사자에 관한 부정적 인식이 팽배할 수 있으며, 이런 환경 속에서 직원들은 어렵게 얻은 필수 지식 또는 기술을 자원봉사자들에게 뺏긴다는 인식 때문에 그들을 돕는 것을 주저할 수 있다. 이 때문에 앞서 언급하였듯이 조직들은 비용절감을 목적으로 직원을 해고하고 자원봉사자로 대체하는 것은 바람직하지 않으며, 대체보다는 보충하여 활용한다는 인식을 가져야 한다. 결국 조직들은 자원봉사자 활용에 관한 명확한 근거를 제시하고 충분한 대화를 통해 직원들을 설득하고 이해를 높임으로써 이러한 갈등을 해소할 수 있다. 공공노조가 강한 조직의 경우 자원봉사 활용에 관한 조직과 노조 간 의사소통이 중요하고 공식협상을 통해 견해의 차이를 조정하는 것이 필요할 수 있다.

둘째, 자원봉사자에 대해 부정적이고 적대적인 태도를 지니는 이유는 책임감이 떨어진다는 인식 때문이다. 예를 들어, 급여를 받지 않기 때문에 근무시간에 늦거나 업무를 제대로 이행하지 않을 것이라는 회의감이 들 수 있다. 그러나 기존에 자원봉사자를 많이 활용하는 조직의 경험을 토대로 이러한 문제는 자원봉사 관리를 통해 어느 정도 해소가 가능할 수 있다(Brudney and Meijs, 2009). 예를 들어, 계약을 통해 자원봉사자 역할에 대한 명확한 직무소개, 업무기대 및 출석 등에 관한 조항을 명확히 하는 것이 중요하며, 앞서 언급한 유연 근무제가 자원봉사자의 효과적인 활용을 제고할 수 있다.

셋째, 자원봉사자들은 직원보다 교육훈련, 기술 또는 경험이 부족한 관계로 무능하다는 인식이 들 수 있다. 이에 따라 직원들은 시간을 할애하여 자원봉사자들을 업무에 관하여 교육하고 지도하며, 업무 과정에서 발생하는 문제를 바로잡아야 하는 결과가 나타날 수 있다. 물론, 자원봉사자 가운데 퇴직자 또는 현직에 종사하면서 전문 기술을 봉사활동에 활용하는 경우가 종종 있지만, 대체적으로는 기술이 부족하기 때문에 자원봉사에 임할 때 조직에게 부담이 될 수 있다. 이러한 문제를 해결하기 위해서는 결국 자원봉사자 모집과정에서 어느 정도 교육 또는 기술을 지닌 지원자들을 선발하고 오리엔테이션을 통해 교육훈련을 제공하는 것이다. 또한, 직무설계를 통해 자원봉사자들의 역할을 명확히 하고 담당할 수 있는 범위 내에서 업무를 맡기는 것이다.

한편, 이와 관련된 유사한 문제는 자원봉사자들이 직무능력이 떨어진다는 인식 때문에 과도한 감독이 필요하다는 것이다. 그러나 자원봉사자들이 사소한 일까지 지도받아야 한다는 인식은 결국 관리의 문제이다. 즉, 모집·선발 단계에서 어느 정도 수준의 기술 및 지식을 지닌 지원자들을 선발하는 것이 중요하고, 직원과 마찬가지로 자원봉사자들도 감독이 필요하며, 이를 위해 별도의 관리직원을 배정하거나 고용할 수도 있다.

자원봉사자를 바라보는 직원의 태도 문제는 결국 조직의 관리 및 리더십 문제이다. 정규 직원 인사정책을 토대로 자원봉사자 활용에 대한 모집 및 선발, 교육훈련 등에 관한 모범실무(best practice)를 도입함으로써 적절히 해소할 수 있으며, 앞서 언급한 모든 문제들의 해결책은 결국 조직 내에서 직원 간 그리고 직원과 자원봉사자 간 심층적인 논의 및 상호이해를 통해 자원봉사자 활용에 관한 목적을 명확화하는 것이다. 조직과 자원봉사자가 생산적으로 일할 수 있는 근무환경을 조성하는 것은 리더십과 정규 직원들이 얼마만큼 자원봉사자들과 우호적이고 협동적인 마음으로 임하는지에 달려 있으며, 긍정적인 근무환경은 결국 자원봉사자의 생산적인 기여를 장기적으로 도출할 수 있게 해준다(Gaskin, 2003).

5) 요약

자원봉사자 활용 시 나타나는 모든 문제점은 자원봉사자가 서비스 제공 과정에서 차지하는 독특한 신분 때문이다. 한편으로는 조직에 참여하여 직원과 나란히 임무를 담당하고 관료적인 감독을 받아야 하는 관계로 준－고용적 신분이다. 이 때문에 외부제공자가 아닌 공공조직의 일부분으로 인식될 수 있다. 그러나 직원과 달리 급여를 받지 않고 정규 인사규정의 영향을 받지 않기 때문에 공식적으로는 조직의 일부분이 아니다. 일반적으로는 아무런 제재 없이 조직을 언제든지 그만둘 수 있기 때문에 실제적으로는 공공조직 외부에 속한 독립체이다. 결국 공공영역 서비스 전달에 있어 서비스의 목적에 대한 공공조직과 자원봉사자 간 공통점을 찾는 것이 자원봉사를 가장 효과적으로 활용하는 방법이다.

4 나가며

현재 미국과 더불어 한국의 많은 공공서비스는 정부가 직접 제공하는 방식보다 타(他) 정부 기관, 민간기업, 비영리단체, 자원봉사자 등 외부제공자와의 계약, 파트너십, 협력관계, 준－고용 형태의 다양한 전달체계를 통하여 서비스를 전달하고 있다. 한편으로는 공공서비스의 물리적 생산이 외부 제공자에게 상당 부분 이전된 관계로 정부의 역할이 축소되었다고 볼 수 있지만, 동시에 서비스 정책 및 세부 프로그램의 고안, 자금 조달, 모니터링, 평가 등 정책 과정 전반에 걸친 정부의 활동이 여전히 중요하다. 특히, 서비스를 생산적이고 효과적으로 전달하는 것을 보장하기 위하여 정부와 외부제공자 간 지속적인 교류가 필요한데, 이를 위한 도구로는 계약, 협력, 교육훈련, 설득, 장려 지원 제도, 보조금, 규제설립 또는 완화, 정보에의 접근, 모니터링 및 회계·감사 등 서비스의 생산 외에 전반적인 정책 과정에 걸쳐 정부의 역할이 더욱 확대될 수밖에 없다.

본문에서는 외부 서비스 전달체계 가운데 자원봉사 활용을 중심으로 살펴보았다. 자원봉사자는 조직 단위의 서비스 제공자가 아닌 개인 단위의 서비스 제공자로써 공공조직에 준−고용 형태로 참여한다. 또한, 공공조직과 자원봉사자 간 조정체계가 신용과 목적공유를 토대로 협력적 관계이기 때문에 타 조정체계에 비해 비공식적인 양상을 띠지만, 공공서비스의 생산에 참여하고 상당한 기여를 할 수 있기 때문에 미국의 경우 중요한 서비스 제공자로 간주된다.

한편으로는 자원봉사자들은 공식적으로는 조직의 정규 직원이 아니지만, 동시에 조직체계에 참여하여 업무에 임하기 때문에 정규 직원과 마찬가지의 모집 및 선발, 감독, 모니터링, 평가 등의 관리기법을 자원봉사자들에 적용해야 한다. 그러나 정규 직원과 달리 급여를 받지 않고 해고, 감봉, 제재 등 인사규정의 영향을 받지 않는 독특한 신분 때문에 자원봉사 활용 관련 서비스적, 전략적, 그리고 관계적 비용이 발생하게 되는 것이다. 자원봉사자들을 효과적으로 활용하기 위해서는 이러한 비용을 인식하고 분석하여 적절히 대처하는 것이 필요하며, 특히 그들이 참여하는 목적과 장기적으로 지속하게 만드는 내재적 동기를 파악하고 장려하는 데 노력을 기울여야 한다. 이는 결국 공공영역 서비스 전달에 있어 공공서비스의 목적을 조직과 자원봉사자 간에 공유하고 문제 발생 시 협의를 통해 절충하며 공생하는 것이 자원봉사자를 가장 효과적으로 활용할 수 있는 방법이다.

참고문헌

Alford, J., & O'flynn, J. (2012). *Rethinking public service delivery: Managing with external providers*. Macmillan International Higher Education.

Bowman, W. (2009). The economic value of volunteers to nonprofit organizations. *Nonprofit Management and Leadership*, 19(4), 491–506.

Brown, T. and Potoski, M. (2003). Managing Contract Performance: A Transaction Costs Approach. *Journal of Policy Analysis and Management*, 22(2), 275-97.

Brudney, J. L. (1984). Local coproduction of services and the analysis of municipal productivity. *Urban Affairs Quarterly*, 19(4), 465–484.

Brudney, J. (1990). *Fostering Volunteer Programs in the Public Sector: Planning, Initiating, and Managing Voluntary Activities*. San Francisco: Jossey–Bass.

Brudney, J. L., Harris, J. L., & Sink, H. K. (2017). Volunteers in the public sector. In A. Farazmand (Ed.), *The global encyclopedia of public administration, public policy, and governance* (pp. 1-10). Springer.

Brudney, J. L., & Kellough, J. E. (2000). Volunteers in state government: Involvement, management, and benefits. *Nonprofit and voluntary sector quarterly*, 29(1), 111–130.

Brudney, J. and Meijs, L.C. (2009). It Ain't Natural. Toward a New (Natural) Resource Conceptualization for Volunteer Management. *Non Profit and Voluntary Sector Quarterly*, 38(4), 564-81.

Clary, E., Snyder, M. and Ridge, R. (1992). Volunteers' Motivations: A Functional Strategy for the Recruitment, Placement, and Retention of Volunteers. *Nonprofit Management & Leadership*, 2, 333-50.

Clary, E., Snyder, M. and Stukas, A. (1996). Volunteers' Motivations: Findings from a National Survey. *Nonprofit and Voluntary Sector Quarterly*, 25, 485-505.

Clary, E.G., Snyder, M., Ridge, R.D., Copeland, J., Stukas, A.A., Haugen, J., et al. (1998). Understanding and Assessing the Motivations of Volunteers: A Functional Approach. *Journal of Personality and Social Psychology*, 74(6), 1516-30.

Dobrin, A., & Wolf, R. (2016). What is known and not known about volunteer policing in the United States. *International Journal of Police Science & Management*, 18(3), 220-227.

Duncombe, W. D., & Brudney, J. L. (1995). The optimal mix of volunteer and paid staff in local governments: an application to municipal fire departments. Public Finance Quarterly, 23(3), 356–384.

Ellis, S. (1996) *The Volunteer Recruitment* (and Membership Development) *Book*. Philadelphia: Energize, Inc.

Fisher, J.C. and Cole, K.M. (1993) Leadership and Management of Volunteer Programs: A Guide for Volunteer Administrators, San Francisco: Jossey – Bass.

Gallos, J. V. (2006). *Organization development*. Jossey – Bass/Wiley.

Gaskin, K. (2003). *A Choice Blend: What Volunteers Want from Organisation and Management*, London: Institute for Volunteering Research.

Gawel, J. E. (1996). Herzberg's theory of motivation and Maslow's hierarchy of needs. *Practical Assessment, Research, and Evaluation*, 5(1), 11.

Gazley, B., & Brudney, J. L. (2005). Volunteer involvement in local government after September 11: The continuing question of capacity. *Public Administration Review*, 65(2), 131–142.

Gruening, G. (2001). Origin and theoretical basis of New Public Management. *International Public Management Journal*, 4(1), 1–25.

Himmelmann, A. (1996). On the Theory and Practice of Transformational Collab – oration: From Social Service to Social Justice, in C. Huxham (ed.), *Creating Collaborative Advantage*. London: Sage.

Hustinx, L. (2010). I Quit, Therefore I Am? Volunteer Turnover and the Politics of Self – Actualization. *Nonprofit and Voluntary Sector Quarterly*, 39(2), 236-55.

International City/County Management Association (2019). 2017 Alternative Service Delivery Survey: Summary of Survey Results. Washington, DC: ICMA, 2019. http://icma.org

Ivonchyk, M. (2019). The Costs and Benefits of Volunteering Programs in the Public Sector: A Longitudinal Study of Municipal Governments. *The American Review of Public Administration*, 49(6), 689–703.

Jamison, I. (2003). Turnover and Retention among Volunteers in Human Service

Agencies. *Review of Public Personnel Administration*, 23(2), 114-32.

Kang, S., Mulaphong, D., Hwang, E., & Chang, C. K. (2019). Public-private partnerships in developing countries. *International Journal of Public Sector Management*, 32(4), 334-351.

Kang, S. (2021). Volunteer Use as a Service Delivery Alternative: The Case of Law Enforcement Agencies. *Administration & Society*, 53(2), 248-272.

Kang, S. C., Nesbit, R., & Brudney, J. L. (2020). Local Government Volunteer Use: A Resource Dependence and Transaction Costs Explanation. *Public Administration Review*, online.

Kernell, S., Jacobson, G. C., Kousser, T., & Vavreck, L. (2019). *The Logic of American Politics*, 9th edition. CQ Press.

Kettl, D.F. (2020). *Politics of the Administrative Process*. CQ Press.

Nabatchi, T., Sancino, A., & Sicilia, M. (2017). Varieties of participation in public services: The who, when, and what of coproduction. *Public Administration Review*, 77(5), 766-776.

Nesbit, R., & Brudney, J. L. (2013). Volunteer use in local government service delivery. In International City/County Management Association (Ed.), *The municipal yearbook* (pp. 31-40). International City/County Management Association.

O'Toole Jr, L. J. (2015). Networks and networking: The public administrative agendas. *Public Administration Review*, 75(3), 361-371.

Rainey, H. G. (2014). Understanding and managing public organizations. John Wiley & Sons.

Rochester, C., Hutchison, R., Harris, M. and Keely, L. (2002). A Review of the Home Office Older Volunteers Initiative. Home Office Research Study 248, London: Home Office Research, Development and Statistics Directorate.

Salamon, L. M. (1989). *Beyond privatization: The tools of government action.* The Urban Insitute.

Savas, E. (1987). *Privatization: The Key to Better Government.* Chatham, NJ: Chatham House Publishers.

Seidenstat, P. (1996). Privatization: Trends, interplay of forces, and lessons learned. *Policy Studies Journal*, 24(3), 464-477.

Sundeen, R. A. (1990). Citizens serving government: The extent and distinctiveness of volunteer participation in local public agencies. *Nonprofit and Voluntary Sector Quarterly*, 19(4), 329−344.

Thoits, P. A., & Hewitt, L. N. (2001). Volunteer work and well−being. *Journal of health and social behavior*, 42(2), 115−131.

Weible, C. M., & Sabatier, P. A. (2018). *Theories of the policy process*. Routledge.

색 인

공저자 약력

강 성 철
학력: University of Georgia 정치학사/University of Texas at Austin 공공행정학 석사/University of Georgia 행정학 박사
경력: 한국행정연구원 위촉연구원
　　　(현) New Mexico State University 정부학과 조교수

노 은 주
학력: 고려대학교 불어불문학사/Texas A&M University 행정학 석사/University of Georgia 행정학 박사
경력: (전) University of Akron 행정학과 조교수
　　　(현) Northern Illinois University 행정학과 부교수

김 정 인
학력: University of Southern California 행정학 석사/University of Georgia 행정학 박사
경력: 한국인적자원연구센터 선임연구원
　　　(현) 수원대학교 법행정학부 부교수

박 광 국
학력: 서울대학교 영문학사/서울대학교 행정대학원 행정학 석사/University of Georgia 행정학 박사
경력: 한국행정학회 회장
　　　한국환경정책평가연구원 원장
　　　(현) 가톨릭대 행정학과 교수

박 성 민
학력: 연세대학교 정치외교학사/Columbia University 국제행정학 석사/University of Georgia 행정학 박사
경력: (전) University of Nevada, Las Vegas(UNLV) 행정대학원 조교수
　　　　University of Southern California (USC) 정책대학원 교환교수
　　　(현) 국가공무원인재개발원 겸임교수, 성균관대학교 행정학과/국정전문대학원 교수

우 하 린

학력: 서울과학기술대학교 행정학사/IT정책전문대학원 공공정책학 석사/University of Missouri 행정학
석사/University of Georgia 행정학 박사

경력: Institute of Public Policy Research Fellow
서울과학기술대학교 행정학과 강사
(현) 한국행정연구원 정부업무평가지원센터 수석연구원

유 상 엽

학력: 고려대학교 학사(영문학/행정학)/Carnegie Mellon University 공공정책학 석사/University of Georgia
행정학 박사
(전) International University of Japan
한국외국어대학교 행정학과 교수
(현) 연세대학교 행정학과 교수

유 은 지

학력: 단국대학교 법학사/연세대학교 행정학 석사/박사

경력: (현) 연세대학교 공공문제연구소 전문연구원
성균관대학교 국정전문대학원 BK21 교육연구단 박사후 연구원

이 수 영

학력: 서울대학교 문학사/행정학 석사/University of Georgia 행정학 박사

경력: 인사혁신처 자체평가위원
기획재정부 공기업 경영평가위원
(현) 서울대학교 행정대학원 교수
국가리더십연구센터장

이 정 욱

학력: 연세대학교 행정학사/서울대학교 행정대학원 행정학 석사/University of Georgia 행정학
박사

경력: (현) 연세대학교 행정학과 교수
연세대학교 국가관리연구원 원장

전 영 한

학력: 서울대학교 심리학사/서울대학교 행정대학원 석사/University of Georgia 행정학 박사

경력: 행정안전부 정책자문위원

서울대학교 조직진단평가연구센터 소장

(현) 서울대학교 행정대학원 교수

조 경 호

학력: 고려대학교 영문학사(행정학부전공)/SUNY—Albany 행정학 석사/University of Georgia 행정학 박사

경력: 국민대학교 행정대학원장, 사회과학대학장 역임

한국인사행정학회 회장, 서울행정학회 회장, 한국행정학회 부회장 역임

(현) 국민대학교 행정학과 교수

최 성 주

학력: 서울대학교 영어영문학사/서울대학교 행정대학원 행정학 석사/University of Michigan—Ann Arbor 정책학 석사/University of Georgia 행정학 박사

경력: 인사혁신처 정책자문위원회 위원

국가공무원인재개발원 자문단 위원

Kennesaw State University Assistant professor

(현) 경희대학교 행정학과 교수

최 유 진

학력: 이화여대 행정학사/서울대, University of Georgia 행정학 석사/Syracuse University 행정학 박사

경력: 2019 Fulbright Scholar

미국 Florida International University 조교수

(현) 이화여대 행정학과 부교수

공공가치 창출을 위한 현대조직론

초판발행   2021년 8월 25일

편저자   박광국·조경호·이정욱
공저자   강성철·노은주·김정인·박성민·우하린·유상엽·유은지·이수영·전영한·최성주·최유진
펴낸이   안종만·안상준

편 집   배근하
기획/마케팅   정성혁
표지디자인   이미연
제 작   고철민·조영환

펴낸곳   (주)**박영사**
           서울특별시 금천구 가산디지털2로 53, 한라시그마밸리 210호(가산동)
           등록 1959. 3. 11. 제300-1959-1호(倫)
전 화   02)733-6771
f a x   02)736-4818
e-mail   pys@pybook.co.kr
homepage   www.pybook.co.kr
ISBN   979-11-303-1333-7 93350

정 가   20,000원